Das Buch

Dieses Wörterbuch erläutert 13 000 Ausdrücke unserer Alltagssprache nach ihrer geographischen und zeitlichen Herkunft sowie nach ihrer Bedeutung. ›Der Küpper‹ bietet nicht nur vielfältige Informationen, sondern macht auch deutlich, wie witzig und phantasievoll die Ausdrucksmöglichkeiten der Alltagssprache sein können. Wer weiß z. B., was eine »Zyklopensuppe« (Suppe mit einem einzigen Fettauge), was der »Knödeläquator« (die geographische Linie längs des Mains) oder ein »Prämiensilo« (Versicherungsgebäude) ist? ›Der Küpper‹ ist als Nachschlagewerk für jeden wichtig, der deutsch spricht und beruflichen Umgang mit dieser Sprache pflegt.

Der Autor

Dr. Heinz Küpper, 1909 in Köln geboren, studierte Philologie und Volkskunde (Promotion 1933 in Köln). Er lebt als freier Schriftsteller in Stromberg über Koblenz. Hauptwerk: ›Wörterbuch der deutschen Umgangssprache‹ (6 Bände).

D0994706

Heinz Küpper:
dtv-Wörterbuch der
deutschen Alltagssprache

Band 1
A–Pep

Deutscher
Taschenbuch
Verlag

Ungekürzte Ausgabe des ›Handlichen Wörterbuchs der deutschen Alltagssprache‹, das wiederum eine Auswahl aus dem fünfbändigen ›Wörterbuch der deutschen Umgangssprache‹ von Heinz Küpper ist.

April 1971
Deutscher Taschenbuch Verlag GmbH & Co. KG,
München
© 1958 Claassen Verlag GmbH,
Hamburg und Düsseldorf
Umschlaggestaltung: Celestino Piatti
Gesamtherstellung: C. H. Beck'sche Buchdruckerei, Nördlingen
Printed in Germany · ISBN 3-423-03034-8

ABKÜRZUNGSVERZEICHNIS

adj	Adjektiv	mhd	mittelhochdeutsch
adv	Adverb	n	Neutrum
d. h.	das heißt	ndd	niederdeutsch
dt	deutsch	ndl	niederländisch
engl	englisch	num	Zahlwort
etw	etwas	o. ä.	oder ähnlich
f	Femininum	obd	oberdeutsch
ff.	folgende	On	Ortsname
Fn	Familienname	part perf	Partizipium perfecti
franz	französisch	pl	Mehrzahl
hd	hochdeutsch	präp	Präposition
impers	unpersönlich	pron	Pronomen
interj	Interjektion	refl	Reflexivum
intr	intransitiv	rotw	rotwelsch
ital	italienisch	s.	siehe
jds	jemandes	s. d.	siehe dort
jidd	jiddisch	slaw	slawisch
Jh	Jahrhundert	span	spanisch
jm	jemandem	tr	transitiv
jn	jemanden	u. a.	und andere
km	Kilometer	usw.	und so weiter
konj	Konjunktion	v	Verbum
lat	lateinisch	vgl	vergleiche
Ln	Ländername	Vn	Vorname
m	Maskulinum		

VORWORT

Dieses Wörterbuch fußt auf der Sammlung und Erforschung der deutschen Alltagssprache der Gegenwart. Wörter, die heute nicht mehr geläufig sind, fehlen. Nur solche Vokabeln sind aufgenommen, die in Deutschland, Österreich und der Schweiz dem Verfasser und seinen 800 Sprachfreunden unmittelbar zu Ohren gekommen sind. Getreu nach Luthers Vorgehen, „den Leuten aufs Maul zu sehen", ist in dreißig Jahren ein Wortschatz von 110 000 Vokabeln zusammengetragen worden. Von diesem Gesamtbestand ist ein großer Teil den Sprachfreunden in Form von Fragelisten vorgelegt worden, und zu jedem Ausdruck ist um Auskunft gebeten worden, wann und wo und in welchen Bevölkerungskreisen die Vokabel gehört worden ist. Das Ergebnis dieser Befragung ist in diesem Buch niedergelegt.

Mit diesem Auswahlband aus den fünf Bänden des „Wörterbuch der deutschen Umgangssprache" wird der Versuch unternommen, das Interesse an der Sprache, mit der wir tagtäglich leben, in noch größerem Umfange als bisher zu wecken und jene Leser ausfindig zu machen, die gern bereit sind, bei der Sammlung des Wortschatzes zu helfen und von Zeit zu Zeit Fragelisten auszufüllen. Verfasser und Verleger freuen sich auf und über jeden, der sich zur Mitarbeit meldet, und bitten, an die nachstehende Anschrift zu schreiben:

Dr. Heinz Küpper
5411 S t r o m b e r g über Koblenz
Hauptstraße 44

A

Aa *m (n)* 1) Darmentleerung, Kothaufen. In der kindersprachlich beliebten Verdoppelung gibt A den Ton wieder, der entsteht, wenn nach langer krampfhafter Anstrengung der Atem ausgestoßen wird, wie es beim mühsamen Koten der Fall ist. 18. Jh.
2) Aa machen = koten. 18. Jh.

aalen *refl* sich faul dehnen und strecken; ein Sonnenbad nehmen. Hergenommen von den gelenkigen Bewegungen des Aals, die man volkstümlich als Ausdruck der Lust deutet; auch wandert der Aal nachts auf feuchte Wiesen und wird dort von der Sonne überrascht. 19. Jh.

Aas *n* 1) Schimpfwort auf Tier, Mensch oder Gegenstand. Der tote in Verwesung übergegangene Tierkörper gilt als abstoßend und widerlich: nur anderen Tieren kann er noch zum Fraß dienen. Grobes Schimpfwort seit dem ausgehenden Mittelalter.
2) schlauer Mensch; durch überlegene Schlauheit als unangenehm empfundener Mensch. Im nivellierenden Alltagsleben erscheint der Besitz übermäßiger Geistesgaben als hassenswert. 17. Jh.
3) Hauptkerl. 1900 ff.
4) feines A. = feiner, feingekleideter Mensch; Mensch in guten Vermögensumständen. Spätes 19. Jh.
5) kein A. = (leider) niemand. Eigentlich soviel wie »nicht einmal ein verachtungswürdiger Mensch«. 1850 ff.
6) schlaues A. = schlauer Mensch. [Vgl Aas 2.] 18. Jh.

aasen *intr* 1) mit etw a. = etw vergeuden, verschwenden. Stammt aus der Sprache der Gerber und meint »das Fleisch vom Fell schaben«; die Arbeit geht schnell vonstatten, weswegen sich leicht ein unsachgemäßes Vorgehen einstellt. 18. Jh.
2) eilen, rasch fahren. Der Eilige macht Lebewesen, die seine Geschwindigkeit beeinträchtigen, zu Aas, d. h., er rennt sie nieder oder überfährt sie. 19. Jh.

aasig *adj* 1) schwierig, unangenehm, häßlich. Ein kraftwörtliches Adjektiv im Sinne von Aas 1. 18. Jh.
2) tückisch, niederträchtig. 19. Jh.
3) außerordentlich, hervorragend; sehr stark; verwegen. 19. Jh.

aasig *adv* sehr. 1800 ff.

Aaskerl *m* gemeiner Mensch; Nichtswürdiger; Schimpfwort. [Vgl. Aas 1.] Meint ursprünglich den Schinder, den Abdecker: seine Tätigkeit galt als verabscheuenswert und ehrlos. 1800 ff.

ab nach Kassel! = hinaus! fort! Zusammenhängend mit dem Untertanenverleih der hessischen Landesfürsten an die Engländer zur Teilnahme an den Kämpfen gegen die nordamerikanischen Kolonien (1776-1783); da die eigene Bevölkerung den englischen Soldatenbedarf nicht decken konnte, bediente man sich der Zwangsrekrutierung; für die Zwangsrekrutierten war Kassel die Sammelstelle. 1870 kam die Redensart erneut auf, als Napoleon III. ins Exil nach Kassel-Wilhelmshöhe geschickt wurde. =

ab durch die Mitte! = wegtreten! geh fort! Hängt möglicherweise mit dem Spießrutenlaufen zusammen: auf den Befehl »Ab durch die Mitte« wurde der Delinquent durch die Mitte der aus zwei Gliedern Soldaten gebildeten Gasse getrieben. Ebensogut kann die Redewendung aus Regiebemerkungen in Textbüchern stammen. 19. Jh.

abrackern *refl* sich müde arbeiten. Hergenommen aus der Landwirtschaft: sich beim Pflügen des Feldes hart anstrengen. 19. Jh.

abäschern *refl* sich abmühen, sich abhetzen. Gehört entweder zu Ascher, dem aus Eschenholz hergestellten Spaten, und bezieht sich auf die körperliche Anstrengung beim Umspaten oder hängt zusammen mit »äschern = Holzasche gewinnen«. 16. Jh.

abbauen *v* 1) *tr* = jn in den Ruhestand versetzen. Herzuleiten vom bergmännischen Begriff »abbauen = grabend aus der Erde fortschaffen«; dazu »abgebaut = nicht mehr fündig, nicht mehr ergiebig«. Wahrscheinlich kurz nach 1918 aufgekommen, als das 100 000-Mann-Herr sehr viele Weltkriegsoffiziere nicht mehr aufnehmen konnte.
2) *intr* = davongehen, fliehen. Bezog sich ursprünglich auf die Wandergewerbetreibenden, die am Ende der Kirmes, des Jahrmarkts usw. ihre Warenstände abbauten. 18. Jh.
3) *intr* = ohnmächtig werden; sichtlich nachlassen; zu kränkeln beginnen. »Abbauen« meint auch »abmagern« (Nährstoffe werden abgebaut). 1850 ff.

abbeißen *v* einen a. = den Inhalt eines Schnapsglases in mehreren Zügen leeren. Hieß ursprünglich »einen Kanten Schnaps abbeißen« und meinte »den ersten Schluck aus einer Flasche trinken«. 19. Jh.

abbiegen *tr* in unangenehmer Sache ausweichen; etw rechtzeitig vereiteln. Meint eigentlich die Änderung der anfangs eingeschlagenen Richtung. Wohl seit dem ausgehenden 19. Jh.

abblasen *tr* eine geplante oder ins Werk gesetzte Veranstaltung [Verordnung] rückgängig machen. Hergenommen vom Hornsignal, mit dem das Ende der Jagd oder des Manövers angezeigt wird. 19. Jh.

abblitzen *v* 1) *tr* = jn heftig abzurückweisen. Hergenommen vom Blitz, der sein Ziel nicht erreicht, wenn er vom Blitzableiter abgelenkt wird. 1830 ff.
2) *intr* = abgewiesen werden. 1840 ff.

3) a. lassen = jn ab-, zurückweisen. 19. Jh.

abbohren *tr* vom Mitschüler abschreiben. Steht wohl im Zusammenhang mit *rotw* »bohren = betteln«; doch vgl auch »anbohren«. 19. Jh.

abbrechen *tr* brich dir keinen (nichts) ab = sei nicht so eingebildet, übertrieben vornehm; rede nicht so geschraubt! Hängt zusammen mit der volkstümlichen Vorstellung, daß der Hochmütige eine Zackenkrone trägt oder die Nase hoch trägt. 1900 ff.

Abbruch *m* auf A. heiraten = eine bejahrte Person heiraten, mit deren baldigem Ableben zu rechnen ist. Scherzhafte Nachbildung von »ein Haus auf Abbruch kaufen«. 1900 ff.

abbrummen *tr* eine Strafe (Strafzeit) a. = eine Strafe verbüßen. [Vgl brummen.] 19. Jh.

abbummeln *tr* unbezahlte Mehrarbeit durch Freizeit ausgleichen. [Vgl bummeln.] 1900 ff.

Abc-Schütze *m* Schulanfänger. »Schütze« meint schon im 15. Jh den Anfänger im Lernen; wahrscheinlich übersetzt aus lat «tiro = Rekrut, Neuling« unter irrtümlicher Gleichsetzung mit *ital* »tirare« und *franz* »tirer = schießen«. 16. Jh.

abdampfen *intr* 1) mit der Eisenbahn (dem Schiff, dem Kraftfahrzeug) abfahren. Bezieht sich eigentlich auf das Ablassen des Dampfes, auch auf das Abfahren der dampfenden Lokomotive oder des Dampfers. 1850 ff.
2) mit brennender Zigarre (o. ä.) davongehen. 1900 ff.
3) (schnell) fortgehen. Meint wohl, daß die Schuhsohlen dampfen oder daß die Dampflokomotive eine hohe Geschwindigkeit erreicht. 1850 ff.

abdrücken *tr* jm etw abhandeln, vorenthalten. Stammt wohl aus der Jägersprache: bei der Jagd wird ein bestimmtes Gelände abgedrückt, indem die Treiber das Wild dort aufstöbern und es entweder auf die Schützenkette zu oder in einen Kessel treiben. 19. Jh.

Abé *m* Abort. Französierende, vermeintlich taktvollere Abkürzung des deutschen »Abort«. 18./19. Jh.

Abend *m* 1) angebrochener A. = später Abend; Mitternacht. Euphemismus. Seit dem späten 19. Jh.

2) angerissener A. = die frühen Morgenstunden (wenn man noch über Mitternacht weiterfeiert). Spätes 19. Jh.

3) er kann mich am A. besuchen (treffen)!: derbe Abweisung. »Abend« steht euphemistisch für »Arsch« wegen Gleichklangs des Anlauts. Seit dem ausgehenden 19. Jh.

Abendbummel *m* zielloser Abendspaziergang. [Vgl Bummel.] 19. Jh.

abendfüllend *adj* ausführlich, völlig. Hergenommen von einer Theater-, Film- oder Konzertvorführung, die viele Abendstunden dauert. Spätestens seit 1900.

Abessinien *Ln* Nacktbadestrand. Anscheinend hat man geglaubt, in Abessinien gehe man unbekleidet. Die Vokabel meint im Deutschen ein abgegrenztes, keine Einsicht bietendes Gelände zur Betätigung der Freikörperkultur; es verfügt nicht immer über eine Strand, kann auch eine Villa o. ä. sein. 1925 ff.

abfahren *intr* 1) sterben. Gegenwort zu »ankommen = auf die Welt kommen«. 1700 ff.

2) sich davonmachen. Eigentlich soviel wie »fahrend sich entfernen«. 19. Jh.

3) abgewiesen werden. Stammt aus der Mensursprache: abfahren = mit der Stoßklinge abgleiten; eine Niederlage erleiden. 19. Jh.

4) seine Wichtigkeit einbüßen; eingehen, erkalten. Halbwüchsigendeutsch seit 1950.

abfahren lassen *tr* jn geringschätzig behandeln; jn kurz abfertigen; jm energisch entgegentreten. [Vgl abfahren 3.] 18. Jh.

Abfälle *pl* A. beziehen (kriegen) = Prügel bekommen; auf den Kopf geschlagen werden. Von dem Gesamtvorrat an Prügeln fällt für den Betreffenden etwas ab. Vielleicht beeinflußt von *jidd* »ophel = Beule«. 19. Jh.

abfeiern *tr* jds Verdienste bei seinem Rücktritt hervorheben (oft ironisch); jn mit einer Feier verabschieden. Wohl seit dem ausgehenden 19. Jh.

abfetzen *tr* etw von jm abschreiben. Beruht wohl auf »fetzen = reißen«: der faule Schüler reißt vom Wissen seines Nachbarn etwas ab. Spätestens seit 1900.

abflattern *intr* 1) schnell fortgehen. Leitet sich wohl her vom Flattern der Rockschöße und beruht auf dem Vergleich mit dem davonflatternden Vogel. 1910 ff.

2) sterben, fallen. 1910 ff.

abflöhen *tr* jm Geld abgewinnen, abnehmen. In der Meinung der Unbemittelten sind für den Vermögenden die Geldstücke ebenso überflüssig wie die Flöhe. 19. Jh.

abfotographieren *v* laß dich a.!: Ausdruck der Abweisung. Der Betreffende soll sich fotographieren lassen, damit sich auch die Nachwelt an seinem (dummen) Gesicht »erfreuen« kann. 1900 ff.

abgaunern *tr* jm etw listig abnehmen, abgewinnen. [Vgl Gauner.] 1800 ff.

abgeben *v* es gibt etwas ab = man trägt einen ernstlichen Schaden davon; man erhält Prügel. »Etwas ab« meint das Teilstück eines Ganzen. 19. Jh.

abgebrannt sein = kein Geld mehr haben. Bezog sich ursprünglich auf einen, der sein Haus durch Feuersbrunst verloren hatte; daraus entwickelte sich im 30jährigen Krieg die Bedeutung »verarmt sein«, gegen Ende des 18. Jhs bei Studenten die Bedeutung »mittellos sein«.

abgebrüht sein = gewitzigt, lebenserfahren sein. Gehört wohl zu *ndd* und *ndl* »brüen, brüden = necken, plagen, koitieren« und ist analog zu »verschlagen sein«. Andererseits ergibt sich aus der Gleichung »abbrühen = mit heißem Wasser übergießen« die Vorstellung von dem durch das Leben hart mitgenommenen Menschen. 19. Jh.

abgedroschen *adj* abgenutzt, inhaltsleer, fade. Hergenommen vom aus-, abgedroschenen Getreide, das seinen Hauptnutzen verloren hat. 18. Jh.

abgefeimt *adj* in allen Schlechtigkeiten erfahren. Hergenommen von »Feim = Schaum«: Abgefeimtes ist ganz rein. Seit dem späten Mittelalter.

abgegangen werden strafweise (schimpflich) von der Schule (aus Amt und Würden) entfernt werden. Scherzhafte Passivbildung zu »gehen = aus dem Amt scheiden«. Etwa seit 1850.

abgeklappert *adj* abgespielt; abgenutzt; durch oftmalige Verwendung unwirksam geworden. Hergenommen vom abgespielten Klavier oder von einem klappernden Mechanismus. 1900 ff.

abgelegt *adj* ehemalig (auf Braut, Bräutigam o. ä. bezogen). Hergenommen vom alten, unansehnlich gewordenen Kleidungsstück, das man ablegt und nicht wiederverwendet. 1920 ff.

abgeleiert *adj* durch oftmalige Anwendung wirkungs-, eindruckslos geworden. Meint eigentlich »von der Leier gespielt«; Bedeutungsverschlechterung unter Einfluß von »die alte Leier« und »herunterleiern«. 1800 ff.

abgemeldet sein bei jm (für jn) a. sein = von jm nicht mehr beachtet werden; jds Gunst verloren haben. Leitet sich her von der Abmeldepflicht im polizeilichen und militärischen Bereich. Etwa seit 1900.

abgeschlagen sein völlig entkräftet, körperlich widerstandslos sein. Wohl vom Turf hergenommen: wer abgeschlagen wird, bleibt zurück und wird beim Wettrennen überholt. Um 1900.

abgespielt *adj* nicht mehr aktuell. Hergenommen von der Schallplatte, deren Tonwiedergabe durch oftmaliges Abspielen beeinträchtigt wird; auch die Zuhörer verlieren das Interesse an ihr. 1930 ff.

abgetakelt sein 1) ältlich, ohne Liebreiz sein; entkräftet, verlebt sein. [Vgl abtakeln.] 19. Jh.
2) an gesellschaftlicher Geltung verloren haben; in sittlicher Hinsicht gesunken sein; entlassen sein. 19. Jh.

Abgewöhne *f* 1) Mädchen, das nicht gefällt. Moderne Substantivbildung zu abgewöhnen. Das Mädchen mißfällt dermaßen, daß man sich alle Bemühungen um es abgewöhnen kann. Halbwüchsigendeutsch seit 1950.
2) äußerst langweilige Veranstaltung unter Jugendlichen. 1950 ff.
3) widerliches Getränk. 1950 ff.

abgewöhnen *v* 1) noch einen zum A. nehmen = noch ein letztes Glas Alkohol trinken. Scherzhaft entschuldigende Äußerung beim Weiterzechen. 1850 ff.
2) zum A. sein = widerlich, unangenehm sein. [Vgl. Abgewöhne 1.] Seit 1870.
3) sich jn a. = den Umgang mit jm abbrechen. 1930 ff.

abgrasen *tr* etw nach Vorteil absuchen; alle Leute in einer Gegend aufsuchen. Leitet sich her entweder vom weidenden Vieh, das das Gras abfrißt, oder vom Grasmähen und -trocknen. Seit dem späten 19. Jh.

abgucken (abkieken, abschauen, absehen) *tr* ich gucke dir nichts ab: Redewendung zu einer schämigen nackten Person oder zu einer weiblichen Person, die ihre Kleider ordnet. Zugehörig zu »mit den Blicken stehlen«. 1800 ff.

abhalftern *tr* jn entlassen, kündigen; sich jds entledigen. Halfter ist der Zaum des Pferdes. Wenn man das Pferd nicht mehr benötigt, stellt man es in den Stall und nimmt ihm das Halfter ab. Der Ausdruck wurde anfangs auf die Pensionierung der Offiziere angewandt (mit Anspielung auf ihre Reitpferde), später auf die Entlassung aller Zivil- und Militärpersonen. Seit dem späten 19. Jh.

abhampeln *refl* sich abmühen. Stammt aus »hampeln = sich unruhig hin und her bewegen«. 19. Jh.

abhängen *v* 1) *tr* = jn zurückstoßen, verdrängen, abschütteln, aus der Gemeinschaft ausstoßen.

Stammt aus dem Rangierdienst der Eisenbahn. Seit dem späten 19. Jh.

2) *tr* = jn überflügeln; jn im Laufen (Fahren) überholen. Der Betreffende wird hinter sich gelassen wie der Eisenbahnwagen, den man abgehängt hat. In der Sportsprache im engeren Sinne ist gemeint, daß die Sportler beim Start aneinanderhängen, dann sich von den anderen lösen und sie im Wettlauf überholen. Um 1920.

3 *tr* = den Umgang (die Liebesbeziehungen) mit jm abbrechen. Seit dem frühen 20. Jh.

4) *intr* = hinter anderen zurückbleiben; nicht mehr mithalten können. 1910 ff.

abhauen *v* 1) *tr* = etw abschlagen schnell hersagen. Meint eigentlich das Abwickeln des Garns von der vollgesponnenen Spule. 1800 ff.

abhauen *v* 1) *tr* = etw abschlagen, grob abschneiden. [Vgl hauen 1.) Seit dem ausgehenden Mittelalter.

2) *tr* = etw vom Nebenmann schnell abschreiben. [Vgl hauen 2.] 1850 ff.

3) *intr* = davongehen. Steht wohl wie abbauen 2 im Zusammenhang mit dem Abschlagen der Marktstände. 1850 ff.

Abhorche *f* 1) das Aushorchen. Moderne Neubildung aus dem Verb. Nach 1945 aufgekommen.

2) geschicktes Auffangen von Zuflüsterungen des besser vorbereiteten Hinter- oder Nebenmannes. 1955 ff.

3) hängt eine A. drin? = bist du beim Telefonieren durch die Anwesenheit eines anderen daran gehindert, frei zu sprechen? 1945 ff.

abhunzen *refl* sich abmühen. Die Vokabel müßte eigentlich »abhundsen« geschrieben werden; denn gemeint ist, daß einer sich wie ein Hund abmüht. Stammt aus der Zeit, als der Hund noch weitgehend als Zugtier verwendet wurde. 1800 ff.

abjagen *refl* sich abhetzen. Meint eigentlich »sich durch Jagen (= schnelles Laufen) überanstrengen«. Seit dem späten 19. Jh.

abkanzeln *tr* jn heftig rügen. Hergenommen von der Kanzel als der Stätte der Sittenpredigt, des öffentlichen Tadels, gar der Ermahnung in heiligem Zorn. 18. Jahrhundert

abkapiteln *tr* jn heftig rügen. Kapitel ist die regelmäßige Zusammenkunft der Mönche eines Klosters unter ihrem Abt, wobei Lob wie Tadel ausgesprochen wird. 1800 ff.

abkarten *tr* etw heimlich verabreden. Hergenommen vom Kartenspiel: die Karten werden zum Nachteil eines Mitspielers verteilt oder durch unauffällige Zeichen, durch unredliches Mischen o. ä. vorher gekennzeichnet. Spätestens seit dem 18. Jh.

abkaufen *tr* jm etw a. = jds Behauptung (Zusicherung) glauben. Oft negiert: »Das kaufe ich dir nicht ab!«. Was man jm abkauft, muß eine einwandfreie Ware sein. 1900 ff.

abklappern *tr* nach Vorteil absuchen; alle Leute in einer Gegend aufsuchen. »Klappern« meint hier »in Holzschuhen klappernd gehen« und bezog sich ursprünglich auf Kaufleute und Handelsvertreter, die von Haus zu Haus, von Ort zu Ort zogen. Seit dem 19. Jh.

abklavieren *tr* sich etw a. können = etw leicht verstehen. Meint eigentlich »an den Fingern abzählen«; mit den Fingern betasten«. Was man an den Fingern abzählen kann, ist eine sehr einfache Rechenaufgabe. 1800 ff.

abklopfen (abkloppen) *tr* eine Gegend (alle Häuser o. ä.) a. = eine Gegend, alle Häuser o. ä. nach Vorteil absuchen; alle Leute aufsuchen; von Haus zu Haus gehen und Bestellungen zu erwirken suchen. Herzuleiten vom Klopfen an die Tür. 1850 ff.

abknallen *tr* jn (hinterhältig) erschießen. Meint eigentlich das Geräusch beim Abfeuern eines Schusses: eine Kanone knallt ab; der Soldat knallt eine Patrone ab. 1850 ff.

abknapsen (abknappsen, abknappen) *tr* einen Teil einbehalten. Abknappen = abbrechen, abbeißen; »abknapsen« ist dazu das Frequentativum. 18. Jh.

abknipsen *tr* 1) abschneiden. »Knips« gibt den kurzen, hellen Laut wieder, wie ihn beispielsweise die Schere beim raschen Schließen hervorruft. Bezog sich ursprünglich auf das Abschneiden von der Federpose beim Anfertigen einer Schreibfeder. Etwa seit 1750.
2) jn erschießen, umbringen. »Knips« meint hier den Laut, der entsteht, wenn der Hahn der Pistole usw. gezogen wird. Der Abzugsbügel am Gewehr (Schloß) heißt Knipser. Spätestens seit dem Ersten Weltkrieg.

abknobeln *tr* jm etw a. = jm etw listig abgewinnen. Knobeln = würfeln. Bezieht sich also im engeren Sinne auf listiges Würfeln. Es gibt jedoch auch ein Knobeln mit der Hand: Stein, Schere, Papier. Seit dem späten 19. Jh.

abknöpfen *tr* jm etw a. = jm etw abnehmen, abnötigen, abschwatzen. Das Wort stammt aus der Welt der Gauner: man knöpft dem Träger die Uhr mit Kette ab, stiehlt ihm auch den Geldbeutel. Etwa seit 1850.

abknudeln *tr* jn stürmisch herzen und drücken. »Knudeln« meint soviel wie zusammendrücken, an sich drücken. 1900 ff.

abknutschen *tr* (sich mit jm a.) = jn stürmisch herzen und drücken. [Vgl knutschen.] 18. Jh.

Abkoche *f* Lokal mit überhöhten Preisen. Vgl das Folgende. Nach 1945 aufgekommen in Halbwüchsigenkreisen.

abkochen *tr* 1) jn seines Geldes berauben; jn erpressen; jn arm machen, übervorteilen. Fußt wahrscheinlich auf der *rotw* Vokabel »kochen = bei Diebstahl Gewalt anwenden«, das wohl auf *jidd* »koach = Kraft, Gewalt« beruht. 1900 ff.
2) sich auf nicht ganz redliche Weise einen Vorteil verschaffen; sich alles zum Vorteil kehren. 1900 ff.

abkratzen *intr* 1) davongehen. Beruht auf der höfischen Anstandslehre des 17. Jhs: beim Abschiednehmen hatte man eine Verbeugung zu machen und gleichzeitig mit dem linken Fuß leicht nach hinten auszukratzen. Spätestens seit 1800.
2) sterben. Die Bedeutung verengert sich von »sich entfernen« zu »sich mit dem Tode entfernen«. 1800 ff.

abkriegen *tr* 1) etw entfernen, lösen können. [Vgl. kriegen 1.] 14. Jh.
2) etwas Nachteiliges bekommen (Regen, Prügel, Tadel, Verletzung o. ä.). »Ab« hat hier den Sinn von »Teil eines Ganzen«. 1750 ff.
3) seinen Anteil bekommen; bei der Verteilung nicht übergangen werden. 1800 ff.
4) einen (eine) a. = einen Mann (eine Frau) zum Heiraten finden. 1850 ff.

Abkühlung *f* 1) Prügel. Streitlüsternen kann man »das Mütchen kühlen«, wenn sie ein paar heftige Schläge bekommen. 1900 ff.
2) drastische Rüge. 1900 ff.

ablaatschen *tr* Schuhwerk durch nachlässigen Gang abnutzen; die Absätze schieftreten. [Vgl laatschen.] Wohl schon im 18. Jh. geläufig.

abladen *v* 1) bei jm a. = bei jm sein Herz ausschütten. Hergenommen von der Vorstellung der seelischen Bürde als einer gegenständlichen Last. 19. Jh.
2) Geld a. = Geld auf den Tisch legen; eine Geldschuld abtragen. 1850 ff.

ablausen *tr* jm sein Geld ablisten; jn schröpfen. Meint eigentlich »jm die Läuse entfernen«. Geldbesitz des Mitmenschen gilt in volkstümlicher Auffassung als ebenso überflüssig und lästig wie das Heimgesuchtsein von Ungeziefer. 17. Jh.

abledern *tr* jn prügeln. Meint eigentlich »mit Leder abreiben«. [Vgl abreiben 1.] Aber »abledern« bedeutet auch »jm die Haut abziehen«. 19. Jh.

ablinsen *tr* vom Banknachbarn absehen, abschreiben. [Vgl linsen.] 19. Jh.

ablotsen *tr* jm etw a. = jm etw mit Mühen abnehmen; jm etw ablisten. Hergenommen vom Lotsen, der Schiffe durch schwieriges Fahrwasser leitet; von da übertragen auf ein schwieriges, listiges Bewerkstelligen. Etwa seit 1900.

abluchsen (ablugsen, abluxen) *tr* jm etw a. 1) = jm etw listig abnehmen; jm etw durch Ausdauer abgewinnen. Intensivum entweder zu »lugen = äugen« oder zu »ablocken«. In volkstümlicher Auffassung hängt das Wort mit dem Luchs zusammen, dessen scharfes Spähen sprichwörtlich ist. 18. Jh. 2) = jm heimlich in die Arbeit sehen und von ihm abschreiben. 19. Jh.

abmarachen *refl* sich abmühen. Herleitung ungesichert. 16. Jh.

abmurksen *v* 1) jn a. = jn ermorden, erwürgen, umbringen. [Vgl murksen.] Vielleicht kontaminiert aus »murksen« und »abmucken = keinen Muck mehr äußern«. Spätestens seit 1800. 2) sich mit etw a. = sich mit etw abmühen. [Vgl murksen.] 19. Jh.

abnabeln *tr* 1) jn a. = jn zur Selbständigkeit erziehen. Hergenommen vom Entbindungsvorgang. 1900 ff. 2) noch nicht abgenabelt sein = noch stark unter dem Einfluß der Mutter stehen; in Gesellschaft Erwachsener nicht mitreden dürfen; unselbständig, jugendlich-unerfahren sein. 1930 ff.

abnehmen *tr* jm etw nicht a. = jds Äußerungen nicht glauben. Vgl das gleichbedeutende »abkaufen«. Vielleicht der Kaufmannspraxis entnommen, möglicherweise auch Zusammenhang mit »jm einen Eid abnehmen«. 19. Jh.

abpfeifen *tr* 1) ein Unternehmen unterbinden. Analog zu »abblasen«, aber wahrscheinlich hergenommen vom Pfeifen des Soldatenausbilders, des Schiedsrichters bei sportlichen Wettkämpfen o. ä. 1900 ff.

2) eine Unterbrechung herbeiführen. 1920 ff.

abplacken *refl* sich abmühen. [Vgl placken.] 18. Jh.

abputzen *tr* jn heftig rügen; jn entehrend anherrschen. Die Ausdrücke für Tadeln entsprechen in der Alltagssprache meistens den Ausdrücken für Säubern: das Rügen wird als ein inneres Reinigen aufgefaßt. »Abputzen« meint im eigentlichen Sinne »Unsauberkeit durch Putzen entfernen«. 1900 ff.

Abputzer *m* Zurechtweisung. Vgl das Vorhergehende. 1900 ff.

abquetschen *tr* jm etw a. = jm etw durch anhaltendes Zureden abnötigen; jm etw abhandeln; jn erpressen. Der Betreffende wird eingezwängt und gepreßt, daß ihm keine andere Wahl mehr bleibt. 1880 ff.

abrackern *refl* sich heftig abmühen. [Vgl rackern.] 18. Jh.

abrahmen *tr* das Beste für sich behalten; bei einer Verteilung sich einen Vorgriff auf das Bessere gestatten. Hergenommen von der Milchwirtschaft: den Rahm abschöpfen. 1900 ff.

abreiben *tr* 1) jn heftig prügeln. Verkürzt aus »jm die Haut abreiben« oder »jm den Rücken reiben«: beide Ausdrücke meinen in übertragener Bedeutung »jn prügeln; jm hart zusetzen«. Um 1900. 2) jn heftig rügen, ausschelten. Rügen und Prügeln erscheinen im Alltagsdeutsch meistens unter dem Bilde eines Reinigens. Um 1900.

Abreibung *f* 1) Prügel. [Vgl abreiben 1.] Etwa seit 1900. 2) heftige Rüge. [Vgl abreiben 2.] Um 1900 aufgekommen.

abreißen *v* 1) das reißt nicht ab = das nimmt kein Ende. Hergenommen vom Faden, der das ununterbrochene Nacheinander versinnbildlicht. Etwa seit 1800. 2) einen abgerissen kriegen = heftig zurechtgewiesen werden. Verwandt mit »herunterreißen«. 19. Jh. 3) ein Jahr (Jährchen) a. = eine

einjährige Freiheitsstrafe verbüßen; ein Jahr lang dienen. »Abreißen« bezieht sich entweder auf
das tägliche Abreißen der Kalen-
derblätter oder meint ein tapferes
Bagatellisieren: ein Jahr — eine
Kleinigkeit für einen richtigen
Kerl! 1900 ff.

abrutschen *intr* 1) abreisen, abfahren. [Vgl rutschen 2.] Spätestens
seit 1900.
2) abgleiten; sittlich sinken; leer
ausgehen. 1900 ff.

absäbeln *tr* ungeschickt, unordentlich abschneiden. [Vgl säbeln.]
18. Jh.

absägen *tr* 1) jn (wider seinen Willen; unehrenhaft) verabschieden,
aus Amt und Würden entlassen;
jn verdrängen. Gemeint ist, daß
man an jds Ast sägt, auf dem er
sitzt; auch heißt es »jds Stuhl-
beine ansägen = jds Verdrängung
vorbereiten«. Von der Soldatensprache (Offizierssprache) der späten 19. Jhs in die Alltagssprache
übergegangen.
2) einen Schüler nicht versetzen;
einen Schüler vorzeitig von der
Schule verweisen. 1900 ff.

absahnen *tr* 1) es verstehen, wie
man sich überall Vorteile ver-
schafft; einen Vorteil sich nicht
entgehen lassen; viel an einer
Sache verdienen; etw entwenden.
Weiterentwickelt aus »den Rahm
abschöpfen«. Bei längerem Stehen setzt sich die Sahne von der
Molke ab; sie kann dann abge-
s‍höpft (abgesahnt) werden. Im
zweiten Teil des Ersten Weltkriegs aufgekommen.
2) jds Bankkonto abheben; jm
Wertgegenstände abgewinnen; jn
schröpfen. Um 1917 aufgekommen.

absauen *tr* 1) jn ausschimpfen.
Eigentlich »jn mit säuischen, unflätigen Ausdrücken belegen«. 1850 ff.
2) etw hastig und unordentlich
abschreiben. [Vgl sauen 1.] 1800 ff.

abschaffen *refl* sich abmühen. Wörtlich soviel wie »sich durch Tätigsein entkräften«. 19. Jh.

abschalten *intr* 1) sich erholen; seine Gedanken ablenken, ruhen las-
sen; alles um sich her zu verges-

sen suchen. Kommt entweder allgemein aus dem Begriff »den
elektrischen Strom abschalten«
oder in engerem Sinne aus dem
Rundfunkdeutsch: das Rundfunkgerät abschalten = außer Betrieb
setzen. Die Vokabel kann sich
auch auf das Abschalten der
Zündung beim Automotor beziehen. Etwa seit 1910.
2) die Besinnung verlieren. Gemeint ist, daß das Bewußtsein ab-
schaltet. 1930 ff.
3) schlafen; sich schlafen legen.
1930 ff.
4) nicht mehr zu sprechen sein.
1930 ff.

abschieben *intr* davongehen. Meint
eigentlich »jn auf den Schub bringen«, d. h. einen Verhafteten an
einen anderen Ort, einen Staaten-
losen o. ä. über die Grenze bringen. 18. Jh.

abschießen *tr* 1) jn aus seiner Stellung entfernen, verdrängen. Die
Vokabel stammt aus der Jägersprache: der Weidmann schießt
krankes, überaltertes oder aus
anderen Gründen auszumerzen-
des Wild ab. Etwa seit 1918.
2) einen Schüler a. = einen Schüler zum vorzeitigen Schulabgang
bewegen; einen Schüler nicht versetzen, damit er vorzeitig die
Schule verläßt. 1930 ff.

abschlachten *refl* sich beim Rasieren schneiden; sich rasieren. Als
Abschlachten bezeichnet man die
grausame, unweidmännische Tö-
tung wehrloser Tiere. 1914 ff.

Abschlepp-Schuppen *m* anrüchiges
Nachtlokal (Tanzdiele o. ä.). [Vgl
Schuppen 2.] Als »Schlepper« bezeichnet man diejenigen männlichen und weiblichen Personen,
die Gäste zu solchen Lokalen
bringen. 1955 ff.

abschmieren *tr* 1) etw abschreiben.
[Vgl schmieren 1.] Spätestens seit
1800.
2) jn verprügeln. »Schmieren«
ist gleichbedeutend mit »wichsen«: vom Prügelnden nimmt
man an, er bearbeite ein Stück
Leder. 16./17. Jh.
3) einen Angriff abwehren; jn abweisen; jn überflügeln. 1914 ff.

abschmökern *tr* unerlaubt abschreiben; aus einer Übersetzung abschreiben. [Vgl Schmöker 2.] 1900 ff.

abschnallen *intr* 1) fassungslos sein; aufbrausen. Gemeint ist wohl, daß man sich des Riemenzeugs entledigt, um bei einer Rauferei unbehindert zu sein. 1920 ff.
2) da schnallst du ab!: Ausdruck der Überraschung. 1930 ff.

abschnappen *intr* 1) im letzten Augenblick zurücktreten; von einem Kauf absehen. Wohl vom Fisch hergenommen, der vom Angelhaken abschnappt und ins Wasser zurückfällt. 1850 ff.
2) von einem Liebesverhältnis zurück. eten. Etwa seit dem späten 19. Jh.
3) sterben. Wohl herzuleiten vom Schnappen nach Luft: den letzten Atemzug tun. 1870 ff.
4) jm etw a. = jm etw wegnehmen, abgewinnen, [Vgl wegschnappen.] 1900 ff.

abschreiben *tr* 1) etw verloren geben. Hergenommen aus dem Buchhaltungswesen: nicht einbringliche Forderungen werden auf Verlustkonto geschrieben, ebenso Beträge für Inventarabnutzung. 1920 ff.
2) mit jds Rückkehr nicht mehr rechnen. Seit den Tagen des Zweiten Weltkriegs.
3) jds Freundschaft (Bekanntschaft) als erloschen betrachten; auf jn verzichten. 1930 ff.

Abschuß *m* Amtsenthebung; vorzeitige Entlassung. [Vgl abschießen 1.] 1918 ff.

abschütteln *tr* etw a. wie der Hund das Wasser (den Regen, die Flöhe) = sich etw nicht nahe gehen lassen; etw nicht beherzigen. Der Hund, der durch bloßes Schütteln alles Lästige aus seinem Pelz vertreibt, wird zur Sinnbildfigur des Menschen, der Kränkungen, Widerwärtigkeiten usw. nicht zu Herzen nimmt: Innerliches wird durch ein Äußerliches dargestellt. 19. Jh.

abschwirren *intr* davongehen. Ursprünglich auf das schnelle Fortfliegen der Vögel bezogen. Seit dem späten 19. Jh.

absegeln *intr* 1) davongehen. Meint eigentlich »mit dem Segelschiff sich entfernen«; auch spricht man vom Segeln der Vögel. 19. Jh.
2) sterben. 19. Jh.

abseifen *tr* 1) jn verprügeln. Meint eigentlich »jn mit Seife reinigen«, woraus sich nach dem Muster von abreiben (s. d.) die Bedeutung »prügeln« ergibt. 1900 ff.
2) jn ab-, zurechtweisen. Die Rüge erscheint unter dem Bilde einer äußerlichen Reinigung. 1900 ff.

absein *intr* 1) erschöpft sein. Wohl verkürzt aus »abgearbeitet sein«. 18. Jh.
2) sich gelöst haben (z. B.: der Knopf an meinem Mantel ist ab). Verkürzt aus »abgegangen sein«. 1500 ff.

abservieren *tr* 1) jn aus seinem Wirkungskreis entfernen. Hergenommen vom Abtragen des Geschirrs nach der Mahlzeit: das Geschirr wird ebensowenig mehr benötigt wie der Mensch, auf dessen weitere Dienste man verzichtet. 1920 ff.
2) jn abweisen, aus dem Raum verweisen; den Umgang mit jm abbrechen. 1920 ff.
3) jn im sportlichen Wettkampf überlegen besiegen. 1920 ff.
4) etw listig an sich bringen; etw entwenden. Meint eigentlich, daß man die Reste der Mahlzeit der anderen beiseite schafft. 1914/18 ff.

absitzen *tr* eine Strafe a. = eine Freiheitsstrafe verbüßen. [Vgl sitzen 2.] 18. Jh.

absocken *intr* eilig davongehen. [Vgl Socken 1.) 1800 ff.

abspicken *tr* von jm a. = vom Mitschüler absehen, abschreiben; aus einer verbotenen Übersetzung abschreiben. [Vgl spicken 1.] 1800 ff.

abspielen *v* das spielt sich bei mir nicht ab (da spielt sich bei mir nichts ab; da spielt sich nichts ab) = davon ist nichts vorhanden; davon kann keine Rede sein; Ausdruck der Ablehnung. Sich abspielen = sich ereignen. 1920 ff.

Abstaube *f* auf A. leben = den Lebensunterhalt auf zweifelhafte

Weise erwerben; sich von anderen frei-, aushalten lassen. [Vgl abstauben 2.] Seit 1945.

abstauben *tr* 1) jn zurechtweisen. Beruht auf der volkstümlichen Gleichsetzung äußerlichen Reinigens mit dem Rügen. 1900 ff.
2) entwenden, bestehlen, ausplündern; wissen, wie man Vorteile ausnutzt. Parallel zu wegputzen 3. 1920 ff.
3) übriggebliebene Speisen aufessen; Essen nachverlangen. 1900 ff.
4) jn im Fahren überholen. Meint entweder, daß man den Betreffenden in einer Staubwolke hinter sich läßt, oder man beseitigt den, der ebenso schnell fahren will, auf die gleiche Weise, wie man Staub abbürstet. 1930 ff.

Abstelle *f* Abstellplatz für das Kraftfahrzeug unter einem vorragenden Dach. Im Zweiten Weltkrieg aufgekommene Substantivbildung zum Verb »abstellen«.

Abstellgleis *n* 1) jn aufs A. schieben (rücken) = jds Einfluß schwächen; jn in eine abgelegene Gegend versetzen. Hergenommen von der Eisenbahn: das Abstellgleis ist ein Seitengleis, auf den Eisenbahnwagen abgestellt werden. 1920 ff.
2) etw aufs A. schieben = eine Angelegenheit vorerst unerledigt lassen. 1920 ff.
3) auf dem A. sein (stehen) = der bisherigen Wirkungsmöglichkeit beraubt sein; strafversetzt sein. 1920 ff.

abstiefeln *intr* davongehen. [Vgl stiefeln.] 19. Jh.

abstinken *intr* 1) davongehen. Beruht wohl auf der volkstümlichen Vorstellung vom Teufel, der nach erfolglosem Bemühen mit Schwefelgestank weggeht. 19. Jh.
2) in einer Wolke von Parfüm davongehen. 1945 ff.
3) mit dem Motorrad, Diesel-Lastkraftwagen starten. 1920 ff.
4) auf der Bühne Mißerfolg haben. 1850 ff.

abstottern *tr* eine Geldschuld in Teilzahlungen tilgen. Beruht auf der Ähnlichkeit des Ratenzahlers

mit dem Stotterer. Wohl erst nach der Inflationszeit der zwanziger Jahre des 20. Jhs aufgekommen.

abtakeln *intr* ungepflegt, ältlich verfallen aussehen; altern. In der Seemannssprache wendet man »abtakeln« auf ein Schiff an, das nicht mehr seetüchtig ist und daher aus dem Dienst gezogen wird. 19. Jh.

Abteilung *f* das ist nicht meine A. = dafür bin ich nicht zuständig; das geht mich nichts an; das sagt mir nicht zu. Hergenommen von der Einrichtung von Abteilungen bei der Verwaltung, in Krankenhäusern usw. 1910 ff.

abtippen *tr* etw mit der Schreibmaschine abschreiben. [Vgl tippen 3.] 1900 ff.

Abtrittdeckel *m* ein Kotelett, so groß wie ein A. = ein sehr großes Kotelett. Seit dem ausgehenden 19. 'h.

abtrumpfen *tr* jn heftig rügen, anherrschen. Dem Kartenspiel entlehnt: der Besitzer von Trumpfkarten kann seinen Mitspielern überlegen und laut Spielregel unangreifbar. 1700 ff.

abwarten *intr* a. und Tee trinken!: Mahnrede an einen Ungeduldigen. Hängt vielleicht zusammen mit den Trostworten an einen ungeduldigen Kranken, die Weiterentwicklung der Unpäßlichkeit in Ruhe abzuwarten und vorerst Kräutertee zu trinken. 1840 ff.

Abwesenheit *f* durch A. glänzen = abwesend sein. Beruht auf einem Bericht des römischen Geschichtsschreibers Tacitus: bei einer Beerdigung wurden die Bilder von Cäsars Mördern nicht im Trauerzug mitgeführt, so daß Brutus und Cassius gerade durch ihre Abwesenheit hervorleuchteten. Der ursprüngliche Sinn ist heute verlorengegangen; wir verwenden den Ausdruck in der Bedeutung »abwesend sein«, allerdings meist mit scherzendem Nebensinn. Seit dem späten 19. Jh.

abwimmeln *tr* jn abweisen, rasch abfertigen; einen Kläger abweisen. [Vgl wimmeln.] Seit dem späten 19. Jh.

abwimmern *tr* sich einen a. = eine auf Rührung berechnete Rede halten. Meint eigentlich »sich wimmernde Töne abringen«. 1900 ff.

abwürgen *tr* 1) eine Sache vereiteln; ein Gespräch abbrechen, rücksichtslos unterbrechen; die Wirkung einer Äußerung o. ä. unschädlich machen. Meint eigentlich durch Würgen töten, die Luft gewaltsam rauben und dadurch den Stillstand der normalen Lebensfunktionen herbeiführen. 1910 ff.
2) den Motor a. = den Motor durch ungeschicktes Vorgehen (durch Überbelastung) plötzlich zum Stillstand bringen. Etwa seit 1914/18.
3) sich mit etw a. = sich mit etw sehr abmühen. In übertreibender Auffassung ist gemeint, daß jemand sich dermaßen heftig anstrengt, daß er sich selber die Luft raubt. 1920 ff.

abzapfen *tr* jm etw a. = von jm Geld eintreiben. Hergenommen vom Abzapfen des Blutes. 1800 ff.

abzischen *intr* davoneilen; schnell abfahren. Hergenommen vom zischenden Abfahren der Dampflokomotive, vom zischenden Steigen der Rakete o. ä. Nach 1945 aufgekommen.

abzittern *intr* sich eiligst entfernen. Leitet sich vielleicht her von der nervösen Unruhe des Rennpferdes vor dem Start. 1900 ff.

abzwacken *tr* jm etw a. = jm etw durch beharrliches Zusetzen abgewinnen. Gemeint ist, daß man von jm etw durch Zwacken (Zupfen, Zerren) bekommt. 16. Jh.

abzwitschern *intr* 1) davoneilen; forsch starten. Eigentlich von Vögeln gesagt, die unter Gezwitscher fortfliegen. 1900 ff.
2) sterben. 1900 ff.

Ach *n* mit A. und Krach = mit genauer Not; noch gerade. Verkürzt aus »mit Ächzen und Krächzen«, also mit lautem Stöhnen. 18. Jh.

acheln *tr intr* essen. Stammt aus dem gleichbedeutenden und gleichlautenden *jidd* Wort, etwa seit 1500.

acho acho krachoque (cum acho et cracho) = mit knapper Not. Von Studenten latinisiertes »mit Ach und Krach«. Etwa seit 1900.

achtpassen *intr* aufpassen, genau hinhören. Kontaminiert aus »achtgeben« und »aufpassen«. 19. Jh.

Achtung *f* paß A.! = gib acht! Scherzhafte Bildung aus »aufpassen«, »achtgeben« und dem Kommandowort »Achtung!«. 19. Jh.

achtzig *num* 1) jn auf a. bringen (kriegen) = jn heftig erbosen. Stammt aus der Zeit, als 80 km Stundengeschwindigkeit des Autos noch Höchstgeschwindigkeit war. 1914/18 ff.
2) auf a. kommen = wütend werden. 1914/18 ff.
3) auf a. sein = sehr zornig sein. 1914/18 ff.

ackern *intr* mit jm a. = jn unter Mühen unterrichten. Meint eigentlich »das Feld pflügen« und in übertragenem Sinne »schwer arbeiten«. 19. Jh.

Adam *Vn* von A. (von A. und Eva) her verwandt sein = entfernt verwandt sein. 17. Jh.

Adam *m* Atem. Wortwitzelei, beruhend auf der Lautähnlichkeit zwischen Adam, Odem und Atem. 19. Jh.

Adamskostüm *n* im A. = nackt (auf Männer bezogen). Nacktheit erscheint hier als eine andere Form von Bekleidetsein, wie man ja auch die menschliche Haut als Kleid bezeichnet. 19. Jh.

Adventsauto *n* Kleinauto mit Fronttür. Nach dem Adventslied »Macht hoch die Tür« übertragen auf das Auto, dessen Tür an der Stirnseite zu öffnen ist. 1950 ff.

Affe *m* 1) nachahmungssüchtiger Mensch. Wegen seines Nachahmungstalents ist der Affe das internationale Sinnbildtier der Nachahmungssucht. Spätestens seit 1300.
2) eitler, eingebildeter Mensch; dummer Mensch. 14. Jh.
3) Tornister, Rucksack. Leitet sich her entweder von dem braunen Fell, mit dem die Tornisterklappe

überzogen ist, oder von dem Affen, den der Gaukler auf der Schulter trägt. 1800 ff.

4) Betrunkenheit, Rausch. Hergenommen von der Trunksucht des Affen: der berauschte Affe lärmt und wird bösartig, schlägt um sich und greift sogar seine übliche Umwelt an; andere dösen nach Alkoholgenuß vor sich hin. 1830 ff.

5) lackierter A. = pomadisierter Stutzer; eitler Geck. Der Affe als Sinnbild des eitlen Narren; das reichlich mit Pomade eingefettete Haar wirkt wie lackiert. Seit dem späten 19. Jh.

6) seinem A.n Zucker geben = im Rausch lustig sein; sich in Komik überbieten. Bezieht sich wohl auf Affen in zoologischen Gärten: in Erwartung von Zuckerstückchen sind sie besonders possierlich. 1700 ff.

7) vom A.n (vom blauen, blöden, lahmen, tollen, wilden A.n) gebissen sein = nicht recht bei Verstand sein; törichte Einfälle haben. 1870 ff.

8) jn zum A.n halten = jn veralbern. Bezieht sich vielleicht auf den mit einer Fußkette angebundenen Affen des Jahrmarkthändlers: das Tier muß sich allen Wünschen seines Herren, wohl auch dem Ansinnen der Zuschauer fügen. 1850 ff.

9) sich einen A.n holen (kaufen) = sich betrinken. [Vgl Affe 4.] Etwa seit 1830.

10) ich denke, mich laust der A. (mich soll der A. lausen): Ausdruck der Verwunderung. In volkstümlicher Auffassung laust der Affe sich und seine Artgenossen gern; in Wirklichkeit sucht er nach kleinen salzhaltigen Hautpartikeln in Schuppenform. 1800 ff.

11) den A.n machen (sich zum A.n machen) = sich närrisch aufführen; zur Unterhaltung anderer sich töricht benehmen. Herzuleiten von dem scheinbar närrischen Treiben der Affen in den zoologischen Gärten. 19. Jh.

12) jm den A.n machen = jm diensteifrig sein. [Vgl Affe 8.] 19. Jh.

13) einen A.n sitzen haben = betrunken sein. [Vgl Affe 4.] 1800 ff.

Affenarsch *m* widerlicher Mensch. Meint im engeren Sinne (vgl die folgende Vokabel) einen Menschen, dessen Gesicht dem Gesäß eines Affen ähnelt. 1850 ff.

Affenarschgesicht *n* (-visage *f*) widerliches, feistes, ausdrucksloses Gesicht. [Vgl das Vorhergehende.] 1900 ff.

affenartig *adj* mit a.er Beweglichkeit (Geschwindigkeit o. ä.) = überaus schnell. Die Beweglichkeit und Behendigkeit des Affen ist jedem Zoobesucher geläufig. Der Ausdruck »affenähnliche Beweglichkeit« stammt von August Krawani und stand am 18. Juni 1866 in der Wiener Presse.

Affenfahrt *f* sehr hohe Fahrtgeschwindigkeit. [Vgl das Vorhergehende.) 1914/18 ff.

Affenfraß *m* minderwertiges Essen. Ursprünglich braucht es kein Essen für Affen gewesen zu sein; denn in vielen Zusammensetzungen besitzt Affen- den Wert einer pejorativen Steigerung. Seit dem frühen 20. Jh.

Affengeschwindigkeit *f* sehr hohe Fahrtgeschwindigkeit. [Vgl Affenfahrt.] 1914/18 ff.

Affengetue *n* geziertes Gehabe; übertriebenes Zärtlichsein. Die Possierlichkeit wird dem Affen als Ziererei ausgelegt. Seit dem späten 19. Jh.

Affenhitze *f* sehr große Hitze. Versteht sich wohl aus der Redewendung »schwitzen wie ein Affe«. Seit dem späten 19. Jh.

Affenkasten *m* Haus; Schul-, Theatergebäude. Meint eigentlich den Affenkäfig, in dem der Schausteller Affen zur Schau stellt und in dem die Tiere ein ausgelassenes Wesen zeigen. Seit dem ausgehenden 19. Jh.

Affenkram *m* Wertlosigkeit, Unsinn, Albernheit; überflüssiger Aufwand. Affen- hat hier die Bedeutung eines steigernden und wertverschlechternden Bestandteils. Seit dem späten 19. Jh.

Affennaht *f* sehr hohe Fahrtgeschwindigkeit. [Vgl Affenfahrt und Naht 1.] 1920 ff.

Affenpinscher *m* Schimpfwort (auf einen widerlichen, unterwürfigen Mann); zuweilen auch Kosewort. Pinscher ist eine Hunderasse, und das Gesicht wird für affenähnlich angesehen. Seit dem späten 19. Jh.

Affenschande *f* es ist eine wahre A. = es ist eine große Schande; es ist unerträglich. Beruht vielleicht auf *ndd* »Apenschanne«, das aus »apenbare Schanne« (= offenbare Schande) gekürzt ist. 1830 ff.

Affenstall *m* Raum jeder kleineren Lebens- oder Arbeitsgemeinschaft; Betrieb; Büro; Schulgebäude. Analog zu Affenkasten. Hier wohl auch Anspielung auf den Gestank, wie er in den Affenhäusern der zoologischen Gärten herrscht. Gegen Ende des 19. Jhs aufgekommen.

Affentempo *n* sehr hohe Fahrtgeschwindigkeit. [Vgl Affenfahrt.] 1914/18 ff.

Affentheater *n* übertriebenes, unnatürliches Gebaren; wilder Lärm. Die Vokabel läßt sich herleiten von dem wilden Treiben der Affen auf den Affenfelsen der zoologischen Gärten; doch kann durch Affen- auch die pejorative Bedeutung von »Theater« noch gesteigert sein. [Vgl Theater 1.] 18. Jh.

Affenzahn *m* sehr hohe Fahrtgeschwindigkeit. [Vgl Zahn 11.] Etwa seit 1900.

affig *adj* albern, geckenhaft, nachahmungssüchtig; eingebildet; geziert. [Vgl Affe 1 und 2.] Im 17. Jh. aufgekommen.

Aftersausen *n* 1) Durchfall; Abgehen von Darmwinden. Im späten 19. Jh aufgekommen.

2) Angst. Vokabeln für Durchfall haben meist auch die Bedeutung »Angst«: dem Ängstlichen versagt der Schließmuskel leicht den Dienst. 1914/18 ff.

ahnen *tr* du ahnst es nicht! = du kannst es dir unmöglich vorstellen; das hätte ich nicht gedacht. Um 1890 in Berlin aufgekommene und durch die Stettiner Sänger verbreitete Modewendung.

Ahnimus *m* Ahnung. Kontaminiert aus *lat* »animus« und *dt* »ah-

nen«. Soll aus der Juristensprache stammen, etwa seit 1870.

Ahnung *f* 1) eine A. = ein klein bißchen. [Vgl Idee 1.] Etwa seit 1850.

2) keine A. haben = nichts wissen. Gern in der Wendung: »hast du eine Ahnung!«. 18. Jh.

3) keine blasse A. haben = nicht das mindeste wissen; nicht das mindeste von etw verstehen. »Blaß« verstärkt den schwachen Charakter der Ahnung. 1850 ff. Dazu noch die weiteren Redensarten: nicht die blasseste A. haben; keine blaue A. haben; keine blassen Dunstermscheins haben; nicht die mindeste A. von einer A. haben; keine A. von einer Idee haben.

Akazien *pl* 1) wie stehen die A.? = wie stehen die Dinge? »Aktien« ist wortspielerisch aus »Akazien« verdreht. Daher anfangs nur auf den Aktienstand angewendet; etwa seit 1880 allgemein üblich.

2) es ist, um auf die A. zu klettern!: Ausruf der Verzweiflung. Verstärkung von »die Wand hochgehen« im Sinne von Aufbrausen. Seit dem ausgehenden 19. Jh.

Aktien *pl* wie stehen die A.? = wie sind die Aussichten? wie geht es? Von der Börsensprache in die Alltagssprache übergegangen, etwa seit dem späten 19. Jh.

Aktive *f* Fabrikzigarette (zum Unterschied von der selbstgedrehten). Hergenommen von der Bedeutung »aktiv = vollwertig« (der aktive Soldat ist der vollwertige im Gegensatz zum Reservisten). Im Zweiten Weltkrieg aufgekommen.

Alberjan (Albrian) *m* alberner, einfältiger Mann. Zusammengesetzt aus dem Adjektiv »albern« und der Kurzform »Jan« des männlichen Vornamens Johann. Vom Norddeutschen ausgegangen und im 19. Jh immer weiter südwärts gedrungen.

Alkoholfahne *f* nach Alkohol riechender Atem. [Vgl Fahne.] 19. Jh.

Alkoholpegel *m* Menge des genossenen Alkohols; Grad der Betrunkenheit. Pegel nennt man den Wasserstandsanzeiger bei Flüssen. 1920 ff.

alle sein 1) aufgebraucht, zu Ende sein. Vielleicht verkürzt aus »alle verbraucht sein«, wohl auch beeinflußt von *franz* »allé« aus gegangen«. *Engl* Entsprechung »to be all gone«. 1700 ff.
2) bankrott sein. 19. Jh.
3) übermüdet, erschöpft sein. 19. Jh.

alle werden 1) aufgebraucht werden; zu Ende gehen. 16. Jh.
2) verhaftet werden. Stammt möglicherweise aus *jidd* »ol = hoch«, also analog zu hochgehen. 1800 ff.

allein sein a. auf weiter Flur sein = allein, verlassen sein. Entstammt dem durch Schule und Gesangvereine sehr volkstümlich gewordenen Gedicht von Ludwig Uhland »Des Schäfers Sonntagslied« (1805 gedichtet, 1807 gedruckt). Wohl seit dem späten 19. Jh.

allerhand *adv* das ist a. (ich finde es a.)!: Ausdruck der ablehnenden Verwunderung; zuweilen auch soviel wie »das ist eine beachtliche Leistung«. Verkürzt aus »das ist allerhand Arbeit« o. ä., wobei »allerhand« nicht nur »viel«, sondern auch »groß und schwer« meint. Spätestens seit 1900.

Allerwertester *m* Gesäß. Euphemismus. Etwa seit dem frühen 19. Jh.

Alpen-Dollar *m* österreichischer Schilling. Aufgekommen zwischen den beiden Weltkriegen, als der US-Dollar monetärer Wertmesser wurde.

alt *adj* heute nicht a. werden = heute frühzeitig zu Bett gehen; heute nicht lange im Wirtshaus verweilen. 19. Jh.

Alte *f* meine A. = meine Frau. 18. Jh.

Alter *m* Vater, Ehemann, Vorgesetzter. 16. Jh.

Amen *n* das ist so sicher wie das A. in der Kirche (in der Bibel, im Gebet) = das ist ganz bestimmt; darauf kannst du dich fest verlassen. Hergenommen von der Häufigkeit, mit der im christlichen Gottesdienst das Amen als Gebetsschluß vorkommt. 17. Jh.

Ami *m* 1) Hundename. Fußt wohl auf *franz* »ami = Freund«. 19. Jh.
2) Nordamerikaner; nordamerikanischer Soldat. Um 1943/44 aufgekommene Abkürzung.
3) dicker A. = nordamerikanisches Luxusauto. 1945 ff.

Ami *f* amerikanische Zigarette. 1945 aufgekommen.

Amibändchen *n* schwarzes Halsband aus Samt. Eigentlich Bezeichnung für das Halsband, wie man es früher Stubenhunden umlegte. Nach der Barock- und Rokokozeit wieder aufgelebt um 1850/70.

Amidampfer *m* US-Luxusauto. Auf den Straßen nimmt es sich mit seiner breiten Bauart wie ein Dampfer aus. 1945 ff. [Vgl Straßendampfer.]

Amikreuzer *m* US-Luxusauto. [Vgl das Vorhergehende.] 1945 ff.

Amischlitten *m* US-Luxusauto. [Vgl Schlitten 1.] 1945 ff.

Ammenbier *n* Malz-, Nährbier. Wird angeblich von Ammen bevorzugt oder ihnen empfohlen. 19. Jh.

Amorsitz *m* Platz in der letzten Sitzreihe des Kinos. Dieser Platz wird von Liebespaaren bevorzugt, weil man ungesehen Zärtlichkeiten tauschen kann. 1920 ff.

Ampelsalat *m* Fülle von Verkehrsleuchtzeichen an Straßenknotenpunkten. Salat = Durcheinander, Unordnung. Nach 1950 aufgekommen.

Ampelwald *m* Gesamtheit der Verkehrsampeln. Mit »Wald« bezeichnet man ein unübersichtliches Nebeneinander. 1950 ff.

amtlich *adj* das ist a. = das steht fest, ist gewiß; darauf kannst du dich fest verlassen. Erklärungen von Amts wegen gelten als verläßlich. 1870 ff.

Amtsschimmel *m* 1) bürokratisches Vorgehen; Bürokratismus. Herzuleiten entweder von den berittenen Boten der Schweiz oder von dem Schimmelpilz, der sich auf den Akten bildet (bilden kann). 1850/70 ff.

2) der A. trabt = bürokratische Engherzigkeit macht sich bemerkbar. Der Amtsschimmel wird hier als Pferd aufgefaßt. 1945 ff.

3) der A. wiehert = Bürokratismus macht sich geltend; der Bürokratie unterläuft durch peinlich genaue Beachtung der Vorschriften ein schwerer Fehler (über den in der Öffentlichkeit wacker gelacht und gelästert wird). 1945 ff.

Amüsierschuppen *m* zum Ballsaal umgestaltete Halle; Lokal mit Unterhaltung aller Art. [Vgl Schuppen.] 1950 ff.

anbandeln (anbändeln) *intr* 1) mit jm eine Liebelei anfangen. Leitet sich her vom Anknüpfen eines Bandes, des Liebes- und Freundschaftsbundes, auch vom sinnbildlichen Tausch von Liebesbändern. 1800 ff.

2) mit jm Streit anfangen. Variante zu anbinden. 1800 ff.

anbeißen *v* 1) sich bereit finden; sich anlocken lassen; auf einen Liebesantrag eingehen. Hergenommen vom Köder, auf den der Fisch anbeißt; zusammenhängend mit »sich jn (nach jm) angeln« [vgl angeln 2]. In bezug auf den Liebesantrag spielt hier auch die Vorstellung vom Liebesapfel hinein. 17. Jh.

2) zum A. sein = verlockend, appetitlich sein. Der Ausdruck wird meist auf junge Mädchen bezogen und leitet sich aus der früheren Sitte her, als Liebende einander Äpfel schenkten und hineinbissen, wenn sie die Werbung annahmen. 19. Jh.

anbellen *tr* jn anherrschen, ausschimpfen. Das Bellen des Hundes wird als ein Schimpfen aufgefaßt. Spätestens seit 1800.

anbinden *intr* mit jm Streit anfangen. Hergenommen von der Fechtkunst: die Klingen kreuzweise übereinanderlegen, bedeutete den Beginn des Kampfes. 18. Jh.

anblasen *tr* jn anherrschen. Vom heftigen Luftausstoß wird auf den heftigen Charakter der Worte geschlossen. 16. Jh.

anblödeln *tr* jn einfältig ansprechen; jn einfältig anstarren; jn verulken. [Vgl blödeln.] Das österreichische Wort ist seit 1900 gemeindeutsch.

anbohren *v* jn (bei jm) um etw a. = von jm etw durch ausdauerndes Zusetzen zu erlangen suchen; jn mahnen. Hergenommen vom Anbohren von Gestein oder Flöz, vielleicht beeinflußt von *rotw* »bohren = betteln«. 1830/40 ff.

anbrennen *tr* nichts a. lassen = 1) eine Arbeit nicht lange unerledigt liegenlassen. Hergenommen von der Kochkunst: wer eine Speise anbrennen läßt, hat sie zu spät vom Feuer genommen. Seit dem späten 19. Jh.

2) sich nichts entgehen lassen; keine Gelegenheit zum Geschlechtsverkehr verabsäumen. Seit dem späten 19. Jh.

anbuhen *tr* gegen jn laut Mißfallen äußern. [Vgl buhen.] 1900 ff.

Andachtsgasometer *m* Kirchenrundbau. Wegen der Formähnlichkeit mit einem Gaskessel. Zwischen 1920 und 1930 aufgekommen mit dem Stil der neuen Sachlichkeit.

andackeln (angedackelt kommen) *intr* langsam herbeikommen. Ursprünglich auf einen Krummbeinigen bezogen, wie es ja auch der Dackel ist. 1900 ff.

andrehen *tr* 1) jm etw listig, zu seinem Schaden verkaufen, aufschwatzen. Gemeint ist wohl, daß der Listige einen wertlosen oder schadhaften Gegenstand so lange dreht, bis seine kleine gute Seite zur Geltung kommt. Zusammenhang mit »eine Nase drehen« ist möglich. 15. Jh.

2) jm eine Ohrfeige versetzen. Spätes 19. Jh.

andudeln *tr* sich einen a. = sich betrinken. [Vgl dudeln 2.] 1800 ff.

anduseln *tr* sich einen a. = sich betrinken. [Vgl Dusel 2.] 19. Jh.

anecken *intr* gegen den guten Ton verstoßen; unangenehm auffallen; jds Mißfallen erregen. Hergenommen vom Kegel- oder Billardspiel: durch Rückprall einen Treffer erzielen, gilt als Verstoß gegen die Regeln. 1850 ff.

aneinandergeraten (kommen) *intr* handgemein werden; Streit bekommen. Meint ursprünglich die Rauferei, bei der man die Hände gebraucht; dann auch den Wortwechsel ohne Tätlichkeiten. 19. Jh.

anfahren *tr jn* anherrschen. Gemeint ist ursprünglich »auf jn heftig eindringen«. 1500 ff.

anfauchen *tr* jn anherrschen. Hergenommen vom Fauchen der Tiere. 18. Jh.

anfeuchten *refl (intr)* Alkohol trinken. Verkürzt aus »sich die Kehle anfeuchten«. 19. Jh.

anflachsen (anflaxen) *tr* jn veralbern, anscherzen. [Vgl flachsen.] 1900 ff.

anflitzen (angeflitzt kommen) *intr* schnell herbeikommen. [Vgl flitzen.] Seit dem frühen 19. Jh.

anflöten *tr* jn gewinnend ansprechen. »Flöten« meint das zierliche Sprechen, wobei der Mund so geformt wird, als wolle man flöten. 1900 ff.

anfurzen *tr* jn anherrschen. Der laute Abgang von Darmwinden wird heftigem Ansprechen gleichgesetzt. Seit dem späten 19. Jh.

Angabe *f* selbstgefällige Vorspiegelung von Wohlhabenheit, Können, Erfahrung; Prahlerei. [Vgl angeben.] Kurz nach 1900 aufgekommen. Dazu die ironisierenden Redewendungen: »A. ist auch eine Gabe«, »die beste Gabe ist A.« und »A. ist das halbe Leben«.

angeäthert sein leicht betrunken sein. Äther wie Alkohol sind Berauschungsmittel. 1850 ff.

angeben *intr* mehr scheinen wollen als sein; Reichtum, Können, Erfahrung o. ä. anderen vorspiegeln. Entweder entwickelt aus der Bedeutung »eine Arbeitsanweisung geben«, was der Arbeitnehmer spöttisch als ein Sichaufspielen auslegt (denn der Anweisende selber arbeitet nicht), oder rührt auf »den Ton angeben«, was sowohl auf den Chorleiter wie auch ganz besonders auf den Soldatenausbilder zutrifft. Älter ist die Bedeutung »Späße machen, Tollheiten treiben«. Die heutige Bedeutung ist spätestens im ausgehenden 19. Jh aufgekommen. Von den stehenden Redewendungen sind am bekanntesten: a. wie ein wildgewordener Affe, wie eine Lore (Steige) voll Affen, wie ein Wald voll Affen, wie eine Tüte Bienen (Mücken), wie eine offene Brause, wie ein Sack Flöhe, wie zehn (sieben, ein Dutzend) nackte Neger, wie zehn (ein Dutzend) nackte Wilde usw. Dazu die ironisierenden Redensarten: »wer angibt, hat mehr vom Leben« und »wer angibt, hat's nötig«.

Angeber *m* Mensch, der mehr scheinen will, als er ist. [Vgl das Vorhergehende.] 1900 ff.

angeberisch *adj* zum Prahlen neigend. 1920 ff.

angedooft sein dümmlich sein. [Vgl doof.] 1900 ff.

angeduhnt sein leicht betrunken sein. [Vgl duhn.] 19. Jh.

angeduselt sein leicht bezecht sein. [Vgl Dusel 2.] Etwa seit dem späten 19. Jh.

angegossen *part perf* wie angegossen passen (sitzen) = sich der Gestalt gut anpassen; tadellosen Sitz haben (auf Bekleidung bezogen). Hergeleitet von der Gußform, deren Feinheiten sich das flüssige Metall genau anpaßt. 18. Jh.

angeheitert sein leicht bezecht sein. Alkoholgenuß ruft eine heitere Stimmung hervor. 19. Jh.

angeknackst *adj* 1) nicht unbescholten. [Vgl Knacks 1.] Etwa seit dem ausgehenden 19. Jh.
2) leicht verrückt. 1900 ff.
3) kränkelnd. 1900 ff.
4) geschäftlich nicht mehr krisenfest. Etwa seit 1920.
5) leicht bezecht. Seit dem frühen 20. Jh.

angekratzt *adj* 1) bei der Mensur leicht verletzt; im Krieg leicht verwundet. Seit dem späten 19. Jh.
2) von Bomben leicht beschädigt. 1940 ff.
3) leicht bezecht. 1920 ff.
4) dümmlich. 1900 ff.

angeln *tr* 1) sich jn a. = a) jn zwecks Erteilung einer Rüge vornehmen. Meint eigentlich »mit dem Angelhaken greifen«. Spätes 19. Jh.

b) sich einen Ehepartner geschickt (listig) zu erwerben wissen; mit der Heiratsabsicht einem Mädchen nachstellen. Sachlich verwandt mit »anbeißen 1«. 18. Jh.

2) sich etw a. = sich etw herausholen; etw mit List an sich bringen; etw stehlen. 19. Jh.

angemüdet sein leicht ermüdet sein. 1900 ff.

angesäuselt sein leicht bezecht sein. Weiterentwickelt aus der *mhd* Wendung »in dem suse leben = ein ausschweifendes Leben führen«; seit dem 19. Jh verengert auf den Alkoholgenuß.

angeschlagen sein 1) benommen, entkräftet sein; nicht mehr voll leistungsfähig sein. Rührt her entweder vom Schlag gegen den Kopf (Gehirnerschütterung, Betäubung) oder vom kräftigen Boxerhieb oder auch vom Begriff »angeschlagenes Heer = fast ganz aufgeriebenes Heer«. 1900 ff.

2) leicht bezecht sein. Trunkenheit erscheint in der Alltagssprache gern unter dem Bilde eines Schlags gegen den Kopf. 1900 ff.

angeschossen sein leicht bezecht sein. Vom angeschossenen Wild, das taumelnd läuft und fällt, auf den Bezechten übertragen. 18. Jh.

angeschrieben sein bei jm gut (hoch, groß) a. sein = bei jm viel gelten; von jm gut beurteilt werden. Wohl hergekommen vom Lehrer, der die Leistungen seiner Schüler anschreibt; wer bei ihm eine gute Note hat, gilt bei ihm viel. Eingewirkt haben mag außerdem die alte volkstümliche Vorstellung, daß im Himmel die guten oder schlechten Taten des Menschen aufgeschrieben werden. [Vgl Kuhhaut.] Spätestens seit dem frühen 18. Jh.

angestochen sein 1) leicht verrückt sein. Wohl hergenommen vom Obst, das durch einen Insektenstich beschädigt ist. 1910 ff.

2) leicht bezecht sein. 19. Jh.

angiften *tr* jn anherrschen, beschimpfen, anfeinden. [Vgl giftig.] 19. Jh.

angrobsen (angrobschen) *tr* jn grob anherrschen, grob anreden. Verbal entwickelt aus dem Adjektiv »grob«. Spätes 19. Jh.

Angst *f* mehr A. als Vaterlandsliebe haben = ängstlich, feige sein. Vermutlich im ausgehenden 19. Jh entstanden und rasch in die Alltagssprache eingegangen.

2) A. hat er keine, aber rennen kann er = er ist feige. 1900 ff.

Angsthase *m* ängstlicher Mensch. Der Hase gilt als ängstlich und feige, weil er vor dem Menschen flüchtet. 1500 ff.

Angstmeier *m* ängstlicher Mensch. Der weitverbreitete Familienname Meier tritt im Alltagsdeutsch gern an die Stelle von »Mann, Mensch«. 19. Jh.

Angströhre *f* Zylinderhut. Entgegen weitverbreiteter Ansicht hängt die Bezeichnung ursächlich nicht mit der Wiener Revolution von 1848 zusammen (wo man die revolutionären Kalabreser gegen Zylinderhüte vertauschte), sondern ist wahrscheinlich Lehnübersetzung aus *engl* »anxiety-hat«, jenem Zylinderhut, den um 1800 der Kurzwarenhändler John Hetherington als erster trug und der ihm wegen Verbreitung von Angst und Schrecken ein Gerichtsverfahren eintrug.

anhaben *tr* 1) ein Kleidungsstück tragen. Verkürzt aus »angezogen haben«. Schon seit dem Jahr 1000 bekannt.

2) angezündet haben. Hieraus verkürzt. 19. Jh.

Anhalter *m* 1) Mensch, der Autos anhält, um mitgenommen zu werden. Bezeichnete ursprünglich den Bettler, dann seit 1920 in Berlin den Fahrgast, der eine vorbeifahrende Droschke anhält und sie nicht erst am Stand nimmt. Die heutige Bedeutung kam um 1930 auf.

2) per A. fahren (reisen) = von fremdem Autofahrer mitgenommen werden. 1930 ff.

anhaltern *intr* ein Auto anhalten, um mitgenommen zu werden. [Vgl das Vorhergehende.] 1930 ff.

anhängen *tr* 1) jm eins (etw) a. = Nachteiliges über jn reden; jn verleumden. Ohne daß der Betreffende es merkt, hängt man ihm einen Strohhalm, einen Lappen, einen Zettel o. ä. an, wodurch er den Vorübergehenden zur Zielscheibe ihres Spotts wird. Insbesondere hängte man früher den an den Pranger gestellten Leuten Steine, Schandflaschen o. ä. an, auch Zettel, auf denen die Ursache der Entehrung zu lesen stand. 14. Jh.

2) jm etw. a. = jn mit einer Ware übervorteilen; jm mehr verkaufen, als der Käufer beabsichtigt. 14. Jh.

anhauchen *tr* jn anherrschen. [Vgl anblasen.] 19. Jh.

anhauen *tr* jn ansprechen, um Geld fragen. Wohl herzuleiten vom freundschaftlich-burschikosen Schlag auf die Schulter oder vom derberen Stoß in die Seite. 19. Jh.

anhimmeln *tr* hingerissen, schwärmerisch zu jm aufblicken. [Vgl himmeln 1.] Etwa seit dem späten 19. Jh.

anhübschen *tr refl* jn (sich) hübsch anziehen; sich jugendlicher kleiden als dem Lebensalter entsprechend. Man gibt sich den Anflug von Hübschsein, ohne es in Wirklichkeit zu sein. 1870 ff.

anhusten *tr* jn anherrschen. Der Luftausstoß durch Nase, Mund und After dient in der Alltagssprache zur Kennzeichnung des heftigen (derben) Anherrschens. 19. Jh.

Animus *m* Ahnung. [Vgl Ahnimus.] 1850 ff.

anknabbern *tr* 1) anbeißen, annagen. [Vgl knabbern.] 1600 ff.

2) zum A. sein = liebreizend sein. [Vgl knabbern 2.] 19. Jh.

anknacksen *v* es knackst ihn an = es nimmt ihn seelisch mit. [Vgl Knacks 1.] 1920 ff.

ankohlen *tr* jn anlügen. [Vgl kohlen.] 1820 ff.

ankoksen *tr* jn anführen, belügen; jm ein Gerücht als Wahrheit hinstellen. [Vgl koksen 3.] Etwa seit 1900.

ankommen *intr* die erhoffte Wirkung erzielen; Erfolg haben; sich verstanden sehen. Stammt wohl aus der Sprache der Rundfunkleute im Sinne einwandfreier Übertragung (es wird gesendet: kommt es auch entsprechend an?), als verschickte man ein Paket, über dessen Eintreffen Unsicherheit besteht. Gehört auch dem Wortschatz der Journalisten und der Werbefachleute an. 1945 ff.

ankotzen *v* 1) jn a. = jn anherrschen. [Vgl anhusten.] »Kotzen« spielt auf derbe, unflätige Redeweise an. 1900 ff.

2) es kotzt mich an = es widert mich an. [Vgl kotzen 1.] 1900 ff.

ankreiden *tr* jm etw als Schuld anrechnen; es jm gedenken. Leitet sich her von der früheren Art, Zechschulden anzuschreiben, nämlich mittels Kreide an die Tür oder auf ein schwarzes Brett. 1800 ff.

ankriegen *tr* 1) etw anziehen können. Kriegen = bekommen; ankriegen = anbekommen. Spätestens seit dem 17. Jahrh.

2) etw zum Brennen bringen; etw anzünden können. 17. Jh.

ankurbeln *tr* eine Angelegenheit in Gang bringen, in die Wege leiten, tatkräftig fördern. Hergenommen vom Automotor, der früher mit einer Kurbel in Gang gesetzt wurde. Im frühen 20. Jh aufgekommen, gefestigt erst nach der Weltwirtschaftskrise des Jahres 1929 geläufig geworden, vor allem durch das Schlagwort der Nationalsozialisten von der »Ankurbelung der Wirtschaft«.

anlaatschen (angelaatscht kommen) *intr* langsam, schlurfend nahen. [Vgl laatschen 1.] Etwa seit 1800.

anlachen *tr* sich eine (einen) a. = Damen-, Herrenbekanntschaft machen; jn durch freundliches Wesen für sich gewinnen. 1900 ff.

anlaufen *v* 1) bei jm a. = bei jm unerwarteten Widerstand finden. Hergenommen von alten Turnier-, Kampf- und Jagdsitten: man hielt dem Gegner (auch dem Wildschwein) den Speer vor und ließ ihn (es) anlaufen. 1500 ff.

2) jn a. lassen = jm unerwarteten Widerstand leisten; jn heftig zurechtweisen. 1500 ff.

anlinsen *tr* jn anblicken, beäugen. [Vgl linsen 1.] Etwa seit dem 18. Jh.

anmalen *refl* sich schminken. Meist abfällig auf übertriebenes Schminken, auf grelle Schminkfarben o. ä. bezogen. Etwa seit 1900. [Vgl Malkasten.]

anmaulen *tr* jn grob anherrschen. Maul ist, auf den Menschen bezogen, die derbere Variante zu Mund und meint insbesondere die Verwendung grober Worte. 1920 ff.

anmeckern *tr* jn in kleinlicher Weise bekritteln. [Vgl meckern.] Anfangs (1824) auf die Kunstkritik bezogen, seit 1900 auf jegliche Form des Nörgelns.

annehmen *tr* das kannst du a. = darauf kannst du dich fest verlassen; das ist unbedingt wahr. Gemeint ist wohl, daß einer eine Mahnung, eine Äußerung der Lebenserfahrung o. ä. beherzigen soll. Etwa seit 1920.

Anno 1) A. dazumal = vor langer Zeit. »Dazumal«, ein geläufiges Wort der Bibelsprache, meint »damals«. 19. Jh.
2) A. Leipzig/einundleipzig = vor langer Zeit. Die Endsilbe -zig knüpft die Verbindung zwischen der Dekadenzlust und der Stadt Leipzig; Verquickung der Jahreszahlen 1813 (Völkerschlacht bei Leipzig) und 1870/71 (Deutsch-Französischer Krieg). Aufgekommen am ersten Jahrhunderttag der Schlacht bei Leipzig, 1913. Die zu den damaligen Paraden, militärischen Schauspielen usw. abkommandierten Soldaten wurden lange vorher auf den Drill von 1813 einexerziert.
3) A. Tobak (Tubak) = vor langer Zeit. Bezieht sich entweder auf das Aufkommen des Tabaks oder ist entstellt aus »domini«, weil man den Namen Gottes nicht zu unrechter Zeit nennen soll. 1800 ff.

anöden *tr* 1) jn langweilen. »Öde« meint soviel wie »leer, verlassen«, hier vor allem die Bedeutung »inhaltsleer, gehaltlos«. Seit dem ausgehenden 19. Jh.
2) jn necken, veralbern, dumm

anreden. Gemeint ist wohl, daß der Betreffende so ausdauernd geneckt wird, daß es ihn schließlich langweilt. Spätes 19. Jh.

anpeilen *tr* den Blick auf jn richten; durch Blicke Anschluß an ein Mädchen suchen; auf jn zusteuern. Hergenommen aus der Seemannssprache: peilen = den Kurs eines Schiffs mittels Kompaß bestimmen. 1900 ff.

anpellen *tr refl* etw (sich) anziehen. [Vgl Pelle 2.) 1900 ff.

anpfeifen *tr* jn anherrschen. Variante zu anblasen. 14. Jh.

Anpfiff *m* heftige Rüge. [Vgl das Vorhergehende.] Seit dem späten 19. Jh.

anpflaumen *tr* auf jn anzügliche Bemerkungen machen. [Vgl pflaumen.] Spätestens seit 1900.

anplärren *tr* jn anherrschen, anschreien. [Vgl plärren.] 15. Jh.

anpöbeln *tr* jn ungesittet ansprechen. [Vgl pöbeln.] Seit dem späten 19. Jh.

anpuffen *tr* jn heftig anstoßen; gegen ein Auto fahren. [Vgl puffen.] 18. Jh.

anpumpen *tr* jn um Geld ansprechen. [Vgl pumpen 1.] Seit dem 18. Jh.

anquaken *tr* 1) jn ansprechen. Quaken ist das Schallwort für den Froschlaut, auch für die Laute der Enten und krächzender Raben. 1900 ff.
2) jn anherrschen. 1900 ff.

anquasseln *tr* jn anschwätzen. [Vgl quasseln.] 1800 ff.

anquatschen *tr* jn (dreist) anreden. [vgl quatschen 1.] 19. Jh.

anrandsen (anranzen) *tr* jn anherrschen. Fußt vielleicht auf *ndl* »aanransen = dreist ansprechen« mit Einfluß von *dt* »ranzen = lärmen«; auch Intensivbildung zu »raunen« ist möglich. 19. Jh.

anraunzen *tr* jn anherrschen. [Vgl raunzen.] 1800 ff.

Anraunzer *m* heftige Rüge. [Vgl das Vorhergehende.] 19. Jh.

Anreißer *m* Kundenfänger, Jahrmarktschreier; Propagandist. Meint eigentlich den Händler, der die Kunden am Ärmel in den Laden zieht. 1830 ff.

anrempeln *tr* jn beim Begegnen absichtlich stoßen; den Begegnenden anstoßen, um ihn zum Widerstand zu reizen. [Vgl rempeln.] Aus der Studentensprache um 1850 in die Mundarten gelangt.

anrichten *tr* eine Unannehmlichkeit, einen Schaden verursachen. Meint eigentlich soviel wie zurechtmachen. Gern ironisch: da hast du etwas Schönes (Nettes o. ä.) angerichtet! 16. Jh.

anrotzen *tr* jn derb anherrschen. Nach dem Muster von anhusten oder anblasen entwickelt im Sinne derber, unflätiger Redeweise. [Vgl Rotz.] 1900 ff.

ansaufen *tr* sich einen a. = sich betrinken. [Vgl saufen.] 18. Jh.

ansäuseln *tr* sich einen a. = sich betrinken. [Vgl angesäuselt sein.] 19. Jh.

Anschaffe *f* 1) Partnersuche. Substantivbildung zu anschaffen. Um 1900 beschränkt auf Männerfang durch Huren, im Halbwüchsigendeutsch seit 1955 verallgemeinert. 2) auf die A. gehen = sich etw besorgen; etw diebisch an sich nehmen. Seit den Tagen des ersten Weltkrieges.

anschaffen *tr* jm etw. a. = jm etw befehlen, bestellen; jn mit etw beauftragen. Das schwache Verbum »schaffen« meint soviel wie »einrichten, bewerkstelligen«. Hieraus entwickelte sich »anschaffen« im Sinne von »etw durch andere bewirken lassen«. Über die Grenzen Österreichs und Bayerns geläufig. 1800 ff.

anscheißen *v* 1) *tr* = jn betrügen, anführen. Ausdrücke des Betrugens stehen in der Alltagssprache vielfach in Beziehung zum Koten und Harnen. Demnach ist Betrügen eine schmutzige und hassenswerte Handlungsweise. 18. Jh. 2) *tr* = jn derb anherrschen, beschimpfen. Jede mit Geräusch verbundene Hervorbringung des Menschen dient zur Wiedergabe derben Ausschimpfens [vgl anhusten]. Spätestens seit dem ausgehenden 19. Jh und damals vorwiegend bei den Soldaten gebräuchlich.

3) ich scheiße mich an (da scheißt du dich an)!: Ausdruck der Überraschung. Gemeint ist wohl, daß man vor Staunen die Gewalt über den Schließmuskel des Afters verliert. 1900 ff. 4) sich bei jm a. = sich bei jm beliebt machen wollen. 18. Jh. 5) angeschissen kommen = herbeikommen; ungelegen kommen. Meint eigentlich »mit Gestank nahen«. In der Alltagssprache gilt der unsympathische Mensch als stinkig. 1850 ff.

anschießen *tr* jds Ruf und Ansehen schwer schädigen; jn geschäftlich in Verruf bringen. Leitet sich wohl vom angeschossenen Wild her, das elend umkommen muß. Seit dem ausgehenden 19. Jh.

Anschiß *m* heftige Rüge; Anherrschung. [Vgl anscheißen 2.] Seit dem ausgehenden 19. Jh.

Anschleiche *f* es auf die A. bringen = dezent tanzen. Statt ausgelassen, wie wild zu tanzen, bevorzugt man das schleichende und schiebende Tanzen. 1955 ff.

Anschmeiße *f* es mit jm auf die A. bringen = mit jm eng aneinandergeschmiegt tanzen; sich an jn schmiegen. Im Halbwüchsigendeutsch wird seit 1955 aus dem zärtlichen Schmiegen ein heftiges Werfen.

anschmieren *v* 1) *tr* = jn anführen, betrügen, übervorteilen; jm Minderwertiges aufdrängen. Zur Sache vgl anscheißen 1. 17. Jh. 2) *refl* = sich einschmeicheln, aufdrängen, anschmiegen. Wie bei anscheißen 4 scheint in der volkstümlichen Auffassung Einschmeichlung als schmutzige Handlungsweise beurteilt zu werden. 1850 ff. 3) *refl* = sich schminken. Schmieren = unsauber malen. 1900 ff.

anschmusen *refl* sich einschmeicheln. [Vgl schmusen.] 19. Jh.

anschnarchen *tr* jn anherrschen. [vgl anhusten.] 16. Jh.

anschnauzen *tr* jn derb anherrschen. Intensivbildung zu anschnauben, wohl mit Einfluß von »schnauzen«. 16. Jh.

Anschnauzer *m* derbe Anherrschung; grobe Rüge. [Vgl das Vorhergehende.] 19. Jh.

anschnorren *tr* jn um etw a. = jn um Geld anbetteln. [Vgl schnorren 1.] 19. Jh.

anschustern *refl* sich einschmeicheln. Hängt wohl mit dem Schusterpech zusammen: der Einschmeichler will sich gewissermaßen ankleben. Spätestens seit 1900.

anschwärzen *tr* jn hinterhältig bezichtigen. Übersetzung von *lat* adnigrare. 16. Jh.

anschweigen *tr* einander a. = schweigend beisammensitzen. 1900 ff.

ansein *intr* 1) brennen. Verkürzt aus »angezündet sein«. 19. Jh.
2) angefangen haben (das Theater ist an = die Vorstellung hat begonnen). 19. Jh.
3) angekleidet sein.19. Jh.

anspitzen *tr* jn antreiben, anstacheln, anherrschen; jn sehr streng behandeln, rücksichtslos einexerzieren. Parallelbildung zu schleifen 1 und zu »den Arsch anschärfen«. Um 1930 aufgekommen, wahrscheinlich bei der Reichswehr.

anspringen *intr* nicht a. = sich abweisend verhalten; auf ein Anerbieten nicht eingehen. Hergenommen vom Motor, der nicht anspringt. 1920 ff.

anständig *adj adv* gut, ziemlich, gehörig; sehr. (Er ist anständig betrunken; gib mir ein anständiges Glas Bier.) Meint eigentlich »den Anstandsregeln entsprechend«. Die heutige Bedeutung geht vielleicht von Studenten aus. 19. Jh .

Anstandswauwau *m* Anstandsdame. [Vgl Wauwau 2.] Etwa seit 1870.

anstänkern *tr* mißgünstig über jn reden; jn anzüglich ansprechen; jn beschimpfen. [Vgl stänkern.] 1900 ff.

anstiefeln (angestiefelt kommen) *intr* zu Fuß nahen.Meint eigentlich »die Stiefel anziehen«, dann *intr* »in Stiefeln nahen«. 18. Jh.

anstinken *intr* gegen etw nicht a. können = mit etw nicht wetteifern können. Gemeint ist eigentlich, daß man einen Gestank durch

einen kräftigeren zu verdrängen sucht. Sprichwörtlich heißt es: gegen ein Veilchenbeet (gegen einen Haufen Mist) kann man nicht a. Seit dem späten 19. Jh.

anstreichen *tr* jm etw a. = jm etw nachtragen; es jm gedenken. Sachverwandt mit ankreiden. Gemeint ist wohl, daß man die Geldschuld des Betreffenden im Kalender, im Notizbuch o. ä. festhält, um sie nicht aus dem Gedächtnis zu verlieren. 18. Jh.

antanzen (angetanzt kommen) *intr* (leichtfüßig) nahen. Verallgemeinert aus »tanzend, tänzelnd herbeikommen«. 19. Jh.

Antenne *f* für etw eine A. habeh = Sinn, Gefühl für etw haben; etw verstehen; an etw Interesse haben. Herzuleiten aus der Rundfunktechnik. Nach 1945 durchgedrungen.

Antennenwald *m* Gesamtheit der Dachantennen einer Stadt. Wald = unübersichtliches Nebeneinander. 1945 ff.

Antigrippin *n* Alkohol. Schnaps, Rum o. ä. gelten bezüglich der Grippe als Vorbeugungs- und Heilmittel. 1950 ff.

Antike *f* Mutter. Moderne Steigerung der »alten Dame«: die Mutter wird wegen ihrer Anschauungen bei den Halbwüchsigen seit 1950 dem Altertum zugerechnet.

Antiker *m* Vater. [Vgl das Vorhergehende.] 1950 ff.

Anton *m* blauer A. = Monteuranzug; Arbeitsanzug des Maschinisten. »Blau« bezieht sich auf die Farbe; »Anton« kann aus *ndd* »Antog« (= Anzug) entstellt sein. Etwa seit 1850.

anturnen (angeturnt kommen) *intr* herbeikommen. »Turnen« meint in der Alltagssprache soviel wie »tollen, sich ausgelassen bewegen«. 1920 ff.

anwalzen (angewalzt kommen) *intr* langsam herbeikommen. Hängt mit dem Walzer zusammen: walzen = tanzen. Parallel zu antanzen. 1850 ff.

anwanzen *refl* sich einschmeicheln, aufdrängen. Der Einschmeichler hat mit der Wanze die Hartnäkkigheit gemeinsam. Seit dem ausgehenden 19. Jh.

anwetzen (angewetzt kommen) *intr* eiligst nahen. [Vgl wetzen.] 1870 ff.

anzapfen *tr* 1) jn um Geld ansprechen. Hergenommen von der Blutentnahme durch den Arzt: Geld gilt weithin als Herzblut. 18. Jh.

2) jn anzüglich anfragen; jn ausfragen. 17. Jh.

Anzug *m* 1) A. von der Stange = Konfektionsanzug. In den Bekleidungsgeschäften hängen die fertigen Anzüge auf Stangen. Um 1900 aufgekommen.

2) ich haue (boxe, stoße o. ä.) dich aus dem A.:! Drohrede. Etwa seit 1910.

Apfel *m* 1) für einen A. und ein Ei = für eine Kleinigkeit; weit unter dem Wert; fast unentgeltlich. In größerer Bauernwirtschaft sind Äpfel und Eier so reichlich vorhanden, daß man davon verschenken kann, ohne selbst ärmer zu werden. 16. Jh.

2) in den sauren A. beißen = sich notwendig zu etwas Unangenehmem entschließen. Der saure A. ist unbeliebt, weswegen er die Geltung des notwendigen Übels annimmt. 1500 ff.

Äpfelchen *pl* Jungmädchenbusen. Wegen der Formähnlichkeit, wohl auch in Anlehnung an die Liebessymbolgeltung des Apfels. Seit der Zeit der galanten Barockdichtung.

Apfelmus *n* ich haue (mache) dich zu A.!: Drohrede. Etwa seit dem späten 19. Jh.

Apotheke *f* Geschäft (Gasthaus) mit hohen Preisen. Beruht auf der landläufigen Vorstellung von der Kostspieligkeit der Arzneien und dem hohen Gewinn des Apothekers. 19. Jh.

Apparat *m* 1) üppiger Busen. Wohl hergenommen von einem wegen seiner Umfänglichkeit eindrucksvollen Apparat, wobei in technischer Hinsicht auch auf die Milchdrüsen angespielt sein kann. Spätes 19. Jh.

2) ohne A. = einfach, leicht, mühelos. Stammt vielleicht aus einem Reklametext für irgendeine Ware

nach dem Muster: »größer werden auch Erwachsene, schnell und sicher ohne Apparat!«. Seit dem späten 19. Jh.

3) er wird am A. verlangt = er muß sich rasieren. Übernommen aus dem Fernsprechwesen mit wortwitzelnder Gleichsetzung von Telefonapparat und Rasierapparat. Etwa seit 1940.

Arbeit *f* 1) das ist eine A. für einen, der Vater und Mutter totgeschlagen hat = das ist eine niedrige, schwere Arbeit. Meint eigentlich eine Arbeit, wie sie von Schwerverbrechern in Zuchthäusern ausgeführt wird. 1900 ff.

2) fertige A. suchen = nicht arbeiten wollen; müßig gehen; die Leistung anderer ausnutzen. 19. Jh.

Arbeiterdenkmal *n* Ruhestellung des sich auf sein Arbeitsgerät lehnenden Arbeiters. Hergenommen von der Mittelgestalt eines von Kaiser Wilhelm II. um 1900 auf dem Andreasplatz zu Berlin gestifteten Denkmals zu Ehren des Arbeiters: der Eisenarbeiter stützt sich im Stehen auf seinen Hammer.

Arbeitgeberhut *m* Herrenhut mit steifer breiter Krempe; besonders wertvoller Herrenhut; schwarzer Herrenhut. Wegen seines Preises ist er nur für Arbeitgeber erschwinglich; klassenkämpferische Bezeichnung, auch heute noch, obwohl diesen Hut auch Arbeitnehmer tragen. 1920 ff.

arm *adj* es ist hier nicht wie bei armen Leuten = hier kann man sich sattessen; hier geht es großzügig zu. Oft mit dem Zusatz: »wo die Möbel an die Wand gemalt sind« oder »wo die Tapeten durch Fliegenscheiße ersetzt werden«. Spätes 19. Jh.

Arm *m* 1) per A. gehen = Arm in Arm gehen. »Per« ist Kaufmannsdeutsch und meint »mittels«. 1870 ff.

2) jm unter die A.e greifen = jm (in der Not) behilflich sein. Entstammt der Fechtersprache: der Sekundant greift während der Pause zwischen den einzelnen

Gängen dem Fechter unter den Fechtarm. 17. Jh.

3) einen langen A. haben = einflußreich sein. Der Arm gibt die Reichweite eines Menschen an. 19. Jh.

4) jn auf den A. (aufs Ärmchen) nehmen = jn veralbern. Der Betreffende wird als kleines Kind behandelt, das man auf den Arm nimmt. 1850 ff.

5) ich lasse dich am steifen (am langen; am ausgestreckten) A. verhungern!: Drohrede. 1850 ff.

Ärmchen n jn aufs Ä. nehmen s. Arm 4.

Ärmel m 1) leck mich am Ä.!: derbe Abweisung. »Ärmel« steht euphemistisch für Arsch, s. d. 19. Jh.

2) etw aus dem Ä. schütteln = etw mühelos bewerkstelligen; etw aus dem Stegreif tun. Leitet sich her von den weiten Ärmeln entweder der Taschenspieler und Zauberkünstler oder der spätmittelalterlichen Prediger. 16. Jh.

Armenkasse f etw aus der A. kriegen (o. ä.) = Prügel bekommen. Witzige Wortspielerei: »Arm« meint hier nicht den Notleidenden, sondern das Körperglied mit der Hand. »Kasse« bezeichnet die Stelle, wo die Muskelkraft auf Vorrat liegt. 1850 ff.

Armleuchter m Schimpfwort. Euphemismus für Arschloch 2. Um 1900.

Armloch n Schimpfwort. Euphemismus für Arschloch 2. 1900 ff.

Armutszeugnis n sich ein A. ausstellen (geben) = sich eine Blöße geben; sich dumm (ratlos) zeigen. Armutszeugnis ist die behördliche Bescheinigung über das materielle Armsein; hier auf geistige Armut bezogen. 1850 ff.

Arsch m 1) Gesäß. Zusammenhängend mit griech orsos = Steißbein. Seit dem frühen Mittelalter.

2) du A.!: Schimpfwort. 1800 ff.

3) ach, du armer A.!: Ausruf der Verzweiflung, der Verwunderung o. ä. 1850 ff.

4) kalter A. mit Schneegestöber = minderwertiges Essen; enttäu-

schender Vorgang. Wahrscheinlich hervorgegangen aus der Antwort »kalter Arsch mit Schneegestöber« auf die Frage »Was gibt's zu Mittag?«. 1915 ff.

5) Schütze A. = einfacher Soldat. Vielleicht Weiterentwicklung des 1850 gebuchten »Hans Arsch« für einen einflußlosen Menschen. »Arsch« bezeichnet etwas sehr Niedriges und ist hier entehrend als entsprechender Familienname aufgefaßt. Im Zweiten Weltkrieg aufgekommen.

6) A. mit Ohren a) = häßliches, feistes Gesicht. Vom Aussehen des Gesäßes unterscheidet es sich lediglich durch die Zugabe der Ohren. Ein solches Gesicht gehört rechtens in die Hose. 1900 ff.

b) = äußerst widerlicher Mensch. 1900 ff.

7) sich etw am A. abfingern können = etw mühelos begreifen können. Da der Mittelfinger auch »Arschfinger« heißt, dürfte die Redensart ursprünglich »etw am Arschfinger können« gelautet haben. 1850 ff.

8) jm den A. anschärfen = jn anherrschen. [Vgl anspitzen.] 1930 ff.

9) jn nicht mit dem A. ansehen = jn die Mißachtung deutlich spüren lassen. Verstärkung von »mit dem Rücken ansehen« als sinnbildliche Gebärde der Nichtbeachtung. 18. Jh.

10) jm den A. aufreißen = jn heftig anherrschen; jn rücksichtslos einexerzieren o. ä. Vielfach bloße Drohrede. Kurz nach 1930 im Kasernenhofjargon aufgekommen. Beliebt in den verdeutlichenden Wendungen: jm den Arsch bis zum Scheitel (bis zum Maul, bis zum Stehkragen, bis zur Halsbinde, bis zum Kragenknopf) aufreißen.

11) den A. betrügen a) = Aufstoßen haben. Der Magenwind nimmt den Weg über den Mund und wird dadurch zum Betrüger. Seit dem späten 19. Jh.

b) = sich erbrechen. Das Ausgebrochene wird dem After betrügerisch vorenthalten. 1900 ff.

12) er reißt mit dem A. wieder ein (um), was er mit den Händen aufgebaut hat = er geht überaus ungeschickt zu Werke. 1900 ff.

13) ihm geht der A. mit Grundeis = er hat große Angst, böse Befürchtungen. Grundeis ist die untere Eisschicht oberhalb des Bodens. Ihr polterndes Losbrechen vergleicht sich hier mit dem Geräusch, wie es das Abgehen des Durchfalls begleitet. 18. Jh.

14) jm in den A. kriechen (krauchen) = jm würdelos ergeben sein; jm vorbehaltlos zustimmen. Gemeint ist, daß der Betreffende sich zur schimpflichsten Erniedrigung bereit findet. 18. Jh.

15) leck mich am (im) A.! (er kann mich am A. lecken!): derbe Abweisung. Etwa seit 1500; volkstümlich geworden durch Goethe, Urgötz (1771).

16) leck mich am A.! (da leckst du mich am A.): freudiger Begrüßungsausruf. 1900 ff.

17) das paßt wie A. (wie der A.) auf Eimer (auf den Eimer) = das paßt ausgezeichnet. Bezieht sich auf die dem Gesäß angepaßte Abortdeckelöffnung. Spätes 19. Jh.

18) im A. ist's duster (finster): Ausruf zur Bekräftigung einer Selbstverständlichkeit. 1850 ff.

19) im (am) A. sein = verloren, entzwei, betriebsunfähig sein; dem Tode nahe sein. 18. Jh.

Arschgesicht n feistes, ausdrucksloses, widerliches Gesicht. [Vgl Arsch 6.] 18. Jh.

arschklar adj völlig einleuchtend; eindeutig; ohne jeden Zweifel. Vielleicht entstanden aus »so klar (unbehaart) wie das Gesäß«. Spätes 19. Jh.

Arschkriecher m würdelos unterwürfiger Mensch. [Vgl Arsch 14.] 18. Jh.

Arschlecker m widerlicher Schmeichler. Wörtlich einer, der nicht vor der schimpflichsten Selbsterniedrigung zurückschreckt. 18. Jh.

Arschloch n 1) After. Seit dem frühen Mittelalter.
2) Schimpfwort. 14. Jh.

Arschpauker m Lehrer. Pauken meint sowohl (auf das Gesäß) schlagen wie auch angestrengt lernen. 17. Jh.

Arschverkühler m kurze Jacke, kurzer Mantel, kurzes Hemd. Das Kleidungsstück bedeckt nicht das Gesäß. 1930 ff.

Asche f ungebrannte A. = Stockprügel; Prügelstock. Ein dem 16. Jh geläufiger Scherzausdruck für den hölzernen Stock.

Asphaltblase f Kleinauto. In übertreibender Auffassung nimmt es sich aus wie eine kleine Erhöhung des Asphalts. Vielleicht eine Lehnübersetzung aus dem Angloamerikanischen. Seit 1955.

Aspik m Mensch in A. = Insasse eines Kabinenrollers. Er sitzt in seinem Fahrzeug wie ein Stück Fleisch oder Fisch in Sülze. 1950 ff.

Ast m 1) Buckel, Höcker. Der Ast wächst aus dem Stamm des Baumes wie der Buckel aus dem Menschenkörper. 1800 ff.
2) sich einen A. lachen = kräftig lachen; sich vor Lachen krümmen. Wer sich vor Lachen krümmt, sieht wie ein Buckliger aus. 1800ff.

Astloch n Schimpfwort. Euphemistisch entstellt aus Arschloch 2. Spätes 19. Jh.

Astralkörper (-leib) m schöner menschlicher Körper. Oft ironisch angewendet. Nach der Lehre des Okkultismus lebt der Mensch nach dem Tode in einer schönen, aber unsichtbaren Körpergestalt fort. Seit dem späten 19. Jh.

astrein adj charakterlich (politisch, weltanschaulich) unverdächtig. Hergenommen vom astlochfreien Holz, das wertvoller ist als Holz mit Astlöchern. Wohl beim Übergang zur NS-Zeit aufgekommen.

Äthiopien Ln Nacktbadestrand. Zur Bezeichnung solcher Strände wurden viele Länder Afrikas herangezogen, wohl weil man vielfach meinte, die Einheimischen gingen unbekleidet. 1925 ff.

Athletenbutter f Margarine. 1914 aufgekommen.

atomar adj ausgezeichnet, unübertrefflich. Zusammenhängend mit dem Vordringen der Atomphysik und ihren aufsehenerregenden Leistungen. 1945 aufgekommen.

Atombusen *m* üppiger Busen; Hochbusigkeit. Nach 1945 von Journalisten geprägtes Wort im Zusammenhang mit der Vorliebe für die Busenüppigkeit ausländischer und deutscher Filmschauspielerinnen.

aufbauen *v* 1) jn (etw) a. = jn (etw) wirkungsvoll dem Publikum darbringen. Vermutlich hergenommen vom Photographen, der Gruppen wirkungsvoll aufbaut. Nach 1945 aufgekommen im Zusammenhang mit der beruflichen Laufbahn von bisher unbekannten Filmschauspielern, Sportlern usw. Lehnübersetzung von *engl* »to build up«.
2) sich vor jm (etw) a. = sich vor jn (etw) in militärischer Haltung hinstellen. 1900 ff.

aufbinden *tr* jm Unwahres zu glauben geben. Bezieht sich entweder auf Waren, die man zu oberst bindet (der Aufbund war von bester Beschaffenheit, der Inhalt des Warenballens um so schlechter), oder ist Lehnübersetzung von *lat* »imponere = eine Lüge aufdrängen«. 17. Jh.

aufbleiben *intr* 1) geöffnet bleiben. Verkürzt aus »aufgemacht bleiben«. 18. Jh.
2) nicht zu Bett gehen. Verkürzt aus »auf den Beinen bleiben«. 18. Jh.

aufbrummen *v* 1) jm etw a. = jm eine Strafe auferlegen; jm eine Zahlungsleistung aufzwingen. [Vgl brummen 1.] 19. Jh.
2) *intr* = auf ein Fahrzeug heftig auffahren. 1920 ff.

aufbügeln *tr* jn auffrischen, ermuntern; etw wiederverwendungsfähig machen. Hergenommen vom Bügeln, wodurch das Kleidungsstück wieder ansehnlich wird. 19. Jh.

aufdonnern *refl* sich auffallend, geschmacklos herausputzen; sich flatterhaft kleiden. Herleitung umstritten. Nach den einen ist das Wort volksetymologisch aus »donna = Dame« entstellt; nach anderen leitet es sich her vom Donnerstag, an dem früher in Deutschland ganztägig oder nach-

mittags schulfrei war und die feiertägliche Kleidung angelegt wurde. 1800 ff.

aufdrehen *v* 1) *intr* = sich ereifern; sich prahlerisch äußern; übertreiben; übertrieben schimpfen; vornehm tun. Die Vokabel fußt möglicherweise auf dem allgemeinen Vergleich des Mundes mit einem Mechanismus, der sich schwer wieder abstellen läßt; am ehesten dürfte der Wasserhahn in Betracht kommen. Volkstümlicher Auffassung liegt der Gasgriff des Motorrads näher; aber die Vokabel ist älter als das Motorrad. 1870 ff.
2) *intr* = sich noch heftiger anstrengen; schneller arbeiten. Seit dem späten 19. Jh
3) *tr* = jn antreiben, ermuntern, einexerzieren. Hängt vielleicht zusammen mit aufziehbaren Spielzeugfiguren oder bezieht sich auf die Windmühle, die man mitsamt den Klappen an den Flügeln gegen den Wind wendet (»aufdreht«), wodurch die Flügel schneller kreisen. Seit dem späten 19. Jh.
4) *tr* = einen Vorgang beschleunigen. Spätes 19. Jh.

aufgabeln *tr* etw finden; jm zufällig begegnen. Hergenommen von der gemeinsamen Schüssel, aus der sich jeder Tischgenosse ein Stück mit der Gabel herausholt; dabei kann er leicht einen unbeabsichtigten Fund tun. 18. Jh.

aufgeblasen *adj* hochmütig, eingebildet. [Vgl Frosch.] 17. Jh.

aufgedreht sein munter, gesprächig sein. [Vgl aufdrehen 3.] 19. Jh.

aufgeknöpft sein zugänglich, gesprächig sein. Herzuleiten von der Anstandsregel: die Knöpfe der Jacke sind bei steifem Zeremoniell geschlossen zu halten, wohingegen man sie in gemütlicher Runde öffnen darf. 18. Jh.

aufgekratzt sein vergnügt, lustig, guter Stimmung sein. Herzuleiten von der Kardendistel, mit der man wollene Gewebe aufkratzt, damit man sie scheren kann. 18. Jh.

aufgeräumt sein gutgelaunt, munter

sein. Zugrunde liegt das Bild vom aufgeräumten Zimmer; bei den Pietisfen war aufgeräumt, wer von unnützen, schweren Gedanken befreit war. 17. Jh.

aufgeschmissen sein sich durch ein unvorhergesehenes Ereignis in Not befinden; dem Untergang nahe sein; verloren sein. Hergenommen entweder vom Kartenspiel, bei dem der Besiegte die Karten oder das Strafgeld auf den Tisch wirft, oder vom Stranden eines Schiffes. 19. Jh.

aufgewichst *adj* geckenhaft gekleidet. [Vgl Wichs 1.] Die Tracht der Studentenverbindungen gilt bei Nichtstudenten als geckenhaft. 19. Jh.

aufhaben *v* 1) *tr* = als häusliche Schularbeiten anzufertigen haben. Verkürzt aus »als Aufgabe haben«. 19. Jh.

2) *tr intr* = geöffnet sein; offenstehen haben. (Das Geschäft hat heute auf; er hat den Mund auf.) Verkürzt aus »aufgemacht haben«. 18. Jh.

3) *tr* = etw verzehrt haben. Verkürzt aus »aufgegessen haben.« 18. Jh.

4) *tr* = auf dem Kopfe haben. (Er hat den Hut auf.) Verkürzt aus »aufgesetzt haben«. 16. Jh.

aufhalsen *tr* 1) sich etw a. = sich etw Unangenehmes zuziehen. Herzuleiten von schweren Lasten, die man auf Schulter oder Genick trägt. 18. Jh.

2) jm etw a. = jn mit etw Unangenehmem belasten. 18 Jh.

aufhängen *v* 1) jm etw a. = jm etw vorlügen, betrügerisch aufdrängen. Lüge und Betrug erscheinen als Last, an der der Betreffende schwer zu tragen hat. 1700 ff.

2) sich etw a. lassen = sich mit etw betrügen lassen; die betrügerische Absicht nicht erkennen. 18. Jh.

3) sich a. = die Überkleidung ablegen. Meist in der witzigen Aufforderung »Hängen Sie sich auf!«, was in ernsthafter Auffassung die Forderung ausdrückt, sich zu erhängen. Seit dem späten 19. Jh.

Aufhänger *m* günstige Gelegenheit, eine Sache vorteilhaft abzusetzen; guter Ansatzpunkt; geistiger Blickfang. Wohl hergenommen von der Öse, an der man den Bilderrahmen aufhängt, etwa in dem Sinne »was nutzt dem Bild seine Schönheit, wenn man für das Bild keinen Aufhänger hat?« 1920 ff.

aufhauen *tr* Geld verschwenden. Man »haut« es auf den Tisch, damit jedermann sehen kann, daß man die Zeche auch bezahlen kann. 19. Jh.

aufhören *v* da hört sich doch Verschiedenes (alles) auf!: Ausdruck der Entrüstung, der Ungeduld. »Verschiedenes« oder »alles« kann die Geduld sein, auch die Zumutbarkeit usw. 1830 ff.

aufkratzen *v* 1) jn a. = jn in gute Stimmung versetzen. [Vgl aufgekratzt sein.] 19. Jh.

2) sich a. = sich herausputzen; sich auffällig kleiden. Seit dem späten 18. Jh.

aufkriegen *tr* 1) etw öffnen können. Verkürzt aus »aufmachen können«. 17. Jh.

2) als häusliche Schulaufgabe anzufertigen können. Verkürzt aus »als Aufgabe kriegen«. 18. Jh.

3) etw verzehren können. Verkürzt aus »aufessen können«. 18. Jh.

4) aufsetzen können (er kriegt den Hut nicht auf). Hieraus verkürzt. 18. Jh.

auflegen *intr* zu stark a. = eine Schauspielerrolle übertreiben; übertreiben. Hergenommen vom zu dicken oder zu kräftigen Auflegen von Schminke und Puder. Aus der Schauspielersprache gegen 1830 in die Alltagssprache übergegangen.

Aufmarsch *m* es ist mir ein innerer A. = es freut mich sehr. Hergenommen von den politischen Aufmärschen, wie sie besonders seit Beginn des Dritten Reiches üblich wurden. 1933 ff.

aufmöbeln *tr* 1) jn aufmuntern, begeistern. Hergenommen vom Aufarbeiten alter Möbel: dadurch werden alte wie neu. 1830 ff.

2) jn anherrschen; jm Grobheiten

sagen. Der Rügende arbeitet gewissermaßen sein Gegenüber auf, nämlich im Sinne eines Aufbesserns seiner Lebens- und Berufsauffassung. 1830 ff.

aufmucken *intr* aufbegehren; aufsässig werden. [Vgl mucken.] 18. Jh.

aufmutzen *tr* jm etw tadelnd vorhalten. Stammt aus *mhd* »ufmützen = aufputzen«. Tadeln meint (wie aufmöbeln 2) ein Verschönern. Etwa seit 1500.

aufpäppeln *tr* jn mühsam aufziehen, ernähren. Meint eigentlich die bei Kindern und Kranken übliche Ernährung mit »Papp = Brei«. 19. Jh.

aufpflanzen *refl* sich bewegungslos hinstellen. Meint soviel wie hoch aufrichten, aufrecht pflanzen (unter Verwendung eines Haltestocks). Auch wird ja das Seitengewehr aufgepflanzt. 1800 ff.

aufplatzen *v* 1) intr = auf frischer Tat ertappt werden; entscheidenden Mißerfolg erleiden; unangenehm auffallen. Entweder Vergröberung von »auffallen« oder zusammenhängend mit dem platzenden Luftballon oder mit der platzenden Seifenblase. 1820 ff.
2) jn a. lassen = jn bloßstellen; einen Mittäter verraten. 19. Jh.

aufplustern *refl* sich anmaßend, eingebildet, stolz aufführen; sich brüsten. Vögel plustern sich auf, wenn Kälte herrscht; wenn sie die Federn sträuben, sehen sie dicker aus, als sie in Wirklichkeit sind. Ähnlich sucht der Anmaßende mehr zu scheinen, als er in Wirklichkeit ist. 1800 ff.

aufpulvern *tr* *refl* jn (sich) antreiben, ermutigen, ermuntern. Meint eigentlich »jn mittels Arznei gesund machen«. 19. Jh.

aufpumpen *refl* 1) sich brüsten; sich aufgeputzt zeigen; hochmütig werden. Modernisierte Form von »sich aufblasen wie ein Frosch« [s. Frosch]. 1870 ff.
2) sich ereifern; zornig werden. Hergenommen vom schnelleren Atmen des erregten Menschen. 1900 ff.

aufrappeln *refl* sich mühsam auf-

richten; genesen; sich ermannen. *Ndd* Entsprechung von *hd* aufraffen. 18. Jh.

aufregend *adj* nicht a. = mittelmäßig. Das Gemeinte gibt keinen Anlaß, sich aufzuregen. Seit dem späten 19. Jh.

aufreißen *tr* 1) sich etw verschaffen. Möglicherweise zusammengewachsen aus »aufgreifen« und »an sich reißen«, wodurch die Vokabel den Nebensinn eines zufälligen Tuns erhält. 1920 ff.
2) ein Mädchen. a. = die Bekanntschaft eines Mädchens machen. Durch Halbwüchsigenkreise seit 1955 geläufig geworden.

Aufreißladen *m* Lokal, in dem man leicht Bekanntschaft mit männlichen und weiblichen Personen anknüpfen kann. [Vgl das Vorhergehende.] 1955 ff.

aufschmeißen *v* s. aufgeschmissen sein.

aufschnappen *tr* etw zufällig hören und behalten. Analog zu auffangen: Vögel fangen ihre Beute im Flug mit dem Schnabel auf. 18. Jh.

aufsein *intr* 1) außer Bett sein. Verkürzt aus »aufgestanden sein«. 1300 ff.
2) offen sein. (Das Fenster ist auf; das Geschäft ist auf.) Verkürzt aus »aufgegangen, aufgemacht sein«. 16. Jh.
3) aufgebraucht, verzehrt sein. Verkürzt aus »aufgegessen sein« o. ä. 16. Jh.

aufsitzen *v* 1) jm a. = von jm angeführt, getäuscht werden; hilflos sein. Herzuleiten vom Aufsitzen der Vögel auf der Leimrute des Vogelstellers. 1800 ff.
2) jn a. lassen = jn anführen, täuschen; jm nicht helfen. 1800 ff.

aufstecken *tr* 1) eine Absicht nicht weiterverfolgen. Hergenommen von der Handarbeitsnadel, die man zum Zeichen der Arbeitsbeendigung auf das Nadelkissen steckt. Kann auch zusammenhängen mit dem Wandbrett, in dessen Lederschlaufen man die Eßlöffel steckte. 19. Jh.
2) mit etw nichts a. = mit etw nichts erreichen, nichts verdienen. Wird wenig Heu auf die Heugabel

gesteckt, ist es ein Zeichen für die schlechte Ernte; wer Geld aufsteckt, legt es auf die Seite, kann also Ersparnisse sammeln. 17. Jh.

aufstehen *intr* da mußt du früher (zeitiger) a. = damit kommst du zu spät; das ist schon lange bekannt. Dem Spätaufsteher entgeht, was die Frühaufsteher besprechen. 19. Jh.

aufstoßen *v* es stößt ihm bitter (sauer, übel) auf = das fällt ihm unangenehm auf, macht ihn stutzig. Herzuleiten vom Aufstoßen nach dem Genuß einer Speise: die schwerverdauliche Speise im Magen wird mit einer unverwindbaren schlechten Erfahrung in Verbindung gebracht. 1850 ff.

auftakeln *refl* sich geschmacklos, auffällig kleiden. Der Ausdruck gehört der Seemannssprache an und meint dort »ein Schiff mit Takelage versehen.« Seit dem späten 18. Jh.

auftanken *v* 1) *intr* = trinken, zechen. Hergenommen aus dem Kraftverkehr: der Kraftfahrer läßt den Benzintank mit Kraftstoff füllen; der Zecher versorgt sich mit alkoholischem Kraftstoff. 1920 ff.
2) *refl* = sich erholen; Urlaub machen. Die Gesundheit, die durch Erholung wiedergewonnen wird, wird mit dem Motor verglichen, dessen Leistungsvermögen durch Nachfüllen von Brennstoff gesteigert wird. 1940 ff.

auftauen *intr* nach längerem Schweigen gesprächig werden; sich langsam eingewöhnen. Hergenommen vom bildkräftigen Vorgang des auftauenden Eises. 18. Jh.

auftragen *intr* dick a. = übertreiben; übertrieben äußern. Hergenommen von Malerfarbe oder Schminke, die dick aufgetragen ist. 18. Jh.

auftrumpfen *intr* überlegen auftreten; immer gewichtigere Gesichtspunkte vorbringen. Stammt aus der Kartenspielersprache: auf eine niedere Karte einen Trumpf werfen. 16. Jh.

aufwärmen *tr* etw erneut zur Spra-

che, in Erinnerung bringen. Herzuleiten von erkalteten Speisen, die nochmals aufgewärmt werden. 17. Jh.

Aufwaschen *n* das ist ein A. = das geht gleichzeitig, läßt sich zusammen mit anderen Dingen erledigen. Herzuleiten vom letzten Durchspülen der Wäsche oder vom Geschirrspülen: ein Stück mehr oder weniger spielt dabei fast keine Rolle. 18. Jh.

aufziehen *tr* 1) jn necken, veralbern. Fußt auf einer bei Seeleuten (früher auch bei Folterungen) üblichen Form der Bestrafung: der schuldige Matrose wurde mit einem Seil unter den Armen unter die Rahe gehißt (bei Folterungen wurde der Nichtgeständige an den Daumen oder mit beschwerten Füßen an den Armen hochgewunden). 17. Jh.
2) ein Fest a. = ein Fest vorbereiten, gestalten. Hier ist vom Aufziehen eines Uhrwerks auszugehen: das Fest soll mit der Zuverlässigkeit einer Uhr ablaufen. 1900 ff.

Auge *n* 1) da bleibt kein A. trocken = vor Trauer oder Rührung brechen alle in Tränen aus; man täuscht Rührung vor; man lacht unbändig. Stammt vielleicht aus »Paul. Eine Handzeichnung« von Johann Daniel Falk (1799), abgedruckt im »Taschenbuch für Freunde des Scherzes und der Satire«. 1840 ff.
2) mit einem blauen A. davonkommen = aus einer unangenehmen Lage (Gefahr o. ä.) mit einem geringen Schaden hervorgehen. Leitet sich wohl von Prügeleien her, bei denen man bloß einen blauen Fleck neben dem Auge davonträgt und das Auge nicht verliert. 1700 ff.
3) die A.n auf unendlich stellen = gedankenlos ins Leere blicken. Hergenommen von der Kameraeinstellung. 1930 ff.
4) das geht ins A. = das wird ein empfindlicher Mißerfolg. Bezieht sich auf die Leichtverletzlichkeit und Hochempfindlichkeit des Auges. 1900 ff.

5) sich die A.n aus dem Kopf lesen = lesehungrig sein. 1900 ff.

6) A.n machen wie ein gestochenes Kalb = dumm, einfältig, hilflos blicken. Hergenommen vom Augenausdruck des Kalbs kurz vor dem Verenden. 1500 ff.

7) ein A. (ein Paar A.n) voll Schlaf nehmen = eine Zeitlang schlafen. 19. Jh.

8) ein A. riskieren = heimlich blicken; einen raschen Blick werfen. Meint eigentlich »Gefahr laufen, ein Auge zu verlieren«, dann auch »Mut zu einem flüchtigen Blick haben«. 1850 ff.

9) mit den A.n schlackern = verwundert sein. »Schlackern« ist Intensivum von »schlagen«. Bezieht sich wohl auf die Auf- und Abwärtsbewegung des Augenlids oder auf die Rechts- und Linksbewegung des Augapfels. 1930 ff.

10) die A.n schonen = schlafen. Wohl im Ersten Weltkrieg aufgekommen.

11) mit dem linken (rechten) A. in die rechte (linke) Westentasche sehen = stark schielen. Grotesk übertreibende, aber anschauliche Redensart. 1850 ff.

12) kaum aus den A.n sehen können a) = schlaftrunken, übermüdet sein. Die Augen sind nur noch einen Spalt geöffnet. 1870 ff. b) = ein feistes Gesicht haben. Der Betreffende ist so feist, daß ihm fast die Augen zuwachsen. 1900 ff.

13) die A.n sind größer als der Magen (Bauch, Mund) = man häuft auf seinen Teller mehr, als man verzehren kann. 16. Jh.

14) ein A. zudrücken = nachsichtig urteilen; etw absichtlich nicht bemerken. Die personifizierte Gerechtigkeit verhüllt beide Augen mit der Binde, um gerecht und ohne Ansehen der Person zu urteilen; wer hingegen menschlich handelt, drückt nur das eine Auge zu. 18. Jh.

Augenpflege *f* A. betreiben (treiben) = schlafen. Um 1925 bei Soldaten und Sportlern aufgekommen; heute alltagssprachlich.

Augenpulver *n* sehr klein und eng geschriebener (gedruckter) Text. Ironisch, da eigentlich ein Heilmittel für die Augen gemeint ist. 18. Jh.

ausbaden *tr* die unangenehmen Folgen tragen (auch wenn man nicht der Verantwortliche ist). Vielleicht herzuleiten von mittelalterlichen Badesitten: von mehreren Personen, die hintereinander gebadet hatten, mußte der letzte die Wanne leeren und reinigen; dies konnte auch Aufgabe des Badeknechts sein. Nach anderen war »Ausbad« der kostspielige Schlußschmaus derjenigen Hochzeitsgäste, die die junge Frau ins Bad begleitet hatten. 1500 ff.

ausbaldowern *tr* etw auskundschaften, ausspähen. Ein *rotw* Wort, entstanden aus *jidd* »baal = Mann« und »Dowor = Sache, Wort« im Sinne von Sachkundiger. 1800 ff.

ausbooten *tr* jn verdrängen, aus einer Gemeinschaft ausschließen; einen Schüler von der Schule verweisen. Hergenommen von der Schiffahrt: in Ausnahmefällen schifft man Reisende auf ein Boot aus oder bringt sie mit Booten an Land. 19. Jh.

ausbuddeln *tr* ausgraben. [Vgl buddeln.] 18. Jh.

ausbügeln *tr* etw wiedergutmachen; eine verfahrene Sache wieder in Ordnung bringen; Gegensätze ausgleichen. Zugrunde liegt das Entfernen von Falten in Tuch durch Bügeln. 19. Jh.

ausbuhen *tr* jm das Mißfallen in der Öffentlichkeit bekunden. [Vgl buhen.] 1900 ff.

auseinanderdividieren *tr* etw ausklügeln. 1900 ff.

auseinandergehen *intr* beleibt werden. Im Backofen geht das Gebäck, in siedendem Fett geht das Hefegebäck auseinander. 19. Jh.

auseinanderklavieren *tr* etw genau auseinandersetzen, analysieren. Eigentlich soviel wie auseinanderfingern. 1850 ff.

auseinandernehmen *tr* 1) jn streng vernehmen, gründlich ausfragen. Man nimmt den Betreffenden so auseinander wie eine Maschine oder einen Apparat: jede kleinste Einzelheit tritt offen zutage. Seit den Tagen des Zweiten Weltkriegs.

2) jn scharf rügen, umbringen, besiegen. 1870 ff.

ausfressen *tr* 1) etw durch Essen leeren; zu Ende essen. [Vgl fressen 1.] 16. Jh.

2) die Folgen einer Handlungsweise tragen. [Vgl einbrocken.] 19. Jh.

3) s. ausgefressen haben.

ausführen *tr* etw entwenden. In Berlin zur Zeit der französischen Besatzung 1806 bis 1813 aufgekommen als Tarnwort für das den Franzosen verständliche »stehlen«.

ausgebacken *adj* nicht ganz a. = charakterlich unreif; unzuverlässig; körperlich (geistig) unterentwickelt. Nicht ausgebacken sind Brot und Kuchen, wenn man sie vorzeitig aus dem Backofen nimmt. 19. Jh.

ausgefressen *adj* gutgenährt. Wer ausgefressen ist, hat die seiner Natur entsprechenden Nahrungsmittel und Mengen erhalten und braucht keine zusätzliche Nahrung mehr. 19. Jh.

ausgefressen haben 1) *tr* = etwas Schlechtes (Verkehrtes) getan haben. Bezieht sich wohl auf die Katze, die eine nicht für sie bestimmte Schüssel leer gegessen hat. [Vgl auch einbrocken.] 18. Jh.

2) bei jm ausgefr. haben = jds Gunst verloren haben. Gemeint ist wohl, daß der Betreffende zu keiner Mahlzeit mehr hinzugezogen wird. 19. Jh.

ausgefuchst *adj* listig, pfiffig. Bezieht sich auf »Fuchs = angehender Student; Gymnasiast; Student in den ersten Semestern seiner Korporationszugehörigkeit«: wer ausgefuchst ist, beherrscht die Regeln des Korporationslebens. 19. Jh.

ausgekocht *adj* gewitzigt, verschlagen. Am nächsten liegt die Herleitung aus der Kochkunst: eine Speise ist ausgekocht, wenn sie gar ist. [Vgl ausgebacken.] 1800 ff.

ausgeschissen haben die Achtung

der Leute verloren haben; im Spiel verloren haben. Wer ausgeschissen hat, also nicht mehr koten kann, ist tot. Man kann ja auch bürgerlich tot sein. 1900 ff.

ausgetragen *adj* pfiffig. Ein Kind nennt man ausgetragen, wenn es neun Monate im Mutterleib gewesen und also keine Frühgeburt ist. Seit dem späten 19. Jh.

aushaken *v* es hakt bei ihm aus = a) er verliert die Geduld, wird überdrüssig, vergißt etw. Hergenommen von einem technischen Vorgang, bei dem sich ein Haken aus der Öse löst. 1914/18 ff.

b) etw übersteigt sein Auffassungsvermögen; dafür hat er kein Verständnis. 1900 ff.

aushängen *intr* das Aufgebot bestellt haben. Bezieht sich auf den Aushängekasten, in dem der Standesbeamte die Aufgebote bekanntgibt. Wohl aufgekommen mit der Einrichtung der Standesämter (1875).

aushecken *tr* etw Ungutes planen. Meint eigentlich das Ausbrüten von Tieren. Brüten = grübeln; ausbrüten = ersinnen. 1650 ff.

ausixen *tr* auf der Schreibmaschine mit der X-Taste unkenntlich machen. 1945 ff.

auskacken *refl* sich aussprechen; lang und umständlich erzählen. Der Vorgang des Sprechens gilt in derber Auffassung als eine andere Form von Notdurftverrichtung. 1900 ff.

ausklamüsern *tr* etw ausfindig machen, durch Nachdenken herausbringen. Herzuleiten von *lat* calamus = Schreibrohr. Dazu entwickelte sich »kalmäusern = studieren«. 19. Jh.

auskneifen *intr* heimlich davongehen; entspringen. Zusammenhängend mit *ndd* »knipen gan = weglaufen«, fußend auf *mndd* Knepe, *ndl* Knijp = Klemme. Meint also das Sichbefreien aus der Klemme. 1830 ff.

ausknobeln *tr* etw ausspüren, ergründen, planen. [Vgl knobeln.] 19. Jh.

auskotzen *refl* seinem Groll Luft machen; sich aussprechen. Groll liegt wie schwerverdauliche Speise im Magen und wird durch Erbrechen frei. 1900 ff.

auskratzen *intr* entweichen, fliehen. [Vgl abkratzen 1.] 1800 ff.

auskriegen *tr* 1) etw entfernen können; etw ausziehen können; etw zu Ende lesen können. 19. Jh.
2) auslöschen können. 19. Jh.
3) etw leeren können; etw leer essen. 19. Jh.

auslaatschen *tr* Schuhe durch schlurfende Gangart aus der Form bringen. [Vgl laatschen 1.] 17. Jh.

ausladen *tr* die an jn ergangene Einladung rückgängig machen. Scherzhaftes Gegenwort zu »einladen«, meist nicht als solches empfunden. Seit dem späten 19. Jh.

Auslage *f* schöne A. = schöner, stattlicher Frauenbusen. Anzusehen wie eine schöne Schaufensterauslage. 19. Jh.

Auslauf *m* A. haben = sich ungehemmt ausleben, austoben. Leitet sich her entweder vom Auslauf der Hühner (umgittertes Freigelände) oder vom Pferderenn- und Laufsport: ist die Ziellinie überschritten, kann Pferd oder Läufer den Schwung nicht sofort einhalten. 1930 ff.

auslegen *intr (refl)* in die Breite wachsen; dicklich werden. Stammt vielleicht aus der Fechtkunst, wo »sich auslegen« soviel meint wie »sich nach vorn legen«; auch ist an das ausbreitende Hinlegen von Waren im Schaufenster zu denken. Dem späten 19. Jh angehörend.

ausmelken *tr* 1) jn ausplündern; jm die Barschaft abnötigen. Ausmelken = das Euter bis zum letzten Tropfen Milch leeren. 1900 ff.
2) jn scharf verhören, ausfragen; jm Neuigkeiten entlocken. 1900 ff.
3) einen Gesprächsstoff nach allen Richtungen behandeln; eine Sache immer von neuem zur Sprache bringen. 1920 ff.

ausmisten *tr* 1) Wertloses aussondern. Hergenommen vom Ausmisten des Stalls unter Einfluß von »Mist = Wertlosigkeit«. 1800 ff.

2) jn schröpfen, berauben; jm Geld durch Falschspiel abgewinnen. In unterschichtiger Auffassung ist für den Besitzenden der Geldbesitz »Mist«, also wertlos. 1850 ff.

ausnehmen *tr* 1) jm das Geld abgewinnen; jn ausrauben, schröpfen. Hergenommen vom Ausweiden toter Tiere oder vom Leeren eines Nestes. 16. Jh.
2) jn beim Kartenspiel o. ä. gründlich besiegen. 19. Jh.
3) jn a. wie eine Weihnachtsgans = jn gründlich schröpfen. 1870 ff.

auspacken *intr* seine volle Meinung äußern; ein Geständnis ablegen. Leitet sich her vom reisenden Händler, der seine gesamte Ware auspackt, um die Kauflust anzuregen. 1850 ff.

auspellen *tr refl* jn (sich) entkleiden. [Vgl Pelle 2.] Seit dem späten 19. Jh.

auspennen *intr* ausschlafen. [Vgl pennen.] 19. Jh.

ausposaunen *tr* etw prahlerisch bekanntgeben. Beruht auf Matthäus 6, 2 (»Wenn du also Almosen gibst, so posaune es nicht aus«). 18. Jh.

Auspuff-Mieze *f* Motorrad-Mitfahrerin. Mieze = Mädchen. 1920 ff.

Auspuffzahn *m* Mitfahrerin auf dem Motorrad oder Moped. [Vgl Zahn.] Halbwüchsigendeutsch seit 1955.

auspumpen *tr* jn gründlich ausfragen, aushorchen. Meint eigentlich »leer pumpen«, dann übertragen auf gründliches Ausforschen des Geisteswissens, des Tatverdachts usw. Seit dem späten 19. Jh.

ausputzen *tr* jn rügen. Beruht auf der volkstümlichen Gleichstellung von tadeln und reinigen. 16. Jh.

Ausputzer *m* Verweis. [Vgl das Vorhergehende.] 17. Jh.

ausquatschen *v* 1) *tr* = etw ausplaudern, verraten. [Vgl quatschen 2.] Seit dem späten 19. Jh.
2) *refl* = sich aussprechen; sich ausdrücken. Spätes 19. Jh.

ausquetschen *v* 1) *tr* = jn ausfragen, verhören. Herzuleiten vom Auspressen von Beeren, Zitronen usw.: durch hartes Bedrängen dem Menschen seine Geheimnisse entreißen. 1870 ff.

2) jn a. wie eine (reife) Zitrone = jn gründlich ausfragen, ausforschen. 1870 ff.

3) *refl* = sich aussprechen; sich ausdrücken. 1850 ff.

ausrangieren *tr* 1) etw aus dem Gebrauch nehmen. Stammt wohl aus dem Eisenbahnwesen: alte Wagen werden ausrangiert und nicht mehr im Eisenbahnverkehr verwendet. 1900 ff.

2) jn aus der Gunst entlassen; jn aus seinem Amt verdrängen. 1900 ff.

ausreißen *intr* davonlaufen. Wohl hergenommen vom Wasser, das reißend, ungestüm durchbricht, mit Einfluß von »Reißaus nehmen = fliehen«. 16. Jh.

ausrücken *intr* heimlich davongehen. Aus der militärischen Bedeutung »abmarschieren« weiterentwickelt zum heutigen Sinn, wohl mit Einfluß von »eine Wohnung unter Mitnahme der Möbel heimlich verlassen«. Seit dem späten 18. Jh.

ausrutschen *intr* 1) sich gegen die Anstandsregeln vergehen; unpassend werden. Auf dem sprichwörtlich »schlüpfrigen Parkett« des gesitteten Benehmens kann man leicht ins Gleiten geraten. 1800 ff.

2) straffällig werden. 1930 ff.

3) es ist mir ausgerutscht = ich habe es unbedacht geäußert. In der Erregung gleitet ein Wort leicht über die Lippen, das man in normalem Zustand nicht äußern würde. 1850 ff.

Ausrutscher *m* Übergriff; Unschicklichkeit; schwerer Irrtum; Fehlleistung, Fehlbeurteilung. [Vgl das Vorhergehende.] 1900 ff.

aussaufen *tr* etw austrinken. [Vgl saufen 1.] 1500 ff.

ausscheißen *v* s. ausgeschissen haben.

ausschlachten *tr* 1) etw möglichst ausbeuten, bis aufs kleinste ausnutzen. Hergenommen vom Metzger, der alle verwertbaren Teile sorgfältig nutzt. Die Vokabel wird auch auf den Verkauf von Baugrundstücken angewandt. 1870 ff.

2) ein Auto a. = alle verwendbaren Teile eines alten Autos verwerten. 1930 ff.

aussehen *v* so siehst du aus!: Ausdruck der Abweisung. Gemeint ist wohl, daß man vom Gesichtsausdruck eines Menschen nicht auf seine wahre Absicht schließen darf. 1900 ff.

aussein *intr* 1) fortgegangen sein. Verkürzt aus »ausgegangen sein«. 19. Jh.

2) erloschen sein. Verkürzt aus »ausgegangen sein« (das Feuer geht aus). 18. Jh.

3) entkleidet sein. Verkürzt aus »ausgezogen sein«. 19. Jh.

4) auf etw a. = nach etw streben; etw zu bekommen suchen. Verkürzt aus »auf etw ausgegangen sein = ein Ziel verfolgen« (der Jäger geht auf ein Wildschwein aus). 17. Jh.

ausspannen *tr* etw entwenden; jn abspenstig machen. Bezieht sich eigentlich auf die gewaltsame Wegführung von Pferden, entweder aus Räuberei oder zur Erlangung eines Faustpfands. 16. Jh.

ausspucken *tr* 1) etw äußern; ein Geständnis ablegen. Was der Mensch aus dem Mund hervorbringt, gilt als Äußerungsmittel: Speichel, Erbrochenes usw. 1880 ff.

2) Geld a. = Geld hergeben, ausgeben. Wohl herzuleiten vom Spielautomaten, der bei einem Treffer Geld hergeben muß. Der Lungenkranke spuckt Schleim aus. 1880 ff.

aussteigen *intr* die Mitarbeit einstellen; von einem gemeinsamen Vorhaben zurücktreten; den Umgang mit einem Menschen abbrechen. Ursprünglich wohl auf die Schiffahrt bezogen: aus dem Boot aussteigen = die weitere Mitfahrt verweigern. 1914/18.

ausstopfen *tr* laß dich a. (und ins Museum stellen!): Ausdruck der Abweisung. Herzuleiten vom Konservieren toter Vögel. Gemeint ist, daß die Dummheit des Betreffenden so ungewöhnlich ist, daß es schade wäre, wollte er sich für die Nachwelt nicht in ausgestopftem Zustande erhalten. 1850 ff.

austifteln (austüfteln) *tr* etw ersinnen, genau feststellen. [Vgl tifteln.] 18. Jh.

auswachsen *v* es ist zum A.! = es ist unerträglich, zum Verzweifeln. Bezieht sich entweder auf die mißratene Ernte, wenn das Korn bei anhaltenden Niederschlägen zur Reife- und Erntezeit nicht rechtzeitig gemäht werden kann, überreif wird, Keime treibt und sich sehr schnell schwarz färbt, oder meint soviel wie »aus der Haut fahren«. 18. Jh.

auswärts *adv* a. quatschen (reden o. ä.) = Mundart sprechen; ausländisch sprechen; sich unverständlich ausdrücken. Auswärts meint soviel wie »nicht in der Stadt selber; in der Bannmeile«. Die Stadtrandsprache gilt als Fremdsprache. 1920 ff.

auswischen *tr* jm eins a. = a) jm einen Schlag (eine Ohrfeige) versetzen; jn im Duell verwunden o. ä. Wahrscheinlich verkürzt aus der Redewendung »jm ein Auge auswischen« in Verfolg einer alten, brutalen kriegerischen Sitte. 18. Jh.
b) jn rügen, moralisch herabsetzen. 18. Jh.

auszahlen *v* das zahlt sich nicht aus = das lohnt die Mühe nicht. Auszahlen = Ansprüche abgelten. Was sich nicht auszahlt, erfüllt die Erwartungen nicht oder nur in bescheidenem Maße. 19. Jh.

ausziehen *tr* jm das Geld abnehmen; jn plündern. »Jn bis aufs Hemd ausziehen« meint soviel wie »jn völlig arm machen«. 18. Jh.

auszwitschern *tr* ein Glas (eine Flasche) leeren. [Vgl zwitschern 1.] 1900 ff.

Auto *n* 1) A. des kleinen Mannes = a) Fahrrad; Motorrad. 1900 ff.
b) Kinderwagen. 1920 ff.
2) dickes A. = Luxusauto. Dick = breitgebaut. 1950 ff.
3) einäugiges A. =Auto, das nur mit einem einzigen Scheinwerfer fährt. 1960 ff.

4) schlaues A. = Auto mit modernsten selbsttätigen Verrichtungen. 1955 ff.
5) gucken wie ein A. = vor Verwunderung die Augen weit aufreißen. Hergenommen von den nicht abgeblendeten Scheinwerfern. 1920 ff.

Autochinesisch *n* Kraftfahrersprache. Chinesisch gilt neuerdings als Bezeichnung für einen unverständlichen Wortschatz. 1955 ff.

Autofahrergruß *m* (deutscher, neudeutscher) A. = Berühren der Stirn mit dem Zeigefinger. Man will damit andeuten, daß der andere Fahrer, auch der Fußgänger, der sich nicht nach den Straßenverkehrsbestimmungen richtet, nicht recht bei Verstand zu sein scheint. Diese weitverbreitete Unsitte gilt als Beleidigung. Die Bezeichnung kam nach 1945 auf, als der »Deutsche Gruß« der Nationalsozialisten abgeschafft war.

Autofriedhof *m* Verschrottungsplatz für alte Autos. Ein ehrfurchtverletzendes Wort aus der Zeit kurz nach dem Ersten Weltkrieg.

Autoknacker *m* Autoaufbrecher. [Vgl Knacker 2.] 1930 ff.

Autosäugling *m* Anfänger im Autofahren; unsicherer Autofahrer; Fahrschüler. Im Vergleich mit den über eine vieljährige Fahrpraxis verfügenden Kraftfahrern ist der Anfänger noch im Säuglingszustand. 1920 ff.

Axt *f* sich benehmen wie eine (die) A. im Walde = sich sehr ungesittet, unflätig benehmen. Gemeint ist, daß der Betreffende alles umhaut, also völlig rücksichtslos vorgeht. Auch ist die Waldaxt sehr geschärft, und da »scharf« die Bedeutung von »geschlechtlich draufgängerisch« hat, kennzeichnet die Redewendung auch das geile Verhalten gegenüber dem anderen Geschlecht. 1920 ff.

B

Babbel *m* (geschwätziger) Mund. [Vgl babbeln.] 1800 ff .

Babbelmaul *n* geschwätziger Mund; Schwätzer. 18. Jh.

babbeln (pappeln) *intr* töricht reden; kindlich reden; schwatzen. Lautmalend nach dem Lallwort »baba« der Kleinkinder. 14. Jh.

Babbelwasser *n* Alkohol jeglicher Art. Er bewirkt Redseligkeit. 1850 ff.

Babuschen (Papuschen, Pampuschen) *pl* bequeme Hausschuhe; Filzpantoffeln. Aus Arabien über französische Vermittlung im 18. Jh nach Deutschland gewandert.

Baby-Doll-Kleid *n* Kleid in Kinderhemdschnitt. Die Bezeichnung fußt auf dem amerikanischen Film »Baby Doll« des Jahres 1956; in ihm trug Caroll Baker ein kurzes Nachthemdchen, wie es für Kinder passend ist.

Bach *m* mit dem Geschäft geht es den B. herunter (das Geschäft geht den B. herunter) = das Geschäft geht zurück, bringt nicht mehr die bisherigen Einkünfte. Die Vorstellung vom Abwärtsfließen des Bachwassers versinnbildlicht die Nimmerwiederkehr. Vor 1900.

Backe *f* auf einer B. absitzen = eine Freiheitsstrafe ohne Reue verbüßen. Meist auf eine kurze Freiheitsstrafe bezogen: der Häftling läßt sich bloß auf der einen Gesäßhälfte nieder, weil die Kürze der Strafzeit das Sitzen auf beiden Hälften überflüssig macht. 1925 ff.

Backenzähne *pl* du hast wohl lange keine B. mehr gespuckt (geschissen)?!: Drohfrage. 1850 ff.

Bäckerdutzend *n* das dreizehnte Stück als Zugabe beim Kauf von zwölf Stück. Diese Zugabe war früher in Bäckereien allgemein üblich, heute nur noch vereinzelt. 19. Jh.

Backfischaquarium *n* Mädchengymnasium, -pensionat. Backfisch nannte man früher das Mädchen in den Entwicklungsjahren.

»Aquarium« meint den eingegrenzten Raum, in dem sich diese Fische bewegen. 1900 ff.

Backofen *m* gegen einen heißen B. atmen (gähnen, hauchen, spuken) = zwecklos aufbegehren; aussichtslosen Widerstand leisten. Ein seit 1230 bezeugtes, eindrucksvolles Bild von der Sinnlosigkeit eines Handelns.

baden gehen *intr* Mißerfolg erleiden; Aussichtsloses beginnen; nicht mehr brauchbar sein; verlorengehen; besiegt werden. Hergenommen vom Flugzeug, das über dem Meer abstürzt; seit 1920 aus dem Militärischen in die Alltagssprache übergegangen.

Badenixe *f* jugendliche Badende am Strand. [Vgl Nixe.] 1920 ff.

Badewanne *f* 1) Aufbau des Beiwagens des Motorrads zur Personenbeförderung. Wegen der Formähnlichkeit. 1920 ff.

2) Sturzmulde beim Skilaufen. Der Gestürzte liegt im Schnee wie in einer Badewanne. 1920 ff.

Bafel *m* minderwertige Ware. Herleitung umstritten. Nach der einen liegt das deutsche Wort Baumwolle zugrunde, weil Baumwolle hinsichtlich ihrer Beschaffenheit schlechter war als Wolle und Tuch; andere leiten zurück auf *engl* »bable, bawle = Spielwerk, Kinderei, Lumpending«. 1830 ff.

Bagage *f* Gesindel. Eigentlich Bezeichnung für das Heeresgepäck; da sich beim Troß auch Marketender, Dirnen usw. befanden, nahm das Wort im 17. Jh einen sehr verächtlichen Sinn an.

Bählamm *n* Lamm. In der Kindersprache übliche Nachahmung des Tierlautes. 18. Jh.

Bahndamm *m* Marke B., dritter Hieb (Schnitt), dritte Mahd; B.-Südseite; Marke B. auf der Schattenseite = minderwertiger Tabak. Man unterstellt, daß das »Kraut« rechts und links vom Bahnkörper gewachsen ist. Im ersten Weltkrieg aufgekommen, als die Tabakwaren rationiert wurden, und seitdem erneut geläufig, sobald Bewirtschaftungsvorschriften auch den Tabak einbeziehen.

Bahnhof *m* 1) Gesicht, Kopf. Wie der Bahnhof besitzt auch das Gesicht »Züge« (Gesichtszüge). 1910 ff.

2) großen B. haben = mit allen diplomatischen (militärischen) Ehren am Bahnhof empfangen werden; beim Eintreffen des Zugs lebhaft umjubelt werden. 1933 ff.

3) keinen B. (mehr) kennen = keine Hemmung gelten lassen; nicht Maß noch Ziel kennen; zu großzügig wirtschaften. Bahnhof = Haltestelle für Eisenbahnzüge. Wer keinen Bahnhof mehr kennt, ist gewissermaßen ein Zug, der nirgends hält. 1930 ff.

4) ich verstehe (höre) immer B.!: Ausdruck der Ablehnung einer unangenehmen Mitteilung. Wahrscheinlich vom Zustand eines Frontsoldaten herzuleiten, der für Dienstliches keinen Sinn mehr hat und sich nur noch für den Antritt seines Heimaturlaubs interessiert. 1920 ff.

5) Bescheid am B. wissen = sich auskennen. Wendig und lebenserfahren ist, wer vor dem vielfältigen Treiben im Bahnhof nicht versagt. 1930 ff.

Bähschaf *n* Schaf. [Vgl Bählamm.] 18. Jh.

Baias *m* Spaßmacher. Fußt auf *ital* bajazzo. 19. Jh.

balbieren *tr* jn übervorteilen. Verkürzt aus »über den Löffel balbieren«. Spätes 18. Jh.

Balg *m* 1) freches, unerzogenes Kind. Wahrscheinlich verkürzt aus Wechselbalg = untergeschobenes Kind. Früher ein Schmähwort auf Dirnen und Kupplerinnen. 16. Jh.

2) Leib des Menschen. Eigentlich Bezeichnung für die Tierhaut. 14. Jh.

balgen *intr* raufen. Wohl verkürzt aus katzbalgen, s. d. 17. Jh.

Balgerei *f* Rauferei. [Vgl das Vorhergehende.] 17. Jh.

Balken *pl* die B. biegen sich = es lügt einer. Die Lüge erscheint in volkstümlicher Auffassung als Last. 19. Jh.

Balkon *m* üppiger Busen. Er wird verglichen mit dem Vorbau am Hause. 1900 ff.

Ball *m* 1) den B. auffangen = ein Stichwort aufgreifen; auf eine Äußerung eingehen; einen Vorschlag aufgreifen. Herzuleiten von Ballspielen verschiedener Art, bei denen der Ball mit den Händen gefangen wird. 1920 ff.

2) am B. bleiben = eine Sache nicht aus den Augen lassen. Vom Fußballspieler hergenommen, der am Ball bleibt, wenn er sich ihn vom Gegner nicht abnehmen läßt. 1945 ff.

3) am B. sein = Einfluß gewonnen haben; das Wort haben. [Vgl das Vorhergehende.] 1945 ff.

4) einander die Bälle zuschieben (zuspielen, zuwerfen) = einander zu Vorteilen (zweckmäßigen Antworten o. ä.) verhelfen. Für das 14. Jh erstmalig belegt; im 20. Jh. über die Sportler wieder aufgelebt.

balla (ballachen) sein nicht recht bei Verstande sein. In der Kindersprache meint »Balla« den Spielball. Der Betreffende ist wohl noch als Kind zu behandeln. 1930 ff.

ballern *tr* 1) laut werfen; lärmend schlagen; mit viel Lärm kegeln; schießen. Ein Schallwort, eigentlich soviel wie »laut klopfen mit mitteldumpfem Widerhall«. 14. Jh.

2) jm eine b. = jn heftig ohrfeigen. 1900 ff.

Ballon *m* 1) (großer, dicker) Kopf. Vom Luftballon übertragen auf den angeschwollenen oder wie geschwollen schmerzenden Kopf. Spätes 19. Jh.

2) dicker Leib. 1920 ff.

3) einen (roten) B. kriegen = hochrot im Gesicht werden. 1900 ff.

Bammel *m* Angst, Befürchtung, Bedenken. Gehört zu »bammeln = hin- und herschwanken« und meint die nervöse Unruhe vor einem wichtigen Ereignis. 1850 ff.

Band *m* das spricht Bände = das

besagt sehr viel, ist sehr aufschlußreich. Eine treffende Bemerkung, vor allem eine verräterische, ist gleichwertig mit dem Inhalt vieler Bücher. Spätes 19. Jh.

Band *n* am (auf dem) laufenden B. = unablässig. Zusammenhängend mit dem Fließband der Industrie. 1920 ff.

Bande *f* Leute (abfällig). Ursprünglich die unter einer Fahne versammelte Kriegerschar, um 1700 auch reine Komödiantentruppe, um 1730 die Diebes-und Räuberschar. In allgemeiner Bedeutung etwa seit 1750.

Bändel *n* jn am B. führen (haben) = jn in seiner Gewalt haben; jds Willen beherrschen. Hergenommen vom Gängelband, an dem kleine Kinder gehen lernen, oder vom Leitband der Haustiere. 1800 ff.

Bank *f* 1) durch die B. = alle ohne Ausnahme; alle ohne Unterschied; durchweg. Leitet sich her von einer alten Tischsitte: die Tischgenossen wurden der Reihe nach bedient, ohne daß ein einziger bevorzugt wurde. 13. Jh.
2) etw auf die lange B. schieben = eine Entscheidung aufschieben. Die »lange Bank« hieß früher die hinter den Richtern und Schöffen befindliche Bank, die sich durch den ganzen Raum erstreckte; auf sie wurden die unwichtigen oder die noch nicht entscheidungsreifen Akten gelegt und jeweils weitergeschoben. 1500 ff.

Bär *m* 1) schlafen wie ein B. = tief, lange schlafen. Bezieht sich auf den Winterschlaf des Bären. 19. Jh.
2) schnarchen wie ein B. = stark schnarchen. 18. Jh.
3) schwitzen wie ein B. = stark schwitzen. Der Laie nimmt an, daß der Bär in seinem dichten Fell schwitzt. 1850 ff.

bärbeißig *adj* angriffslustig; anzüglich. Entweder zusammenhängend mit Bärenbeißer (einer Hundeart, die zur Bärenhatz verwendet wurde) oder mit der Angriffslust

des Bären, der leicht in Wut gerät und bissig wird. 18. Jh.

Bärendienst *m* unzweckmäßige Hilfeleistung. Beruht auf dem Schwank vom Einsiedler und seinem jungen gezähmten Bären: um die Mücken zu verjagen, die den schlafenden Einsiedler stören, wirft der Bär mit einem Stein nach ihnen, wodurch er die Mücken zwar vertreibt, aber zugleich den Einsiedler tötet. 1900 ff.

Bärenführer *m* Fremdenführer. Eigentlich der Halter eines Tanzbären: der Bär trabt hinter seinem Herrn her und hat sich nach dessen Willen zu richten. 1850 ff.

Bärenhaut *f* auf der B. liegen = faul sein; müßig gehen. Von den Humanisten erfundene freie Ausmalung des Treibens der alten Germanen auf der Grundlage des Tacitus-Berichts — ein trotz Textkritik und Geschichtsforschung unausrottbares Vorurteil. 1500 ff.

barfuß *adv* b. bis an den (bis zum) Hals = ganz nackt. Scherzhafte Beschönigung. 1850 ff.

bargeldlos *adv* b. einkaufen (sich etw b. anschaffen) = Ladendiebstahl begehen. Ironische Umschreibung, etwa seit 1945.

baronisieren *intr* untätig sein; müßig gehen. Spätestens um 1850 aufgekommen, als die Barone nicht von ihrer Hände Arbeit leben mußten, sondern für alle Dienstleistungen Arbeitskräfte hatten.

Barras *m* Wehrdienst, Soldatenstand. Herleitung ungesichert. Entweder zusammenhängend mit *jidd* »baras = Fladenbrot« oder mit der Aussprache »boarisch« für »bairisch« oder fußend auf *franz* »baraque = niedriger Holzbau zur Unterbringung der deutschen Besatzungssoldaten in Frankreich nach 1871«. Diese Holzbauten nannte man »Barracks«. Mit der letztgenannten Herleitung stimmt das Alter der Vokabel überein: 1875 ff.

Bart *m* 1) der B. ist ab = die Sache ist erledigt; die Sache ist gescheitert, unabänderlich. Im ausgehenden 19. Jh aufgekommen, vielleicht mit Bezug auf die drei Kaiser Wilhelm I., Friedrich III. und Wilhelm II., von denen die beiden ersten einen Vollbart bzw. einen Backen- und Schnurrbart trugen, während Wilhelm II. Schnurrbart trug; andere meinen, die Redensart hänge mit dem abgebrochenen Schlüsselbart zusammen: das Reststück nützt nichts mehr.

2) so ein B.! = das ist längst bekannt, völlig veraltet. Als begleitende Gebärde streicht man kinnabwärts zur Angabe der Länge des Barts. 1920 ff.

3) etw in den B. brummen (murmeln) = undeutlich vor sich hin reden. Stammt aus der Zeit (18. Jh), als für Männer der Vollbart Mode war.

4) das Ende des B.s ist im Keller zu besichtigen = die Sache ist völlig veraltet, längst bekannt. Weiterbildung von Bart 2. Etwa seit 1930.

5) jm um den B. gehen = jm schmeicheln. Mit der Hand das Kinn zu streicheln, ist eine liebkosende Gebärde. 18. Jh.

6) einen B. haben = veraltet, längst bekannt sein. 1920 ff.

bärtig *adj* veraltet. [Vgl Bart 2.] 1930 ff.

Bartwickelmaschine *f* die B. läuft = die Sache ist längst bekannt, völlig veraltet. Das Gemeinte besitzt einen dermaßen langen Bart, daß man ihn auf einer Wickelmaschine aufwinden muß. 1930 ff.

Batterie *f* 1) Zahnreihe, Zähne. Batterie ist die Zusammenstellung gleichartiger Einheiten (Geschützbatterien; untereinander verbundene Leydener Flaschen). 1900 ff.

2) Gesicht, Mund, Kopf, 1900 ff.

3) eine B. Flaschen = eine große Anzahl Flaschen. 1900 ff.

4) die B. aufladen = sich erholen; Urlaub nehmen. Gemeint ist im engeren Sinne der Akkumulator als Stromspeicher. 1945 ff.

batzig (batzert) *adj* 1) übermütig, anmaßend, frech. [Vgl patzig 1.] 16. Jh.

2) sich b. machen = sich vordrängen, um einen guten Eindruck zu erwecken; prahlen. 16. Jh.

Bau *m* 1) Arrest, Arrestlokal; Gefängnisgebäude. Entweder analog zum Bau der Tiere oder Anspielung auf die frühere Verurteilung zum Festungsbau. Seit dem frühen 18. Jh; vielleicht von Dresden oder anderen Städten Sachsens ausgegangen.

2) dicker B. = geschärfter Arrest; Verbüßung langjähriger Gefängnisstrafe in einem Festungsgefängnis. Seit dem frühen 18. Jh.

3) vom B. sein (zum B. gehören) = Fachmann, Kollege sein. Im Anschluß an »der ganze Bau = alle an einem Bau tätigen Handwerker« bildete Angely in seinem Lustspiel »Das Fest der Handwerker« (1828) den Ausdruck »einer vom Bau«, womit der eine Schauspieler seinen Kollegen meinte.

Bauch *m* 1) sich vor Wut in den B. beißen mögen (und heißen Käse reinpusten) = sehr wütend sein. 1910 ff.

2) mit etw auf den B. fallen = etw scheitern; großen Mißerfolg erleiden. Der Betreffende fällt nicht auf die Füße, sondern auf den Bauch: er kommt zu Sturz. 1925 ff.

3) einen schlauen B. haben = schlau, gewitzigt sein; altklug reden. Hängt vielleicht mit *jidd* »bauchen = kundig sein« zusammen. Spätes 19. Jh.

4) etw nicht aus dem hohlen B. können a) = etw nicht ohne leibliche Stärkung bewerkstelligen können. Der hohle Bauch ist das Hungergefühl. 1910 ff.

b) = eine Aufgabe nicht ohne gründliche Sachkenntnis meistern können. 1910 ff.

5) sich den B. vollachen = hemmungslos lachen; schadenfroh sein. Man lacht aus tiefstem Herzensgrunde. Spätes 19. Jh.

6) sich den B. vollschlagen = beim Essen kräftig zulangen. Mit dem Eßbesteck »schlägt« man soviel in den Mund, wie der Magen fassen kann. 19. Jh.

7) sich einen B. zulegen = dicklich werden. Zulegen = anschaffen. 1900 ff.

Bauchbinde *f* 1) papierner Etikettstreifen um die Zigarre. Der Binde um den menschlichen Leib scherzhaft nachgebildet. Spätes 19. Jh.
2) Reklamestreifen um ein Buch. 1920/30 ff.

Bauchladen *m* Tragebrett (-kasten) der umherziehenden Kleinwarenhändler. Sie tragen ihren Laden gewissermaßen vor dem Leib. 1900 ff.

bauchpinseln *v* 1) tr = jn umschmeicheln. Vermutlich herzuleiten von einer Teilhandlung des Liebesspiels. 1900 ff.
2) sich gebauchpinselt (gebauchgepinselt, bauchgepinselt) fühlen = sich geschmeichelt, geehrt fühlen. 1900 ff.

Bauchweh *n* etw leiden können wie B. = etw durchaus nicht mögen. Ironischer Ausdruck seit dem späten 19. Jh.

bauen *tr* 1) etw herstellen, bewerkstelligen. Meint eigentlich die Errichtung von Gebäuden. Von da verallgemeinert. Seit dem späten 19. Jh bezogen auf Handlungen, die gewisse Geschicklichkeit, ein bestimmtes Wissen o. ä. voraussetzen; beispielsweise »eine Arbeit, das Abitur, ein Examen, das Bett, den Doktor, eine Fünf (Note »Ungenügend«), ein Kleidungsstück, einen Kurzschluß, einen Unfall bauen«.
2) wie wir gebaut sind = angesichts unserer (meiner) Kräfte; bei meiner Veranlagung. Bauen bezieht sich hier auf Körperbau, Körpergröße und -kraft, dann auch auf geistiges Leistungsvermögen. 1900 ff.

baufällig *adj* gesundheitlich geschwächt; hinfällig. Hergenommen vom Zustand unbewohnbarer Bauten. 14. Jh.

Baujahr *n* Geburtsjahrgang. Vom Entstehungsjahr einer Maschine übertragen auf den Menschen, zumal »bauen = zeugen«. 1930 ff.

Baum *m* 1) den B. hochgehen = aufbrausen. Hochgradige Erregung erscheint in der Alltagssprache als ein Klettern auf Akazien, Bäume, Palmen usw. 1910 ff.

2) es ist, um auf die Bäume zu klettern = es ist unerträglich, zum Verzweifeln. 1850 ff.
3) das Auto um den B. wickeln = durch Auffahren auf einen Baum den Totalschaden des Autos herbeiführen. 1930 ff.

Baumschule *f* die B. besucht haben = dumm, lebensunerfahren sein. Der Betreffende hat keine der üblichen Schulen besucht, sondern die Anlage zur Aufzucht von Bäumen. 1900 ff.

Bauplatz *m* Glatze. Die kahle Stelle auf dem Schädel wirkt wie ein unbebautes Grundstück. 19. Jh.

Baustelle *f* Glatze. [Vgl das Vorhergehende.] 1870 ff.

beaasen *tr* beschießen. Meint im engeren Sinne den Beschuß mit reichlichem Munitionsverbrauch. [Vgl aasen 1.] 1914/18 ff.

Beamtenbutter *f* Margarine. Stammt aus der Zeit zwischen den beiden Weltkriegen, als die Lebensverhältnisse der Beamten durch Gehaltskürzung stark eingeschränkt waren.

Beamtenlaufbahn *f* verbindender Überweg zwischen zwei Behördengebäuden. Meint eigentlich die vorgeschriebenen Beförderungsabschnitte im Beamtenberuf; dann umgemünzt auf eine Wegstrecke, die die Beamten innerhalb ihres Dienstgebäudes zurückzulegen haben. 1920 ff.

Beamtensilo *m* Verwaltungshochhaus. 1950 ff.

Beatschuppen *m* Tanzlokal mit Vorführung modernster Tanzschlager. [Vgl Schuppen 2.] 1962 ff.

bedanken *refl* sich für etw b. = etw ablehnen. Ironisch gemeint. 18. Jh.

bedappeln (bedabbeln) *tr* etw begreifen. Hergenommen von der Interjektion »dapp«, mit der etwas Klappendes bezeichnet wird. Mit der einen Hand klappt man auf die andere, um anzudeuten, daß das eine mit dem anderen zusammenpaßt oder daß man den Zusammenhang begriffen hat. 1800 ff.

Bedarf *m* mein B. ist gedeckt: Ausdruck der Ablehnung. Eigentlich Kaufmannsdeutsch: der Kaufmann, der seinen Bedarf für gedeckt ausgibt, will nicht noch mehr Ware auf Lager legen. Scheint im Ersten Weltkrieg bei beginnender Kriegsmüdigkeit aufgekommen zu sein.

bedeppert *adj* eingeschüchtert, betrübt, ratlos. Gehört zu veraltetem »betöbern = betäuben«. 19. Jh.

bedibbern *tr* jn beschwatzen; in betrügerischer Absicht auf jn einreden. [Vgl dibbern.] 1800 ff.

bedibbert *adj* eingeschüchtert, ratlos, verdutzt. Nebenform von bedeppert, s. d. 19. Jh.

Bediene *f* Sache, die sehr gefällt. Mit ihr ist man zu größter Zufriedenheit bedient. Soll zwischen 1920 und 1930 im Musikerjargon aufgekommen sein; heute vorwiegend Halbwüchsigendeutsch.

bedient sein ich bin b. = mir reicht es; ich bin dessen überdrüssig. Bezieht sich ursprünglich wahrscheinlich auf eine Mehrzahl von Verkäuferinnen, die den vermeintlich wartenden Kunden nach seinen Wünschen fragen; vielleicht auch auf aufdringliche Kellner zurückzuführen. 1930 ff.

bedudeln *refl* sich betrinken. [Vgl dudeln 2.] 18. Jh.

beduselt *adj* betäubt, benommen; betrunken. (Vgl Dusel 2.) 1800 ff.

Beerdigung *f* auf der falschen B. sein = sich gröblich irren; etw mißverstehen. Seit dem frühen 20. Jh.

befeuchten *refl* sich innerlich b. = zechen. Frühes 20. Jh.

befingern *tr* eine Sache untersuchen, zur Erledigung in die Hand nehmen. Meint eigentlich »mit dem Finger berühren, anrühren«, dann auch »in die Hand nehmen«. 19. Jh.

befummeln *tr* 1) etw betasten, untersuchen, bearbeiten. [Vgl fummeln.] 1850 ff.
2) etw geschickt bewerkstelligen, in Ordnung bringen. Parallel zu »in die Hand nehmen«. 1850 ff.

begaunern *tr* jn übervorteilen. [Vgl Gauner.] 18. Jh.

begießen *v* 1) sich b. = sich betrinken. Verkürzt aus »sich die Nase begießen«. Seit dem späten 19. Jh.
2) eine Sache (ein Ereignis) b. = ein Ereignis mit Trinken feiern. »Begießen« steht hier scherzhaft für die Darbringung eines Trankopfers. 16. Jh.

Begleiter *m* ständiger B. = (intimer) Freund einer weiblichen Person, in deren Begleitung er sehr oft gesehen wird. Illustriertendeutsch, etwa seit 1920/30.

Begleiterin *f* ständige B. = (intime) Freundin eines Mannes, in dessen Begleitung sie sehr oft gesehen wird. 1920/30 ff.

begossen *adj* kleinlaut, niedergeschlagen. [Vgl Pudel 2.] 1870 ff.

begraben *tr* laß dich b.!: Ausdruck der Abweisung. Der dumme, einfältige Mensch täte am besten daran, sich begraben zu lassen, weil er zu nichts anderem taugt oder weil er mit seinen Ansichten einer längst untergegangenen Generation angehört. 1820 ff.

begrunzen *tr* jn begrüßen; jm die Tageszeit bieten. Beim Betreten eines Schweinestalls wird der Mensch vom ersten Schwein begrunzt, und danach grunzen auch die anderen. 1850 ff.

behämmert *adj* dumm, dümmlich. Parallel zu bekloppt, s. d. 1900 ff.

Behauptung *f* falsche B. = Perücke. »Behauptung« wird wörtlich als Bedeckung des Hauptes aufgefaßt. 1870 ff.

beibiegen *tr* 1) jm etw b. = jm etw geschickt zu verstehen geben; jm etw einleuchtend erklären. Leitet sich vielleicht vom Prügelstock her, der sich beim Auftreffen auf das Gesäß biegt, oder von der formgerechten, engen Anpassung des Gusses im Formkasten. 1870 ff.
2) sich etw b. = sich etw aneignen, verschaffen, erlernen. 1900 ff.

beieinander *adv* 1) nicht alle (sie nicht richtig) b. haben = nicht recht bei Verstand sein. [Vgl beisammen.] 1850 ff.
2) gut b. sein = rüstig, munter, gesund sein. Bezieht sich auf die Körperkräfte, auf die Gliedmaßen usw. 1870 ff.
3) nicht richtig b. sein = dumm, verrückt sein. 1870 ff.

Bein *n* 1) verliebte B.e = auswärts gekrümmte Beine. Das Schicksal Liebender in gängigen Liebesromanen (Courths-Mahler) ähnelt der Form auswärts gekrümmter Beine: erst haben sich die Liebenden, dann gehen sie auseinander (oder es sieht so aus, als kriegten sie sich nicht), und schließlich kommen sie doch wieder zusammen. 1880 ff.

2) sich die B.e ablaufen = viele Wege machen. Gemeint ist, daß durch vieles Gehen die Beine kürzer werden. 18. Jh.

3) mit dem linken B. zuerst aufgestanden sein = mißgestimmt sein. Fußt auf der alten abergläubischen Vorstellung, das links das Ungünstige, Unheilvolle meint. Wer mit dem linken Bein aus dem Bett klettert, beschwört Unheil herauf. 18. Jh.

4) sich für etw kein B. ausreißen = sich für eine Sache keine übergroße Mühe machen. 1800 ff.

5) jm etw ans B. binden = jn behindern. Hergenommen vom Weidevieh auf nicht eingefriedigten großen Weideflächen: um das Weglaufen zu verhindern, wurden ihm die Vorderbeine zusammengebunden und durch ein seitlich mitschleifendes, dickes Rundholz beschwert. 1850 ff.

6) etw auf die B.e bringen = etw zustande bringen, erfolgreich beenden. Meinte ursprünglich soviel wie »ein Heer auf die Beine bringen«. 19. Jh.

7) jn auf die B.e bringen = jn gesund machen, mit allen Mitteln unterstützen. Gemeint ist, daß man jn wieder so sehr zu Kräften kommen läßt, daß er das Bett verlassen und wieder auf den Beinen stehen kann. 16. Jh.

8) etw am B. haben = a) eine Geldschuld haben. Erklärt sich aus Bein 5. 19. Jh.

b) vorbestraft sein. 1900 ff.

9) jm auf die B.e helfen = jm aus einer Notlage aufhelfen. Stammt aus der Fechtersprache: der Sekundant hatte dem Fechter zu helfen, wenn er zu Fall gekom-

men war. Darüber hinaus ist es Menschenpflicht, dem Gestürzten behilflich zu sein. 1400 ff.

10) wieder auf die B.e kommen = genesen. Aus der Horizontalen des Bettlägerigen wieder in die Vertikale des Gesunden gelangen. 1500 ff.

11) ein Gegenstand hat B.e gekriegt = ein Gegenstand ist spurlos verschwunden, ist gestohlen worden. Scherzhafte Vorstellung, daß Gegenstände Beine bekommen und davonlaufen wie Menschen. 1900 ff.

12) auf den B.en sein = außer Bett sein; unterwegs sein. 18. Jh.

13) wieder auf den B.en sein = wieder gesund sein. [Vgl Bein 10.] 18. Jh.

14) auf keinem B. mehr stehen können = betrunken sein. 18. Jh.

15) jn auf einem B. stehen lassen = jm keinen zweiten Schnaps eingießen. 18. Jh. [Vgl Lessing, Minna von Barnhelm.]

16) sich die B.e in den Bauch (Leib) stehen = lange stehen und warten. Bei langem Stehen meint man, der Leib laste immer schwerer auf den Beinen. In volkstümlicher Auffassung ist's umgekehrt: die Beine dringen langsam in den Leib ein. 1850 ff.

Beinkleid *n* herzliches (innerstes) B.! = herzliches (inniges) Beileid! Ironischer Ausdruck der Anteilnahme an einem recht geringfügigen Mißgeschick. Entstellt aus »herzliches Beileid«. 1870 ff.

beisammen *adv* 1) nicht alle b. haben = nicht recht bei Verstande sein. Gemeint ist, daß der Betreffende nicht alle Sinne beisammen hat, daß er also von Sinnen ist. 1800 ff.

2) gut (schlecht) b. sein = gesundheitlich (geldlich) wohlauf sein (nicht bei Kräften sein). 19. Jh.

Beißerchen *pl* Kinderzähne. 17. Jh.

Beißzange *f* unverträgliche weibliche Person. Die Beißzange besitzt zwei gegeneinander gestellte Schneiden, vergleichbar den beiden Zahnreihen. 1650 ff.

beklatschen *tr* üble Nachrede führen. [Vgl klatschen 1.] 19. Jh.

beklauen *tr* jn bestehlen. [Vgl klauen.] 18. Jh.

Bekleidungsstrand *m* Strand für Nicht-Nacktbadende. 1945 ff.

bekloppt (beklopft) *adj* dumm, verrückt. Meint eigentlich, daß der Betreffende durch einen Schlag auf den Kopf eine Gehirnerschütterung davongetragen hat. 1900 ff.

beknackt *adj* blöde, einfältig. [Vgl Knacks 1.] 1900 ff.

bekneipen *refl* sich betrinken. [Vgl kneipen.] 1800 ff.

beknien *tr* jm nachdrücklich zusetzen; jn bedrängen. Meint eigentlich »mit den Knien auf jm sitzen«, vor allem »auf jds Brust knien«, so daß Herkunft aus dem Ringkampf wahrscheinlich ist. 1900 ff.

beknüllen *refl* sich betrinken. [Vgl knüll.] 19. Jh.

beknüllt *adj* bezecht. [Vgl knüll.] 1800 ff.

bekochen *tr* für jn kochen. 19. Jh.

bekohlen *tr* jn in kleinen Dingen belügen. [Vgl kohlen.] 1800 ff.

bekümmeln *refl* sich betrinken. [Vgl kümmeln.] 19. Jh.

belackmeiern *tr* jn übervorteilen. [Vgl gelackmeiert sein.] Spätes 19. Jh.

belemmern *tr* 1) jn belästigen, behindern, in Verlegenheit bringen. Hängt zusammen mit »lahm« und »lähmen«. 18. Jh.
2) jn betrügen. Kann mit »Lammel = Schmutz, Kot« zusammenhängen und steht in Analogie zu bescheißen. 1800 ff.

belemmert *adj* eingeschüchtert, übel. [Vgl belemmern 1.] 18. Jh.

bemachen *tr refl* mit Kot (Harn) besudeln. 1700 ff.

bematscht *adj* leicht verrückt. [Vgl Matschbirne.] 1940 ff.

bemausen *tr* jn bestehlen. [Vgl mausen.] 17. Jh.

bemogeln *tr* jn betrügen. [Vgl mogeln.] 1800 ff.

bemoost *adj* sehr alt; ehrwürdig. Meint eigentlich »mit Moos überzogen«, was Verweilen an einer und derselben Stelle voraussetzt. Hierzu die Sinnbildfigur des bemoosten Karpfens. 18. Jh.

benebelt *adj* betrunken. Die Sinne des Bezechten sind wie durch Nebel getrübt. Daher Nebel = Rausch. 18. Jh.

Benimm *m* Benehmen, Anstand. Vielleicht substantiviert aus dem Imperativ (benimm dich). Im frühen 19. Jh wohl von Berlin ausgegangen und allgemein geläufig geworden.

Benzinesel *m* 1) Auto, Motorrad. Das Kraftfahrzeug als mit Benzin gespeistes Lasttier zum Unterschied vom Drahtesel. 1920 ff.
2) Moped. 1950 ff.

Benzinkutsche *f* Auto. Wie das Pferd die Kutsche zieht, so zieht das Benzin das Auto. 1900 ff.

Benzinkutscher *m* Kraftfahrer. [Vgl das Vorhergehende.] 1900 ff.

bepflastern *tr* mit Beschuß, mit Bombenabwürfen belegen. [Vgl pflastern 1.] 1900 ff.

berappeln *refl* wieder Kraft gewinnen; aus der Ohnmacht erwachen; sich erholen. [Vgl aufrappeln.] 1920 ff.

berappen *tr* etw bezahlen. Fußt auf einer in Freiburg geprägten Münze mit einem Adlerkopf, der vom Volke als Rappe (= Rabe) verspottet wurde. 1830 ff.

Berg *m* 1) mit etw hinterm B. halten = mit etw zurückhalten. Gemeint ist ursprünglich ein Geschütz, das man mitsamt den Mannschaften hinter dem Berg in Deckung hält. 16. Jh.
2) über alle B.e sein = geflohen, verschwunden sein. Stammt wohl aus der Zeit, als bei unzureichendem Straßenwesen der Flüchtige nicht mehr einzuholen war. 1500 ff.
3) über den B. sein = das Schwerste (Schlimmste) überstanden haben. Wer auf einer Bergwanderung den Gipfel erreicht hat, hat die größte Anstrengung hinter sich.

Bergfex *m* leidenschaftlicher Freund der Berge, des Bergsteigens. [Vgl Fex.] Mit dem Alpinismus gegen 1870 aufgekommen.

beriechen *tr* vorsichtig zu ergründen suchen, wes Geistes Kind der andere ist; vorsichtig Bekanntschaft schließen. Aus dem Verhalten der Hunde übertragen auf menschliche Verhältnisse. 17. Jh.

berieseln *tr* jn mit etw b. = auf jn ausdauernd mit etw nahezu unmerklich einwirken. Stammt aus Landwirtschaft und Gartenbau: in regenarmer Zeit werden die Felder und Beete, auch die Rasenflächen durch Sprenger oder Rohre mit durchlöcherter Wandung berieselt. Die künstliche Berieselung ähnelt der kaum merklichen Einflußnahme, die Rundfunk, Werbefernsehen, Presse u. a. ausüben; auch ist die Berieselung Ersatz für ein Natürliches (Hausmusik; selbsterarbeitete Bildung usw.). Anscheinend gegen 1930 aufgekommen mit der Beeinflussung der öffentlichen Meinung durch die Nationalsozialisten; volkstümlich nach 1945 geworden.

Beruhigungspille *f* Vorgehen oder Äußerung zur Beruhigung eines Menschen. Übernommen von den nervenberuhigenden Arzneimitteln. 1920 ff.

berühmt *adj* nicht b. = mittelmäßig, leidlich. Durchschnitt und Mittelmaß sind kein Gegenstand des Rühmens. Etwa seit 1870.

besabbeln (besabbern) *tr* 1) etw begeifern. [Vgl sabbeln 1.] 14. Jh.
2) jn beschwatzen. [Vgl sabbeln 2.] 19. Jh.

besaufen *refl* sich betrinken. [Vgl saufen.] 1600 ff.

Besäufnis *f* Trinkgelage; Bezechtheit. 1900 ff.

beséuselt sein betrunken sein. [Vgl angesäuselt sein.] 1850 ff.

Beschäftigungstheorie *f* sinnlose Beschäftigung; zweckloses Tun um des Tuns willen. Aus dem medizinischen Fachwort »Beschäftigungstherapie« entstellt. Etwa seit 1930, anfangs bei der Reichswehr.

beschatten *tr* jn insgeheim verfolgen, überwachen. Der Beschatter (Kriminalbeamter, Detektiv o. ä.) folgt dem Verdächtigen wie ein Schatten. 1920 ff.

Bescheid *m* 1) jm gehörig (gründlich) B. sagen = jn gründlich zurechtweisen. Man sagt ihm laut und energisch Bescheid, was er zu tun und zu lassen hat. 17. Jh.

2) jm B. stoßen = jn energisch rügen, ausschimpfen. Meint wohl die nachdrückliche Rüge, bei der der Betreffende gegen die Brust gestoßen wird. 1800 ff.

bescheiden *adj* sehr schlecht; minderwertig; verwünscht. Euphemistisch für beschissen 1. Die erste Hälfte des Hehlworts ist mit dem Gemeinten lautgleich. Hinter »besch-« wird gern eine kurze Pause eingelegt. 19. Jh.

bescheißen *tr* 1) etw mit Kot beschmutzen. [Vgl scheißen 1.] 14. Jh.
2) jn betrügen, übervorteilen. [Vgl anscheißen 1.] Seit 1150.

Bescheißer *m* Betrüger. [Vgl bescheißen 2.] 1500 ff.

Bescherung *f* 1) unangenehme Überraschung. Meint ironisch das unerwünschte Beschenktwerden. 1800 ff.
2) die ganze B. = das alles (die ganze B. lag am Boden). 1800 ff.
3) da haben wir die B. = das Unangenehme ist wie erwartet eingetroffen. 1750 ff.

bescheuert *adj* dumm; nicht ganz bei Verstande. [Vgl scheuern.] Spätes 19. Jh.

beschickern *refl* sich betrinken. [Vgl schicker.] 1840 ff.

beschickert *adj* betrunken. [Vgl schicker.] 1840 ff.

Beschiß *m* Betrug, Übervorteilung. [Vgl bescheißen 2.] 1400 ff.

beschissen *adj* minderwertig, kläglich; sehr unangenehm. [Vgl bescheißen 1 und 2.] 1400 ff.

Beschisser *m* s. Bescheißer.

beschlabbern *refl* beim Essen seine Kleidung beschmutzen. [Vgl schlabbern 1.] 1400 ff.

beschlafen *tr* über eine Entscheidung eine Nacht vergehen lassen. Meint eigentlich »mit einer unentschiedenen Sache zu Bett gehen, sie schlafenderweise bedenken«. 1400 ff.

beschlauchen *refl* sich betrinken. Mit »Schlauch« ist Kehle, Schlund oder Speiseröhre gemeint. Schon im Mittelalter wird »Schlauch« zum Schimpfwort für einen Säufer und Schlemmer. 19. Jh.

beschmusen *tr* jn beschwatzen. [Vgl schmusen.] Spätes 19. Jh.

beschmutteln (beschmuddeln) *tr* beschmutzen. [Vgl schmutteln.] 18. Jh.

beschnarchen *tr* eine Entscheidung auf den nächsten Tag verschieben. Parallel zu beschlafen, s. d. 1850 ff.

beschnuppern *tr* vorsichtig zu ergründen suchen, wes Geistes Kind einer ist. [Vgl beriechen.] 1870 ff.

Beschores *m* unredlicher Gewinn. [Vgl Schores.] Etwa seit der Mitte des 18. Jhs.

Beschub (Beschupp) *m* Betrug, Täuschung, Übervorteilung. [Vgl beschuppen.] 19. Jh.

beschummeln *tr* jn betrügen, anführen, hintergehen, übervorteilen. [Vgl schummeln.] 1770 ff.

beschuppen *tr* jn betrügen. *Hd* »schupfen«, *ndd* »schuppen« im Sinne von »schnell und heftig stoßen« entwickelt sich in den Mundarten zur Bedeutung »narren, übertölpeln«, wohl weil einer närrisch und einfältig sein muß, wenn er sich hin und her stoßen läßt. 18. Jh.

beschupsen *tr* jn betrügen, übervorteilen. [Vgl das Vorhergehende und Schups.] 18. Jh.

beschwiemelt *adj* leicht betrunken. [Vgl schwiemeln.] 1850 ff.

beschwipsen *refl* sich betrinken. [Vgl Schwips.) 19. Jh.

beschwipst *adj* betrunken. [Vgl Schwips.] 19. Jh.

beseibern *tr* begeifern. [Vgl seibern 1.] 1700 ff.

Besen *m* 1) Schimpfwort auf ein Mädchen. Vom berufstypischen Arbeitsgerät entwickelt zu tadelnder Personenbezeichnung. Ende des 18. Jhs.
2) schlechte, unverträgliche Frau. 19. Jh.
3) wenn nicht, fresse ich einen B.!: Ausdruck der Beteuerung. Um 1900 in Berlin aufgekommen.

besenftigen *tr refl* mit Senf versorgen. Dem älteren »besänftigen = beschwichtigen« scherzhaft untergeschoben wegen lautlicher Gleichheit der Tonsilbe. Spätes 19. Jh.

besengt *adj* geistesbeschränkt; verrückt. Hängt zusammen mit

»Senge = Prügel«: den Betreffenden hat man so heftig geohrfeigt, daß er eine Gehirnerschütterung davongetragen hat. 1900 ff.

besoffen *adj* 1) betrunken. [Vgl besaufen.] 17. Jh.
2) jn mit Worten (Redensarten) b. machen = jn bis zur Willenlosigkeit beschwatzen. Durch langanhaltendes Einreden betäubt man wie durch Alkohol. 1850 ff.

besorgen *tr* 1) etw stehlen, entwenden. Euphemismus, entstanden aus der Bedeutung »beschaffen« (Fehlendes bargeldlos beschaffen). Soldatensprachlich seit dem Ersten Weltkrieg.
2) jm etw (es jm) b. = es jm gedenken; jm heimzahlen; jn der Bestrafung zuführen. Gemeint ist wahrscheinlich, daß man dafür sorgen will, daß die Gerechtigkeit wiederhergestellt wird. 19. Jh.

bessern *refl* bessere dich! = gute Besserung! Die moralische Grundbedeutung ist hier scherzhaft auf die gesundheitliche übertragen worden. 1900 ff.

bestuckt (bestückt) *adj* wohlhabend. Entweder ist der Betreffende reichlich mit Gold- und Silberstücken versehen oder mit Kanonen (Geschützen), also im Besitz von »Pulver = Geld«. 1900 ff.

bestußt *adj* dumm, verrückt. [Vgl Stuß 1.] 19. Jh.

Besucherritze (Besuchsritze) *f* Spalt zwischen zwei nebeneinander stehenden Betten. Ist keine andere Liegegelegenheit vorhanden, kommt der Besuch auf den Spalt zu liegen. 1900 ff.

betatzen *tr* befühlen, anfassen. [Vgl Tatze.] 1900 ff.

Bethlehem *On* nach B. gehen = zu Bett gehen. Scherzhafte Redewendung, fußend auf dem Anklang von »Bett« an »Bethlehem« 16. Jh.

Betonstampfer *pl* dicke Beine. 1930 ff.

Betriebsnudel *f* Stimmungsmacher in Gesellschaften; beliebter Unterhalter; übergeschäftiger Mensch. »Betrieb« meint lebhaftes Treiben, Betriebsamkeit. Die

Nudel als gerolltes Stück Teig steht in Beziehung zu den Wendungen »sich kugeln vor Lachen«, »sich wälzen vor Lachen«. »Nudel« bezeichnet einen Menschen, der ans Lachen bringt oder sich lächerlich aufführt. 1910 ff.

Betriebsunfall *m* Ertapptwerden bei der Tat; Verhaftung wider Erwarten. Eigentlich der Unfall in einem Betrieb, hier das Mißgeschick bei Betreiben einer Sache. Parallel zu Künstlerpech. 1920 ff.

Bettflasche *f* B. mit Ohren = Bettgenossin. Sie wärmt den Bettgenossen wie eine Wärmflasche. Spätes 19. Jh.

Betthupferl *n* Süßigkeit für kleine Kinder vor dem Zubettgehen; Imbiß oder letzter Trunk vor dem Zubettgehen. Nach Verzehr dieser Dinge hüpft man ins Bett. Seit dem späten 19. Jh.

Bettschwere *f* die nötige B. haben = genug getrunken haben, um gut schlafen zu können; zum Schlafen müde genug sein (ohne alkoholische Nachhilfe). »Bettschwere« meint das ausreichende Gewicht, mit dem man ruhig liegt und nicht aus dem Bett fällt. 1800 ff.

Bettvorleger *m* 1) langer, dichter Vollbart. 1900 ff.
2) langhaariger Hund. 1910 ff.

Bettzipfel *m* nach dem B. schielen (schnappen; nach dem B. sehnen; am B. lutschen) = müde sein; gähnen. 1850 ff.

betucht *adj* wohlhabend. Stammt vielleicht aus *jidd* »betuach = vertrauenswürdig«. 19. Jh.

betun *refl* 1) sich mit Kot beschmutzen. Analog zu bemachen. 14. Jh.
2) allzu dienstbeflissen sein; sich aufspielen; sich sträuben; sich zieren. Leuten, die sich unecht, würdelos oder übertrieben aufführen, rät man, sie sollten sich nicht betun: sie sollten bei der Notdurftverrichtung darauf achten, daß sie vor lauter Effekthascherei und Unnatürlichkeit nicht sich und selber beschmutzen. Spätes 19. Jh.

Beweise *pl* schlagende B. = Prügel. Ein Witzwort; denn der schlagende Beweis ist der einleuchtende, unwiderlegliche Beweis, der jede Einrede schlägt; dann auf »schlagen = prügeln« übertragen. Gegen 1840 im Wortschatz des politischen Kampfes aufgekommen.

bewiehern *tr* laut über etw lachen. [Vgl wiehern.] 1900 ff.

bezahlen *tr* als ob er es bezahlt kriegte = tüchtig, heftig, sehr. Leitet sich her von einer Arbeit, die normalerweise bezahlt wird, oder setzt gar voraus, daß es keinerlei Arbeit gibt, die unbezahlt bleibt. Spätes 19. Jh.

bezirzen *tr* jn betören, für sich einnehmen. Wohl in Studentenkreisen hergeleitet von der Zauberin Kirke (*lat* Circe) aus Homers Odyssee. 1920 ff.

Bezugsschein B *m* unerlaubte Bezugsquelle. Das »B« meint die persönlichen Beziehungen, die für die Erringung von Vergünstigungen im Ersten Weltkrieg sowie vom Beginn des Zweiten Weltkriegs bis zur Währungsumstellung eine entscheidende Rolle spielten.

bibbern *intr* zittern, frieren. Nebenform zu »beben.« 18. Jh.

Biber *m* Vollbart; nach abwärts verlängerter Backenbart; Vollbartträger. Hergenommen vom Biber, einem Nagetier mit seidenweichem, dichtem Fell; auch Bezeichnung für grobes Tuch. 1850 ff.

Bibi *m* steifer Herrenhut; Zylinderhut; Kopfbedeckung. Hängt wohl zusammen mit dem Biber, dessen Pelz zu Hüten verarbeitet wird. 1830 ff.

Biene *f* 1) Mädchen. Scheint anfangs (gelegentlich auch noch heute) das leichte Mädchen bezeichnet zu haben, das den Partner rasch wechselt, wie es — in anderem Sinne — die Biene tut, die von Blüte zu Blüte fliegt. Spätes 19. Jh.
2) *pl* Läuse. Gleich den Bienen treten die Läuse in Schwärmen auf und verteilen sich auf alle erreichbaren Personen. 1800 ff.

3) dufte B. = hübsches, nettes Mädchen. [Vgl dufte.] 1950 ff.

4) flotte B. = a) hübsches Mädchen. Flott = munter, lebenslustig, umgänglich. 1945 ff.
b) gute Tänzerin. 1945 ff.

5) kesse B. = reizendes, nettes, umgängliches Mädchen. [Vgl keß.] 1945 ff.

Bier *n* etw wie saures B. (wie Sauerbier) anbieten (ausbieten, feilbieten) = Wertloses wortreich anbieten; die Reste vom Mahl aufnötigen. Abgestandenes Bier findet nur selten einen Abnehmer; es abzusetzen verlangt viel Mühe. 17. Jh.

Bierarsch *m* (breites) Gesäß. Bier macht dicklich, vor allem an der Sitzfläche. Spätes 19. Jh.

Biereifer *m* großer Eifer. Bezog sich ursprünglich wohl auf Studenten, die mehr dem Bier als dem Studium huldigten. 1850 ff.

Bierleiche *f* sinnlos betrunkener Biertrinker. Wohl wegen der Starre der Gliedmaßen, der Bewußtlosigkeit und der Neigung zur horizontalen Lage. Spätes 19. Jh.

Bierreise *f* Besuch mehrerer Bierwirtschaften. Scherzhaft entwickelt nach dem Muster von Geschäfts-, Vergnügungsreise. 1800 ff.

Bierruhe *f* seelische Unerschütterlichkeit; Geduld. Biertrinker gelten im allgemeinen als ruhige und verhaltene Leute. 1900 ff.

Biest *n* 1) Tier (sehr abfällig). Aus *lat* bestia über *engl* beast und *ndl* beest im 14. Jh. nach Deutschland gekommen.
2) gemeiner, hinterlistiger Mensch. 18. Jh.
3) großes Stück; unförmiger Gegenstand (ein Biest von Aschenbecher). 19. Jh.

Biesterei *f* Unsauberkeit, Unannehmlichkeit, Unsittlichkeit. Im 19. Jh. aufgekommen nach Muster und Bedeutung von Sauerei, Schweinerei usw.

Bikini *m* zweiteiliger Badeanzug für weibliche Personen. Bikini heißt ein Atoll in der Südsee; es wurde bekannt durch Atomzertrümmerungsversuche im Jahre 1946.

Warum der zweiteilige Badeanzug nach diesem Atoll benannt ist, wird verschieden gedeutet: die Atolle kommen zerstreut vor; es ist fast nichts mehr da (wie nach einer Explosion); wegen der explosiven Wirkung auf das andere Geschlecht.

Bildfläche *f* 1) auf der B. erscheinen = zum Vorschein kommen; nahen. Hergenommen von der Fläche des Bildes beim Guckkasten. 1840 ff.
2) von der B. verschwinden = sich entfernen; sterben. 1840 ff.

Billardkugel *f* Kahlkopf. 1900 ff.

Bimbam *m* Heiliger B.!: Ausruf der Verwunderung, des Entsetzens. Bimbam ist die Schallnachahmung des Glockengeläuts, meint jedoch auch das männliche Glied. (Flüche beim Penis o. ä. sind international häufig). 1850 ff.

Bimmel *f* Schelle, Klingel. Lautnachahmung des helltönenden Schellengeläuts. 17. Jh.

bimmeln *intr* schellen, klingeln. [Vgl das Vorhergehende.] 17. Jh.

Bims *m* Geld. Herzuleiten vom Klangwort »bim«, dem Ton, der beim Aufzählen von Münzen entsteht. 1870 ff.

Bimse *pl* Prügel. [Vgl bimsen 1.] 19. Jh.

bimsen *tr* 1) prügeln. Bezieht sich eigentlich auf Reiben und Glätten mit Bimsstein. 19. Jh.
2) in exerzieren, drillen. Analog zu schleifen 1. 1870 ff.

Binde *f* einen hinter die B. brausen (gießen, schütten o. ä.) = ein Glas Alkohol zu sich nehmen. »Binde« ist die Halsbinde, hinter der das Getränk gewissermaßen verschwindet. Obwohl die Binde heute durch den Kragen ersetzt ist, ist der Ausdruck nach wie vor geläufig. 1800 ff.

Bindfäden *pl* es regnet B. = es regnet sehr stark. Starker Regen sieht wie ein Nebeneinander von Bindfäden aus. 19. Jh.

Binnenbrief *m* dringliche schriftliche Mahnung. In ihm kommt die Wendung vor »falls Sie nicht binnen vierzehn Tagen zahlen (antworten) usw.«. 1920 ff.

Binsen *pl* in die B. gehen = verloren-, entzweigehen; sterben. Der Jägersprache entlehnt: Wildenten oder andere Wasservögel, über oder auf dem Wasser angeschossen, flüchten in die Binsen am Ufer, wohin ihnen weder die Hunde noch die Jäger folgen können. Seit dem späten 19. Jh.

Birne *f* 1) Kopf, Schädel. Fußt auf der Formähnlichkeit der Birnenfrucht mit dem Langschädel. Birnenförmig war der Kopf des Bürgerkönigs Louis Philippe in der Zeichnung des Karikaturisten Honoré Daumier, weswegen der König noch im ausgehenden 19. Jh als »le roi-poire« bekannt war. Diese Karikatur mag bei der Vokabel Pate gestanden haben. 1870 ff. 2) weiche B. = Geistesbeschränktheit, Dummheit. Spielt entweder auf Gehirnerweichung an oder ist von der Boxbirne hergenommen. 1900 ff.

Bitte *f* einer von der siebten B. = lästiger, widerlicher Mensch. Die siebte Bitte des Vaterunsers lautet: »Erlöse uns von dem Übel!« 1750 ff.

bitter *adj* das ist b. = das ist bedauerlich, schmerzlich. Meist halbironisch gemeint. Vielleicht verkürzt aus »bittere Pille«. Spätes 19. Jh.

blank sein kein Geld mehr haben. Stammt aus »blank« im Sinne von »entblößt«. 18. Jh.

Blanker *m* nacktes Gesäß. [Vgl das Vorhergehende.] Spätes 17. Jh.

Blase *f* zusammengewürfelte, mißliebige Gesellschaft; Horde; Verbrecherbande. Meint entweder die mit ungesunden Stoffen gefüllte Eiterblase (man muß die Eiterblase aufstechen = man muß das revolutionierende Element mit drastischen Mitteln bekämpfen) oder spielt an auf die Hohlheit im Sinne eines Zusammenschlusses von Hohlköpfen. 1850 ff.

blasen *tr* 1) jm etw b. = jm etw ablehnen. Bezieht sich wohl auf den durch kurzes Blasen mit dem Mund entstehenden Laut »pe«, der als Zeichen der Geringschätzung gilt. 18. Jh.

2) einen b. = ein Glas Alkohol trinken. Meinte ursprünglich wohl, daß einer die Flasche an den Mund setzte und trank, wodurch er die Handhaltung des Trompeters nachahmte. 1800 ff.

blaß *adj* ich werde b.!: Ausdruck des Erstaunens. »Blaß werden« meint »kraftlos, ohnmächtig werden«: das Erstaunen treibt das Blut aus dem Gesicht. 1900 ff.

Blatt *n* 1) kein B. vor den Mund (vor das Maul) nehmen = freimütig sprechen; offen seine Meinung sagen. Herleitung ungesichert. Die einen gehen zurück auf das Feigenblatt im Paradies und fassen es als Sinnbild der Verstellung und der Verdunklungsabsicht auf; andere sehen einen Zusammenhang mit dem Blatten des Jägers. 1200 ff.

2) das steht auf einem anderen B. = das mag dahingestellt bleiben; davon reden wir jetzt nicht. Blatt ist die Buchseite, hier wohl eine der später folgenden, auf der behandelt wird, was zur Zeit nebensächlich erscheint. 19. Jh.

3) das B. (Blättchen) hat sich gewandt (gedreht) = die Lage hat sich völlig verändert. Herleitung nicht völlig sicher. Soll mit der Pappel zusammenhängen: ihre Blätter ändern um den Johannistag ihre Stellung, so daß danach der Baum keinen Schutz mehr vor Regen bietet. Andererseits ist auch an das Kartenspiel zu denken, vor allem an die Launen der Kartenzusammenstellung: wer lange Zeit gute Karten bekommen hat, bekommt plötzlich schlechte. 1500 ff.

Blätterwald *m* 1) Gesamtheit der Presse. Die Zeitung wird auch »Blatt« genannt (Morgen-, Abendblatt): zur Grundbedeutung (Baumblatt) wird dann stilecht »Wald« hinzugefügt. Spätes 19. Jh.

2) es rauscht im B. = die Presse nimmt sich einer Sache an. »Rauschen« bezieht sich auf die unüberhörbar leidenschaftliche Parteinahme. 1900 ff.

blau *adj* 1) betrunken. Die Herleitung auch dieses seit dem späten 19. Jh geläufigen Worts ist ungesichert. Die einen gehen von Sehstörungen aus, die bei zunehmender Trunkenheit eintreten: man glaubt, einen blauen Schleier vor den Augen zu haben. Obwohl ich als »braver Mann« schon einen Rausch gehabt habe, haben sich die blauen Schleier bei mir nicht eingestellt. Nach anderen leitet sich die Vokabel von der Farbe der Trinkernase her. 2) evangelisch. Die seit dem 19. Jh vor allem in den katholischen Landesteilen verbreitete Vokabel hängt möglicherweise mit der Farbbezeichnungen »Berliner Blau«, »Preußisch Blau« zusammen, womit man vor allem die preußischen, die Berliner Protestanten meinte.

Blauer *m* Hundertmarkschein. Verkürzt aus »blauer Lappen.« Seit 1871.

blaumachen *intr* nicht arbeiten. [Vgl Montag.] 19. Jh.

Blech *n* 1) dummes Geschwätz; Unsinn. Im Verhältnis zu Gold und Silber gilt Blech als wertloses Metall. »Reden ist Silber; Schweigen ist Gold; Unsinn reden ist Blech«. 1800 ff.
2) Geld, Geldmünzen. [Vgl blechen.] 1500 ff.
3) Orden und Ehrenzeichen. [Vgl Klempnerladen.] 1914/18 ff.

Blechdampfer *m* breitgebautes Auto. [Vgl Amidampfer.] 1955 ff.

blechen *tr intr* zahlen, bezahlen. Beruht auf *rotw* »Blech = Geld« wegen der ausgewalzten Metallfläche zum Prägen. Spätes 18. Jh.

Blechsalat *m* Totalschaden bei einem Autozusammenstoß; unentwirrbares Durcheinander von Blechteilen. Salat = Durcheinandergemengtes. 1920 ff.

Blei *m* Bleistift. Schülersprachliche Verkürzung. 1800 ff.

Bleifuß *m* mit B. fahren (auf dem Gas stehen) = das Gaspedal bis zum Anschlag niederdrücken. Vermutlich im Zweiten Weltkrieg aufgekommen.

Bleistift *m* Beispiel. Sprachlicher Spaß aus Freude am Jonglieren mit Wortähnlichkeiten. Spätes 19. Jh.

Bleistiftabsatz *m* hoher, dünner Absatz am Damenschuh. Um 1950 aufgekommen.

bleistifteng *adj* sehr enganliegend (auf Jungmädchenhosen bezogen). Der Stoff einer solchen Hose umschließt das Bein ebenso fest wie die Holzhülle des Bleistifts die Mine. 1955 ff.

bleuen *tr* jn heftig schlagen, prügeln. Seit althochdeutscher Zeit.

blicken *v* das läßt tief b. = a) das ist sehr aufschlußreich. Ausspruch von Adolf Sabor im Deutschen Reichstag am 17. Dezember 1884; aber vielleicht älter.
b) das Kleid ist tief dekolletiert. 1950 ff.

Blinder *m* 1) das sieht sogar ein B. = das ist sehr leicht einzusehen. Im 15./16. Jh von den Humanisten aus dem römischen Geschichtsschreiber Livius übernommen.
2) das sieht sogar ein B. mit dem Krückstock = das leuchtet jedermann ein. 1850 ff.
3) urteilen wie der B. von der Farbe = blindlings, ohne Überlegung, ohne Sachkenntnis urteilen. 16. Jh.

Blindgänger *m* Versager. Eigentlich das nicht detonierte (Explosiv-) Geschoß. 1900 ff.

Blitz *m* wie ein geölter B. = sehr schnell. Kasernenhofblüte, beruhend auf der witzigen Auffassung, daß der an sich schnelle Blitz noch schneller zur Erde fährt, wenn er geölt ist. 1830 ff.

blitzblank *adj* sehr blank. So blank, daß es blitzt, glänzt. 1800 ff.

blitzblau *adj* stark bezecht. [Vgl blau 1.] 1830 ff.

Blitzbraut *f* vorübergehende Liebschaft. Es ist eine Liebschaft von Blitzdauer. Soldatensprachlich seit dem Ersten Weltkrieg.

blitzen *v* 1) es blitzt = durch einen Schlitz im Frauenkleid (unter dem Rock) wird ein Stück der Unterwäsche sichtbar. Blitzen meint hier das plötzliche Aufschimmern eines hellen Gegenstandes. 1850 ff.
2) einen b. = rasch ein Glas Alkohol trinken. Wohl wegen der

Blitzesschnelle des Austrinkens. Spätes 19.Jh.

blitzig *adj* zornig, aufbrausend. Fußt auf dem Bilde vom plötzlich sich entladenden Gewitter. 19. Jh.

Blitzjunge *m* gewandter, anstelliger Junge. Überträgt vom Blitz die Teilerscheinung des Leuchtenden, Auffälligen, Staunenerregenden, auch die des raschen Handelns auf den Menschen. 18. Jh.

Blitzkerl *m* gewandter, anstelliger, aufgeweckter Mann. [Vgl das Vorhergehende.] 18. Jh.

Blitzmädchen (-mädel) *n* munteres, aufgewecktes, nettes Mädchen. [Vgl Blitzjunge.] 18. Jh.

Blitzmerker *m* Mensch mit raschem Auffassungsvermögen. Mit der Schnelligkeit eines Blitzes merkt er die Zusammenhänge. Oft auch ironisch gemeint. 1914 ff.

Blocksberg *m* jn auf den B. wünschen = jn in weite Ferne wünschen; jn verwünschen. Man wünscht den Betreffenden dahin, wo die Hexen zusammenkommen. In Erinnerung an heidnische Opferbräuche und Frühlingsfeuer versetzt die deutsche Sage die Hexenversammlungen auf den Blocksberg, der nicht in jedem Falle der Brocken im Harz sein muß; es gibt auch in anderen Landschaften ähnlich sagenumwobene Bocks- und Blocksberge. 18. Jh.

blöde *adj* lästig, unangenehm, widerlich, sinnlos. Meinte ursprünglich das Dumme und Schwache (mein blöder Magen), dann auch das Scheue und Schüchterne. Vor allem seit 1900 Einheitswort zur Bezeichnung von Unerwünschtem aller Art.

Blödelei *f* unsinniges Geschwätz; Veralberung. [Vgl das Folgende.] 1900 ff.

blödeln *adj* Unsinn reden; albern. Entwickelt nach dem Muster von »geistreicheln«. Seit dem späten 19. Jh in Wien aufgekommen.

Blödian *m* einfältiger, dummer Mann. Kontaminiert aus »blöde« und der Abkürzung »Jan« des Männervornamens Johann. 1900 ff.

Blödmann *m* dummer, einfältiger Mann. Aus »blöder Mann« zusammengezogen. 1920 ff.

Blödsinn *m* 1) blühender B. = großer Unsinn. Entstellt aus »blühender Unsinn«, Titel eines Gedichts von Messerschmidt, 1833. »Blühen« meint (wie in Stil-, Kasernenhofblüte) das Hervorbringen eines Absonderlichen. 1900 ff.

2) höherer B. = sehr großer Unsinn; törichtes Geschwätz. Höher meint »qualitativ besser«, also im Sinne einer allgemeinen Steigerung; oft auch durchaus positiv in der Bedeutung »geistvoller Unsinn«. Literarisch erstmals seit 1849.

Blonde *f* kühle B. = a) kühles Glas helles Bier (auch »kühles Blondes« genannt). Eigentlich Bezeichnung für das Berliner Weißbier. 1820 ff.

b) Blondine zurückhaltenden Wesens. Etwa seit 1930, als blondes Haar zum Kennzeichen der Germanin erklärt wurde.

Blücher *Fn* ran (drauf, druff) wie B.! = unerschrocken, drauf zu! Blücher, der Marschall Vorwärts der Befreiungskriege, lebt in der volkstümlichen Erinnerung fort als der Typus des mutigen und unerschrockenen Mannes. 1830/1840 ff.

blühen *v* ihm blüht etwas = ihm stehen Nachteile bevor; er hat mit Nachteiligem zu rechnen. »Blühen« meint ein langsames, fast unmerkliches Sichentwickeln, vor allem bezogen auf das Gewitter, das sich langsam zusammenzieht. 1850 ff.

Blümchenkaffee *m* sehr dünner, gehaltloser Kaffeeaufguß. Der Kaffee ist so dünn aufgegossen, daß man auf dem Grund der Tasse das Blumenmuster erkennen kann, vor allem die Blume des Meißner Porzellans. Ursprünglich scheint der von Zutaten (Zichorie usw.) freie Kaffee gemeint gewesen zu sein. 18. Jh.

Blumentopf *m* damit ist kein B. zu erben (gewinnen, verdienen o. ä.) = damit ist kein Erfolg zu erzielen. Blumentopf steht entweder ironisch für die Blumengabe, wie sie der gefeierte Künstler erhält, oder meint den wirklichen Blumentopf als Gewinn bei einer Jahrmarktsverlosung. Spätes 19. Jh.

blümerant *adv* ihm ist b. zu Mute = er hat böse Befürchtungen; ihm ist unwohl. Aus *franz* »bleumourant« entlehnt und unter Einfluß von »Blume« entstellt. 1820 ff.

blutarm *adj* sehr arm. »Blut-« als erster Bestandteil doppelt betonter Adjektivverbindung drückt Verstärkung und Steigerung aus. Herzuleiten von »blutt, blott« in der Bedeutung »bloß«, woraus sich vielleicht unter Einfluß von »bis aufs Blut« die Geltung »sehr« entwickelt hat. 1300 ff.

Blüte *f* gefälschter Geldschein; Falschgeld. Eine Nebenform von gleichbedeutendem *rotw* »Platten« (die zum Ausprägen bestimmten runden Metallbleche). Ursprünglich soviel wie Hartgeld; im ausgehenden 19. Jh übertragen auf Glückwunschkarten, Reklamezettel und Geschäftsanzeigen, die dem Papiergeld ähnelten oder ihm nachgemacht waren und als echte Geldscheine untergeschoben wurden.

bluten *intr* schwere Opfer bringen; entgelten. Herzuleiten von »für etw bluten« im Sinne der Vergeltung für eine Schuld. 16./17. Jh.

Blutgruppe *f* 1) dieselbe B. haben = dieselbe Lebensauffassung vertreten. Bezieht sich auf die medizinische Einteilung aller Menschen in vier Blutgruppen. Die Einteilung und ihre übertragene Anwendung ist zwischen 1933 und 1945 volkstümlich geworden.
2) das ist nicht meine B. = das sagt mir überhaupt nicht zu; das ist durchaus nicht mein Geschmack. 1933 ff. Die Blutgruppe wurde in das Soldbuch eingetragen und in die Erkennungsmarke eingestempelt.

blutjung *adj* sehr jung. [Vgl blutarm.] 18. Jh.

blutsauer *adj* sehr beschwerlich. [Vgl blutarm.] 17. Jh.

blutwenig *adj* sehr wenig. [Vgl blutarm.] 18. Jh.

Bock *m* 1) Fehler; peinlicher Verstoß. Beruht vielleicht auf dem Umstand, daß bei Schützenfesten früher der schlechteste Schütze einen Bock als Trostpreis erhielt; hierzu paßt, daß »Bock« anfangs die Bedeutung »Fehlschuß« hatte. 18. Jh.
2) steifer B. = steifer, ungewandter Mensch. Vom ungelenken Schafbock auf den Menschen übertragen; 19. Jh.
3) sturer B. = widerspenstiger, unbelehrbarer Mensch. [Vgl stur 1.] 1900 ff.
4) einen B. schießen (machen) = einen Fehler, ein Versehen begehen. [Vgl Bock 1.] 1700 ff.

bockbeinig *adj* störrisch. Leitet sich her von der Beinstellung des Bocks. 18. Jh.

bockig *adj* widerspenstig, unnachgiebig, störrisch. Meint eigentlich »stößig wie ein Bock«. 18. Jh.

Bockmist *m* Unsinn; völlig Falsches. »Kot des Bocks« verstärkt den Begriff Mist, s. d.; denn die Exkremente des Bocks riechen besonders übel. 1870 ff.

Bockshorn *n* jn ins B. jagen = jn einschüchtern. Die Herleitung der seit dem 15. Jh geläufigen Redewendung ist ungesichert.

bocksteif *adj* ungelenkig; halsstarrig; unbelehrbar. [Vgl Bock 2.] 1850 ff.

Boden *m* 1) etw (jn) am B. zerstören = a) etw völlig vernichten; jn überlegen besiegen; jds Ruf zerstören; jn töten. Bezieht sich ursprünglich auf die Vernichtung von Flugzeugen durch Bombenabwurf; im Text der Wehrmachtberichte des Zweiten Weltkriegs sehr häufig vorkommend. 1939 ff.
b) jn schroff rügen. 1939 ff.
2) am B. zerstört sein = erschöpft, niedergeschlagen, fassungslos sein. 1939 ff.

Bogen *m* 1) den B. heraushaben = wissen, wie man es machen muß, um Erfolg zu haben. Hergenommen von der Flugbahn eines Geschosses oder eines Balls, vielleicht auch vom Eiskunstlauf oder von der richtigen Führung der Sense. 1900 ff.

2) große B. spucken = prahlen. Gemeint ist wohl einer, der sich rühmt, im größten Bogen, also am weitesten spucken zu können. 1900 ff.

böhmisch *adj* 1) das sind für mich b.e Dörfer = davon verstehe ich nichts. Gemeint sind eigentlich die slawischen Dorfbezeichnungen in Böhmen, die deutschen Ohren fremdartig klingen. 16. Jh.

2) das kommt mir b. vor = das mutet mich unbegreiflich an. Entstellt aus »das kommt mir spanisch vor« unter Einfluß von »böhmische Dörfer«. 19. Jh.

Bohne *f* nicht die B. (keine B.) = nichts; durchaus nicht. Die Bohne gelangt wegen ihres kleinen Umfangs und ihres zahlreichen Vorkommens zur Geltung eines Wertlosen. 1200 ff.

Bohnenlied *n* das geht übers B. = das ist unerträglich. Hergenommen von einem im 15. Jh verbreiteten Lied mit dem Kehrreim »Nun gang mir aus den Bohnen« im Sinne von »nun laß mich ungeschoren«. In diesem Bohnenlied werden Verkehrtheiten und Albernheiten aller Art geschildert. 15. Jh.

Bohnenstange *f* großwüchsiger, hagerer Mensch. Vorausgegangen ist der Vergleich »lang (dünn) wie eine Bohnenstange«. 1800 ff.

Bohnenstroh *n* 1) dumm wie B. = sehr dumm. Bohnenstroh nennt man den daumendicken Stengel der Sau-, Schweins- oder Pferdebohne; solche Stengel trocknen nur schwer und werden, wenn nicht luftig gelagert, äußerst leicht dumpf. »Dumpf« meint »muffig« und wird von Luther mit »dumm« übersetzt. 19. Jh.

2) grob wie B. = sehr ungesittet, frech. Spiel mit den beiden Bedeutungen von »grob«: »rauh, uneben« und »ungezogen, derb«. 1500 ff.

bohren *intr* in jn dringen, um etw zu erreichen; mit Nachdruck bitten; zudringlich betteln; drängen. Wie der Bohrer durch drehende Bewegung immer tiefer in den Werkstoff eindringt, so setzt auch der Frage- oder Bittsteller dem Betreffenden zu. 1800 ff.

Bohrwurm *m* unablässiger Frage- oder Bittsteller; Querulant. Hat mit dem gleichnamigen Tier gewisse Eigenschaften (Untugenden) gemeinsam: beispielsweise bohrt der Schiffsbohrwurm in Schiffsholz und Pfahlwerk und richtet schweren Schaden an. 1900 ff.

Bombe *f* 1) sehr eindrucksvoller Vorgang; sehr großer Erfolg; große freudige Überraschung. Fußt auf der Vorstellung von der einschlagenden Bombe. 1914 ff.

2) gut verkäufliche Ware. Sie übt auf die Käufer eine Wirkung aus wie eine einschlagende Bombe. 1920 ff.

3) harter, unhaltbarer Fußballstoß. 1920 ff.

4) heftiger Boxhieb, Faustschlag. 1920 ff.

5) hervorragende Könnerin; geschlechtlich aufreizende weibliche Person; Mädchen, das überaus gefällt. 1950 ff.

6) wie eine B. einschlagen (einfallen) = Überraschung, einen Freudenausbruch, Bestürzung hervorrufen. 1870 ff.

7) die B. platzt = eine erregte Aussprache findet statt; das geahnte Ereignis tritt ein; die angesammelte Spannung löst sich. Die detonierende Bombe veranschaulicht den erregten Vorgang, das Freiwerden zurückgehaltener Energien o. ä. 1840 ff.

bomben *intr* heftige Boxhiebe führen; heftig den Fußball treten. Verbalform zu Bombe 3 und 4. 1920 ff.

Bomben- als erster Teil einer doppelt betonten Verbindung dient zur Verstärkung. In übertragener Bedeutung nimmt die Bombe die Geltung einer großen, wuchtigen, eindrucksvollen Sache an. Die seit dem 19. Jh gängigsten Verbindungen sind: Bombenbesetzung (= hervorragende Besetzung eines Theaterstücks, Films o. ä.); Bombenchance (= hervorragende Erfolgsaussicht); Bombendusel (=

unverhofft großes Glück); Bombenerbschaft (= überaus günstige Erbschaft); Bombenerfolg (= sehr großer Erfolg); Bombengedächtnis (= sehr gutes Gedächtnis); Bombengeschäft (= sehr einträgliches Geschäft); Bombenhitze (= sehr große Hitze); Bombenpresse (= sehr gute Zeitungskritik); Bombenreklame (= eindrucksvolle Reklame); Bombenrolle (= sehr eindrucksvolle Rolle, bei der der Schauspieler sein Können am besten zeigen kann); Bombenschuß (= heftiger, unhaltbarer Fußballstoß); Bombenstimme (= ausgezeichnete Gesangsstimme); Bombenstimmung (= sehr ausgelassene Stimmung).

bombenfest *adj* ganz fest; unerschütterlich. (Der Nagel sitzt b.; darauf kannst du dich b. verlassen.) Meint eigentlich »sicher vor Bomben; so fest gebaut, daß selbst ein Bombenvolltreffer es nicht zerstören kann«. 1850 ff.

Bombenform *f* in B. sein = sich sehr leistungsfähig fühlen. [Vgl Form.] 1920 ff.

bombensicher *adj* völlig zutreffend; ganz sicher; unwiderleglich. [Vgl bombenfest.] 1870 ff.

Bomber *m* 1) schlagkräftiger Boxer. Seine kräftigen Schläge wirken wie eine einschlagende Bombe. Joe Louis, der am 19. Juni 1936 von Max Schmeling besiegt wurde, hieß »der braune Bomber«. 1930 ff.
2) Fußballspieler, der unhaltbare Bälle tritt; erfolgreicher Torschütze. 1930 ff.

bombig *adj* ausgezeichnet; sehr eindrucksvoll; tüchtig; groß, stark; schick gekleidet. Adjektiv zu Bombe 1. 1900 ff.

Bonbon *n* 1) reizvolle kleine Kostbarkeit; Anreiz. Für kleine Kinder ist das Bonbon meist eine besondere Leckerei, mit der man sie für sich gewinnen kann. 1945 ff.
2) Anerkennungspreis; anspruchslose Belohnung. Kinder erhalten nach einer kleinen Dienstleistung oder für braves Verhalten ein Bonbon. 1945 ff.

Bonze *m* Würdenträger; Parteifunktionär; Parlaments-, Kabinettsmitglied. Seit der Mitte des 18. Jhs über englische Vermittlung aus Japan eingewanderte Bezeichnung, die eigentlich den buddhistischen Priester meint. Die heutigen Bedeutungen setzten sich nach 1850 durch und zielen vorwiegend auf solche Leute in einflußreichen Stellungen, zu denen ihre Vorbildung nicht ausreicht.

Bonzenheber *m* Fahrstuhl für Direktoren, leitende Angestellte, Besucher u. ä. 1920 ff.

Brand *m* 1) Durstgefühl, Nachdurst. »Brand« meint auch die innere Hitze, das Fieber. Man löscht den Durst, wie man eine Feuersbrunst löscht. 1800 ff.
2) Rausch. 1800 ff.

Brandbrief *m* dringlich gehaltenes Schreiben; Bettelbrief. Ursprünglich ein Schreiben, in dem das Abbrennen von Haus und Hof angedroht wird; dann amtliche Sammlungsberechtigung von Gaben für Brandgeschädigte; von daher seit 1750 die heutige Bedeutung.

brandneu *adj* ungetragen; zum erstenmal getragen; hochaktuell. Nach 1945 entlehnt aus *engl* brandnew (auf Schuhe bezogen).

Braten *m* den B. riechen (schmecken) = etwas Ungünstiges (trügerisch Verlockendes) wittern. Wohl der Tiersage oder -fabel entlehnt: ein Tier nimmt die Einladung zu einem Bauern an, kehrt aber vor der Tür um, weil es an dem hervorströmenden Geruch merkt, daß drinnen einer seiner Gefährten als Braten brutzelt. 1500 ff.

Bratkartoffelverhältnis *n* Liebesverhältnis, verbunden mit gelegentlicher Verpflegung; Liebesverhältnis um der guten Verpflegung willen. Seit den Tagen des Zweiten Weltkriegs im Wortschatz einquartierter Soldaten aufgekommen.

brauen *tr* etw zubereiten. Bezieht sich gewöhnlich nur auf das Bier, dann auch auf das geheimnisvolle Tun der Zauberer und Giftmischer. Neuerdings wird auch Kaffee, Tee, Grog, Bowle usw. »gebraut«. 18. Jh.

braun *adj* jn b. und blau schlagen = jn tüchtig prügeln. Blau und braun (früher = violett) wird die Farbe der Haut durch kräftiges Schlagen. 16. Jh.

Brechmittel *n* widerlicher, lästiger Mensch. Eigentlich einer, der so widerlich und ekelerregend ist, daß sein Anblick zum Erbrechen reizt. 1850 ff.

Brei *m* jm B. um den Mund schmieren = jn umschmeicheln, beschwatzen. Ursprünglich hieß es »den Brei in den Mund schmieren«, wie man es den kleinen Kindern tut. 1700 ff.

breitmachen *refl* sich vordrängen; anmaßend sein; sich einnisten; prahlen. Meint eigentlich einen, der auf Kosten anderer viel Platz beansprucht; dann einen, der wichtiger scheinen will, als er ist. 17. Jh.

breitschlagen *tr* jn beschwatzen. Wohl hergenommen vom Metall, dessen Biegsamkeit zunimmt, je breiter man es schlägt. 18. Jh.

Bremse *f* Ohrfeige. Eigentlich Bezeichnung für die Stechfliege (Tabanide). Auf die Ohrfeige übertragen, weil sowohl der Bremsenstich wie auch die Ohrfeige einen stechenden Schmerz hervorruft. 1800 ff.

bremsen *v* 1) jm eine b. = jm eine Ohrfeige versetzen. [Vgl das Vorhergehende.] 1800 ff.
2) ich kann mich b.! = ich hüte mich! Ausdruck der Abweisung. Ursprünglich auf das Pferd bezogen, dem man die Bremse (= Maulkorb) anlegt; dann durch die Entwicklung des Kraftfahrzeugwesens seit 1900 erneut aufgekommen. 16. Jh.

brennen *v* 1) refl = sich gröblich irren; mit Schaden davonkommen. Hergenommen vom unbedachten Anfassen eines heißen Gegenstands. 17. Jh.
2) wo brennt es? = was ist geschehen? warum so eilig? Ursprünglich Frage nach der Stätte einer Feuersbrunst, weil man dorthin zur Hilfe eilte. 19. Jh.

brenzlig (brenzlich) *adj* gefährlich, heikel, unangenehm. Eigentlich »nach Brand riechend«, dann weiterentwickelt zur Bedeutung »unheilvoll«. 19. Jh.

Brett *n* 1) steif wie ein B. = sehr ungelenk. 19. Jh.
2) nicht gern dicke B.er bohren = leichteste Arbeit bevorzugen; ungern arbeiten. 16. Jh.
3) dünne B.er bohren (das B. bohren, das am dünnsten ist) = sich die leichteste Arbeit aussuchen; sich nicht anstrengen. 16. Jh.
4) ein B. vor dem Kopf haben = beschränkt, dumm sein. Ein Brett vor dem Kopf hat der Zugochse, wenn er ins Joch eingespannt ist: dieses Brett beeinträchtigt das Blickfeld. Von da aufs Geistige übertragen. 1800 ff.
5) hoch am B. sein (stehen) = in hohem Ansehen stehen. »Brett« meint den Versammlungs-, Regierungstisch. 14./15. Jh.

Briefkasten *m* 1) weiter Busenausschnitt des Frauenkleides. 1900 ff.
2) breiter Mund; Schmollmund. Er ist breit wie der Briefkasteneinwurf, oder die aufgeworfenen Lippen der Schmollenden sehen wie ein Briefkastenschlitz aus. 19. Jh.
3) Ablagestelle für Nachrichten von Spionen (Agenten). 1950 ff.
4) lebender B. = Verbindungsmann zur Nachrichtenübermittlung zwischen Geheimdienst und Agent. 1950 ff.
5) toter B. = Briefablagestelle der Geheimagenten auf Friedhöfen o. ä.; Nachrichtenversteck. 1950 ff.

Brille *f* Abortöffnung; Sitzbrett des Aborts. Stammt wohl aus der Zeit, als zwei Abortöffnungen nebeneinander üblich waren. 1500 ff.

Brillenschlange *f* Brillenträger(in). Übertragen vom volkstümlichen Namen der Kobra. 19. Jh.

Bröckchen *pl* B. husten (lachen, niesen) = sich erbrechen. Anspielung auf das stoßweise Auswerfen unverdauter Speisereste aus dem Magen. 1900 ff.

Brocken *m* 1) schwerfälliger, vierschrötiger Mensch. Er ist ungefüge wie ein derbes Stück Brot, wie ein Gesteinsbrocken. 19. Jh.

2) gesunder B. = gesunder, gesund aussehender Mensch. 19. Jh.

3) schwerer B. a) = beleibter, massiger Mensch. 19. Jh.

b) = großer Dampfer. 1920 ff.

c) = schweres Motorrad. 1920 ff.

d) = (beladener) Lastkraftwagen. 1920 ff.

e) = heftiger Boxhieb. 1920 ff.

f) = schweres Geschoß. 1914 bis 1918 ff.

Brocken *pl* 1) wertlose Sachen; Habe; Kleider; Uniformstücke. Eigentlich die Brotbrocken, -bissen, die zum Füttern der Tiere verwendeten Abfallstücke. 19. Jh.

2) ein paar B. = unzusammenhängende Worte. (Ein paar Brocken Französisch verstehen.) Eigentlich soviel wie »ein paar Bissen«. 17. Jh.

Brot *n* 1) flüssiges B. = Bier. Der Nährwert des Biers ist unbestritten. 1820 ff.

2) mehr können als B. essen = klug sein. Hier gilt Brotessen als ein ungeistiges Tun, das der Mensch mit dem Tier teilt. 1600 ff.

Brötchen *pl* 1) Frauenbrust. Wegen Formähnlichkeit mit den Rundbrötchen. 1900 ff.

2) seine B. verdienen = seinen Lebensunterhalt verdienen. »Brot« meint im allgemeinen die Dauerbeschäftigung, während man mit »Brötchen« die Neben-, die Gelegenheitsbeschäftigung bezeichnet. Dieser Unterschied ist heute nahezu ganz verwischt. 1900 ff.

Brötchengeber *m* Arbeitgeber, Vorgesetzter, Betriebsleiter, Intendant. Verkleinerungsform von »Brotgeber«. [Vgl das Vorhergehende.] 1910 ff.

Brotkorb *m* jm den B. höher hängen = jn durch schmale Kost gefügig machen; jm eine fühlbare Einschränkung auferlegen. Brotkorb ist jener Korb, der in der Küche von der Decke herabhing und die übriggebliebenen Brotstücke aufnahm, so daß, wer zwischen den Mahlzeiten Hunger verspürte, nur hineinzulangen brauchte. 16. Jh.

Brotladen *m* Mund. Wohl die Kör-

perstelle, wo man Brot einlädt. Eigentlich ist »die Brotlade« gemeint als Behältnis zur Aufnahme von Brot. 1850 ff.

Bruch *m* 1) Einbruch. Verbrechersprachliche Abkürzung, etwa seit 1920.

2) das ist B. = das ist schlecht, minderwertig, unbrauchbar. Eisen- oder Porzellanerzeugnisse, die wegen Schadhaftigkeit nicht zum Verkauf zugelassen werden, nennt man Bruch. 1900 ff.

3) in die Brüche gehen = entzweigehen; fehlschlagen. Wegen Analogie zu »in die Binsen gehen« könnten mit »Brüche« die Sümpfe und Moore gemeint sein: bis zu ihnen läßt sich die Spur des Wilds verfolgen. Andere sehen in »Brüche« die Bruchzahlen. 18. Jh.

Bruchbude *f* ärmliche Wohnung; abbruchreifer Bau; unbedeutender Laden; ärmliche Werkstatt. 1900 ff.

Bruder *m* 1) staubiger B. = verschlagener, nicht vertrauenswürdiger Mann. Meint eigentlich den Landstreicher, der mit Staub von der Landstraße bedeckt ist. 1920 ff.

2) Brüder *pl* = Leute (abfällig). Verkürzt aus Sauf-, Kneip-, Duz-, Amtsbrüder o. ä. Auch die Spießgesellen des Verbrechers nennen sich »Brüder«. Im zweiten Korintherbrief spricht Paulus von »falschen Brüdern«. 1800 ff.

3) unter Brüdern = ohne Übervorteilung; billig berechnet. Gemeint ist wohl, daß man Verwandten und Freunden im Preis entgegenkommt. 18. Jh.

Brühe *f* 1) dünner Kaffeeaufguß; minderwertiges Getränk; Wassersuppe. Eigentlich Bezeichnung für die heiße Flüssigkeit zum Essen (Tunke), dann verallgemeinert für eine schmutzigtrübe Flüssigkeit ohne Kraft und Geschmack. 19. Jh.

2) unangenehme Sache. Meint vielleicht die gehaltlose Suppe, aus der ein anderer die Fleischbrocken herausgenommen hat, oder auch die Schmutz- und Mistbrühe auf dem Weg. 16. Jh.

3) um (über) etw eine lange (viel)

B. machen = um etw unnütze Worte machen. Lange Brühe ist mundartlich die schlechte Suppe, die viel Flüssigkeit bei wenig fester Speise enthält; lange Brühe ist auch das Viehfutter in Form von Kartoffelschalen, mit Spülwasser abgebrüht. 18. Jh.

4) in der B. sitzen (stecken) = in großer Verlegenheit sein. [Vgl Brühe 2.] Analog zu »im Dreck sitzen«. 1500 ff.

brühwarm (brühheiß) *adv* jm etw b. berichten (erzählen o. ä.) = Gehörtes sofort weitererzählen. Brühwarm ist die Suppe, wenn sie gerade vom Feuer genommen ist — vergleichbar mit der Neuigkeit, die, kaum vernommen, weiterberichtet wird. 18. Jh.

Brüllaffe *m* Schreier; Schimpfender. Durch sein Brüllen nimmt er sich aus wie ein Affe, das Tiersinnbild der Narrheit. Übrigens gibt es in Südamerika einen Affen, der wegen seines stark entwickelten Stimmorgans »Brüllaffe« genannt wird. 1870 ff.

brüllen *intr* 1) laut weinen. Hergenommen vom Geschrei der Rinder. 18. Jh.

2) es ist zum B. = es ist überaus erheiternd. Brüllen = schallend lachen. 1900 ff.

3) gut gebrüllt, Löwe! = treffend bemerkt! Entlehnt aus Shakespeares »Sommernachtstraum«, etwa seit dem ausgehenden 19. Jh.

Brummbär *m* mürrischer Mensch. Der brummende Bär gilt als Sinnbildtier des verdrossenen, mißmutigen Sichäußerns. 18. Jh.

Brumme *f* Tanzpartnerin; Freundin eines Halbwüchsigen; Braut. Entweder Parallelbildung zu Biene 1 oder weibliches Gegenstück zu »Brummer = Zuchtstier«. 1900 ff. Neuerdings Halbwüchsigendeutsch.

brummen *intr* 1) eine Freiheitsstrafe verbüßen; sich in Untersuchungshaft befinden. Meint eigentlich das Murren, so wie eingesperrte Tiere brummen. 1800 ff.

2) in der Schule nachsitzen. 1820 ff.

3) ihm brummt der Kopf (Schädel) = er hat ein dumpfes Gefühl im Kopf, hat Kopfschmerzen, arbeitet angestrengt. Hängt wohl mit dem alten Volksglauben zusammen, daß dämonische Kleintiere im Kopf Schädelweh hervorrufen. 17. Jh.

4) er ist so dumm, daß er brummt = er ist sehr dumm. Vielleicht vom gutmütig-dummen Tanzbären herzuleiten. Spätes 19. Jh.

Brummer *m* 1) Luxusauto. Wohl wegen des brummenden Motorengeräuschs. 1930 ff.

2) Mädchen. Analog zu Käfer. 1930 ff.

3) dicker (schwerer) B. = (hochbeladener) Lastzug. 1930 ff.

brummig *adj* schlechtgelaunt, mürrisch. Brummen = Mißmut äußern. 19. Jh.

Brummkater *m* 1) mürrischer Mann. Parallel zu Brummbär. 17. Jh.

2) Nachwehen des Rausches. [Vgl Kater und brummen 3.] 19. Jh.

Brummochse *m* eigensinniger, dummer Mann. Meint eigentlich den Stier, der schwer abzurichten ist; auch Einfluß von Ochse = dummer Mensch. 1800 ff.

Brummschädel *m* Kopfschmerz; Nachwehen des Rausches. [Vgl brummen 3.] 19. Jh.

Brust *f* 1) von hinten durch die B. ins Auge = heimtückisch; auf Umwegen; umständlich. Soll wohl in grotesker Weise den Weg einer Gewehrkugel beschreiben. 1914 ff. Anfangs soldatensprachlich, neuerdings allgemeinsprachlich.

2) es auf der B. haben = eine wohlgefüllte Brieftasche bei sich tragen. Meint eigentlich, daß einer Brustbeschwerden hat; in übertragener Auffassung ist die Brust des Wohlhabenden mit der Brieftasche beschwert. 19. Jh.

3) einen zur B. nehmen = ein Glas Alkohol trinken. Herzuleiten entweder vom Stillen des Kindes, indem die Mutter es zur Brust nimmt, oder vom Studenten- und Offizierskomment, der vorschreibt, daß beim Zutrinken das Glas bis zur Höhe des zweiten Rockknopfes gehoben wird. 1820 ff.

4) jn zur B. nehmen = jn bedrängen, hart behandeln, übervorteilen. Gemeint ist, daß man jn an der Brust ergreift und zu sich herzieht. 1930 ff.

5) schwach auf der B. sein = nicht vermögend sein. Wer schwach auf der Brust ist, hat Atembeschwerden oder Schwindsucht oder ist anfällig gegenüber Erkältungen usw. Hier drückt sich die Schwäche auf der Brust in der geringen Dicke der Brieftasche aus. 1900 ff.

Brustwarze f auf der B. angekrochen kommen (o. ä.) = kriechend nahen; unterwürfig nahen; völlig erschöpft herbeikommen. Bezieht sich ursprünglich auf die Fortbewegungsart der Robben und war anfangs (um 1930) nur in Soldatenkreisen geläufig; vgl robben. Heute alltagssprachlich.

Bubikopf m 1) B. mit Pause = Teilglatze. Mit dem Aufkommen der Bubikopftracht um 1920 geläufig geworden.

2) B. mit Spielwiese = Teilglatze. 1920 ff.

Buch n 1) B. mit sieben Siegeln = Schwerverständliches, Unergründliches. Fußt auf einer Stelle der Offenbarung Johannis. 1800 ff.

2) reden wie ein B. = fließend, pausenlos, gelehrt reden. Gemeint ist, daß einer so redet, als läse er aus einem Buch vor oder als sei er selber ein gelehrtes Buch. 18. Jh.

3) wie es (er) im B. (im Büchel) steht = mustergültig, vollendet, ideal. Bezieht sich im allgemeinen auf die Lebensweisheiten der Bibel, im besonderen auf das Buch der Chronika mit seinen religiösen Vorschriften, Glaubensgrundsätzen und sonstigen Satzungen. Darüber hinaus kann in der Auffassung des einfachen Menschen jegliches Buch gemeint sein, weil das Gedruckte unbedingt Autorität heischt. 1850 ff.

Bücherwurm m Vielleser; Bücherliebhaber; Gelehrter. Eigentlich ein Käfer (Ptilinus pectinicornis), der in alten Büchern auftritt. Käfer wie Bücherliebhaber leben in

Büchern — der eine als Feind, der andere als Freund. 17. Jh.

Büchsenkleid n Kleid, das in einer Dose geliefert wird. Stammt aus dem angloamerikanischen »the canned dress«. 1966.

Buchstaben pl 1) die vier B. = Gesäß. Meint die vier Buchstaben des Worts »Popo«. 1850 ff.

2) die fünf B. = Gesäß. Meint die fünf Buchstaben des Worts »Arsch«. 1850 ff.

3) kack (scheiß) B.! = antworte oder laß deine Ansicht auf andere Weise erkennen! Entweder soll der Schweiger so geschickt seine Notdurft verrichten, daß die Exkremente Buchstaben bilden, oder er soll endlich Sprachlaute von sich geben. 1900 ff.

Buckel m 1) den B. voll Schulden haben = tiefverschuldet sein. Buckel meint in der Alltagssprache vorzugsweise den Rücken, vor allem den zu einem künstlichen Höcker gewölbten Rücken des Lastträgers. Hier trägt er schwer an der Schuldenlast. 19. Jh.

2) einen breiten B. haben = viel Widerwärtiges aushalten können. Der breite Buckel steht stellvertretend für den kräftigen Körperbau, zugleich mit der Vorstellung vom Lastentragen. 1800 ff.

3) sechzig auf dem B. haben (tragen) = sechzig Jahre alt sein. Anspielung auf die gebückte Haltung alter Leute. 1800 ff.

4) neun Semester auf dem B. haben = im zehnten Semester studieren. 1870 ff.

5) Vorstrafen auf dem B. haben = vorbestraft sein. Spätes 19. Jh.

6) hunderttausend auf dem B. haben = mit dem Kraftfahrzeug hunderttausend Kilometer gefahren sein. Vermenschlichung des Kraftfahrzeugs. 1920 ff.

7) er kann mir den B. runterrutschen (langrutschen, rauflaufen, raufsteigen o. ä.)!: Ausdruck der Geringschätzung, der Abweisung. Die Redewendung läßt am oberen Ende des Rückgrats bewerkstelligen, wozu Götz von Berlichingen am unteren Ende einlädt. 1800 ff.

8) dir juckt wohl der B.? = du willst wohl Prügel haben? Jucken und Zucken gilt seit alter Zeit als Vorankündigung von Ereignissen. 16. Jh.

9) sich einen B. (sich den B. voll) lachen = kräftig lachen. Wer sich vor Lachen krümmt, ähnelt dem Buckligen. 17. Jh.

10) etw auf seinen B. nehmen = für etw die Verantwortung übernehmen. Verantwortung gilt als Bürde, die man auf dem Rücken trägt. 1900 ff.

buckeln *tr* etw auf der Schulter tragen; etw auf die Schulter nehmen. 18. Jh.

bucklig *adj* sich b. lachen = kräftig lachen. [Vgl Buckel 9.] 1650 ff.

Buddel *f* kurzhalsige Flasche; Schnapsflasche. Entlehnt aus *franz* bouteille. 17. Jh.

buddeln *intr* graben; im Sand wühlen. Ein niederdeutsches Wort, wahrscheinlich von Berlin ausgegangen und heute überall im deutschen Sprachgebiet verstanden, wiewohl nicht überall angewendet. 1800 ff.

Bude *f* 1) Zimmer; Studentenzimmer; kleines Haus; kleines baufälliges Haus; Bretterhütte. Wohl übertragen von den Jahrmarkts- und Messebuden, in denen Waren feilgehalten werden: diese Stände sind notdürftig zusammengezimmert. 18. Jh.

2) Verkaufsstand; Laden, Geschäft (abfällig). 18. Jh.

3) jm die B. einrennen (einlaufen) = jn oft besuchen und ihm lästig werden; bei jm wegen einer Sache immer erneut vorsprechen. 1900 ff.

4) ihm fällt die B. auf den Kopf = er hält es in seinem Zimmer nicht mehr aus; er leidet unter Klaustrophobie. 1900 ff.

5) ihm regnet es in die B. = ihm ergeht es schlecht; es hat für ihn unangenehme Folgen. Das schadhafte Dach als Sinnbild von Armut, Not usw. 18. Jh.

6) die B. zumachen = den Geschäftsbetrieb einstellen. [Vgl Bude 2.] 1850 ff.

Budenangst *f* Angst vor häuslichem Alleinsein. Von Leipziger Studenten nach 1850 ausgegangen und rasch allgemeinsprachlich geworden.

Budenzauber *m* 1) Umstellung der Zimmereinrichtung aus Ulk. Seit dem späten 19. Jh.

2) ausgelassenes Fest in der Wohnung. 1900 ff.

Budike *f* kleine Gastwirtschaft kleine Werkstatt; ärmliches Haus. Aus *franz* boutique unter Einfluß von »Bude« im 18. Jh volkstümlich geworden.

büffeln *intr* angestrengt lernen; geistlos auswendig lernen. Hergenommen von der schweren Arbeit, die der Büffel zu verrichten hat. Um 1500 von Schülern und Studenten auf geistige Arbeit übertragen.

Büffler *m* strebsamer, lerneifriger Schüler. [Vgl das Vorhergehende.] 1800 ff.

Bügelbrett *n* flachbusige weibliche Person. Meint eigentlich das mit Tuch umwickelte Brett, auf dem gebügelt wird. 19. Jh.

bügeln *tr* 1) Alkohol trinken. Wohl weil man mit Trinken die Sorgenfalten glätten kann. »Bügeln« hat auch die Bedeutung »auffrischen«. 1800 ff.

2) eine Sache gerade (glatt) b. = einen Schaden wiedergutmachen. Hergenommen vom Bügeln eines unansehnlich gewordenen Kleidungsstücks. 1900 ff.

bugsieren *tr* jn durch Hindernisse mühsam leiten. Entstammt dem seemännischen Begriff »ins Schlepptau nehmen«. 18. Jh.

buhen *intr* sein Mißfallen in der Öffentlichkeit laut zum Ausdruck bringen. Mit dem Schallwort »buh« will man schrecken und ängstigen. 1900 ff.

Bühne *f* 1) etw über die B. bringen (kriegen) = etw geschickt bewerkstelligen. Leitet sich wohl von gekonnter Theateraufführung her. 1920 ff.

2) es geht über die B. = es wird verwirklicht, findet statt, verläuft nach Plan. 1900 ff.

Buh-Rufe *pl* Mißfallensäußerungen in der Öffentlichkeit. [Vgl buhen.] 1900 ff.

Bulle *m* kräftig gebauter Mann; Mann mit plumpem Körperbau; ungeschlachter Tölpel. (Ein Bulle von Kerl.) Übertragen vom Aussehen des kraftvollen Stiers. 1900 ff.

Bullenbeißer *m* mit Worten verletzender Mensch; unnachsichtig vorgehender Mensch. Hergenommen von den angriffslüsternen Hunden, die man gegen Stiere hetzte. 18. Jh.

Bullenhitze *f* sehr große Hitze. »Bulle« erhält wegen der Kraft des Stiers die Geltung einer Steigerung, wobei hier auch »bullern = stark eingeheizt sein« eingewirkt haben mag. Spätes 19. Jh.

Bullenkloster *n* Junggesellenwohnheim. »Bulle« meint den Junggesellen; mit »Kloster« wird auf den Umstand angespielt, daß weibliche Personen keinen Zutritt haben. Um 1900 aufgekommen, wahrscheinlich im Zusammenhang mit dem Bau solcher Heime für auswärtige Arbeitskräfte.

bullig *adj* breitgebaut; kräftig, schwerfällig. [Vgl Bulle.] 19. Jh.

bumfiedeln *v* sich gebumfiedelt fühlen = sich geschmeichelt fühlen. Meint ursprünglich wohl »sich geehrt fühlen wie durch eine Musikkapelle«. 1850 ff.

Bummel *m* 1) langsamer, zielloser Spaziergang. [Vgl bummeln.] 19. Jh.
2) üblicher Spazierweg. Seit dem späten 19. Jh.
3) reichlicher Wirtshausbesuch; lockerer Lebenswandel. 19. Jh.

Bummelant *m* langsam tätiger Mensch; Müßiggänger; verspätet eintreffender (häufig seiner Arbeitsstelle fernbleibender) Arbeitnehmer. An »bummeln« ist eine lateinische Endung angehängt worden. Spätes 19. Jh.

Bummelei *f* 1) Saumseligkeit, Unpünktlichkeit; Unordnung. Spätes 19. Jh.
2) Müßiggang, Nichtstun. 1840 ff.

bummelig *adj* langsam, nachlässig. 1860 ff.

bummeln *intr* langsam gehen (fahren, handeln); müßig gehen; ziellos schlendern. [Vgl bimmeln.] Schallnachahmend zusammenhängend mit dem tiefen Glockenton; daraus übertragen auf die schwerfällige Pendelbewegung. 18. Jh.

Bummelzug *m* Personenzug der Eisenbahn. Er hält an jedem Bahnhof und benötigt daher eine längere Fahrzeit als Eil- oder Schnellzüge. 1870 ff.

Bummler *m* 1) arbeitsscheuer, sich auf den Straßen umhertreibender und zu politischen Ausschreitungen neigender Mann. 1848 ff.
2) Müßiggänger; Mann in sehr abgenutzter (zerlumpter) Kleidung. 1830 ff.

Bums *m* 1) dumpfes, kurzes Geräusch; Zusammenprall. Schallwort. [Vgl bumsen.] 18. Jh.
2) minderwertiges Lokal; öffentliches Tanzvergnügen. »Bums« bezieht sich auf das Aufschlagen auf die Pauke oder Trommel und steht sinnbildlich für (laute) Musik. 1850 ff.

bumsen *intr* 1) ein dumpfes Geräusch hervorbringen; dröhnend aufschlagen. Entstanden aus dem Schallwort »bums«, womit der dumpfe Fall, Schlag oder Stoß wiedergegeben wird. 18. Jh.
2) es bumst = zwei Fahrzeuge prallen aufeinander. 1930 ff.

Bumskneipe *f* minderwertige Gastwirtschaft (in der auch leichte Mädchen u. a. verkehren). [Vgl Bums 2.] Spätes 19. Jh.

Bumslokal *n* minderwertiges (anrüchiges) Lokal; Lokal mit Tanzbetrieb. [Vgl Bums 2.] 1870 ff.

Bundesdorf *n* einstweilige Bundeshauptstadt Bonn. Seit 1949, als Bonn zum Sitz der Bundesregierung erklärt wurde.

Bunker *m* Arrest, Arrestzelle; Gefängnis. Seit dem Ersten Weltkrieg weiterentwickelt aus der Bedeutung »betonierter Schutzraum«.

bunt *adj* 1) es zu b. treiben (machen) = im Verhalten über das erträgliche Maß hinausgehen. Bunt meint das Vielfarbige, dann auch das Mannigfaltige und schließlich das ungeordnete Vielerlei, das Wirre. 14. Jh.

2) da geht es b. her (zu) = da geht es ausgelassen, ungeordnet her. 17. Jh.

3) jetzt wird's (macht er's) mir aber zu b.! = jetzt ist meine Geduld zu Ende. 18. Jh.

4) ihm wird es b. vor den Augen = ihm verwirren sich die Sinne; er fällt in Ohnmacht. Rasch hintereinander abwechselnde Farbwahrnehmungen pflegen der Ohnmacht, dem Sonnenstich usw. vorauszugehen. 18. Jh.

Büroehe f berufliches Zusammenarbeiten eines männlichen und eines weiblichen Büroangestellten. 1930 ff.

Bürokratius (Bürokrazius) m 1) Engherzigkeit, Schwerfälligkeit und vorschriftsgerechtes Vorgehen der Behörden; Verwaltungsbürokratie. Gern in der Verbindung mit »Sankt«. Scherzhaft erfundener Heiligenname. 1900 ff.

2) Heiliger B.!: Ausruf des Unwillens über die Verwaltungsbürokratie, vor allem bei einer unbegreiflichen Entscheidung. 1900 ff.

Büroschlaf m Schlaf des Bürobediensteten am Schreibtisch; unaufmerksame, unsorgfältige Erledigung eines Dienstgeschäfts. 1930 ff.

Bürschchen n vertrauliche Anrede warnenden Charakters. 18. Jh.

Bürste f borstiges, kurzgehaltenes Kopfhaar. Die Haare haben dieselbe Länge wie bei der Bürste und stehen ebenfalls steil empor. 1850 ff.

bürsten tr 1) jn prügeln. Meint eigentlich »mit der Borstenbürste scheuern«; dabei geht es heftig und rauh zu wie beim Prügeln. 16. Jh.

2) jn ausschelten, rügen. Zurechtweisen = reinigen = prügeln. 18. Jh.

3) trinken. Berührt sich entweder mit dem folgenden oder meint »die Kehle bürsten, ausputzen, reinigen«. 1500 ff.

Bürstenbinder m saufen wie ein B. = wacker zechen. Stammt aus dem mittelalterlichen Studentenleben: Studenten wohnten zusammen in besonderen Häusern; ihre Gemeinschaft nannte man nach dem gemeinsamen Säckel »Burse«. Dieser Ausdruck ging früh verloren und verwandelte sich über »bürschen = zechen« volkstümlich zu »bürsten = zechen«. Als man die Grundbedeutung einbüßte, nahm man an, der Bürstenbinder sei ein wackerer Zecher. 16. Jh

Busch m 1) bei jm auf den B. klopfen = bei jm vorfühlen; durch geschicktes Ausfragen etw von jm zu erforschen suchen. Stammt aus der Erlebniswelt der Jäger und Vogelsteller: durch Schlagen auf die Büsche kann man das Wild (die Vögel) aus Lager oder Versteck vertreiben. 13. Jh.

2) sich seitwärts in die Büsche schlagen = sich heimlich entfernen. Entnommen einer Zeile aus dem Gedicht »Der Wilde« von Johann Gottfried Seume, 1801. 1830 ff.

busseln tr intr küssen. Entstanden aus dem kindlichen Lallwort »Buß = Kuß«. 17. Jh.

Busserl n Kuß. [Vgl das Vorhergehende.] 17. Jh.

Butter f 1) ihm fällt die B. vom Brot = er erschrickt, wird enttäuscht, mutlos. Butter gilt hier als das Beste vom Butterbrot. 17. Jh.

2) wie B. = a) reibungslos, spielend leicht. Gemeint ist, daß eine Sache so leicht zu bewerkstelligen ist wie das Greifen mit dem Messer in die Butter. 1800 ff.

b) weich, feinfühlig, empfindlich. 1900 ff.

3) sich die B. nicht vom Brot nehmen lassen = sich nicht übertölpeln lassen. 18. Jh.

4) es ist alles in B. = es ist alles in schönster Ordnung. Gemeint ist, daß alles mit feiner Butter und nicht mit billigerem Fett zubereitet wird. Vielleicht ein Ausdruck der erholungbietenden Landbevölkerung zwecks Zusicherung, daß die Kinder der Städter nur gute Butter bekommen. Im ausgehenden 19. Jh aufgekommen, als die Margarine vordrang.

5) es ist alles in bester (schönster) B. = es ist alles in bester Ordnung. Steigerung des Vorhergehenden. 1920 ff.

6) wie B. an der Sonne bestehen (dastehen) = versagen; sich schämen. Butter zerfließt in der Sonne; ebenso rasch entlarven sich Unfähigkeit, unaufrichtige Unschuldsbeteuerung usw. 16. Jh.

Butterblume f steifer, ovaler Herrenhut mit flachem Kopf und gerader Krempe. Ähnelt im Aussehen der Butterblume. Etwa seit 1900.

Butterbrot n 1) um (für) ein B. = um eine Kleinigkeit; gegen geringwertige Gegenleistung. Das Butterbrot ist (beispielsweise als Gabe an den Bettler) ein unbedeutender Gegenstand. 17. Jh.

2) jm etw aufs B. schmieren (geben) = jm etw immer wieder vorhalten; es jm gedenken. Der stets unveränderte Brotaufstrich läßt sich mit der immer gleichen Rüge oder Mahnung vergleichen: beides widert auf die Dauer an. 18. Jh.

Butterseite f 1) vorteilhafte, gute Seite. Gemeint ist wohl die mit Butter bestrichene Seite der Brotschnitte. Butter ist noch immer das Angesehenere. 1900 ff.

2) vorteilhafte Lebensart; Liebenswürdigkeit; vorteilhaftes Benehmen. 1920 ff.

Buxe (Büxe) f Hose. Zusammengezogen aus »buck-hose = Hose aus Bocksfell«. 1500 ff.

Buxtehude On 1) in B. = in weiter Ferne; irgendwo. Buxtehude ist eine Stadt bei Hamburg; warum sie für weit abgelegen gilt, ist unsicher. 1850 ff.

2) jn nach B. wünschen = jn in weite Ferne wünschen; jn fortwünschen, verwünschen. 19. Jh.

C

Caracho m im vollen C. = in rascher Fahrt; eiligst. Stammt der Form nach aus span »carajo = Penis« und ist dort auch ein beliebtes Fluchwort. Auf das spanische Grundwort haben verschiedene deutsche Wörter und Wendungen eingewirkt, zum Beispiel »in voller Karriere«, oder »Krach«, »Tempo«, u. ä. 1914 aufgekommen, anfangs bei den Soldaten, später auch allgemeinsprachlich.

Caramba!: Ausdruck der Ver-, Bewunderung. Stammt aus dem spanischen Fluchwort. Wohl durch Abenteuerromane, Schlagertexte o. ä. geläufig geworden; etwa seit 1870.

Chaise f Fahrzeug (oft abfällig gemeint). Entlehnt aus dem Französischen, vor allem in der Verbindung »chaise de poste = Postwagen«, übertragen auf Kutsche und Fiaker, später auch auf Motorfahrzeuge. Ausgehendes 19. Jh.

Chassis n 1) Unterkörper, Schenkel, Beine. Der Kraftfahrzeugtechnik entlehnt. 1920 ff.

2) Körper-, Knochenbau; Gestalt. 1920 ff.

Chausseefloh m 1) Fahrrad, Radfahrer. Spätes 19. Jh.

2) Motorrad, Motorradfahrer. 1910 ff.

3) Kleinauto. 1920 ff.

Chausseewanze f Kleinauto. 1910 ff.

chloroformieren tr 1) jds gesunde Überlegung betäuben; jn bis zur Willenlosigkeit beschwatzen. Hergenommen von der ärztlichen Behandlung mit Betäubungsmitteln. 1910 ff.

2) jn mit einem Stock (o. ä.) c. = jn niederschlagen. 1920 ff.

chloroformiert adj betrunken. [Vgl angeäthert.] 1920 ff.

Chose f Sache, Angelegenheit. Aus dem Französischen; vorwiegend in abfälligem Sinne. Spätes 19. Jh.

Christbaumschmuck m alle Orden und Ehrenzeichen auf der Brust getragen. [Vgl Lametta.] Seit den Tagen des Ersten Weltkriegs.

Christkindchen n 1) einfältiger, harmloser, verträumter Mensch. Unter Bezugnahme auf Christus als neugeborenes Kind übertragen aus der Vorstellung des hilflosen, unselbständigen Kindes. 1870 ff.
2) Weihnachtsgeschenk. Von der Sitte der weihnachtlichen Bescherung geht der Name des Jesukindes auf die Gesamtheit der Geschenke über. Im 18. Jh aufgekommen, gleichzeitig mit den gleichbedeutenden Ausdrücken »Heiliger Christ« und »Kindchen Jesus«.

Chromkreuzer m Luxusauto mit viel verchromten Teilen. [Vgl Amikreuzer.] 1945 ff.

Chromschnauze f verchromter Kühler. 1950 ff.

Chuzpe f Frechheit, Unverschämtheit. Stammt aus gleichbedeutendem *jidd* chuzpo. Etwa um 1830 aufgekommen; wahrscheinlich über den Theaterjargon verbreitet.

Courage f 1) Mut, Beherztheit. Spätestens im 17. Jh dem Französischen entlehnt, wobei wie bei allen deutschen Entlehnungen aus dem Französischen, soweit sie auf »-age« enden, das männliche Geschlecht zum weiblichen verwandelt wurde.
2) jm die C. abkaufen = jn einschüchtern, entmutigen. Es ist gewissermaßen gemeint, daß man dem Betreffenden seinen Vorrat an Mut leerkauft. Spätes 19. Jh.

D

dabei adv 1) etw (nichts) d. finden = in einer Handlung etw (nichts) Unerlaubtes, Bedenkenerregendes finden. Der Begriff des Anstößigen und Unschicklichen wird im Alltagsdeutsch gern unterdrückt. 18. Jh.
2) etw d. haben = Hintergedanken haben. [Vgl das Vorhergehende.] 19. Jh.
3) da ist nichts bei (da ist nichts d.) = das ist unbedenklich, sittlich erlaubt. 1850 ff.

Dach n 1) Kopf. Eigentlich das Schädeldach (Hirnschale). Beruht auf der volkstümlichen Gleichsetzung des Menschen mit einem Haus. 1200 ff.
2) Regenschirm. Verkürzt aus Regendach. 1800 ff.
3) unterm D., juchhe! = unterm Dach; in einer Mansardenwohnung. Wohl dem lustigen Lied »Unterm Dach juchhe hat der Sperling (Spatz) seine Jungen« entnommen. [Vgl Juchhe.] 1900 ff.
4) jm eine (eins) aufs D. geben = a) jm auf den Kopf schlagen. Seit dem Mittelalter.
b) jn zurechtweisen. 19. Jh.
5) einen unter (in) dem D. haben = betrunken sein. [Vgl Dach 1.] Seit dem 18. Jh.
6) jm aufs D. kommen = a) jm auf den Kopf schlagen. Früher auch soviel wie »feindselig überfallen«. 18. Jh.
b) jn ausschimpfen. 19. Jh.
7) eins aufs D. kriegen = a) einen Schlag auf den Kopf bekommen. 1800 ff.
b) einen Verweis erhalten. 19. Jh.
8) etw aufs D. kriegen = vom Regen naß werden. 1900 ff.
9) jm aufs D. steigen = jn ernst zurechtweisen. Hergenommen von einem alten Rechtsbrauch: dem Ehemann, der seiner scheltenden Frau unterlegen war, wurde zum Schimpf das Dach abgedeckt. 18. Jh.

Dachhase m Katze. Witzige Wertsteigerung. Ärmere Leute verspeisen zuweilen Katzenbraten, den sie für einen Hasenbraten ausgeben. Daß der Ausdruck aus der Zeit der Türkenbelagerung Wiens 1683 stammt, ist zwar behauptet, aber nicht bewiesen. 18. Jh.

Dachs m schlafen wie ein D. = fest schlafen. Hergeleitet vom langen Winterschlaf des Dachses. 17. Jh.

Dachschaden *m* Geistestrübung. Verrücktheit. [Vgl Dach 1.] 1910 ff.

dachsen *intr* (fest) schlafen. [Vgl Dachs.] 1800 ff.

Dachtel *f* Schlag an den Kopf; Ohrfeige. Herkunft ungesichert. Der Schlag an den Kopf wird gern mit Früchten gleichgesetzt: Ohrfeige, Kopfnuß u. a. 1500 ff.

dachteln *tr* jn ohrfeigen. [Vgl das Vorhergehende.] 1500 ff.

dada gehen spazieren gehen. Kindersprachlicher Herkunft: Ausdrücke wie »ada, ata gehen«, »dada gehen« usw. beruhen vielleicht auf »adieu« oder auf »Tag Tag machen« (= zum Abschied winken). 1870 ff.

dahinterkommen *intr* etw ergründen, verstehen lernen. Gemeint ist, daß man hinter verborgene Vorgänge und Erscheinungen gelangt. 16. Jh.

dahintersein (-stecken) *intr* es ist (steckt) nichts dahinter = das Äußere täuscht Gediegenheit vor. Leitet sich her von der verlockenden Herrichtung eines Äußeren (Schaubude, Kleid, Sprechweise o. ä.). 1500 ff.

Dalles *m* Geldmangel, Armut. Stammt aus *jidd* »dallus = Armut«. Spätes 19. Jh.

dalli *adv* flink; vorwärts! Soll aus *poln* »dalej = vorwärts« stammen. 1850 ff.

Dame *f* meine alte D. = meine Mutter. In der Studentensprache spätestens um 1900 aufgekommen.

Dämelack *m* einfältiger, schläfriger, dummer Mensch. Gehört zu »dämeln = nicht recht bei Verstande sein«, vermehrt um eine slawische Endung. 1800 ff.

dämlich *adj* 1) dümmlich, einfältig, ungeschickt. Gehört zu »dämeln = nicht recht bei Verstand sein«. 18. Jh.

2) weiblich. Adjektiv zu »Dame« wie »herrlich« zu »Herr«. Meist spöttisch gemeint wegen Übereinstimmung mit der vorhergehenden Vokabel: weiblich = dümmlich. Spätes 19. Jh.

3) jm d. kommen = jm absichtlich (verstellt) dumm entgegentreten. [Vgl dämlich 1.] 19. Jh.

4) sich an etw d. verdienen = an etw sehr viel verdienen. 1910 ff.

Dämlichkeit *f* Dummheit, Albernheit. [Vgl dämlich 1.] 1800 ff.

Dämlichkeiten *pl* die Damen. [Vgl dämlich 2.] Spätes 19. Jh.

Damm *m* auf dem D. sein = a) munter, gesund, wohlauf sein. Damm meint die erhöhte, gepflasterte Straße. Wer auf diesem Damm geht, geht auf befestigter Straße und watet nicht durch unwegsames Gelände. 1840 ff.

b) seinen Vorteil geschickt zu wahren wissen; pfiffig sein. 1850 ff.

dämmern *v* dämmert es? = kommt dir die Erinnerung wieder? Leuchtet es dir allmählich ein? Meint eigentlich das Hellwerden, dann in übertragener Bedeutung auch das Verstehen und das Sicherinnern. Möglicherweise aus der Dichtersprache alltagssprachlich geworden. 18. Jh.

Dampf *m* D. hinter etw machen (setzen) = zur Eile antreiben; eine Sache beschleunigen. Dampf meint hier wahrscheinlich den Wasserdampf als technische Triebkraft. Bezieht sich entweder auf die ersten Dampflokomotiven oder auf Dampfkanone und Dampfflinte, die beide die Kugeln mit Dampfkraft ausstießen. 1850 ff.

Dampfer *m* 1) Lastzug. Der Lastzug wirkt wie ein Schiff auf der Landstraße, weswegen sein Fahrer »Kapitän der Landstraße« heißt. 1950 ff.

2) breitgebautes Auto. [Vgl Amidampfer.] 1945 ff.

3) auf dem falschen D. sein (sitzen) = sich im Irrtum befinden. 1930 ff.

Dampfwalze *f* beleibte Person. Die Dampfwalze kam 1870 zuerst in London und Paris, dann auch in Wien, 1879 in Stuttgart in Verkehr. Die Vokabel ist kurz nach 1870 aufgekommen.

danebenbenehmen *refl* gegen den guten Ton verstoßen. Hier und in den folgenden Vokabeln ist vom Schuß auszugehen, der das Ziel verfehlt. 1900 ff.

danebengehen *intr* mißglücken; sich nachteilig auswirken. 1900 ff.

danebenhauen *intr* einen Mißgriff tun; einen Fehler begehen; sich irren; eine schlechte Klassenarbeit abliefern. »Hauen« bezieht sich im engeren Sinne auf den Schlag des Zimmermanns. Spätes 19. Jh.

danebensein *intr* sich unwohl fühlen; verwirrt, verrückt sein. Weiterentwicklung von »außer sich sein«. Spätes 19. Jh.

danebensetzen *refl* Mißerfolg erleiden; sich gröblich irren. Wer sich neben den Stuhl setzt, hat sich arg versehen. Spätes 19. Jh.

Dank *m* kochend heißer D. = sehr herzlicher Dank. Verstärkung der burschikosen Wendung »heißer Dank«. 1910 ff.

danke *adv* mir geht es d. = mir geht es mittelmäßig. Antwort auf die Frage nach dem Befinden. Im Grunde ist es keine Antwort: man dankt lediglich für die Nachfrage. Dieses Ausweichen will als Ausdruck der Mittelmäßigkeit aufgefaßt werden. 1920 ff.

darankriegen *tr* jn anführen, übervorteilen. »Jn an etw kriegen = jn zu etw bewegen«. Hier stets im Sinne einer Unredlichkeit: man bewegt den Betreffenden zu einer Sache, die weit anders ist, als er sich weismachen läßt. 18. Jh.

daransein *intr* 1) da ist etwas dran = a) die Sache ist beachtlich; der Verdacht ist begründet. »Etwas« steht hier für Wichtigkeit, Wahrheit usw. 1500 ff.
b) das ist vorzüglich. Sachlich verwandt mit »daran fehlt nichts«. 1700 ff.
2) da ist alles dran = das ist vorzüglich; nichts Erwartetes fehlt. 1930 ff.

daraufgehen *intr* 1) benötigt, verbraucht werden. Verkürzt aus »darauf geht viel Geld«. 1500 ff.
2) sterben, umkommen. 16. Jh.
3) etw d. lassen = es sich viel kosten lassen. 1500 ff.

daraufhaben *tr* 1) viel (allerhand) d. = eine hohe Fahrtgeschwindigkeit haben. Bezieht sich entweder auf den Kilometerstand oder auf »Zahn = Fahrtgeschwindigkeit«. 1918 ff.
2) viel d. = sehr klug, sehr geschickt sein. Bezieht sich sowohl auf die Armmuskeln (Bizeps) wie auch auf den Kopf (= Verstandskasten). 1918 ff.

darauflos *adv* auf gut Glück; ohne Überlegung; ohne Hemmung. »Darauf losgehen« meint die Hinbewegung auf ein Ziel, das Geradeausgehen ohne Rücksicht auf Hindernisse. Dabei geht man nicht immer sorgfältig zu Werke. Beispielsweise: »Er schießt darauflos = er legt auf das Ziel an, zielt jedoch nicht genau und verschwendet eine Menge Munition«. 18. Jh.

daraufmachen *tr* Geld verschwenden; ein Trinkgelage veranstalten; sich ausleben. »Darauf« bezieht sich auf den Wirtshaustisch, auf den man das Geldstück wirft. Spätes 19. Jh.

darinsein *v* 1) das ist nicht drin = das kann man nicht erwarten. Herleitbar vom Skat, in dem sehr günstige Karten liegen, oder von der Lostrommel, in der noch günstige Gewinne auszulosen sind, oder vom Warenpreis, der eine gute Gewinnspanne enthält. 1870 ff.
2) es ist noch alles drin = die Sache ist noch unentschieden. 1920 ff.

Darm *m* einen kessen (duften, tollen) D. streichen (zupfen) = gut Violine (Gitarre) spielen. Darm = Darmsaite. Halbwüchsigendeutsch seit 1950.

Dauerbrenner *m* 1) langer Kuß. [Vgl Fünfminutenbrenner.] 1900 ff.
2) zugkräftiges Theaterstück, das die Zeiten überdauert; zugkräftig bleibendes Schlagerlied. 1900 ff.

Daumen *m* 1) jm den D. halten (drücken, einschlagen, kneifen) = jm zu einer wichtigen Entscheidung guten Erfolg wünschen. Die Redewendung beruht auf altem Aberglauben: wenn man den Daumen so in die Hand schlägt, daß ihn die anderen Finger fest umschließen, praktiziert man eine unheilbannende Zaubergebärde. Die geballte Faust versinnbildlicht einen Bindezauber: man kann mit ihm das Unheil fernhalten oder es für andere herbeizaubern. 17. Jh.

2) etw über den D. peilen = eine Entfernung (eine Sache) grob abschätzen. Bezieht sich auf die Standortbestimmung: bei ausgestrecktem Arm verwendet man die Breite des Daumens als Hilfsmaß beim Entfernungsschätzen. 1870 ff.

3) jm den D. aufs Auge setzen (drücken) = jn durch Gewalt zwingen. Eigentlich eine Drohgebärde; man setzte dem Unterlegenen den Daumen aufs Auge und drohte ihm, man werde es ihm ausdrücken, wenn er nicht den Kampf aufgäbe oder Zugeständnisse mache. 18. Jh.

davonlaufen v es ist zum D.!: Ausdruck der Unerträglichkeit, der Verzweiflung. 1850 ff.

dazwischenfunken intr störend eingreifen; zwischenrufen; hintertreiben; vereiteln. Dem Funkwesen entlehnt: ein Störsender funkt dazwischen, wenn er auf derselben Welle sendet wie der andere; auch funkt dazwischen, wer in Funkkabel anzapft und eine Rede durch Dreinreden stört. 1917 ff.

Decke f 1) an die D. gehen = aufbrausen. Übertreibend entwickelt aus der Vorstellung vom aufspringenden Zornigen. 1800 ff.

2) mit jm unter einer D. liegen (spielen, stecken) = mit jm in geheimem Einverständnis stehen. Hergenommen von der gemeinsamen Bettdecke der Eheleute. 14. Jh.

3) sich nach der D. strecken = den Verhältnissen entsprechend bescheiden leben. Der Liegende muß sich der Bettdecke anpassen, wenn er am Hals oder an den Füßen nicht frieren will. 1500 ff.

Deckel m 1) Kopfbedeckung; Hut; Schirmmütze; unschöner Hut. Der Hut ist für den Kopf, was der Deckel für den Kochtopf ist. Spätes 18. Jh.

2) Verweis. Eigentlich soviel wie der Schlag an den Kopf. 19. Jh.

3) jm eins auf den D. geben = jn rügen [Vgl Deckel 2.] 19. Jh.

4) einen D. kriegen = gerügt werden. [Vgl Deckel 2.] 19. Jh.

5) einen (eins) auf den D. kriegen = a) auf den Kopf geschlagen werden. 1900 ff.

b) gerügt werden. 1900 ff.

deckeln v 1) tr = jn prügeln. Ursprünglich das Schlagen auf den Hut (Kopf). 18. Jh.

2) jn rügen. Züchtigung und Zurechtweisung werden in der Alltagssprache gleichgesetzt. 1850 ff.

3) intr = den Hut (die Mütze) lüften. [Vgl Deckel 1.] 1830 ff.

Deez (**Deetz, Dez, Däz, Dätz, Dötz** u. a.) m Kopf. Eingedeutscht aus franz tête. Etwa seit 1700.

deftig adj derb, gediegen, tüchtig; bürgerlich-frugal. Fußt auf dem indogermanischen »dhabh =passen« und ist wohl auf dem Wege über die Niederlande nach Deutschland gekommen. Etwa seit dem 17. Jh.

deichseln tr etw geschickt ausführen; eine schwierige Sache meistern. Meint eigentlich »einem Wagen mit der Deichsel die Richtung geben«, vor allem auf schmalen Wegen, auf denen der Wagen nicht wenden kann; insbesondere kann gemeint sein, daß der unbespannte Heuwagen rückwärts in die Scheune geschoben wird. Spätes 19. Jh.

Deixel m Teufel. Ersatzname, weil man aus Dämonenfurcht seinen Namen nicht aussprechen soll, da er sonst sofort erscheint. 17. Jh.

demnächst adv d. in diesem Theater = später; nicht jetzt. Hergenommen aus dem üblichen Text der Filmvorschau. 1930 ff.

denken intr ich denke nicht dran!: Ausdruck der Ablehnung. Eine Sache, der man keinen Gedanken widmet, ist wertlos. 1850 ff.

denkste 1) du irrst dich sehr. Zusammengezogen aus »denkst du« und gekürzt aus »das denkst du dir so, aber in Wirklichkeit ist es anders«. Um 1920 aufgekommen, wahrscheinlich in Berlin; heute allgemeinsprachlich.

2) typischer Fall von d.! = Irrtum! 1920 ff.

Denkzettel m fühlbare Erinnerung;

Züchtigung; Ohrfeige. Gemeint ist ursprünglich ein Zettel, auf den man Dinge schrieb, um sie nicht zu vergessen. In Jesuitenschulen erhielt (beispielsweise im Jahre 1537) der Zögling, nachdem er körperlich gezüchtigt worden war, einen Zettel mit dem Vermerk seiner Missetat; diesen Zettel hatte er stets bei sich zu tragen. 16. Jh.

Depp *m* einfältiger, beschränkter Mensch; Tölpel. Gehört zu Taps und täppisch. 1800 ff.

derjenige *pron* d. welcher sein = der Gesuchte, der Verantwortliche sein. Gekürzt aus »derjenige sein, der gesucht wird (welcher dies zu verantworten hat)«. Vielleicht aus dem Lateinischen übersetzt. Seit dem frühen 19. Jh.

Deut *m* kein D. = nichts. Stammt seit etwa 1700 aus *ndl* »duit« = kleinste holländische Münze«.

deutsch *adj* mit jm d. reden = mit jm offen, grob reden. »Deutsch« meint hier den Gegensatz zur Redeweise vornehmer, gebildeter Leute. 15. Jh.

dibbern *intr* reden, schwätzen; heimlich reden. Stammt aus dem gleichbedeutenden *jidd* Wort. 1750 ff.

dicht *adj* 1) d. halten = a) sein Wasser halten können; Darmwinde nicht entweichen lassen. Bezieht sich auf die Schließmuskeln an After und Harnblase. 18. Jh.

b) verschwiegen sein; nichts verraten. Wohl aus dem Vorhergehenden entwickelt. 18. Jh.

2) nicht d. sein = a) sein Wasser nicht halten können; Darmwinde entweichen lassen. [Vgl dicht 1a.] 18. Jh.

b) nicht verschwiegen sein. 18. Jh.

c) nicht vertrauenswürdig sein; einen zweifelhaften Ruf haben. 18. Jh.

d) nicht recht bei Verstande sein. Wahrscheinlich vom schadhaften Dachstuhl hergenommen, durch den der Regen eindringt. Dachstuhl = Kopf, Verstand. 1900 ff.

dick *adj* 1) schwanger. 18. Jh, wenn nicht erheblich älter.

2) betrunken. Vokabeln für den Zustand der Trunkenheit leiten sich oft vom Angeschwollensein her. 17. Jh.

3) d. auftragen = übertreiben. Vgl auftragen.

4) mit jm durch d. und dünn gehen = in Not und Glück zu jm stehen. »Dick« bezieht sich auf Morast oder Kot, »dünn« auf Wasser, Regen o. ä. Wer davor nicht zurückschreckt, ist ein wackerer Freund. 18. Jh.

5) etw d. haben = einer Sache überdrüssig sein. Bezieht sich eigentlich wohl auf den Menschen, der sich dick gegessen hat: der vollauf Gesättigte ist aller Speisen überdrüssig. 18. Jh.

6) etw d. kriegen = einer Sache überdrüssig werden. [Vgl das Vorhergehende.] 1800 ff.

7) sich mit etw d. machen = sich mit etw brüsten. Wer sich in die Brust wirft, wird dick: äußerer Umfang will auf innere Bedeutung schließen lassen. 18. Jh.

8) mit etw d. tun = sich mit etw aufspielen. [Vgl das Vorhergehende.] 18. Jh.

dickfellig *adj* unempfindlich, ohne Feinempfinden. Dicke Haut erschwert die Verwundbarkeit. Nach volkstümlicher Auffassung ist dicke Haut ein Hindernis für Feinempfinden. Hinter der Vorstellung ist wohl der Elefant zu suchen. 18. Jh.

Dickkopf *m* rechthaberischer, eigensinniger Mensch; unnachgiebiger Sinn. Die Person wird nach der äußeren Beschaffenheit des Kopfes charakterisiert. 16. Jh.

dickköpfig *adj* eigensinnig, rechthaberisch. [Vgl das Vorhergehende.] 16. Jh.

Dicksack *m* beleibter Mensch. Sack meint den Menschenleib. 17. Jh.

Dickschädel *m* eigensinniger, rechthaberischer Mensch; Eigensinn. [Vgl Dickkopf.] 1800 ff.

Dicktuer *m* Prahler. [Vgl dick 8.] 18. Jh.

diebisch *adv* sich d. freuen = sich sehr freuen. Meint eigentlich einen heimlichen Spaß, einen Spaß nach Diebesart; dann verallge-

meinert auf Schadenfreude o. ä.
1845 ff.

Ding *n* 1) junges Mädchen (abfällig). Die Übertragung des Begriffs »Sache, Gegenstand« auf
Mädchen und Kinder drückt etwas Verächtliches und Unbedeutendes aus. 17. Jh.

2) Kind; kleines Mädchen (abfällig). 17. Jh.

3) dummes D. = dummes Kind,
Mädchen. 18. Jh.

4) junges D. = junges Mädchen.
17. Jh.

5) ein D. drehen = eine Straftat
begehen; listig zu Werke gehen.
»Ding« steht im Rotwelsch für
Verbrechen. »Drehen« kann auf
»Dreh = Täuschungsverfahren;
Trick« zurückgehen; doch weil
»drehen« auch soviel wie »ein-
brechen« bedeutet, ist ursprünglich vielleicht das Umdrehen eines
Schlüssels oder eines Dietrichs gemeint. Spätes 19. Jh.

Dinger *pl* 1) Sachen, Dinge. Nach
dem Plural »Kinder, Rinder o.
ä.« seit dem 16. Jh entwickelt.

2) Mädchen (abfällig). 17. Jh.

3) Kilometer Geschwindigkeit.
Neutrale Kurzbezeichnung aus
der Kraftfahrersprache. 1920 ff.

Dingerich (Dingerichs) *m* Mann.
Nach dem Muster von Gänserich,
Täuberich usw. entwickelt im Sinne eines Namens, der einem ent-
fallen ist oder den man aus Geringschätzung nur neutral nennen
mag. 18. Jh.

Dings *n* 1) Sache, Gegenstand. Aus
dem Genitiv entwickelter Nomi-
nativ. 1800 ff.

2) *m* *f* *n* Ersatzname für eine zufällig vergessene oder absichtlich
nicht genannte Person. Der, die,
das D. = Herr, Frau, Fräulein X.
»Das D.« ist auch Ersatzname
für einen Gegenstand, für einen
Berg, Fluß usw. 1500 ff.

Dingsbums *m* *f* *n* Ersatzname für
eine Person (für einen Gegenstand, einen Ort). Spätes 19. Jh.

Dingsda *m* *f* *n* irgendwer, irgend
etwas, irgendein Ort o. ä. 1800 ff.

Dingskirchen *On* *Fn* irgendwo; irgendwer. Zusammengesetzt aus
»Dings« und »-kirchen« als der

Endung von Personen- und Ortsnamen. 19 Jh.

Direx *m* Oberstudiendirektor. Dem
lateinischen Muster rex, artifex,
pontifex o. ä. nachgebildet. 19. Jh.

Dividendenjauche *f* Aktienbier;
minderwertiges Bier. Stammt aus
der Börsenschwindel- und Gründerzeit um 1870: um die Aktien
der Brauereien unterzubringen,
warf man hohe Dividenden aus,
was bei gleichbleibendem Preis
zur Herstellung eines schlechten
Aktienbieres führte.

dobsche *adv* gut, ausgezeichnet.
Stammt aus *slaw* dobrze. Wohl
zur Zeit der preußischen Verwaltung Polens seit der zweiten und
dritten Teilung Polens (1793 und
1795) durch Soldaten oder Arbeiter eingeführt.

Dohle *f* steifer schwarzer Herrenhut; Halbzylinderhut; Kappe (Damenhut). In der Färbung an den
schwarzen Vogel erinnernd, in
der Form verwandt mit »Dole =
Röhre; kreisrunder Zuber«. 1870
ff.

Donna *f* Hausangestellte; Geliebte
(auch »Donnja« gesprochen).
Entlehnung aus dem Spanischen
und Italienischen. Ursprünglich
Bezeichnung für die höherstehen-
de weibliche Person. Mit der Entlehnung um 1800 (wohl durch Studenten) geht die Bedeutungsverengerung und Wertminderung
Hand in Hand.

Donnerkeil (Donnerkiel)!: Ausruf
des Staunens; Verwünschung.
Fußt vielleicht auf der germanischen Mythologie: der Donnergott
warf anfangs Keile, später den
Hammer. Andererseits bezeichnete man mit »Donnerkeil« die
Versteinerung Belemnit und
glaubte, dieser Stein werde beim
Gewitter durch einen niederfah-
renden Blitz erzeugt. 1800 ff.

Donnerschlag!: Ausruf des Staunens; Verwünschung. Der Donnerschlag als Begleitgetöse des
Blitzes wird in übertragenem
Sinne als plötzliches, erschrecken-
des Ereignis aufgefaßt. 1800 ff.

Donnerwetter *n* 1) Ausruf des Staunens; Verwünschung. Eigentlich

das Gewitter mit Blitz und Donner. 18. Jh.

2) zum D. (zum D. nochmal)!: Ausdruck des Unwillens; Fluch. 1800 ff.

3) das D. = erregte Auseinandersetzung; heftige Zurechtweisung; Gezänk. Vom Lärm des Gewitters auf den Lärm des Wortstreits übertragen. 17. Jh.

4) da soll doch ein D. dreinschlagen (dazwischenfahren)!: Ausdruck des Unwillens; Verwünschung. 18. Jh.

doof *adj* dumm, einfältig. Stammt aus dem Niederdeutschen. Hochdeutsche Entsprechung ist »taub«. Der Gehörlose wird mit dem Empfindungslosen, Stumpfsinnigen und Dummen. 14. Jh.

Doofheit *f* Geistesbeschränktheit. [Vgl das Vorhergehende.] 1800 ff.

Dorf *n* 1) Stadt, Großstadt. Entstanden zu der Zeit, als in den Städten teilweise noch sehr dörfliche Verhältnisse herrschten. Berlin hieß in der Biedermeierzeit »großes Dorf«. [Vgl Bundesdorf, Millionendorf.]

2) auf die Dörfer gehen = kleinwertige Karten (hohe Beikarten) ausspielen. Herzuleiten von den Hausierern, die ihre Ware in den Dörfern abzusetzen suchen, weil die Städter lieber in Geschäften kaufen; auch Zusammenhang mit umherziehenden Theatertruppen, die den Ansprüchen der Städter nicht genügen. 1850 ff.

dorthinaus *adv* bis d. = unvorstellbar weit; sehr. Ursprünglich wohl eine allgemeine Richtungsangabe ohne Kilometer- und Stundenzahl, später im Sinne einer allgemeinen Verstärkung (er lügt bis d.). 19. Jh.

dösen *intr* benommen sein; vor sich hinträumen. Stammt aus dem Niederdeutschen in der Bedeutung »still, betäubt, verwirrt sein; schlummern«. 15. Jh.

dösig *adj* benommen, betäubt, schläfrig. [Vgl das Vorhergehende.] 15. Jh.

Drache *m* unverträgliche, zänkische Frau. Der Drache als Fabelungeheuer, als Untier wird oft mit dem Teufel gleichgesetzt, wie ja auch der streitsüchtige Mensch »Teufel« genannt wird. 16. Jh.

Drachenfutter *n* Süßigkeiten als vorsorglich mitgenommenes Mitbringsel des spät heimkehrenden Ehemanns für die Frau, für die Schwiegermutter o. ä. Man hofft, den Unmut des »Drachen« zu besiegen, wenn man ihm Futter mitbringt. 1900 ff.

Dragoner *m* kräftige, handfeste, energische weibliche Person. Dragoner galten als eine rauhe Truppe und waren für ihr Fluchen bekannt. [Vgl Küchendragoner.] 18. Jh.

Draht *m* 1) Geld, Geldmünze. Hergenommen von der ursprünglichen Bedeutung »gesponnener Faden«, auch »Zwirnsfaden«. Das Hauptbindemittel ist für jeden Handwerker die Bedeutung »Geld«: im vorliegenden Falle sind es Schuhmacher, Bürstenbinder und Metallarbeiter. 19. Jh.

2) zu jm einen (guten, direkten o. ä.) D. haben = zu einer einflußreichen Person eine gute unmittelbare Beziehung haben. Hergenommen vom Telefondraht. 20. Jh.

3) auf D. sein = a) sich jeder Lage anzupassen verstehen; die günstige Gelegenheit wahrzunehmen wissen; sehr lebenserfahren sein. Wahrscheinlich herzuleiten vom Seiltänzer: er hat den Draht in Schwingungen zu versetzen und muß es verstehen, die Schwingung zu beherrschen und nie sein Gleichgewicht zu verlieren. 19. Jh.

b) in guter Stimmung sein. Hängt wohl ebenfalls mit dem Seiltänzer zusammen: auf seinem Draht trägt er absichtlich stets ein munteres, unbeschwertes Wesen zur Schau. 1900 ff.

Drahtesel *m* Fahrrad. »Draht« bezieht sich hier auf die Drahtspeichen. [Vgl Benzinesel 1.] 1900 ff.

drahtig *adj* gewandt, straff, sehnig, zäh; sehr sportlich. Gehört wohl ebenfalls in den Zusammenhang mit dem Seiltänzer. 1910 ff.

Drahtkommode *f* Klavier. Das einer Kommode äußerlich gleichende Klavier unterscheidet sich von ihr lediglich durch die Drahtsaiten in seinem Innern. 1870 ff.

Dreck *m* 1) Widriges; Unbedeutendes; nichts. Meint eigentlich das Exkrement, auch den Morast o. ä. Schmutziges und Ekelerregendes ist sowohl unbedeutend wie auch widerwärtig. 15. Jh.

2) besserer (höherer) D. = minderwertige Ware. Sie gibt sich verlockend aus, wird vielleicht in ansprechender Verpackung angeboten, ist aber gleichwohl minderwertig. 1900 ff.

3) der letzte D. = höchst widerliche Person oder Sache; Auswurf der menschlichen Gesellschaft. 1900 ff.

4) in D. und Speck = in großem Schmutz. »Speck« meint den Lehm wegen seiner halbweichen Beschaffenheit; doch ist »Speck« auch der fettige Schmutzfleck. 1850 ff.

5) nicht einen D. = gar nichts; Ausdruck der Ablehnung. 14. Jh.

6) das geht ihn einen D. an = das geht ihn nichts an. [Vgl das Vorhergehende.] Dazu die Verstärkungen: das geht ihn einen feuchten (großen, nassen) D. an. 1800 ff.

7) jn wie D. (D. am Schuh) behandeln = jn würdelos behandeln. 1900 ff.

8) jn wie den letzten D. behandeln = jn als völlig minderwertig behandeln. 1900 ff.

9) Geld wie D. haben = sehr wohlhabend sein. Der Betreffende hat so viel Geld, daß man es förmlich riecht, oder so viel, wie es Dreck gibt. 18.Jh.

10) D. am Stecken haben = nicht völlig makellos, nicht völlig schuldlos sein. Wenn man auf schlechten Wegen geht, bleibt der Straßenschmutz am Stock haften. Von hier auf sittliche Verhältnisse übertragen. 19. Jh.

11) sich um etw einen D. kümmern = sich um etw überhaupt nicht kümmern. 19. Jh.

12) sich um jeden D. kümmern = sich um jede Belanglosigkeit kümmern. 19. Jh.

13) kümmer dich um deinen D. = kümmere dich um deine Angelegenheiten und nicht um die anderer Leute. Nach dem Sprichwort »Kehre jeder vor seiner Tür; denn er findet Dreck genug davor«. 1900 ff.

14) mach deinen D. allein = erledige deine Angelegenheiten selbständig. 1900 ff.

15) das ist dagegen ein D. = im Vergleich mit einer anderen Sache ist dies völlig wertlos, unbedeutend. 1800 ff.

16) im D. sitzen (stecken) = in Not, Bedrängnis sein; tief verschuldet sein. Gemeint ist ursprünglich wohl ein Fuhrwerk, das im Schmutz steckenbleibt. 18. Jh.

17) einen D. wissen = nichts wissen. [Vgl Dreck 1.] 19. Jh.

Dreckeimer *m* strahlen wie ein frischlackierter (frischpolierter) D. = übers ganze Gesicht strahlen. Der Eimer, der nur Abfall aufnimmt, freut sich menschenähnlich, wenn ihm ein sauberes Aussehen verliehen wird. 1900 ff.

Dreckfink *m* schmutziger, schmutzender, unsittlicher Mann. »Fink« für den ungeregelt (ausschweifend) lebenden jungen Mann hat sich aus »Finkenstrich« entwickelt nach dem Muster von »Schnepfe« aus »Schnepfenstrich«. 16. Jh.

Dreckhammel *m* schmutziger, schmutzender Mensch. Meint eigentlich den mit Köteln behafteten Hammel: im Liegen nimmt das Schaf die Kötel mit der Wolle auf. 1800 ff.

dreckig *adj* 1) schlecht, übel, wertlos. [Vgl Dreck 1.] 18. Jh.

2) niederträchtig, grob, frech; unanständig. Dreck = sittlicher Schmutz. 18. Jh.

3) d. und speckig = sehr unsauber. [Vgl Dreck 4.] 19. Jh.

4) d. lachen = ironisch, schadenfroh lachen. Gebildet nach dem Muster von »schmunzeln = schmutzig lachen«. 19. Jh.

Dreckkerl (Dreckskerl) *m* schmutziger, charakterloser, niederträchtiger Mann. 19. Jh.

Dreckloch *n* häßliche, verschmutzte, ärmliche Wohnung. [Vgl Loch 1.] 19. Jh.

Drecknest *n* schmutziges Dorf; Großstadt kleinstädtischer Art. [Vgl Nest 1.] 18. Jh.

Drecksau *f* schmutzige, unsittliche Person. Verstärkung von Sau 4. 1800 ff.

Dreckschleuder *f* 1) unflätige Redeweise; freches Maul. Entweder herzuleiten vom Sumpfbagger, der beim Anlegen von Drainagegräben den Dreck zur Seite schleudert, oder von Kindern, die einander mit Erde und Kot bewerfen. 1850 ff.
2) zänkischer, schmähsüchtiger Mensch. 19. Jh.

Dreckspatz *m* schmutziger, schmutzender Mensch. Herzuleiten vom Baden der Spatzen in Pfützen, Lachen und Tümpeln. 16. Jh.

Dreckwetter *n* schmutziges Wetter. 17. Jh.

Dreh *m* 1) Täuschungsverfahren; geschickte Wendung, die man einer Sache betrügerisch oder aus Zweckmäßigkeitsgründen gibt. Übersetzt aus *franz* »tour = List, Kunststück, Trick«. 19. Jh.
2) den D. heraushaben = wissen, wie man es machen muß; den Kunstgriff beherrschen. 19. Jh.

Drehwurm *m* 1) den D. haben = schwindelig sein. Hergenommen von dem Parasit, der von den Kälbern mit der Nahrung aufgenommen wird und ins Gehirn gelangt, wo er Lähmungen verursacht, in deren Folge Blödheit und Koller auftreten. Spätes 19. Jh.
2) einen D. haben = nicht recht bei Verstande sein. Spätes 19. Jh.

drei *num* nicht bis d. zählen können (aussehen, als könne man nicht bis d. zählen) = sehr dumm sein. Diese Redensart verstärkt durch Zahlenminderung die ältere Redewendung »nicht bis fünf zählen können«. 17. Jh.

Dreikäsehoch *m* kleiner Junge. Käse ist ein volkstümlich witziges Größenmaß. 18. Jh.

Dreimännerwein *m* schlechter, saurer Wein. Zwei halten den dritten, damit er trinken muß; oder der eine soll trinken, der zweite hält den abwehrenden ersten fest, der dritte gießt ihm den Wein in den Hals. 1800 ff.

Dreimännerwitz *m* blasser, wirkungsloser Witz. Zwei kitzeln den dritten, damit er endlich lacht. 1920 ff.

dreizehn *num* nun schlägt's d.!: Ausdruck der Unerträglichkeit. Eine Uhr, die dreizehnmal schlägt, stellt eine Außergewöhnlichkeit dar, über die man die Fassung verlieren kann. 1850 ff.

Dresche *f* Prügel. Zuweilen auch Mehrzahl. [Vgl dreschen.] 1800 ff.

dreschen *tr* jn prügeln, schlagen. Hergenommen vom kräftigen Schlagen mit Dreschflegeln auf das Getreide. 1500 ff.

Druck *m* 1) in (im) D. sein = in Not, in gedrückter Stimmung sein. Leitet sich her von der Bürde drückender Sorgen, Schulden o. ä. 19. Jh.
2) jn unter D. setzen = jm mit Forderungen (Enthüllungen) heftig zusetzen. Leitet sich her vom Druck, unter dem man die Wasser- oder Gasleitung, auch den Dampfkessel setzt. 20. Jh.

Drückeberger *m* Mensch, der sich der Verantwortung (einer Anforderung) entzieht. [Vgl drücken.] Man läßt den Betreffenden ironisch aus dem Phantasieort Drückeberg stammen. 1850 ff.

drücken *refl* sich davonmachen; sich einer Verpflichtung (Anforderung) entziehen. Meint eigentlich »sich schmal machen«: man drückt sich an die Mauer, an die Erde o. ä., damit man im Schatten der Häuser oder im freien Feld nicht gesehen wird. Spätestens seit dem 18. Jh.

Drücker *m* 1) ausdrucksteigernde Stelle in einem Bühnen-, Filmstück; künstlerische Effekthascherei. Man begnügt sich nicht mit einfacher Wirkung, sondern legt sein ganzes schauspielerisches Gewicht auf diese eine Stelle. Geht es gar um einen »sentimentalen Drücker«, so wird auf die Tränendrüse gedrückt. 1945 ff.

2) auf den letzten D. = im letzten Augenblick; noch gerade rechtzeitig. »Drücker« meint wohl den Knopf, mit dem man aus der Entfernung den Verschluß der Tür löst. 1920 ff.

3) am D. bleiben = a) eine Sache nicht aus den Augen verlieren; sich um weiteren Erfolg bemühen. Hier meint »Drücker« wohl den Abzug am Gewehr. 1945 ff.

b) die einflußreiche Stellung beihalten. 1945 ff.

4) die Hand am D. haben = Vorsprung haben; einflußreich sein. 1945 ff.

5) an den D. kommen = eine einflußreiche Stellung erlangen; Einfluß gewinnen; einen entscheidenden Schritt wagen können. 1920 ff.

6) am D. sein (sitzen) = eine einflußreiche Stellung innehaben; erfolgreich sein; überlegen sein. 1920 ff.

Druckposten m Dienststellung mit wenigen Pflichten und ohne Gefahr. Ein Posten, auf dem man sich der Gefahr oder Verantwortung bequem entziehen kann. Weiterentwickelt aus dem Folgenden. 1914 ff.

Druckpunkt m D. nehmen = a) sich einen ruhigen, ungefährlichen Posten verschaffen. Hergenommen aus der Schießlehre: hat der Schütze mit dem geladenen und entsicherten Gewehr gezielt, so krümmt er den Finger am Abzugsbügel so weit durch, bis er einen Widerstand spürt. Aus dieser Ruhestellung des Zeigefingers entwickelte sich die Bedeutung »ungefährlicher Posten, auf dem nicht geschossen wird«. 1870 ff.

b) sich einer lästigen Verpflichtung durch Verschwinden entziehen. 1870 ff.

drucksen intr 1) zögernd sprechen; kein Geständnis ablegen wollen. Iterativum zu »drucken = drükken = sich abmühen, ohne vorwärts zu kommen«. 18. Jh.

2) unwillig, zögernd arbeiten. 1800 ff.

Drum und Dran n Zubehör; Nebenumstände; Begleiterscheinungen. Eigentlich nicht die Sache als

solche, sondern das, was um sie und an ihr ist. 1900 ff.

drunter adv 1) es geht d. und drüber = es herrscht völlige Unordnung, völliges Durcheinander. 17. Jh.

2) d. durchsein = die Achtung der Mitmenschen verloren haben. [Vgl untendurch sein.] 19. Jh.

Drüse f auf die D. drücken = Mitleid zu erregen suchen. »Drüse« meint die Tränendrüse: man erzählt so bewegt und eindrucksvoll, daß man dem anderen Tränen entlockt; hierbei liegt in »drücken« die listige Nachdrücklichkeit. 1930 ff.

ducken tr jn demütigen, fügsam machen, zurechtweisen. Gehört zu »tauchen«, mhd »tücken = sich schnell nach unten neigen«. 1800 ff.

Duckmäuser (**Duckmeuser**) m Schleicher; hinterlistiger Heuchler. »Duck-« gehört zu dem vorhergehenden Wort; »mäuser« ist Substantiv zu mhd »musen = heimlich schleichen« wie die Katze beim Mäusefang. 16. Jh.

dudeln intr 1) auf einem Blasinstrument schlecht musizieren; dürftige Musik machen. Meint eigentlich das Blasen des Dudelsacks: seine Klangwirkung war deutschen Ohren ungewohnt und galt als schlecht, zum mindesten als dürftig. 18. Jh.

2) kräftig (gemütlich, genüßlich) trinken. Da von einem Blasinstrument auszugehen ist, dürfte gemeint sein, daß der Betreffende die Bierflasche wie eine Trompete an den Mund setzt. 1800 ff.

Duft m D. der großen weiten Welt = touristische Welteroberung; das Reisen zu international berühmten Stätten; weltmännische Lebensweise o. ä. Fußt auf der vom Schweizer Graphiker und Werbepsychologen Fritz Bühler 1959 gestalteten Werbung für die Zigarettenmarke »Peter Stuyvesant«.

dufte adj adv 1) außerordentlich, ausgezeichnet, tadellos. Fußt auf jidd »tow = gut«, wohl mit Einfluß von »duftig«. Über rotwelsche Vermittlung nach Berlin ge-

langt und von dort seit 1820 verbreitet.
2) lebenslustig, dreist; zu Streichen aufgelegt; unternehmungslustig; geschlechtlichem Verkehr nicht abgeneigt. Bedeutungsverengerung durch Übernahme der Wortbedeutungen von »keß«, s. d. 1900 ff.

duhn *adj* völlig bezecht. Fußt auf dem Wort »dehnen« und meint vor allem »aufgeschwollen« (bezogen auf den Leib vom Vieh, wenn es nasses Heu gefressen hat). 14. Jh.

Dulzinea *f* Liebchen; Braut, Maitresse. Ist der Name der Geliebten des Don Quijote aus dem Roman des Cervantes (1605—1615). Der Roman gehörte zur Lieblingslektüre des 18. Jhs. Wahrscheinlich haben Studenten den Eigennamen entlehnt und auf ihre Liebschaften übertragen.

dumm *adj* 1) unangenehm, widerlich, ärgerlich. Dumm meint eigentlich »stumm«, dann auch »stumpf« und den »betäubt«, darüber hinaus meistens soviel wie »in geistiger Hinsicht unterlegen«, »nicht die normalen geistigen Fähigkeiten besitzend«. 1700 ff.
2) d. anfragen, ob ... — scheinbar harmlos [wie zufällig] anfragen. »Dumm« bezieht sich hier auf eine geistige Unterwürfigkeit, die man beispielsweise dem Fachmann oder Ratgeber entgegenbringt. 1800 ff.
3) d. geboren, d. geblieben, nichts dazugelernt d. geboren, nichts dazugelernt und die Hälfte vergessen; d. geboren, d. geblieben, nichts dazugelernt und das wieder vergessen): Redensarten zur Bezeichnung unverbesserlicher Dummheit. 19. Jh.
4) jm d. kommen = a) Dummheit heucheln; frech werden. Man stellt sich dumm, aber ist raffiniert. 19. Jh.
b) sich mit dem Angehörigen eines höheren Standes (Ranges) auf dieselbe Stufe stellen wollen; plump vertraulich werden. Spätes 19. Jh.

5) sich d. und dämlich quatschen (o. ä.) = vergebens auf jn einreden. 1900 ff.
6) jn für d. verkaufen = jn für dumm halten; jn veralbern, übertölpeln. Wer jn als einen Dummen zum Verkauf anbietet, setzt ihn Spott und Hohn aus. 1800 ff.
7) jn für d. verschleißen = jn für dumm halten; auf jds Dummheit Rücksicht nehmen. Verschleißen = abnützen. 18. Jh.

Dummer *m* der Dumme sein = der Betrogene sein; geprellt sein. 19. Jh.

Dummerjan (Dumrian) *m* dummer Mann. Kontaminiert aus »dumm« und der Kurzform »Jan« des Männervornamens Johann. 16. Jh.

Dummheit *f* 1) mit D. geschlagen = sehr dumm. Dem biblischen Ausdruck »mit Blindheit geschlagen« nachgebildet. 1900 ff.
2) die D. mit Löffeln gegessen haben = sehr dumm sein. Diese Löffel sind gewiß keine Tee- oder Schaumlöffel, sondern Eßlöffel, mit denen man die Dummheit essen kann wie Suppe. 19. Jh.
3) wenn D. weh täte, würde er den ganzen Tag schreien (o. ä.) = er ist sehr dumm.1800 ff.

Dummkopf *m* dummer Mensch. 18. Jh.

dünn *adj* 1) spärlich, unbedeutend (dünner Beifall o. ä.). Wohl von Begriffen wie dünne Suppe, dünner Kaffee, dünne Tinte o. ä. übertragen zur Bezeichnung der Dürftigkeit. 19. Jh.
2) dünn gesät = selten, spärlich. Bei dünner Saat kommen die Pflanzen in großem Abstand aus dem Erdboden. 17. Jh.
3) sich d. machen = sich unauffällig entfernen; fliehen. Über »sich schmal machen« analog zu »sich drücken«. 19. Jh.

Dünnpfiff Durchfall. Euphemistisch aus der folgenden Vokabel entstellt. 18. Jh.

Dünnschiß *m* Durchfall. Im 17. Jh zusammengewachsen aus »dünne Scheiße.«

Dunst *m* 1) von etw keinen D. haben = von etw nichts wissen. »Kein Dunst = kein Hauch« hat sich zu einer verneinenden Verstärkung entwickelt. 19. Jh.

2) jm blauen D. vormachen = jm Unwahres zu glauben geben; jn täuschen. Vielleicht herzuleiten von den Dämpfen, mit denen Zauberkünstler ihren Zuschauern den Ablauf der Zauberei verdecken wollen. 14. Jh.

3) sich blauen D. vormachen = sich in Tabakswolken hüllen; rauchen. Wortwörtliche Bedeutungsentwicklung aus der vorhergehenden Redewendung. Seit dem frühen 19. Jh.

durchackern *tr* etw mühsam durcharbeiten. Hergenommen vom Pflügen, das als eine der schwersten Arbeiten gilt. [Vgl ackern.] 18. Jh.

durchbeißen *refl* sich durchhelfen, durchschlagen. Wohl herzuleiten von verfolgten Hunden, die durch Beißen zu entkommen suchen. 17. Jh.

durchbleuen *tr* jn heftig prügeln. [Vgl bleuen.] 17. Jh.

durchboxen *v* 1) *refl* = sich durchs Leben schlagen; unter Mühen erfolgreich werden. Aus der Boxersprache seit 1920 in die Alltagssprache eingedrungen.
2) *tr* = eine Angelegenheit nachdrücklich durchsetzen. 1930 ff.

durchbrennen *intr* heimlich durchgehen; fliehen (mit Hinterlassung von Schulden, unter Mitnahme gestohlener Sachen). Im frühen 19. Jh wahrscheinlich bei Studenten aufgekommen im Sinne von »sich dem Gläubiger durch die Flucht entziehen«. Hängt wohl zusammen mit der Redewendung »ihm brennt der Boden unter den Füßen«.

durchdrehen *intr* die Fassung verlieren; nervös, geistesverwirrt werden. Hergenommen von der überdrehten Uhrfeder, von einem ausgeleierten Gewinde o. ä. Spätes 19. Jh.

Durchfall *m* 1) Nichtbestehen der Prüfung. [Vgl durchfallen 1.] 18. Jh.
2) Mißerfolg auf der Bühne; Scheitern einer Theateraufführung. 1828 ff.

durchfallen *intr* 1) die Prüfung nicht bestehen. Zur Herleitung wird bevorzugt auf mittelalterliche Geschichten hingewiesen, in denen der Liebhaber in einem Korb zum Gemach der Geliebten emporgezogen wird; lehnt sie ihn ab, so wählt sie einen Korb mit dünnem oder losem Boden, so daß der Liebhaber durch den Korb fällt. Nach anderen stammt der Ausdruck aus der Landwirtschaft: der Bauer verwendete früher zum Aussortieren große Siebe aus Weidengeflecht; die kleinen Körner fielen durch, die großen blieben im Sieb. 1500 ff.
2) auf der Bühne Mißerfolg erleiden; Mißfallen erregen; vor der Kritik nicht bestehen. 1800 ff.
3) bei einer Wahl zurückgesetzt werden. 18. Jh.

durchfliegen *intr* die Prüfung nicht bestehen. Analog zu durchfallen 1. »Fliegen« deutet ein rasches Versagen an. Seit dem ausgehenden 19. Jh.

durchfressen *refl* 1) auf Kosten anderer sein Leben fristen. Man speist mal hier, mal dort und kommt auf diese Weise bequem durchs Leben. 19. Jh.
2) sich mühselig ernähren; sich unter Mühen durchsetzen; sich durch eine schwierige Sache hindurcharbeiten. Fußt vielleicht auf dem Märchen vom Schlaraffenland. 17. Jh.

durchgedreht sein durch geistige Arbeit, durch Sorgen und Kummer überbeansprucht sein; übermüdet, verwirrt sein. [Vgl durchdrehen.] Spätes 19. Jh.

durch haben *tr* etw durchgelesen haben; den Nagel durchgeschlagen, das Brett durchgebohrt, die Sohle durchgelaufen, etw zu Ende behandelt haben usw. Solche und ähnliche Kurzformen mit Auslassung des Verbums sind seit dem 18. Jh häufig.

durchhauen *tr* jn verprügeln. [Vgl hauen 1.] 17. Jh.

durchhecheln *tr* jn streng, hämisch bekritteln; jn rügen. Hergenommen von der Hechel, durch die der Flachs zum Säubern gezogen wird. 1600 ff.

durchkauen *tr* etw ausführlich besprechen; etw mühsam lernen, geistig verarbeiten. Hergenommen von der Zerkleinerung der Speise im Mund. 18. Jh.

durchkriegen *tr* 1) ein Buch zu Ende lesen können. Verkürzt aus »durchlesen können«. 19. Jh.
2) einer Sache zum Erfolg verhelfen. Meint eigentlich »durch Schwierigkeiten, Hindernisse o. ä. hindurchbringen können«. 19. Jh.
3) jm die Krankheit zu überstehen helfen; jm aus einer schwierigen Lage aufhelfen. 1900 ff.

durchlassen *tr* jm etw d. = jn nicht zur Verantwortung ziehen; Nachsicht üben. Verkürzt aus »durchgehen lassen«. 19. Jh.

durchleuchten *tr* jds Wesensart zu ergründen suchen; jn über seine politische (weltanschauliche o. ä.) Vergangenheit auszuforschen suchen. Hergenommen vom Röntgenbild, übertragen auf geistig-seelische Gegebenheiten. 1920 ff.

durchmachen *intr* die Nacht ausgelassen verbringen; sich zu später Nachtstunde nicht von der Zechgesellschaft trennen. 1870 ff.

Durchmarsch *m* Durchfall. Hergenommen vom Marsch einer militärischen Truppe durch einen Ort, ohne Rast zu machen; ähnlich ist in scherzhaft-grotesker Auffassung keine Pause zwischen Nahrungsaufnahme und Stuhlentleerung. 1870 ff.

durchpeitschen *tr* etw mit Nachdruck, überschnell betreiben; einen Rechtsstreit durchsetzen. Entwickelt nach der englischen Wendung »to whip up«. 1870 ff.

durchplumpsen *intr* in der Prüfung versagen. »Plumps« gibt den Klang wieder, der entsteht, wenn man aus großer Höhe einen Stein ins Wasser fallen läßt. 1870 ff.

durchrasseln *intr* in der Prüfung versagen. »Rasseln« meint »den Schall einer Knarre oder Klapper hören lassen«. Wörter, die ein Lärmen ausdrücken, werden gern auf die Prüfung angewendet: aus der Stärke des Geräuschs wird auf den Umfang des Versagens geschlossen. Andererseits kann auch von der Vorstellung des Siebens ausgegangen werden: wenn der Hafer gesiebt wird, bleibt das gute Korn oben, das schlechte rasselt durch die Löcher. 1870 ff.

durchrutschen *intr* in der Schule mit knapper Not versetzt werden; die Prüfung mit knapper Not bestehen; bei der Musterung für kriegsdienstverwendungsunfähig erklärt werden. Eigentlich soviel wie »durch eine Öffnung, durch ein Hindernis gleiten« 1870 ff.

durchsausen *intr* in der Prüfung versagen. [Vgl durchfliegen.] Von der Geschwindigkeit wird auf das Ausmaß des Versagens geschlossen. Seit dem ausgehenden 19. Jh.

durchsein *intr* 1) durchlöchert, durchgewetzt, durchgeschlagen, durchgebohrt, durchgefahren sein. Verkürzung unter Ausfall des Verbums. 18. Jh.
2) mit etw d. = zu Ende gelesen haben; mit etw fertig sein. 18. Jh.

durchsumpfen *intr* eine Nacht durchzechen; ausschweifend leben. [Vgl sumpfen.] 19. Jh.

durchwachsen *adv* ihm geht es d. = ihm geht es mittelmäßig. Durchwachsen ist das Fleisch, das zugleich fette und magere Schichten aufweist; daher ist durchwachsen auch das Wetter, wenn abwechselnd Regen und Sonnenschein herrscht. Spätes 19. Jh.

durchwalken *tr* verprügeln. [Vgl walken.] 17. Jh.

durchwamsen *tr* verprügeln. [Vgl wamsen.] 18. Jh.

durchwichsen *tr* verprügeln. [Vgl wichsen.] 18. Jh.

durchwursteln **(durchwurschteln)** *refl* eine schwierige Lage mühsam meistern. [Vgl wursteln.] 1900 ff.

Durst *m* eins (einen) über den D. getrunken haben = betrunken sein. Beschönigende Redewendung. 16. Jh.

Durststrecke *f* Zeitspanne zwischen zwei Ereignissen (Entscheidungen, Erfolgen o. ä.); Zeit der Entbehrung; Geldknappheit zwischen zwei Zahltagen. Eigentlich eine Wegstrecke, die durch ein Gebiet ohne Wasser führt. Etwa seit dem frühen 20. Jh.

Dusche f kalte D. = empfindliche Ernüchterung; unerwartet herzlose Erwiderung. Hängt wohl mit den im 19. Jh aufkommenden Kaltwasserheilanstalten zusammen; umgebildet aus »kalter Wasserstrahl«, der von Bismarck zum politischen Schlagwort erhoben wurde. 1850 ff.

Dusel m 1) unverhofftes, unverdientes Glück. Aus Dusel (= Halbschlaf, Schlummer) ist das Glück geworden, weil es der Herr den Seinen im Schlaf gibt; da aber diese Bedeutung jünger ist als die unter 2 genannte, beruht die Vokabel vielleicht auch auf der Vorstellung, daß Betrunkenen das Glück besonders hold ist. 1810 ff.
2) Betäubung, Halbschlummer, Dämmerzustand, Trunkenheit.

Gehört zu der gemeingermanischen Vokabel »dus = töricht, schwindlig«. 1500 ff.

Dussel m schläfriger, unaufmerksamer Mensch. Verwandt mit der vorhergehenden Vokabel durch Kürzung des Stammvokals und stimmhaften s-Laut. 1850 ff.

dusselig (dusslig, dußlig, duselig) adj benommen, schwindlig, gedankenlos, dümmlich, betrunken. [Vgl Dusel 2 und Dussel.] 17. Jh.

dusseln intr gedankenlos, schläfrig, unaufmerksam sein; im Halbschlaf sein. [Vgl Dusel 2 und Dussel.] 17. Jh.

Dusseltier (Duseltier) n gedankenloser, unachtsamer, einfältiger Mensch; zu seinem Schaden gutmütiger Mensch. [Vgl dusseln.] 18. Jh.

E

Ebbe f E. in der Kasse (im Portemonnaie, Hosensack o. ä.) = Geldmangel. Vom Fallen des Meerwassers auf das Fehlen von Bargeld übertragen. 18. Jh.

Ecke f 1) jn um die E. bringen = jn umbringen, heimlich töten. Bezieht sich entweder auf den Umstand, daß man den Betreffenden von der Hauptstraße in eine Seitenstraße oder in einen dunklen Winkel zieht und dort tötet, oder auf das Vorrecht der Landsknechte, nicht am bürgerlichen Galgen, sondern am Soldatengalgen aufgehängt zu werden; dieser wurde im Lager hinter dem in der Lagermitte befindlichen Feldherrnzelt errichtet; da sich die Treppe zum Gerüst seitlich befand, mußte der Delinquent um die Ecke, dann auf die Treppe und zum Podium geführt werden. Ecke ist auch die Schneide des Schwerts. Seit dem frühen 19. Jh.
2) um die E. gehen = zugrunde gehen; (eines gewaltsamen Todes) sterben. [Vgl das Vorhergehende.] 19. Jh.

3) um die E. sein = tot sein. 19. Jh.
4) um (über) ein paar E.n miteinander verwandt sein = weitläufig verwandt sein. »Weitläufiges« Verwandtsein (ein auf dörflichen Gegebenheiten fußender Ausdruck) verwandelt sich für den Städter in das Bild vom Straßengewirr der Stadt: man muß im Stammbaum um viele Ecken gehen, ehe man auf den entfernt Verwandten trifft. 1900 ff.

Ehedrache (Ehedrachen) m zänkische Ehefrau. [Vgl Drache.] 1900 ff.

Ehekrüppel m Ehemann in Abhängigkeit von seiner Frau. Meint einen, der in seiner Ehe kein vollwertiger Mann ist, sondern ein Krüppel. 1400 ff.

Ehestandslokomotive f Kinderwagen. Von den gleichbedeutenden Vokabeln »Fhestandsequipage«, »Ehestandskarrete« usw. hat sich nur die »Ehestandslokomotive« durchgesetzt. Etwa seit dem ausgehenden 19. Jh.

Ehrenwort n 1) das große E. = Verpflichtung zu völligem Stillschweigen. Eigentlich die feierliche Versicherung, daß es sich »auf Ehre« so verhält, wie man sagt. Seit dem ausgehenden 19. Jh.

2) das kleine E. = ziemlich zuverlässige Versicherung in unwichtigeren Angelegenheiten. Seit dem ausgehenden 19. Jh.

Ei *n* 1) *pl* Mark, Wohlstand. Leitet sich her entweder von den bäuerlichen Begriffen für Wohlhabenheit »Eier und Fett, Eier im Fett, Eier im Schmalz haben« oder verwertet die Erinnerung an unmittelbaren Tauschverkehr. Vermutlich im Ersten Weltkrieg aufgekommen.

2) ungelegte Eier = im Werden begriffene Dinge; Ereignisse einer möglichen Zukunft; Zukunftsphantasien. Der Ausdruck umschreibt anschaulich die gedachte Möglichkeit zum Unterschied vom tatsächlichen Sein. Meist in der Form: »kümmer dich nicht um ungelegte Eier«. 16. Jh.

3) für ein Ei und ein Butterbrot = gegen geringfügige Gegenleistung; weit unter dem Preis. [Vgl Apfel 1.] 18. Jh.

4) jn wie ein rohes Ei behandeln (anpacken; mit jm wie mit einem rohen Ei umgehen) = jn sehr behutsam behandeln. Das rohe Ei ist verletzlicher als das gekochte. 18. Jh.

5) auf Eiern gehen = vorsichtig, behutsam gehen; einen trippelnden Gang haben. Wer Eier unter den Füßen hat, muß behutsam auftreten, um kein Ei zu zertreten. 16. Jh.

6) wie aus dem Ei gepellt (geschält) = sehr sauber, appetitlich; kleidsam gekleidet. Nach Entfernung der Schale kommt das blendend weiße Ei zum Vorschein. 18. Jh.

7) ein Ei legen = eine Sache meistern; einen guten Einfall haben; eine Erfindung machen; etw ausklügeln. Das Ei ist die sichtbare Wertleistung des Huhns. 1900 ff.

8) jm die Eier schleifen = jn scharf einexerzieren. Verstärktes »schleifen« unter Anspielung auf »Eier = Hoden«. 1800 ff.

9) das ist ein Ei = a) das ist ausgezeichnet, hervorragend. »Ei« steht für runde Sache, wobei »rund« den Sinn von »vollkommen, formgerecht« hat. 1910 ff.

b) das ist eine unangenehme Sache; das ist bedenklich. Hier ist wohl vom faulen Ei auszugehen. 1900 ff.

Eichhörnchen *n* mühsam nährt sich das E. (mühsam sucht das E. seine Nahrung; mühsam nährt sich das E., hüpfend von Ast zu Ast; mühsam nährt sich das Eichhörnchen von den Früchten des Waldes): sagt man im Zusammenhang mit der schwierigen, langwierigen Ausführung eines Vorhabens. Soll ein Satz aus einem um die Wende vom 19. zum 20. Jh gebräuchlichen Schulbuch sein.

Eid *m* E. mit Blitzableiter = Falscheid. 19. Jh. Dazu Ludwig Thoma, Meine Bauern: »Die ehrwürdige Tradition sagt, daß auf diese Art der Schwur von oben nach unten durch den Körper hindurch in den Boden fährt und als ein kalter Eid keinen Schaden tun kann.«

ei ei machen *intr* streicheln, liebkosen. Das kindersprachliche »ei« ist ein Ausruf der Freude und der Überraschung und bezeichnet auch das Wohltuende. Auch in den Formen »eieien, eielen, eijeln« gebräuchlich. 18. Jh.

Eierkopf *m* wissenschaftlich gebildeter Intellektueller; weltfremder Intellektueller; Intelligenzler. Stammt aus dem angloamerikanischen »egghead«, wo es allerdings keine negative Bedeutung hat. Die Vokabel ist bei uns seit 1959 geläufig.

Eimer *m* im E. sein (sitzen) = verdorben, entzwei sein; schwer verdächtigt sein; verloren, verhaftet sein. »Eimer« meint hier entweder den Mülleimer oder den Toiletteneimer: was in einem dieser beiden Eimer ist, ist wertlos geworden. 1920 ff.

einblasen *tr* jm etw vorsagen; soufflieren. Verweltlichend übersetzt aus dem lateinisch-theologischen Begriff inspirare; wohl von Lateinschülern ausgegangen. Seit dem frühen 19. Jh.

einbleuen *tr* jm etw nachdrücklich einlernen, einsagen. Eigentlich soviel wie »durch Prügel beibringen«. [Vgl bleuen.] 1900 ff.

einbrocken *tr* 1) sich etw e. = eine Unannehmlichkeit selbst verschulden. Einbrocken bezieht sich auf die Brotbrocken, die man in die Suppe gibt, um sie zu längen. Teilstück der sprichwörtlichen Redensart »Was man sich einbrockt, muß man auch ausessen«. 1500 ff.

2) jm etw. e. = jn in eine üble Lage bringen. 1800 ff.

einbuchten *tr* jn mit Arrest bestrafen; jm eine Freiheitsstrafe auferlegen. »Bucht« nennt man den umhegten Pferch oder Auslaufplatz für Weide-, Stallvieh. Spätestens seit 1900 geläufig.

eindreschen *intr* auf jn e. = a) heftig auf jn einschlagen. [Vgl dreschen.] 1900 ff.

b) in unablässig der Propaganda aussetzen. 1933 ff.

eindusseln (einduseln) *intr* einschlafen. [Vgl dusseln.] 19. Jh.

einfahren *intr tr* essen. Herzuleiten vom Erntewagen. 1850 ff.

Einfaltspinsel *m* einfältiger Mensch. Durch Hinzufügung von »Einfalt« eine Verdeutlichung vom gleichbedeutenden »Pinsel« zu der Zeit, als »Pinsel« das Scheltwort auf den Schuster, auf den Geizigen und auf den niederträchtigen Menschen war. Etwa seit dem frühen 18. Jh.

einhauen *intr* beim Essen stark zulangen. Wohl hergenommen vom Schlagen mit der Gabel in die gemeinsame Eßschüssel. 18. Jh.

einheizen *intr* jm hart zusetzen; jn heftig rügen; jm Angst einjagen. Leitet sich wohl her vom zu heißen Bad, das man einem anrichtet; wohl auch beeinflußt von der Redewendung »jm die Hölle heiß machen«. 18. Jh.

einkacheln *intr* 1) stark heizen. Zusammenhängend mit dem Kachelofen. Etwa seit dem frühen 19. Jh.

2) viel essen. Die Mahlzeit ist für den menschlichen Körper dasselbe wie für den Ofen das Brennmaterial. 1900 ff

Einkauf *m* bargeldloser (billiger, unentgeltlicher) E .= Ladendiebstahl. Beschönigung, nach 1950 aufgekommen; vorwiegend auf den Diebstahl in Selbstbedienungsläden angewendet.

einkratzen *refl* sich einschmeicheln. Hergenommen vom Kratzen der Haustiere am Kleid des Menschen. 1900 ff.

einlochen *tr* jn mit Arrest (mit einer Freiheitsstrafe) bestrafen. Loch = Gefängniszelle. 1800 ff.

einmummeln *tr refl* dick und warm kleiden. Gehört zu »mummen = (in eine Maske) einhüllen«. 18. Jh.

einnehmend *adj* von e.em Wesen sein (ein e.es Wesen haben) = lieber nehmen als geben; gern kassieren. Wortspiel zwischen den beiden Bedeutungen »erobernd, bezaubernd« und »Geld entgegennehmend«. 1900 ff.

einpacken *intr* e. können (müssen) = es mit jm verdorben haben; sein Geschäft schließen können; davongehen sollen; eine Niederlage hinnehmen. Bezieht sich ursprünglich entweder auf den Hausierer, der seine Ware unverrichteterdinge wieder einpacken muß, oder auf das Handwerksgerät, das der Handwerker einpackt, wenn er die Arbeit verrichtet hat oder niederlegt. 18. Jh.

einpauken *tr* etw mühsam lernen; jm etw nachdrücklich einprägen. [Vgl pauken.] 18. Jh.

einpuppen *tr refl* einkleiden. Leitet sich her entweder von der Entwicklungsstufe zwischen Larve und Insekt (die Larve verpuppt sich) oder von dem kleinen Mädchen, das seine Puppe täglich mehrmals an- und auszieht. 1800ff.

eins *num* 1) eins a = hervorragend; sehr gut. Gemeint ist das gleichbedeutende »Prima«, das nach italienischem Vorbild »Iª« geschrieben zu werden pflegt. Ursprünglich nur Gütebezeichnung für Handelswaren. Seit dem ausgehenden 19. Jh.

2) Eins-Null (Eins zu Null) für dich = ich gebe mich geschlagen;

ich bin dir unterlegen. Hergenommen von der Sprache der Fuß- oder Handballspieler: es wird die Zahl der Treffer, der Pluspunkte gewertet. »Eins zu Null« besagt: ein Treffer für die erstgenannte Partei, kein Treffer für den Gegner. 1920 ff.

einsacken *tr* 1) entwenden. Meint eigentlich »in den Sack stecken«, weswegen die Vokabel im 15. Jh soviel wie »räubern, plündern« meinte. Die Bedeutung »entwenden« scheint im späten 19. Jh aufgekommen zu sein.
2) Geld einnehmen, einheimsen. 17. Jh.

einsauen *tr* etw verschmutzen. [Vgl sauen 1.] 1800 ff.

einschlagen *intr* eine großartige Wirkung erzielen; zündend wirken. Hergenommen vom Einschlagen des Blitzes oder der Bombe. 18. Jh.

einschnappen *intr* sich gekränkt fühlen. Hergenommen vom Einschnappen des Türschlosses, wenn die Tür nicht mit der Klinke geschlossen wird. »Er hat die Tür hinter sich zugeworfen« besagt, daß das gute Einvernehmen plötzlich aufgehört hat. Etwa seit dem späten 19. Jh.

einschrumpeln *intr* eintrocknen, einschrumpfen; Runzeln bekommen. [Vgl schrumpeln.] 17. Jh.

einseifen *tr* 1) jn betrügerisch beschwatzen, prellen, anführen. Sachähnlich und bedeutungsgleich mit der Redewendung »über den Löffel barbieren«. Geht also möglicherweise auf den Friseur zurück, der seinen Kunden einseift und dabei eine große Redefertigkeit entfaltet. In verwandtem Sinne verwendet der Engländer »to soap« für »schmeicheln«. 1850 ff.
2) jn betrunken machen. Beruht vielleicht auf dem niederdeutschen Wort »einseifen = Korn durch ein Sieb in einen Sack füllen, auch = den Acker stark düngen«. 19. Jh.

einspinnen *tr* jn mit Arrest bestrafen; jn zu einer Freiheitsstrafe verurteilen. Entweder hergenommen von der Spinne, die ihre Beute einspinnt, oder vom Spinnen, der früheren Beschäftigung der Zuchthäusler. 1850 ff.

einstecken *tr* 1) jn zu einer Freiheitsstrafe verurteilen; jn verhaften. Verkürzt aus »ins Gefängnis stecken«. 18. Jh.
2) eine Rüge unwidersprochen hinnehmen; nicht aufbegehren. Was man im eigentlichen Sinne einsteckt, ist wahrscheinlich der Degen; zur Verteidigung der Ehre wendet man ihn nicht an. 18. Jh.

einstinken *refl* sich parfümieren. Der vermeintliche Wohlgeruch wird als Gestank aufgefaßt. 1900ff.

eintränken *v* es jm e. = es jm gedenken. Eigentlich »jm einen Trunk zu trinken geben«. Ursprünglich wird wohl der Gifttrank, später auch der Jauchetrunk der Schweden gemeint sein. 13. Jh.

eintrichtern *tr* jm etw mühsam einlernen. Bezieht sich auf den 1647 erschienenen »Poetischen Trichter« des Georg Philipp Harsdörffer, »die Teutsche Dicht- und Reimkunst ohne behuf der lateinischen Sprache in sechs Stunden einzugießen«. 18. Jh.

Einundfünfziger *m* den E. haben = geistig nicht zurechnungsfähig sein. Hergenommen vom § 51 des Strafgesetzbuches. Um 1900 aufgekommen.

einwickeln *tr* beschwatzen, betrügerisch überreden, übervorteilen. Entweder herzuleiten von der Spinne, die ihre Beute einspinnt, bis sie jeden Widerstand aufgibt, oder vom Kaufmann, der die gekaufte Ware rasch einwickelt, ehe dem Käufer Bedenken kommen. 1850 ff.

Eis *n* 1) das E. brechen = die Zurückhaltung anderer überwinden; Verstimmung tilgen. Eine auch in Frankreich und England geläufige Redewendung, bei der das Eis die Gefühlskälte und das abweisende Verhalten versinnbildlicht. 19. Jh.
2) jn aufs E. führen = jn anführen. Wer aufs glatte Eis geführt wird, kann leicht ins Straucheln geraten. 13. Jh.

3) etw aufs E. legen = etw vorläufig zurückstellen; einen Plan vorerst nicht weiterverfolgen; Ersparnisse ansammeln. Der Küchenpraxis entlehnt: was man auf Eis legt, ist für spätere Verwendung vorgesehen. 1900 ff.

Eisbeine *pl* E. kriegen (sich. E. stehen) = kalte Füße bekommen. Hat nichts mit dem Eisbein als Speise zu tun, sondern meint soviel wie eiskalte Beine. 1870 ff.

Eisen n 1) ein heißes E. anpacken. (anfassen o. ä.) = eine heikle Sache ins Gespräch bringen; eine unangenehme, anrüchige Angelegenheit in die Hand nehmen. Entweder herzuleiten vom Schmiedehandwerk oder vom mittelalterlichen Rechtsbrauch, daß der Verdächtige das heiße Eisen tragen mußte, wenn er seine Schuldlosigkeit beweisen wollte. Spätestens seit dem 18. Jh.

2) zum alten E. gehören = ältlich, veraltet sein. Altes Eisen ist Gerümpel, Schrott und gilt als unbrauchbar. 17. Jh.

3) ins alte E. geraten (kommen) = altern, veraltern. 17. Jh.

4) zwei (mehrere) E. im Feuer haben = mehrere erfolgversprechende Dinge betreiben. Herzuleiten vom Schmied, der stets mehrere Eisen im Schmiedefeuer hat, weil er die Glut möglichst ausnutzen will. 1800 ff.

5) etw (jn) zum alten E. werfen = etw als verbraucht, veraltet, unbrauchbar beiseite tun; jds Körper- oder Geisteskräfte als abständig einschätzen; jn pensionieren. 17. Jh.

eisern adj adv unablässig, unbeirrbar. Von der Härte und Festigkeit des Eisens übertragen auf die Folgerichtigkeit und Unerbittlichkeit des Charakters: eiserner Wille; eiserner Kanzler usw. 1800 ff.

Ekel n widerlicher Mensch. 18. Jh.

eklig adj 1) unangenehm, widerwärtig, unwirsch, herzlos. Eklig = ekelerregend. 18. Jh.

2) adv sehr. 19. Jh.

Elefant m wie ein E. im Porzellanladen = ungeschickt, plump im Auftreten. Elefant und Porzellan als groteske Gegensätze versinnbildlichen den ungeschickt vorgehenden Menschen an einem Ort, wo äußerste Behutsamkeit erforderlich ist. 1900 ff.

elefantastisch (elephantastisch) adj vortrefflich. Zusammengewachsen aus »Elefant« und »phantastisch«. 1900 ff.

Elefantenbaby n stark entwickeltes Mädchen bis zum Backfischalter; plumper, schwerfälliger Junge. Eine spaßhaft-groteske Bezeichnung. Spätes 19. Jh.

Elefantenküken n plumper, schwerfällig auftretender junger Mensch; dicker Junge. [Vgl das Vorhergehende.] Spätes 19. Jh.

elefantös adj hervorragend, großartig. Elefanten wurden durch Tier- und Völkerschauen, auch durch Zirkus und zoologischen Garten volkstümliche Tiere und gelten durch Gestalt und Kraft als Sinnbilder des Außerordentlichen. 1900 ff.

Element n 1) das ist sein E. = auf diesem Gebiet kennt er sich am besten aus; das ist seine Lieblingsbeschäftigung. Element meint hier im engeren Sinne das Wasser als den Lebensbereich der Fische. Der Fisch im Wasser ist ein altes Sinnbild der Munterkeit. 18. Jh.

2) in seinem E. sein = seiner Lieblingsbeschäftigung nachgehen; auf sein Lieblingsgebiet zu sprechen kommen; sich wohl fühlen. 18. Jh.

Elend n 1) ach du (liebes) E.!: Ausruf der Überraschung, des Entsetzens. Vielleicht ursprünglich auf Ecce-Homo-Darstellungen bezogen. Spätes 19. Jh.

2) graues E. = Niedergeschlagenheit; seelische Beklemmung. Elend = Traurigkeit. Grau meint in »alles grau in grau sehen« den Gegensatz zu »rosig« und ist auch die Farbe der Asche, die die Reue versinnbildlicht. 16. Jh.

3) heulendes E. = langanhaltendes Weinen; Weinkrampf; Gestimmtheit zu Selbstvorwürfen; wehleidige Stimmung des Bezechten.

Gemeint ist der Tränenerguß aus seelischer Elendsstimmung. Spätes 19. Jh.

4) langes E. = großwüchsiger Mensch. 1900 ff.

Elias *m* feuriger E. = Lokalbahn. Der Name für die fauchende, funkensprühende Lokalbahn geht willkürlich und scherzhaft auf den biblischen Bericht zurück, wonach Elias im feurigen Wagen mit feurigen Rossen zum Himmel aufgefahren sein soll. 1900 ff.

Elster *f* 1) diebische E. = diebischer Mensch. Hergenommen von der Stehlsucht der Elster, die sich auf dem Hühnerhof nicht bloß an einem Ei oder auch an einem Küken vergreift, sondern auch glänzende Gegenstände stiehlt. Spätes 19. Jh.

2) stehlen wie eine E. = sehr diebisch sein.18. Jh.

Eltern *pl* 1) nicht von schlechten E. = tüchtig, heftig, stark. »Schlechte« Eltern sind schwächliche, mindergeachtete Eltern. Von schwächlichen Eltern ist nichts Kräftiges zu erwarten. 17. Jh.

2) in der Wahl der E. vorsichtig gewesen sein = wohlhabende, einflußreiche, gute Eltern haben. Reiche Eltern sind in scherzhafter Auffassung kein Zufall, sondern das Ergebnis sorgsamen Auswählens. 1850 ff.

Emm (Emmchen) *pl* Mark, Geld. Gemeint ist der (auch mit Verkleinerungssilbe) gesprochene Buchstabe M als Abkürzung von »Mark«. Kurz nach Einführung des Reichs-Münzgesetzes vom Jahre 1872 in Berlin aufgekommen, aber heute überall geläufig.

Ende *n* 1) Wegstrecke, Teilstück; Stück. »Ende« bezeichnet nicht nur den Punkt, bis zu dem sich etw erstreckt, sondern auch das an diesen Punkt Angrenzende; daraus entwickelt sich die Bedeutung »Endstück, Stück«. Spätestens seit dem 18. Jh.

2) das E. vom Lied = die unausbleibliche Folge. Hergenommen vom traurigen Ausgang vieler Volkslieder und Bänkelgesänge. 16. Jh.

3) am E. der Welt = am äußersten Ende der Stadt, des Landes; in sehr weiter Entfernung. Nach einem alten, längst untergegangenen Volksglauben hat die Welt eine Grenze und ein Ende. 1800 ff.

4) das dicke E. = die Hauptschwierigkeit; der schlimme Ausgang einer Sache. Hergenommen von der Rute als Mittel der Züchtigung: der Griff der Rute ist dicker als die Spitze. Drehte man die Rute um und schlug mit dem Griff zu, gab es sehr empfindliche Schläge. 1500 ff.

5) das lange E. = großwüchsiger Mensch. [Vgl Ende 1.] Seit dem späten 19. Jh.

Engel *m* 1) E. mit einem B davor = Bengel. Scherzhafte Wortanatomie: der Bengel ist buchstabenanalytisch ein Engel, vermehrt um ein vorangestelltes B. Seit dem späten 19. Jh.

2) ein E. fliegt (geht, schwebt) durchs Zimmer: Redewendung, wenn in einer Gesellschaft inmitten lebhafter Unterhaltung plötzlich allgemeine Stille eintritt. Nach alter Vorstellung, die schon die Antike kannte und die wir noch heute beim Gottesdienst praktizieren, hat in Gegenwart eines überirdischen Wesens Stille zu herrschen. 1800 ff.

3) die E. im Himmel pfeifen (singen) hören = a) verzückt, begeistert, hingerissen sein. Die christliche Lehre von der Harmonie der Sphären drückt sich in volkstümlicher Auffassung in Musik aus, die von den Engeln ausgeht (die Chöre der Engel); wer sie singen hört, ist verzückt, außer sich. 1850 ff.

b) heftigen Schmerz empfinden. Blasphemische Ironisierung des vorhergehenden Ausdrucks. 17. Jh.

Engelmacherin *f* Pflegemutter, die das Pflegekind verbrecherisch beseitigt. Ein grimmiges Scherzwort voller Euphemismus: die kleinen Kinder werden nach alter Volksmeinung Engel im Himmel. 1800 ff.

Ente *f* lügenhafte Nachricht; Zeitungslüge. Herkunft ungewiß.

Vielleicht entlehnt aus *franz* »canard = Ente = Lüge, Prahlerei«. In gleicher Bedeutung kannte man seit 1500 die »blaue Ente«, die zwar nicht in der Natur, aber wohl in einer Lügenerzählung vorkommt. Andere verweisen auf den aufsehenerregenden Bericht einer amerikanischen Zeitung aus dem Jahre 1837 über Mondlebewesen, die man mit dem damals größten Fernrohr angeblich sehen könne; darunter befänden sich riesige Entenscharen. Auch kann »Ente« auf die Buchstaben »n t« (= non testatum = unbestätigt) zurückgehen, mit denen ein Zeitungsherausgeber unverbürgte Nachrichten gekennzeichnet haben soll. 1850 ff.

entgleisen *intr* Unschickliches äußern; wider den Anstand verstoßen. Dem Eisenbahnwesen um 1900 entlehnt: wer entgleist, verläßt die vom Takt vorgeschriebene Bahn.

entsteißen *tr* jm etw mit List abgewinnen, abnötigen, abschwatzen, entwenden. Herzuleiten vom Hahn, dem man die Steißfedern raubt. 1900 ff.

Entwarnungsfrisur *f* hochgekämmte Frisur. Bei der Hochfrisur ist alles Haar rundum nach oben gekämmt. »Alles nach oben« war der Ruf bei Beendigung des Fliegeralarms. 1942 ff.

erben *tr* etw gewinnen, verdienen, zum Geschenk erhalten; ohne eigene Bemühung erhalten. Bedeutungserweiterung von »durch Erbschaft erhalten«. 19. Jh.

erblondet sein blondgefärbt sein (gern: über Nacht erblondet sein). Nach dem Muster von »erblindet, erblaßt, errötet« u. a. nach 1920 aufgekommen, als sich die Mode der Blondierung des Frauenhaars durchsetzte.

ergattern *tr* etw erhaschen. Gehört zu »Gatter = Gitter«: wer durch ein Gitter nach einer Sache (Obst o. ä.) greift, geht diebisch oder mühsam zu Werke. 16. Jh.

Erker *m* Nase. Verkürzt aus »Gesichtserker.« Seit dem frühen 19. Jh.

erleichtern *tr* jn bestehlen; jm Geld abnötigen. Euphemismus: der Wohlhabende empfindet seinen Reichtum als Bürde und hat dankbar zu sein, wenn man ihm sein Los erleichtert. Seit dem späten 19. Jh.

Ernst *m* tierischer E. = übergroße Ernsthaftigkeit in Dingen, die besser mit einem Lachen abgetan wären. Herzuleiten von den Tieren, weil sie nicht lachen können. Etwa seit dem frühen 20. Jh.

erpicht sein auf etw begierig sein. Zusammenhängend mit Pech: der Vogel klebt auf der Leimrute wie der Mensch, der auf etw »versessen« ist. 17. Jh.

ersaufen *intr* ertrinken. [Vgl saufen.] 16. Jh.

erschossen sein 1) mit seiner Meinung nichts mehr gelten; der Wertschätzung verlustig sein. Analog zu »er ist für mich erledigt«, »er ist für mich tot«. Seit dem späten 19. Jh.
2) abgearbeitet, erschöpft sein. Der Übermüdete schleppt sich mühsam und ungelenk dahin wie einer, den die Kugel getroffen hat. 1900 ff.

erstunken *part perf* das ist e. und erlogen = das ist völlig erlogen, ist eine niederträchtige Lüge. Fußt auf der alten Vorstellung von der stinkigen Lüge: in ihrer Wirkung gleicht sie der in Verwesung übergegangenen Speise. 1500 ff.

Erziehungsfläche *f* Gesäß, Sitzfläche. Das Gesäß dient hier zum Erzogenwerden mittels Stockprügeln. Seit dem ausgehenden 19. Jh.

Esel *m* dummer, einfältiger Mensch. Der Esel gilt in seiner südländischen Heimat als kluges, mutiges, edles Tier, wohingegen er in nördlichen Ländern für störrisch, dumm und faul angesehen wird. Etwa seit dem Jahre 1000.

Eselei *f* Torheit, Dummheit. 14. Jh.

Eselsbank *f* Sitzbank für die Klassenschlechtesten in der Schule. Seit dem späten 19. Jh.

Eselsbrücke *f* 1) unerlaubte Übersetzung eines fremdsprachlichen Textes für lernfaule Schüler. Das lateinische »pons asinorum« ist ursprünglich eine Figur zur Veranschaulichung logischer Verhältnisse, dann auch ein »elender Behelf für Unwissende«. 18. Jh.

2) Wink zur Beantwortung einer Frage; Äußerung, mit der man einem anderen den Entschluß erleichtern will; Gedächtnisstütze. Aus der vorhergehenden Bedeutung über den Begriff der gedruckten Hilfe zu dem der mündlichen Hilfe entwickelt. 1900 ff.

Eselsohr n umgebogene Ecke eines Blattes, einer Buchseite o. ä. Die Ohren des Esels hängen nicht immer lang herunter, sondern sind (wie beim Hund) oft umgeklappt. 17. Jh.

Eselswiese f 1) Teil »Vermischtes« der Anzeigenseite. Wohl weil man annimmt, daß sich auf dieser Zeitungsseite nur »Esel« (= Dumme) tummeln. 1870 ff.

2) Berghang als Übungsgelände für Ski-Anfänger. 1915 ff.

Eskimo m das haut (schlägt) den stärksten E. vom Schlitten!: Ausdruck höchster Überraschung. Angeblich eine Wortschöpfung der Bühnen- und Filmschauspielerin Grete Weiser. 1930 ff.

Essig m 1) damit ist es (das ist) E. = das ist mißglückt, läßt sich nicht verwirklichen. Wohl hergenommen vom Wein, der zu Essig versäuert ist. 1800 ff.

2) zu E. werden = mißlingen. 1800 ff.

etcetera p.p. konj und so weiter und so weiter. »P. p.« als Abkürzung von »praemissis praemittendis« ist dem »etcetera« willkürlich als Schnörkel angehängt 1850 ff.

Etui n 1) (schmales) Bett. Das Bett ist so schmal, als wäre es nach der Breite des Schläfers angefertigt worden: er liegt in ihm wie in einem Etui. Spätes 19. Jh.

2) keusches E. = Bett (ohne Partner, -in). Spätes 19. Jh.

Etuikleid n enganliegendes Kleid. Seine Trägerin nimmt sich in ihm aus wie in einem Etui. Wahrscheinlich von Modeschöpfern geprägtes Wort. 1957 ff.

Evakostüm n im E. = unbekleidet (von weiblichen Personen gesagt). [Vgl Adamskostüm.] 1800 ff.

ewig adj 1) sehr oft; langdauernd. Vom zeitlichen Unendlichen eingeengt auf lange Dauer und stete Wiederholung. 16. Jh.

2) e. und drei Jahre = immer; für immer. Fristfestsetzung war früher stets mit einer kurzen Verlängerung verbunden, damit die Frist auch wirklich und sicher eingehalten werden konnte. 1900 ff.

3) e. und drei Tage = immer; für immer. 1800 ff.

Ewigkeit f 1) eine lange Zeit. Meint hier nicht die zeitliche Unendlichkeit, sondern die lange Dauer in der Zeit. 1800 ff.

2) das dauert eine halbe (kleine) E. = das dauert sehr lange. Humorvoll-witzig, weil der Begriff der Ewigkeit weder »halb« noch »klein« verträgt. 1800 ff.

expree (expreß) adv absichtlich; ausdrücklich; durchaus. Aus Frankreich im 18. Jh entlehnt.

extra adv adj 1) besonders, gesondert. »Extra«, vervollständigt zu »extra ordinem«, meint das Außerordentliche und Besondere. 18. Jh.

2) absichtlich, mit Vorbedacht. 1800 ff.

3) nicht e. = nicht besonders gut; unwohl. 19. Jh.

Extrawurst f eine E. gebraten kriegen = anders als die anderen behandelt werden. Bezieht sich auf die Wurstbratküchen, in denen nur die orts- und landesübliche Bratwurst gehandelt wird; eine besondere Wurstsorte gebraten zu erhalten gilt als besondere Bevorzugung. 1850 ff.

F

f. d. H.! Rat an Fettleibige, Abkürzung von »friß [futtere] die Hälfte«. 1945 ff.

ff 1) etw aus dem ff. kennen (können, verstehen) = etw gründlich beherrschen, verstehen. Herkunft ungewiß. Stammt vielleicht aus der kaufmannssprachlichen Abkürzung für »fein-fein« (17. Jh) oder aus der musikalischen Abkürzung für »fortissimo« oder steht im Zusammenhang mit dem griechischen Buchstaben pi, der bei Hinausgehen der senkrechten Striche über den Querstrich ein zweifaches f ergab und für die mittelalterlichen Glossatoren das Zitat aus den Pandekten bezeichnete. 18. Jh. 2) aus dem ff sein = vorzüglich sein.18. Jh.

fab *adj adv* großartig. Um 1900 in der Halbwüchsigensprache aufgekommene Verkürzung von »fabelhaft«.

fabelhaft *adj* außerordentlich, sehr schön; sehr. Eigentlich so unwirklich und wundervoll, wie es die Welt der Fabel ist. Spätestens seit 1850 durch Studenten- und Leutnantskreise verbreitet.

fachsimpeln *intr* Fachgespräche führen. Eigentlich ein Scheltausdruck im Munde derer, die Fachgesprächen nicht folgen können und sie als Geschwätz von Dummen auffassen; vgl Simpel. 1860 ff.

fackeln *intr* zögern; Umstände machen. Meist in der Form: nicht lange fackeln. Bezieht sich eigentlich auf die unruhige Hin- und Herbewegung der Flamme einer Fackel. Doch kann »fackeln« auch »mit Fackeln beleuchten« meinen: es könnte mit der Vorstellung einer nächtlichen Untat zusammenhängen, bei der man nicht erst Fackeln herbeiholt, sondern sogleich zugreift, den Degen zieht o. ä. 1700 ff.

Faden *m* keinen trockenen F. mehr am Leib haben = durchnäßt sein. 16. Jh.

Fähnchen (Fahnerl, Fahnderl) *n* dünnes, leichtes Sommerkleid; einfaches, geschmackloses Kleid. Wohl weil es wie eine Fahne im Wind flattert. 18. Jh.

Fahne *f* aus dem Mund strömender Schnapsgeruch. Fußt wohl auf der Grundvorstellung der Rauchfahne. 19. Jh.

Fahrgestell *n* Körperbau; Unterkörper und Beine. Gleichsetzung des menschlichen Körperbaues mit dem Begriff »Chassis« der Automobilindustrie oder der Luftfahrt. 1914 ff.

Fahrkarte *f* Fehlschuß; Schuß, der die Zielscheibe verfehlt hat. Der schlechte Schütze hat das Geschoß in weite Ferne geschickt. 1900 ff.

Fahrt *f* 1) freie F. für Herrn X. = endlich errungene Handlungsfreiheit für Herrn X. Leitet sich entweder vom Eisenbahnwesen her, wenn der Signalbalken schräg nach oben rechts gestellt wird, oder vom Schild »freie Fahrt« auf den Autobahnen am Ende einer Baustelle, die in jeder Richtung nur eine einzige Fahrbahn zuläßt. 1950 ff. 2) gemeinsame Jugendwanderung. Aus der Jägersprache, wo es den Jagdgang bezeichnet, durch die Sprache des Wandervogels gegen 1900 in die Alltagssprache eingedrungen.

Fahrwerk *n* die Beine des Menschen; Unterkörper. Hergenommen vom Flugzeug, wo es die Räder einschließlich der Halterungen usw. bezeichnet. 1939 ff.

Fakultät *f* Truppengattung; Sportart; Berufszweig; Religionsgemeinschaft usw. Übernommen aus dem Begriff für die Hochschulabteilung und übertragen auf das unterscheidende Kennzeichen einer Sonderart. 1900 ff.

Fall *m* das ist sein F. = das hat er gern, sagt ihm zu, paßt ihm. Leitet sich vom Fallen der Würfel her und meint den günstigen Wurf. 1850 ff.

Falle *f* Bett. Bezieht sich entweder auf die früheren Schrankbetten, in denen man wie in einer Falle lag, oder ist verkürzt aus dem gleichbedeutenden »Wanzenfalle«. 1850 ff.

falsch *adj* 1) f. liegen = sich irren; einer falschen Verfahrensweise anhangen; in Verdacht stehen. [Vgl richtig 1.] 1920 ff.
2) jn f. machen = jn erzürnen. »Falsch« meint nicht nur »unecht« und »unrichtig«, sondern auch »erbost«: denn der Zornige ist außer sich, ist in seinem falschen Wesen. 18. Jh.
3) auf jn f. sein = jm zürnen. [Vgl das vorhergehende Wort.] 18. Jh.

Familien *pl* das kommt in den besten F. vor = das kann leicht geschehen; das ist auch schon anderen geschehen; das ist verzeihlich. Was in den besten Familien vorkommt, braucht sich der einfache Mann von der Straße nicht zu Herzen zu nehmen; denn auch bei den oberen Zehntausend wird es nachsichtig beurteilt. Bezieht sich vielleicht vor allem auf das Vorhandensein eines unehelichen Kindes. 1870 ff.

Familienkino *n* Fernsehen. 1950 ff.

Familiensegen *m* der F. hängt schief = in der Familie (Ehe) herrscht Unfriede. [Vgl Haussegen.] Seit dem späten 19. Jh.

Fangeisen *n* Ehering. Eigentlich die Waffe, mit der dem Wild der Fangstoß gegeben wird (Hirschfänger). Spottwort der Junggesellen und der enttäuschten Ehemänner. 1900 ff.

Farbe *f* F. bekennen = seine wahre Gesinnung offenbaren. Leitet sich her entweder vom Kartenspiel, wo man »Farbe bekennen« muß, indem die Mitspieler Karten der angespielten Farbe aufwerfen müssen, oder der Farbe als Sinnbild der Zugehörigkeit zu einer Gruppe. 19. Jh.

Faselhans *m* törichter Schwätzer. [Vgl faseln.] 18. Jh.

faseln *intr* töricht, irr, wirr reden. Herkunft ungewiß. 18. Jh.

Faß *n* 1) (auch: Fäßchen) beleibter Mensch. Fußt auf dem Vergleich »dick wie ein Faß«. 18. Jh.

2) das schlägt dem F. den Boden aus = das übersteigt alle Geduld. Die Redewendung stammt aus dem Böttcherhandwerk: das Faß verliert den Boden, wenn die Reifen gesprengt sind, was leicht geschehen kann, wenn der Böttcher die Reifen zur Mitte der Faßwölbung schlägt. 1500 ff.

Fassade *f* 1) Gesicht. Aus Frankreich entlehnt. 1800 ff.
2) Körperbau; äußere Erscheinung des Menschen. 1900 ff.

fassen *tr* etw entgegennehmen, bekommen. Hergenommen von der Bedeutung »in ein Gefäß füllen« (Bier fassen = Bier in ein Gefäß tun). 19. Jh.

Fatzke *m* hochmütiger Stutzer; eitler Geck; Wichtigtuer. Gehört wahrscheinlich zu »fatzen = sich possenhaft aufführen« und ist wohl beeinflußt von Faxen (s. d.). In Italien ist »fazio« der Possenmacher. Das in Berlin im ausgehenden 18. Jh aufgekommene Wort ist heute Alltagsdeutsch.

faul *adj* unlauter, unglaubwürdig, verdächtig; schlimm. »Faul« hat mehrere Bedeutungen: verfault; arbeitsträge, müßig; unbrauchbar, schlecht. 1500 ff.

Faulfieber *n* geheuchelte Krankheit fauler Schüler oder Arbeitsscheuer. Dem medizinischen Begriff angepaßt unter Gleichsetzung von »faul = arbeitunlustig«. Spätes 18. Jh.

Faulheit *f* vor F. stinken = sehr arbeitsträge sein. Spiel mit zwei Wortbedeutungen: Faulheit = Fäulnis, auch = Arbeitsscheuer. Spätes 19. Jh.

Faultier *n* arbeitsträger Mensch. Das gleichbenamte Tier bewegt sich aus instinktiver Vorsicht sehr langsam fort. 1800 ff.

Faust *f* 1) aus der F. essen = ohne Gabel und Messer essen. 18. Jh.
2) die F. in der Tasche ballen (machen o. ä.) = seinen Zorn verbeißen; heimlich drohen; nicht aufbegehren. Die Faust ist Sinnbildgebärde des Widerstands, des Zorns. 18. Jh.
3) wie die F. aufs Auge passen = nicht zusammenpassen. Die kraft-

volle Faust und das hochempfindliche Auge sind äußerste Gegensätze. Bei Faustkämpfen war der Schlag aufs Auge verboten. 16. Jh.

Faxen *pl* Possen, Albernheiten, Ausflüchte, Umstände. Seit dem 18. Jh aus »fickfacken = sich hin- und herbewegen; Fangball spielen; Ränke schmieden« zusammengewachsen.

Fechtbruder *m* bettelnder Handwerksbursche; Bettler. [Vgl fechten.] 17. Jh.

fechten (fechten gehen) *intr* betteln; ohne Gegenleistung erhalten. Ursprünglich auf die Fechtspiele der Handwerker bezüglich, dann auf den Wanderbettel und auch auf die Fechtkünste entlassener Landsknechte und Söldner. 1600 ff.

Feder *f pl* = Bett. Leitet sich her von der Federfüllung der Kissen. 16. Jh.

Federlesen *n* 1) nicht viel F.s machen = nicht viel Umstände machen. Herkunft ungesichert. Dem Höhergestellten Federn von der Kleidung abzusuchen galt im späten Mittelalter als Zeichen niedriger Schmeichelei. Das geschlachtete Federvieh wird gerupft, wobei man die Federn nicht nach ihrer Qualität ordnet. Der Raubvogel verzehrt das geschlagene Huhn, ohne nach Menschenart die Federn umständlich zu rupfen. Etwa seit 1600.
2) ohne viel F.s = ohne große Rücksicht. 1600 ff.

fegen *intr* eilen; wild tanzen. Stark ist der Wind und Sturm, wenn er fegt und Staub, Laub usw. aufwirbelt; auch der Tänzer wirbelt über die Tanzfläche, und dabei fegt die Tänzerin mit dem Saum ihres langen Kleides den Saal. 17. Jh.

Fehlanzeige *f* Fehlanzeige: Ausdruck der Verneinung. Hergenommen vom Schießstand: hat der Schütze die Zielscheibe verfehlt, winkt der Anzeiger aus der Deckung heraus mit seinem langen Anzeigestab mehrmals von oben nach unten; dieses Zeichen meldet man dem Schreiber mit »Fehlanzeige«. 1900 ff.

fehlen *intr* das hat noch gefehlt! = das kommt nun unerwünschterweise noch hinzu; das macht die Sache vollends unerträglich. Was hinzukommt, hat man keineswegs als fehlend bedauert. 17. Jh.

Fehlzündung *f* F. haben = falsch begreifen; mißverstehen. Hergenommen vom Automotor: der Zündvorgang im Verbrennungsmotor entspricht dem Vorgang des Begreifens im Gehirn. 1920 ff.

feierlich *adj* es ist nicht mehr f. = es ist nicht mehr schön, nicht mehr schicklich, ist unerträglich. »Feierlich = festlich, achtunggebietend« ist hier ironisch gemeint. 1850 ff.

feiern *intr* die regelmäßige Arbeit durch angeordnete Nichtarbeitstage unterbrechen; müßiggehen; die Arbeit niederlegen; arbeitslos sein. Meint eigentlich »einen Festtag begehen«, dann wegen der Festtagsheiligung und des Arbeitsverbots soviel wie »nicht arbeiten«. 17. Jh.

feig *adj* unkameradschaftlich, unfair. Aus der Bedeutung »verzagt, erschrocken« bezogen auf einen, der sich von einem gemeinsamen Vorhaben zurückzieht. 1900 ff.

feixen *intr* höhnisch, hämisch, lautlos lachen; schadenfroh grinsen. Zusammengewachsen aus »Feux, Feix, Veix = Fuchs« und »Feist = leise entweichender Darmwind«. 1800 ff.

Feldwebel *m* 1) (übermäßig hoher) Schaum auf dem Glas Bier. Hergenommen von den Tressen (den silbernen Kragenlitzen) an der Uniform des Feldwebels. 1870 ff.
2) energische Ehefrau. Scherzhafte Anspielung auf die Machtfülle des etatsmäßigen Feldwebels (zu Zeiten der Monarchie): man sagte, der verheiratete Soldat habe einen Feldwebel an der Front und einen daheim. 1870 ff.

Fell *n* 1) jm das F. gerben = jn verprügeln. Hergenommen vom Behandeln der Haut eines getöteten Tiers. 17. Jh.
2) ein dickes F. haben = unemp-

findlich sein. Die dichte Behaarung, die dicke Haut eines Tiers erschwert die Verwundbarkeit. 18. Jh.

3) das F. versaufen = an einem Leichenschmaus teilnehmen. Bezieht sich ursprünglich auf die Praxis der Viehhändler und Metzger, die den Viehknechten als Trinkgeld den Erlös vom Verkauf des Fells zahlten. 19. Jh.

4) jm das F. über die Ohren ziehen = jn betrügen, übervorteilen. Stammt aus dem Metzgerhandwerk: beim Hammel wird das Fell von den Beinen wie auch bauchlängs aufgeschnitten und zunächst bis zum Kopf abgestreift; dann macht man um jedes Ohr einen Rundschnitt und zieht das Fell über Kopf und Ohren. 17. Jh.

Fenster n zum F. hinausreden (eine Rede zum F. hinaus halten) = als Parlamentarier sich an die Wählerschaft (Öffentlichkeit) wenden. Der Text der Rede wendet sich stilistisch eher an die Öffentlichkeit als an die Abgeordneten. 1890 ff.

Ferkel n schmutziger, schmutzender, sittlich gemeiner Mensch. Analog zu Schwein und Sau. 18. Jh.

Fernsehen n F. im Schlaf = nächtlicher Traum. [Vgl Kino.] Angeblich ein Witz aus Kindermund. 1950 ff.

Fernsehkiste f Fernsehgerät. 1950 ff

fertigmachen tr 1) jn töten, zusammenschlagen, umbringen. Analog zu »jn tot machen«. »Fertig« ist, wer mit seinen Kräften am Ende ist. 19. Jh.

2) jn erschöpfen, zermürben. Versteht sich aus der vorhergehenden Bedeutung. 1900 ff.

3) jn schärfstens zurechtweisen, moralisch erledigen. 1900 ff.

fertig sein 1) abgearbeitet, abgenutzt, nicht mehr brauchbar sein. Verkürzt aus »fertig mit den Kräften«. 18. Jh.

2) zahlungsunfähig sein. 17. Jh.

3) sinnlos betrunken sein. 18. Jh.

fesch adj modern-elegant und sauber gekleidet; munter, frisch.

Um 1800 in Wien aus engl fashionable gekürzt.

feste adv tüchtig, gebührend, stark. Fortentwickelt nach dem Muster von »fest schlafen, fest arbeiten«. 1800 ff.

Feste f junges Mädchen, das nur mit einem einzigen Mann Umgang pflegt. 1920 ff.

Fester m junger Mann, der nur zu einem einzigen Mädchen hält. 1920 ff.

Festessen n es ist mir ein F. = es freut mich sehr. Burschikoser Ausdruck, meist spöttisch. 1870 ff.

Festhalten n sie hat zum F. = sie besitzt üppige Körperformen. Hergenommen vom Bergsteiger, der sich an Felsvorsprüngen festhält. 1920 ff.

festnageln tr jn einer Tat sicher überführen; jm eine bindende Zusage abringen. Hergenommen von der Sitte, Raubvögel, die dem Geflügel nachstellen, zur Abschreckung der anderen an Scheunentore zu nageln. 19. Jh.

festtreten tr das tritt sich fest: tröstende Redewendung, wenn ein Gegenstand am Boden zerbrochen ist oder vom Tisch fällt und jemand ihn aufheben will. Bezieht sich ursprünglich wohl auf ungedielte Bauernhausböden. 1935 ff.

fett adj betrunken. »Fett« meint hier soviel wie dick, aufgeschwemmt. [Vgl dick 2.] 18. Jh.

Fett n 1) jm sein F. geben = jn rügen. Leitet sich wohl her vom gemeinsamen Schweineschlachten, wobei redlich geteilt wird: »bei jm etw im Salz haben« fußt auf derselben Grundlage. 1850 ff.

2) sein F. haben (wegbekommen, weghaben) = gescholten worden sein. [Vgl Fett 1.] 1800 ff.

3) sein F. kriegen = gerügt werden; mit Anzüglichkeiten bedacht werden; seine Vergeltung erhalten. 18. Jh.

4) im F. sitzen (schwimmen) = in guten Verhältnissen leben; Überfluß an allem haben. »Fett« im Gegensatz zu »das Magere« meint Reichlichkeit, vor allem reichlichen Geldbesitz. 19. Jh.

Fettlebe f F. machen (genießen o. ä.) = gut, sorglos leben; reichlich essen; sich gütlich tun. »Fettlebe«, ein obersächsisches Scherzwort, meint die fette Küche, in der sich fett leben läßt. Im 19. Jh Alltagsdeutsch geworden.

Fettnäpfchen n bei jm ins F. treten (sich ins F. setzen) = es bei jm durch Ungeschicklichkeit (Taktlosigkeit, Anzüglichkeit o. ä.) verderben. Das Fettnäpfchen stand früher in Bauernhäusern auf dem Fußboden und diente den Heimkehrenden dazu, mit seinem Inhalt die nassen Stiefel einzufetten. 19. Jh.

Fettwanst m beleibter Mensch. Eigentlich der fette Bauch von Tieren. 1800 ff.

Feuer n 1) zwischen zwei F. geraten = sich zwei Unannehmlichkeiten ausgesetzt sehen. Wahrscheinlich hergenommen von der Lage eines Soldaten, der zwischen das eigene und das feindliche Feuer gerät. 18. Jh.
2) F. hinter etw machen (untermachen) = etw beschleunigen. Gemeint ist wohl, daß man hinter jm ein Feuer anbrennt, damit er sich schnell in Bewegung setzt. 19. Jh.
3) bei ihm ist F. im Dach = er ist zornig, wütend. Der Zorn (lodernder Zorn) wird gern unter dem Bilde einer Flamme gesehen, und »Dach« ist in übertragenem Sinne der Kopf. 1500 ff.

Feuermeldergesicht n widerliches Gesicht; Gesicht mit dümmlichem Ausdruck. Man möchte hineinschlagen wie beim Feuermelder in die Glasscheibe. 1920 ff.

feuern tr 1) heftig werfen. Wahrscheinlich herzuleiten von dem Feuerholz, das man in den Ofen wirft. Im Militärischen ist »feuern« soviel wie »Feuererlaubnis geben; heftig schießen«. 1870 ff.
2) jn hinausweisen, fristlos entlassen; einen Schüler aus der Schule verweisen. 1900 ff.

Feuerstuhl m Moped, Motorrad. Gewissermaßen ein fahrbarer Stuhl, der mit Feuer angetrieben wird. Man sitzt auf ihm wie auf einem Stuhl. Halbwüchsigendeutsch nach 1945.

Fex m Narr; Spaßmacher. Verkürzt aus dem scherzhaft latinisierten »Narrifex« nach dem Muster von »Pontifex« o. ä. 18. Jh.

Fez (Feez, Fetz) m Belustigung, Vergnügen. Stammt aus dem französischen »fête«. Im frühen 19. Jh in Berlin aufgekommen und rasch alltagssprachlich geworden.

Fiduz n [m] zu etw kein F. haben = einer Sache nicht trauen. Stammt aus dem lateinischen »fiducia = Vertrauen«. Im 18. Jh durch Studenten eingebürgert.

fifty-fifty machen halbpart machen; redlich teilen. Stammt aus England. Parallelbildung zu »halbehalbe machen«. Im Zweiten Weltkrieg aufgekommen.

Film m 1) diesen F. nicht bei mir!: Ausdruck der Abweisung. Gemeint ist eigentlich »diesen Film kannst du nicht bei mir vorführen!«. 1910 ff.
2) der F. ist gerissen = man hat Erinnerungslücken; der logische Zusammenhang ist verloren. 1920 ff.
3) im F. sein = Bescheid wissen; sich auskennen. Wohl dem Ausdruck »im Bilde sein« nachgebildet. 1920 ff.

Filmbombe f hervorragende, zugkräftige Filmschauspielerin. [Vgl Bombe 5.] 1950 ff.

filmen intr film nicht! = mach dich nicht lächerlich (durch übertriebenes, unnatürliches Benehmen). Kritik an unwirklichen Filmszenen und am gekünstelten Auftreten der Filmschauspieler und Filmschauspielerinnen. Halbwüchsigendeutsch, etwa seit 1955.

Filz m Geiz; geiziger Mann. Meint eigentlich die Lodenkleidung, wie sie bei Bauern beliebt ist; hieraus wird im späten Mittelalter ein Scheltwort auf den geizigen Bauern, später auf jeden Geizigen. 15. Jh.

filzen tr 1) Kleidungsstücke auf Ungeziefer untersuchen; Kleidungsstücke chemisch entwesen. Hängt wahrscheinlich zusammen mit dem rotwelschen Wort »Filzer = Kamm«. Die Grundbedeutung dürfte »auskämmen« sein, davon in übertragenem Sinne soviel wie »auf Reinlichkeit prüfen«. In der Sprache der reisenden Handwerksburschen im späten 19. Jh. aufgekommen und durch die Soldaten alltagssprachlich geworden.

2) etw (jn) durch-, untersuchen; nach verbotenen Gegenständen, die einer bei sich trägt, fahnden. 16. Jh.

3) etw stehlen. Ursprünglich wohl soviel wie »bei einer Leibesvisitation bestehlen«. 1930 ff.

filzig *adj* geizig. [Vgl Filz.] 16. Jh.

Filzpantoffelkino *n* Fernsehen daheim. Man macht es sich bequemer, als man es im Kino kann, und zieht Hausschuhe an. 1960 ff.

Fimmel *m* Größenwahn; Verrücktheit; leidenschaftliche Schwäche für eine Sache. Herkunft ungesichert. Fimmel bezeichnet die weiblichen Halme des Hanfes, und nur die weiblichen Halme vermögen zu berauschen. Andererseits ist »Fimmel« auch der vierkantige Eisenkeil, mit dem man das Gestein zum Zerspringen bringt; auf den Menschen übertragen, ist auf die Gehirnerschütterung angespielt. 19.Jh.

Finger *m* 1) sich etw an den F.n abklavieren (abzählen, ausrechnen) können = etw mühelos begreifen können. Kinder lernen an den Fingern zählen und rechnen; wegen der geringen Zahl der Finger können nur leichte Aufgaben gestellt werden. 16. Jh.

2) die F. nicht bei sich behalten können = diebisch sein. 19. Jh.

3) klebrige F. haben = diebisch sein. Der Dieb ist für seine Taten nicht verantwortlich zu machen; denn die Natur hat ihm klebrige Finger gegeben. 15. Jh.

4) den F. auf dem richtigen Loch haben = richtig ahnen; das Richtige getroffen haben; vernünftig handeln. Wohl hergenommen von Flöte, Klarinette usw.: der Flötenspieler, der den richtigen Finger auf dem richtigen Loch hat, spielt einwandfrei. 1850 ff.

5) jm auf die F. klopfen = jn warnen, bestrafen, scharf tadeln. Erzieher klopfen den Kindern auf die Finger, wenn sie unartig sind, nicht lernen wollen usw. 17. Jh.

6) von etw die F. lassen = sich auf eine Sache nicht einlassen. In negativem Sinne analog zu »etw in die Hand nehmen«. 18. Jh.

7) die F. nach etw lecken = auf etw begierig sein. »Nach« ist hier zeitlich zu verstehen: man leckt die Finger, nachdem man eine wohlschmeckende Speise genossen hat; nicht das kleinste Teilchen der Leckerei soll verlorengehen; aber gleichzeitig ist man begierig auf mehr. 16. Jh.

8) krumme F. machen = diebisch sein. Krumm macht man die Finger, um den Gegenstand zu ergreifen. 16. Jh.

9) keinen F. krumm machen = nichts arbeiten; sich keine Mühe geben. 19. Jh.

10) lange F. machen = diebisch sein. Lange Finger sind die ausgestreckten Finger, mit denen man sich dem Gegenstand nähert. Spätestens seit 1700.

11) mein kleiner F. sagt mir das = ich habe eine untrügliche Ahnung. Nach der Volksmeinung ist der kleine Finger der klügste; er dringt am tiefsten ins Ohr ein und erfährt dort die geheimsten Dinge. 18. Jh.

12) sich etw aus den F.n saugen = eine Unwahrheit ersinnen. Nach alter abergläubischer Volksmeinung kann man Wissen und Weisheit aus den Fingern saugen. Als der Glaube abhanden kam, wurde aus der Wahrheitsquelle eine Lügenquelle. 16. Jh.

13) sich in den F. schneiden = sich täuschen; sich selbst schaden. Beruht auf dem altbekannten Alltagsvorgang. 18. Jh.

14) jm auf die F. sehen = jn scharf beaufsichtigen. Bezieht sich eigentlich auf die Beobachtung der Fingerbewegungen eines diebischen Menschen. 18. Jh.

15) durch die F. gucken (sehen o. ä.) = Nachsicht üben. Wohl eine formulierte Gebärde: wer die

gespreizte Hand vor die Augen hält, sieht, wenn er will, oder sieht nicht. 15. Jh.

16) sich an (bei) etw die F. verbrennen = bei einer Sache selbstverschuldet zu Schaden kommen. Sachverwandt mit »heißes Eisen«. 17. Jh.

17) jn um den F. (um den kleinen F.) wickeln können = jn völlig beherrschen, bis zur Willenlosigkeit beeinflussen. Der Mensch ohne Willen und Energie ähnelt einem Faden oder leichten Stoff, den man mühelos um den Finger wickeln kann. 17. Jh.

fingern tr etw geschickt bewerkstelligen. Fußt vielleicht auf der Fingerfertigkeit des Diebs, auch auf der Geschicklichkeit beim Einfädeln eines Fadens. 19. Jh.

Finte f Täuschung, Täuschungsmittel, Vorwand. Der Fechtersprache entlehnt im Sinne von Trugstoß, List. 17. Jh.

Fisch m 1) dicker F. = Schwerverbrecher; Kapitalverbrechen. Fußt auf der Vorstellung vom Fischfang, bei dem der Polizei ein dicker Fisch ins Netz geht. 1920 ff.

2) faule F.e = verdächtige Handlungen; unwahrscheinliche Ausreden; Lügen. Sachen, deren Unredlichkeit man durchschaut, erscheinen in der Alltagssprache als stinkend wie die in Fäulnis übergegangenen Fische. 1500 ff.

3) großer F. = Schwerverbrecher. [Vgl Fisch 1.] Etwa seit 1920.

4) kleiner F. = Mensch, der eine geringfügige Straftat begeht; geringfügige Gesetzesübertretung. 1920 ff.

5) das sind kleine F.e = das sind Kleinigkeiten, Unerheblichkeiten, Geringfügigkeiten. Seit dem späten 19. Jh.

6) F. gegessen haben = unrasiert sein. Beruht auf der grotesken Vorstellung, daß beim Fischessen die Gräten durch Kinn und Wangen gedrungen sind. 1850 ff.

7) die F.e füttern = sich auf See erbrechen. Euphemismus. 19. Jh.

Fischzug m Beutezug; lohnendes, nicht ganz einwandfreies Unternehmen. 1800 ff.

Fisematenten pl Ausflüchte, Umständlichkeiten, leere Redensarten. Herkunft umstritten. Vielleicht zusammengewachsen aus »visae patentes = ordnungsgemäß verdientes Patent« und »Visament = Zierat«. Seit dem ausgehenden 15. Jh.

fisseln intr fein, dünn, leise und stetig regnen. Ursprünglich soviel wie »es fallen Schneeflocken«. Zusammenhängend mit »Fisel, Fissel = kleine Faser«; dazu »fisseln = die Fäden eines Gewebes ausziehen«. Also ist Fisselregen soviel wie feiner Fadenregen. 18. Jh.

flach adj es fällt f. = es mißglückt, scheitert. Die frühestens um 1900 aufgekommene Redensart leitet sich her vom Messerwurfspiel, bei dem das Messer senkrecht im Boden stecken muß, wenn der Wurf zählen soll, oder ist Analogie zu »auf die Nase fallen«, »auf die Erde fallen«.

Flachlandtiroler m stutzerhafter Städter in Älplertracht. Er kommt aus dem Flachland, aber kleidet sich wie ein Tiroler. [Vgl Salontiroler.] 1900 ff.

Flachs m 1) anzügliche Bemerkung; Anulkung. [Vgl flachsen.] 1910 ff.

2) der F. blüht = man scherzt einander an. 1910 ff.

flachsen intr spotten, anulken. Entweder zusammengezogen aus »filaxen = aufziehen« oder ist über die Bedeutung »den Flachs mit scharfen Rechen hecheln« eine Analogie zu »durchhecheln«. 1910 ff.

Flamme f Geliebte, Liebchen. Steht in Zusammenhang mit der Vorstellung von der Flamme der Begeisterung, der Leidenschaft (für jn entflammt sein). 1830 ff.

Flasche f Versager. Herkunft umstritten. Vielleicht verkürzt aus »leere Flasche« oder aus »Blechflasche« (Blech = Unsinn) oder analog zu »Birne« im Sinne von »flaschenförmiger Kopf«. Wahrscheinlich schon seit 1850 geläufig.

flaschig adj untüchtig, unsportlich. [Vgl die vorhergehende Vokabel.] 1920 ff.

flau *adj* kraftlos, matt, schlecht. Im 18. Jh aus Holland herübergekommen, anfangs bei Seeleuten geläufig, später auch bei Kaufleuten.

Flausen *pl* 1) törichte Gedanken; Ausflüchte; Ränke. Meint eigentlich lose Bündel Wolle, Wollfasern, — den Webern ein geläufiges Sinnbild für unzuverlässige Worte o. ä. 16. Jh.

2) F. machen = Umstände, Ausflüchte machen; töricht reden. 16. Jh.

Fleischbeschau *f* 1) Modenschau; Schönheitskonkurrenz; Freikörperkultur; (Nackt-)Revue. Kurz nach dem Ersten Weltkrieg aufgekommen.

2) Dekolletierung; die Dekolletierte. 1920 ff.

Fleischmarkt *m* Bade-, Strandleben; Schönheitswettbewerb; dekolletierte Damen bei Künstlerfesten. Man trägt dort sein »Fleisch« zu Markte. 1920 ff.

flennen *intr* weinen. Ursprünglich nur bezogen auf das Verziehen des Gesichts. 15. Jh.

Fleppen *pl* Ausweis-, Arbeits-, Entlassungspapiere. Herleitung ungesichert. 18. Jh.

Fliege *f* 1) kurzer Unterlippenbart; Kinnbärtchen. Seit dem späten 19. Jh.

2) kleiner Oberlippenbart. Sitzt wie eine Fliege auf der Oberlippe. Seit dem späten 19. Jh.

3) Querbinder; Schlips in Querschleifenform. Formähnlich mit der Fliege, wenn sie ihre Flügel ausbreitet. Seit dem späten 19. Jh.

4) sich über die F. an der Wand ärgern = sich über die geringste Kleinigkeit ärgern. 17. Jh.

fliegen *v* 1) *intr* = unerwartet entlassen, aus einer Stellung (von der Schule) verwiesen werden. Herzuleiten aus dem vervollständigten Verb »herausfliegen«: der Vogel wird aus dem Nest verjagt und fliegt in die Weite. Seit dem späten 19. Jh.

2) auf jn f. = jn leidenschaftlich, auf den ersten Blick hin schätzen; sich von jm angezogen fühlen. Herzuleiten von den Fliegen, die auf den Leim, von den Vögeln,

die auf die Leimrute des Vogelstellers fliegen. 18. Jh.

Flimmerkasten *m* Fernsehgerät. Von der Bezeichnung für die Filmkamera auf das Fernsehgerät übertragen, weil das Bild auf der Mattscheibe oft flimmert. 1950 ff.

Flimmerkiste *f* 1) Film; Filmtheater; Filmgerät; Filmwesen. 1910 ff.

2) Fernsehgerät. 1950 ff.

Flinte *f* die F. ins Korn werfen (schmeißen) = vorschnell den Mut verlieren; mutlos von der Verfolgung eines Plans absehen. Das fortgeworfene Gewehr ist das Sinnbild für den feigen Soldaten: im Kornfeld ist die Flinte schwer aufzufinden. 19. Jh.

Flittchen (Flitscherl, Flietscherl, Flittsche) *n* (*f*) leichtes Mädchen; Liebchen. Gehört entweder zu »flitschen = ⌐chnell entgleiten« oder zu mhd »flitern = flüstern, kichern«, »Flitter« ist der glänzende Tand: im Augenblick eindrucksvoll, aber auf die Dauer nichtig. Spätestens seit 1750.

Flitterwöchner *m* jungverheirateter Mann. Er ist in den Flitterwochen wie die Mutter in den Kindbettwochen. 1809 von Jean Paul geprägt.

flitzen *intr* sich schnell bewegen; eilen. Fußt über die französische Vokabel »flèche = Pfeil« auf einem germanischen Urwort, das kurz vor 1500 zurückwandert mit der Bedeutung »sich pfeilschnell bewegen«.

Flitzeped *n* Fahrrad. Eingedeutscht aus »Veloziped« mit Einfluß von »flitzen = eilen«. Im ausgehenden 19. Jh in Berlin aufgekommen und alltagssprachlich geworden.

Flitzer *m* schnell fahrendes Auto; Wagen des Überfallkommandos. [Vgl flitzen.] 1920 ff.

Floh *m* 1) Flöhe = Geldmünzen, Geld. Leitet sich vielleicht aus dem Flohspiel her: die flachen, runden Plättchen (»Flöhe« genannt) ähneln den Einpfennigstücken. Oder ist gemeint, daß die Münzen sich so schnell ausgeben, wie die Flöhe hüpfen? Seit dem späten 19. Jh.

2) die Flöhe husten hören = sich

sehr klug dünken. Wer sogar die Flöhe husten hört, muß sehr empfindliche Sinne besitzen. 16. Jh.

3) jm einen F. ins Ohr setzen = jm eine aufstachelnde Mitteilung machen; jn mißtrauisch machen. Der unruhig im Ohr hüpfende Floh versinnbildlicht die beunruhigende Nachricht. Im 17. Jh vielleicht aus Frankreich übernommen.

Flohbeißen *n* angenehmes F.!: scherzhafter Wunsch beim Zubettgehen. 19. Jh.

Flohkino *n* Vorstadt-, Kleinkino. Man kann dort Flöhe fangen oder vermutet es wenigstens. 1915 ff.

Flohkiste *f* Bett. Im ausgehenden 19. Jh bei den Soldaten aufgekommen wegen des Ungezieferbefalls.

Flohleiter *f* Laufmasche. 1900 ff.

Flosse *f* Hand. Entsprechende Gliedmaßenbezeichnungen bei Tieren werden auf den Menschen übertragen (Pfote, Pranke, Tatze usw.). Seit dem ausgehenden 19. Jh.

flöten *v* 1) auf etw f. = etw abweisen, ablehnen. Analog zu »auf etw pfeifen«. 18. Jh.

2) jm etw f. = jm etw verweigern. 18. Jh.

flötengehen *intr* verloren-, zugrunde gehen; davongehen; sterben. Beruht wahrscheinlich auf *ndd* »fleeten = harnen«. Andererseits gibt seine Mißachtung kund, wer flötend davongeht. 16. Jh.

Flötentöne *pl* jm die F. beibringen = jm Gesittung, Höflichkeit, rücksichtsvolles Benehmen beibringen. Hergenommen vom Flötenspiel: in der Kunst des richtigen Flötenspiels unterrichten. [Vgl Finger 4.] 19. Jh.

flunkern *intr* prahlen, lügen. Verwandt mit »flink = schimmernd, blendend«, also soviel wie »Schein erregen«. Auch die Federn des radschlagenden Pfaus schimmern und flimmern farbenprächtig. 18. Jh.

Flunsch *m* einen F. ziehen (machen) = verdrießlich blicken; einen Schmollmund machen. Verwandt mit flennen, s. d. Im Mittelalter ist »vlans« eine verächtliche Bezeichnung des Mundes. Seit dem frühen 19. Jh.

Flüsterpropaganda *f* geheime Neuigkeitenverbreitung. Ursprünglich (das heißt seit 1933) flüsterte man sich die Nachrichten zu, weil laute Äußerung eine Gefahr für Leib und Leben bedeutete; heute gilt das Wort auch ohne diese Gefahr.

Flüstertüte (Flüstertute) *f* Megaphon; Sprachrohr; Hörer des Fernsprechgeräts. Der Schalltrichter hat die Form einer spitzen Tüte. 1900 ff.

foppen *tr* jn necken, anführen. Das Wort taucht seit dem 14. Jh für »lügen, betrügen« auf, seit dem 17. Jh in der heutigen Bedeutung. Die Herkunft ist ungesichert. Vielleicht liegt *engl* »fob = Betrüger« zugrunde.

Form *f* 1) Leistungsfähigkeit; sportliches Können. »Form« meint nach englischem Muster den äußerlich sichtbaren Ausdruck eines geformten (trainierten) Handelns. Etwa seit 1900.

2) jn in F. bringen = jn leistungsfähig machen. 1900 ff.

3) in F. kommen = leistungsfähig werden. 1900 ff.

4) in F. sein = leistungsfähig sein; bei frischen Kräften sein; gut aufgelegt sein. 1900 ff.

5) in bester F. sein = sehr leistungsfähig, sehr munter sein. 1900 ff.

6) in großer F. sein = sehr leistungsfähig sein. 1900 ff.

7) in guter F. sein = leistungsfähig sein; guter Dinge sein. 1900 ff.

Foto-Safari *f* 1) Photographierreise durch Afrika. Gegen 1960 aufgekommen, als derartige Karawanenreisen Modesache wurden.

2) Suche nach lohnenden Motiven zum Photographieren. 1962 ff.

Fotzenhobel (Fotzhobel) *m* Mundharmonika. *Obd* »Fotzen = Mund«: die Hin- und Herbewegung der Mundharmonika deutet man als ein Hobeln. 19. Jh.

Fraß *m* minderwertiges Essen. Eigentlich die Tiernahrung. Etwa seit dem Jahre 1000.

Fratze *f* unschönes Gesicht. Meint eigentlich das verzogene Gesicht. 18. Jh.

Frauchen (Frauerl) *n* Hundebesitzerin. 1900 ff.

Frechdachs *m* frecher, dreister Mensch. Zusammengewachsen aus dem Vergleich »frech wie ein Dachs«, wobei »frech« die Bedeutung »kampfbereit (im Bau)« hat; auch benutzt der Dachs die vom Fuchs gegrabenen Höhlen für sich. Seit dem späten 19. Jh.

fremdgehen *intr* ehebrechen. »Fremd« meint hier »nicht dem angestammten Lebensbereich angehörend«. Wohl seit dem späten 19. Jh.

Fressalien *pl* Eßwaren. Kontaminiert aus »fressen« und der Endung »-alien« nach dem Vorbild von Naturalien, Viktualien usw. 1850 ff.

Fresse *f* 1) Mund, Gesicht. Die Bedeutung »Mund« ist die ursprüngliche; aus den vielen Funktionen des Mundes wird für die des Essens eine derbe Sonderbedeutung gewählt; später auf das ganze Gesicht ausgedehnt. 17. Jh.

2) meine F.!: Ausruf der Verwunderung. Etwa soviel wie »ich halte meine Fresse« für »ich bin sprachlos«. 1900 ff.

3) die F. halten = schweigen. Meist in der Befehlsform üblich. 19. Jh.

4) jm in die F. hauen (schlagen, eins in die F. geben) = jm ins Gesicht schlagen. 18. Jh.

Fressen *n* das ist für ihn ein F. (ein gefundenes F.) = das kommt ihm gerade gelegen. Meint wohl die unerwartete Aufforderung zu einem kostenlosen Essen. Die Redensart kann auch dem Tierreich entstammen: das Haustier gerät an eine unbeaufsichtigte Speise und macht sich über sie her. 17. Jh.

fressen *tr* 1) viel, ungesittet essen; gefräßig sein; essen. Vom Futtern der Tiere auf den Menschen übertragen: Ausdrücke, die, auf die Tierwelt angewendet, keineswegs derbe und grobe Bezeichnungen sind, werden bei ihrer Übertragung auf den Menschen als derb aufgefaßt. 15. Jh.

2) etw f. = etw sich geistig aneignen, begreifen, gründlich kennen. Verstehen und Begreifen ist eine Art geistiger Nahrungsaufnahme. 17. Jh.

3) etw in sich f. = nicht aufbegehren. Derbere Analogie zu »eine Kränkung verwinden, hinunterschlucken.« 15. Jh.

4) einen gefressen haben = jn nicht leiden können. Den unsympathischen Menschen hat man zwar gegessen, aber nicht verdaut: wie eine unverdauliche Speise bleibt er im Magen und beschwert immer von neuem. 19. Jh.

5) jn zum F. gern haben = jn sehr gern haben. Daß man aus Liebe einander aufessen möchte, war schon dem Mittelalter eine geläufige Vorstellung. 19. Jh.

Fresser *m* Vielesser; Esser. [Vgl fressen 1.] 17. Jh.

-fresser *m* unversöhnlicher Gegner. Erklärt sich aus fressen 4: man kann den Gegner durchaus nicht leiden und ist durch ihn unablässig beschwert. Seit 1800. Am bekanntesten sind: Franzosenfresser, Katholikenfresser u. ä.

Freßkorb *m* Frühstückskorb; Korb mit Eßwaren. Seit dem späten 19. Jh.

Freßmaschine *f* Mund (des Gefräßigen). »Maschine« bezieht sich auf eine ungeistige Handlungsweise. 1900 ff.

Freßsack *m* Vielesser. Eigentlich Bezeichnung für den Sack, in den man die Wegekost steckt; doch ist »Sack« auch soviel wie »Mensch«. 18. Jh.

freuen *v* das freut einen ja denn auch: blasierter Ausdruck nüchterner Mitfreude. Durch die Aneinanderreihung von »denn«, »ja« und »auch« wird das Freuen dermaßen abgeschwächt, daß schließlich kaum mehr als eine blasse Freudenempfindung übrigbleibt. 1900 ff.

Frieden *m* 1) Ausbruch des F.s = Friedensbeginn. Nachgebildet dem

Begriff »Ausbruch des Kriegs«. Der kurz vor 1918 aufgekommene und nach 1943 erneut aufgelebte Ausdruck ahnt die Nachkriegszeit als einen Krieg mit anderen Mitteln voraus.

2) der F. ist ausgebrochen = der Krieg ist beendet, jetzt beginnt ein Scheinfriede. 1918 ff.

3) dem F. nicht trauen = dem ansprechenden äußeren Schein nicht trauen; etw für bedenklich halten, obwohl es unbedenklich wirkt. Beruht auf dem von den mittelalterlichen Kaisern erlassenen Land- und Gottesfrieden, durch den die Zwistigkeiten unter Fürsten und Stämmen eingeschränkt werden sollten; die Maßnahme war jedoch unwirksam, weil keine Macht die Ausführung des Gebots überwachte. 18. Jh.

frischgebacken *adj* kürzlich ernannt; jungvermählt; Neuling seiend. [Vgl neugebacken.] 19. Jh.

Frosch *m* 1) sich aufblasen (aufpusten) wie ein F. = hochmütig werden. Beruht auf der Phädrusfabel vom aufgeblasenen Frosch: neidisch auf die Größe des Ochsen, bläst sich der Frosch auf, bis er platzt. 17. Jh.

2) Frösche im Bauch haben = an Blähungen leiden. Meint das Knurren in Magen und Darm, das an Fröschequaken erinnern mag. 1900 ff.

3) einen F. im Halse haben = heiser sein; mit heiserer Stimme singen; kein Wort hervorbringen. In der Medizinersprache ist »Ranula« (= Fröschchen) die Balggeschwulst am Ausgang der Unterkieferspeicheldrüse, eine krankhafte Anschwellung im Mund unter der Zunge. 19. Jh.

frotzeln (frozzeln) *tr* jn necken, veralbern; auf jn anzügliche Bemerkungen machen. Ein oberdeutsches Wort, vielleicht zusammenhängend mit »Fratzen = Possen, Albernheiten« oder mit »frotten, frottieren = abreiben; sich an jm reiben; jn verspotten« oder mit *ital* »frottola = Scherzlied«. 19. Jh.

Früchtchen (Früchtlein, Früchterl) *n* ungeratenes Kind; leichtfertiger junger Mensch; leichtes Mädchen. Verkleinerungsform von »Frucht = Leibesfrucht«, geringschätzig gleichgesetzt mit »Ausgeburt«. 16. Jh.

Frühzündung *f* schnelles Auffassungsvermögen. Hergenommen vom Zünden von Sprengladungen. 1920 ff.

fuchsen *v* 1) refl (auch: es fuchst mich) = sich ärgern. Vielleicht Weiterbildung von »fucken = unruhig hin- und herfahren«; wohl erst nachträglich an den Fuchs angelehnt, der trotz seiner List oft geprellt wird. 1800 ff.

2) tr jn plagen, ärgern. Meint eigentlich »jn wie einen Fuchs behandeln«, wobei »Fuchs« der Student in den beiden ersten Semestern ist: in Studentenverbindungen wird er hart behandelt, damit er sich an die Zucht gewöhnt. 19. Jh.

fuchsig *adj* ärgerlich, erbost. [Vgl fuchsen 1.] 1800 ff.

fuchsteufelswild *adj* sehr zornig. »Fuchs-« ist wahrscheinlich eine bloße Verstärkung, fußend auf dem Verhalten des Tieres im Fangeisen. Der Teufel wird in den Sagen oft überlistet und ist dann schwer erbost. 18. Jh.

Fuchtel *f* jn unter der F. haben (halten) = jn in strenger Zucht haben (halten). »Fuchtel« (zu fechten gehörend) meint der Fechtdegen und steht sinnbildlich für soldatische, überhaupt für strenge Zucht. »Fuchtel« nannte man früher auch das Strafinstrument, den Stockschlag, den Hieb mit der Spießrute. 18. Jh.

fuchteln *intr* mit den Händen (Armen, dem Stock) in der Luft hin und her fahren. Gemeint ist eigentlich die Bewegung des Fechtdegens. 18. Jh.

fuchtig *adj* erbost. Spielt wohl an auf einen, der vor Zorn mit den Händen in der Luft hin und her fährt. 1800 ff.

Fuffziger *m* falscher F. = unaufrichtiger, unzuverlässiger Mensch. »Fuffziger« ist aus »Fünfziger«

entstellt und meint eigentlich den Fünfzig-Mark-Schein. Aufgekommen um 1840/50 im Zusammenhang mit einer Bande, die preußische Fünfzig-Taler-Scheine fälschte und außerhalb von Preußen in großer Menge in den Verkehr brachte.

fuggern (auch: **fuckern**) *intr* Tauschgeschäfte machen; heimlich Handel treiben. Wohl zusammengewachsen aus »fuckern = heimlich tun« und dem Namen der Augsburger Kaufmannsfamilie Fugger. 19. Jh.

fuhrwerken *intr* an etw hastig tätig sein; an etw zerren. Meint eigentlich »mit dem Fuhrwerk befördern«; wer viel fuhrwerkt, fährt viel hin und her. 19. Jh.

fummeln *intr* mit den Händen betasten; Kleinarbeit verrichten. Stammt wahrscheinlich aus Holland: »fommelen = sich unruhig hin und her bewegen; an etw reiben«. 18. Jh.

fünf *num* 1) seine (alle) f. nicht beisammen (beieinander) haben = verrückt sein. »Fünf« bezieht sich auf die fünf Sinne, also auf den Gesamtverstand. 18. Jh.
2) f. gerade sein lassen = nachsichtig sein; es nicht genau nehmen. Wer die ungerade Zahl 5 eine gerade Zahl sein läßt, nimmt es rechnerisch nicht genau. »Fünf« wegen der Fünfzahl der Finger, mit deren Hilfe man leichte Rechenaufgaben löst. 1500 ff.
3) nicht bis f. zählen können = geistesbeschränkt, dumm sein. Wer nicht einmal an den fünf Fingern rechnen kann, gilt als dumm. 1300 ff.

Fünfminutenbrenner *m* leidenschaftlicher Kuß. Hergenommen vom Münzleuchter in Miethaustreppenhäusern: die Lampen brennen automatisch nur 5 Minuten. Seit dem späten 19. Jh; wahrscheinlich von Berlin ausgegangen.

fünfzehn *num* 1) f. machen = eine Arbeitspause (Marschpause) einlegen; eine angefangene Arbeit nicht beenden. Verkürzt aus »fünfzehn Minuten Pause machen«: bei Beginn der Pause wird »fünfzehn!« gerufen. Nach anderen leitet sich der Ausdruck aus der Sprache der Rammer her: beim Hochziehen der Ramme wird gezählt, und bei 15 tritt eine Ruhepause ein. Insbesondere bezogen auf den Pionier: jeder Pionier mußte 15 Schlag schlagen oder am Rammbock fünfzehnmal stoßen; nach dem fünfzehnten Schlag wurde er abgelöst. 1850 ff.
2) kurze f. machen = mit etw rasch verfahren. Leitet sich her entweder aus dem Vorhergehenden oder bezieht sich eigentlich auf die Viertelstundendauer der für die Notdurftverrichtung bemessenen Frist. »Kurze fünfzehn = abgekürzte Pause«. 1850 ff.

funkelnagelneu *adj* ganz neu; ungebraucht. Zusammengewachsen aus »funkelneu = so neu, daß es funkelt« und »nagelneu = neu wie ein aus dem Schmiedefeuer geholter Nagel«. 1700 ff.

funken *intr* es hat bei ihm gefunkt = er hat endlich begriffen, hat endlich gemerkt. Parallel zu »es hat bei ihm gezündet«, zusammenhängend mit dem zündenden Funken. 1920 ff.

Funkstille *f* Verstummen; schmollendes Schweigen. Der Rundfunksprache seit 1930 entlehnt.

Funzel *f* schlecht brennende Lampe; Lampe mit trübem Schein. Zusammenhängend mit »Funke«. Auszugehen ist von der alten Form »vonksel = Zündstoff«. 1700 ff.

fürchterbar *adj* fürchterlich. Von Schülern und Studenten kontaminiert aus »fürchterlich« und »furchtbar«. Seit dem späten 19. Jh.

Furie *f* zänkische, unverträgliche Frau. Um 1700 aufgekommen in Erinnerung an die römischen Rachegöttinnen, die Übeltaten rächten, den Übeltäter plagten und ihm keine Ruhe gönnten.

Fürst *m* leben wie ein F. = sorglos, üppig, verschwenderisch leben. Entstammt wohl den Verhältnissen des 18. Jhs, als die

Fürsten im Wohlstand lebten und die anderen Stände unterdrückten. Seit dem frühen 19. Jh.

Fusel *m* minderwertiger Schnaps. Hängt wohl zusammen mit dem rotwelschen Wort »fuseln, fäuseln = nach dem feuchten Faß riechen«. 1700 ff.

Fuß *m* 1) sich die Füße ablaufen (abrennen) = viele Wege machen. [Vgl Bein 2.] 19. Jh.

2) mit dem falschen (linken) F. zuerst aufgestanden sein = morgens mißgestimmt sein. [Vgl Bein 3.] 18. Jh.

3) kalte Füße haben = ohne Geld sein. Fußt wahrscheinlich auf der Redewendung »sich nach der Decke strecken«: wer sich nicht der Länge der Bettdecke anpaßt, bekommt kalte Füße. Seit dem späten 19. Jh.

4) etw an den Füßen haben = vermögend sein. Ursprünglich wohl auf die Fußbekleidung bezogen: Schuhwerk am Fuß läßt auf Wohlstand schließen, Barfüßigkeit zeigt Armut an. Seit dem späten 19. Jh.

5) kalte Füße kriegen = böse Erfahrungen machen; Bedenken bekommen. Läßt sich medizinisch von den kalten Füßen herleiten, die eine heftigere Erkrankung verursachen können, doch auch vom vergeblichen langen Warten beim Stelldichein; auch kann hier erneut die Redewendung »sich nach der Decke strecken« eingewirkt haben. 19. Jh.

6) auf großem F. leben = a) einen kostspieligen Lebenswandel führen. Leitet sich vielleicht von den großen Schnabelschuhen her, wie sie im Mittelalter die Vornehmen trugen. 1750 ff.

b) große, breite Füße haben. Aus dem Vorhergehenden in wortwörtlicher Bedeutung scherzhaft

entwickelt, nachdem der sachliche Hintergrund verblaßt ist. 1900 ff.

7) sich die Füße in den Bauch stehen = lange stehen und warten. [Vgl Bein 16.] Seit dem 19. Jh.

8) die Füße unter eines anderen Tisch stellen (strecken) = geldlich von jm abhängig sein. Der Tisch als Eßtisch ist das Sinnbild der Speisegemeinschaft, und wer ihr angehört, ist von der Gemeinschaft abhängig. 18. Jh.

9) jm auf den F. (die Füße) treten = jn kränken. Veranschaulichende und vergröbernde Parallelbildung zu »jm zu nahe treten«. 16. Jh.

Fußballbraut *f* Braut (Ehefrau) eines Fußballspielers, auch eines Mannes, der am Wochenende Fußballveranstaltungen besucht und Freundin oder Ehefrau vernachlässigt. 1920 ff.

Fußsack *m* langer Vollbart; Umhängebart. In grotesker Auffassung ist der Bart so lang, daß man ihn um die Füße wickeln und als Fußsackersatz verwenden kann. Der Vollbartträger hat sein Gesicht in einem Fußsack stecken. Spätes 19. Jh.

Fußvolk *n* unter das F. geraten = sittlich sinken; verkommen. Die Kavallerie dünkte sich den Fußtruppen überlegen; von der Kavallerie zur Infanterie versetzt zu werden, galt als Abstieg. 19. Jh.

futsch sein verloren, verschwunden, geflohen sein. Wohl lautmalenden Ursprungs im Sinne einer raschen, augenblicklichen Bewegung, etwa der sich aufschwingenden Vogelschar. Seit dem späten 18. Jh.

Futterage *f* Eßwaren, Mundvorrat. Seit dem 17. Jh zusammengewachsen aus »Futter« und *franz* »fourage«.

G

Gabel *f* fünfzinkige G. = Hand; die Finger. Spielt scherzhaft auf das Essen mit den Fingern an. 19. Jh.

Gala *f* sich in G. schmeißen (werfen) = sich festlich kleiden. Gala meint die festliche Kleiderpracht,

die im 17. Jh mit Wort und Sache
an den Wiener Hof wanderte.
»Sich werfen« steht für »sich
rasch ankleiden«. 19. Jh.

Galgenfrist *f* kurze Frist bis zu
einem entscheidenden Ereignis.
Eigentlich die dem unter dem
Galgen stehenden Delinquenten
gewährte Gnadenfrist, innerhalb
derer er ein Gebet sprechen oder
eine der Zuschauerinnen erklären kann, daß sie ihn heiraten
wolle. 1500 ff.

Galgenhumor *m* Humor aus Verzweiflung. Eigentlich der Humor
des zum Tod am Galgen Verurteilten. 19. Jh.

Galgenstrick *m* böser, mutwilliger
Junge (Mann). Der Gegenstand,
an dem der Verbrecher aufgehängt wird, überträgt sich auf
den Verbrecher selber. 16. Jh.

Galoschen *pl* Schuhe (Überschuhe).
Meint ursprünglich den Holz-
schuh, auch den Schusterleisten,
dann lederne Überschuhe (seit
dem 15. Jh aus Frankreich übernommen), seit 1840 auch Gummi-
schuhe und Schuhe überhaupt.

Gamaschen *pl* vor etw G. haben =
vor etw Befürchtungen hegen.
Gamaschen wurden im preußischen Heer unter König Friedrich
Wilhelm I. (1713 bis 1740) eingeführt; im Volk wurden sie zum
Sinnbild strengen Drills. 19. Jh.

Gammel *m* 1) Minderwertiges, Ver-
altetes; wertlose Arbeit. Fußt
wahrscheinlich auf dem dänischen
Adjektiv »gamle = alt« und
dürfte im Zusammenhang mit
Dänemarks Herrschaft über
Schleswig und Holstein (bis zum
Wiener Frieden, 1864) eingewan-
dert sein.

2) Gesamtheit der »Gammler«.
1960 ff.

3) Gesinnung der »Gammler«.
1965 ff.

Gammelbruder *m* müßiggehender
Halbwüchsiger. 1960 ff.

Gammeldienst *m* Grundausbildung
der Rekruten (Geräte reinigen;
Vorbereitung für eine militärische Übung usw.). 1960 ff.

gammeln *intr* müßig gehen; un-
zweckmäßig arbeiten; untätig vor

Anker liegen; in Erwartung des
militärischen Angriffsbefehls müßig gehen oder die Zeit mit wenig
sinnvollem Dienst ausfüllen; als
Halbwüchsige(r) seine Tage ohne
ersichtlichen Zweck hinbringen.
Spätestens im Zweiten Weltkrieg
bei den Soldaten (Marine, Luft-
waffe) aufgekommen; seit 1955 auf
das Verhalten der »gammelnden«
Halbwüchsige verengt.

Gammeln *n* das große G. = Gleich-
gültigkeit, Unlustgefühl; gedan-
kenarme Freizeitbeschäftigung;
innere Auflehnung gegen Pflichten u. ä. 1960 ff.

Gammelschwester *f* arbeitsscheue,
vom Alltagsleben gelangweilte
Halbwüchsige. 1960 ff.

Gammeltimpe *f* Stammlokal für
Halbwüchsige. »Timpe« meint
»Ecke, Zipfel, Endchen«, so daß
»Gammeltimpe« eigentlich die
»verschimmelte, eintönige Ecke«
(Ecklokal) bezeichnet. 1955 ff.

Gammler *m* halbwüchsiger Müßiggänger. 1955 ff.

Gängelband *n* jn am G. führen =
jn bevormunden. Gängelband ist
das Band, das den kleinen Kindern unter den Armen durchge-
zogen wird; an ihm lernen sie
gehen. 1700 ff.

Gangwerk *n* die Beine des Menschen. Übertragen vom Räder-
werk der Uhr, das die Zeiger
ebenso in Bewegung setzt wie die
Beine den Menschen. 1850 ff.

Gans *f* Mädchen (verächtlich); dumme, eingebildete weibliche Person. Teils wegen des Schnatterns,
teils wegen des hochgetragenen
Kopfes. 1200 ff.

Gänsemarsch *m* im G. = hintereinander her. Die Gänse wandern meistens nicht nebeneinander, sondern hintereinander, genauer: in schräger Richtung.
1830 ff.

Gänsestall *m* Mädchenpensionat,
-schule. [Vgl Gans.] 1850 ff.

Gänsewein (Ganserlwein) *m* Trinkwasser. Scherzhafte Wertsteigerung. 16. Jh.

Gardinen *pl* schwedische G. = Gefängnis. Mit »Gardinen« sind
euphemistisch die eisernen Stan-

gen an den Gefängnisfenstern gemeint. »Schwedisch« spielt auf das hochwertige schwedische Eisen an. Seit dem späten 19. Jh.

Gardinenpredigt *f* Strafrede der Ehefrau an den Mann. Im frühen 18. Jh aus Holland entlehnt. »Gardine« meint hier den Bettvorhang.

garkochen *tr* jn auf kleiner Flamme g. = jn langsam, aber sicher gefügig machen; jds Widerstand auf die Dauer brechen. Der Küchenpraxis entlehnt: auf kleiner Flamme wird die Speise allmählich gar. 1933 ff.

Garn *n* jm ins G. gehen = sich von jm verlocken lassen. Hergenommen vom Jagdnetz, in das der Vogelsteller die Vögel mittels einer Pfeife lockt; auch dem Fischer gehen die Fische ins Netz. 16. Jh.

Garten *m* quer durch den G. = Gemüsesuppe; Gemüse-Eintopf. Ein Gericht, in dem die verschiedensten Gartengemüse enthalten sind: man ist durch den Garten gegangen und hat für die Suppe hier eine Pflanze und dort eine Pflanze ausgewählt. 1930 ff.

Gartenzwerg *m* unbedeutender Mensch; kleinwüchsiger Mensch; häßlicher Mensch; Schimpfwort. Herzuleiten von den seit Ende des 18. Jhs hergestellten, nach 1945 sehr beliebten Zwergengestalten in Gärten. 1930 ff.

Gas *n* 1) jm das G. abdrehen = jn würgen, erwürgen, umbringen. Gas steht für Luft; gemeint ist die Sperrung der Luftzufuhr. 1914 ff.
2) G. geben = a) sich beeilen. Der Kraftfahrersprache entlehnt. 1910 ff.
= b) übertreiben (gib nicht soviel Gas!). 1914 ff.
3) G. wegnehmen = langsamer arbeiten. Wer weniger tief auf das Gaspedal tritt, kommt langsamer vorwärts. 1930 ff.

Gasfuß *m* rechter Fuß. Mit ihm bedient der Autofahrer das Gaspedal. Gegenwort: Bremsfuß. 1945 ff.

Gashahn *m* jm den G. ab-, zudrehen = jm weitere Geldmittel ver-

sagen; jn zugrunde richten. [Vgl Gas 1.] Etwa seit 1916.

Gauner *m* 1) Dieb, Betrüger. Hergenommen aus *jidd* »jowen = Grieche«. Die Griechen als Herren der Handelsbeziehungen im Orient besaßen bei anderen Völkern einen schlechten Leumund. Die ältesten Belege offenbaren sie als betrügerische Kartenspieler. 17. Jh.
2) du G.!: gemütliche Schelte. 1900 ff.

Gebälk *n* es knistert im G. = ein nahendes Unglück macht sich bemerkbar. Beruht auf der abergläubischen Vorstellung, daß Krachen im Gebälk Unheil ankündigt. 1900 ff.

geben *v* 1) gib ihm! = schlag ihn! drauf! hol ihn ein! Gekürzt aus »gib ihm Prügel«. 1900 ff.
2) gleich gibt es was = gleich gibt's Prügel; gleich gibt's ein Gewitter o. ä. 19. Jh.
3) da gibt's nichts = das steht unerschütterlich fest; mit mir verhandeln lasse ich darüber nicht. Wohl gekürzt aus »da gibt's nichts, was das ändern könnte«. 1900 ff.

Gebet *n* jn ins Gebet nehmen = ihn streng behandeln; jm heftige Vorhaltungen machen; jn streng verhören. Hängt wahrscheinlich mit dem Geistlichen zusammen, der dem Sünder nachdrücklich ins Gewissen redet und ihn schließlich ins Gebet einschließt. 18. Jh.

Gebetbuch *n* Spielkarten. Verkürzt aus »des Teufels Gebetbuch«; denn schon mancher ist durch das Kartenspiel verkommen. Was das Gebetbuch für den Frommen ist, ist das Kartenspiel für den leidenschaftlichen Spieler. 19. Jh.

Gebetsfabrik *f* Kirche in moderner Bauweise. In ihrem schmucklosen Äußern gleicht sie eher einem Fabrikgebäude als einem Gotteshaus. 1920 ff.

Gebetsgasometer *m* Kirche in Rundbauform. 1925 ff.

Gebetsschuppen *m* Kirchengebäude. Wohl weil der Bau langgestreckt und kahl ist wie eine Fahrzeughalle. 1933 ff.

Gebetssilo *m* Kirchengebäude. Anspielung auf die architektonische Nüchternheit, die auch den nur sachlichen Zwecken dienenden Silo kennzeichnet. 1955 ff.

Gebiß *n* Gesamtheit der Freundinnen eines Halbwüchsigen; größere Anzahl junger Mädchen, in einer Reihe stehend. Im Halbwüchsigendeutsch gegen 1955 aufgekommen, als »Zahn« zur Bezeichnung des einzelnen jungen Mädchens wurde.

Gebot *n* elftes G. = a) laß dich nicht verblüffen! Vermehrung der zehn Gebote Gottes um ein weiteres, das allerdings nicht Moral, sondern Lebenspfiffigkeit betrifft. 18. Jh.
= b) laß dich nicht erwischen (ertappen)! 19. Jh.

Geburt *f* eine schwere G. = eine unter Mühen geglückte Verrichtung. 18. Jh.

Gedächtnis *n* ein G. wie ein Sieb haben = ein sehr schlechtes Gedächtnis haben. Durch das Sieb fällt viel hindurch, nur wenig bleibt haften. 18. Jh.

Gedibber *n* Geschwätz. [Vgl dibbern.] 1800 ff.

Gedicht *n* ein G. von Hut (Kleid, Nachthemd o. ä.) = ein sehr schöner Hut usw. Modewort der Modistinnen und Verkäuferinnen um 1900: Gedichte galten damals als schönste Dichtungsart.

Gedudel *n* schlechte, mißtönende Musik. [Vgl dudeln 1.] 18. Jh.

gefällig *adj* da ist etwas g. = da gibt es Streit; da ist Interessantes, Pikantes zu sehen. »Gefällig« im Sinne von »gefallend« ist am geläufigsten in der Antwort »was ist gefällig?« auf ein Rufen oder Pfeifen hin. Ein kurzer Pfiff ist eine Äußerung der Verwunderung. 19. Jh.

Gefilde *pl* heimatliche G. = Heimat; Wohnort. Sprachprotzerische Poetisierei. Seit dem ausgehenden 19. Jh.

Gefräß *n* Kiefer, Mund. Kollektivbildung zu Fraß, s. d. Also das Insgesamt dessen, womit man ißt. 16. Jh.

Gefühlsduselei *f* unangebrachte Sentimentalität. [Vgl Dusel 2.] 19. Jh.

gefühlsduselig *adj* sentimental. [Vgl das Vorhergehende.] 1900 ff.

gegangen werden entlassen werden; unfreiwillig aus dem Amt scheiden. 1870 ff.

Gehäuse *n* Fußballtor. In ihm steht der Torwart wie in einem kleinen engen und niedrigen Kasten. 1920 ff.

gehaut (ghaut) *adj* vielerfahren; lebenslustig. Variante zu »verschlagen«. 19. Jh.

Geheimratsecken (-winkel) *pl* Zurückweichen der Haare an den Schläfen. Die Verleihung des Geheimratstitels erfolgte meist mit zunehmendem Alter. Seit dem späten 19. Jh.

Geheimwaffe *f* bis zum letzten Augenblick geheimgehaltene Person oder Sache, die bisherige Könner ausstechen soll. Hergenommen von der Waffe, mit der Hitler und seine Propagandisten die Übermacht des militärischen Gegners glaubten (glauben machten) aus dem Felde schlagen zu können. Nach 1945 aufgekommen.

gehen *intr* 1) s. gegangen werden. 2) mit jm gehen (miteinander g.) = ein Liebespaar sein. Die Leute sehen sie des öfteren miteinander gehen und schließen daraus auf ein Liebesverhältnis. 18. Jh.

Gehirn *n* 1) sein G. treibt Blasen = er hat wunderliche Einfälle. »Blase« meint hier die Schaumblase auf den Wellenkronen des Meeres: sie vergeht im Bruchteil einer Sekunde. Stammt aus Schillers »Don Carlos«.
2) sich das G. verrenken = sich geistig sehr anstrengen, überanstrengen. »Verrenken = sich ein Gelenk auskugeln.« Hier groteskerweise auf das Gehirn übertragen.1900 ff.

Gehirnschmalz *n* geistige Aufnahmefähigkeit; Einsicht. Dieses Schmalz schmiert gewissermaßen den Denkapparat. Geistige Vorgänge unter dem Blickwinkel der Technik. Seit dem ausgehenden 19. Jh.

Gehirnwäsche *f* politische, weltanschauliche Umschulung; nachdrückliche Prüfung der menschlichen und staatsbürgerlichen Qualitäten; seelisch-geistige Umstimmung mit psychologischen Mitteln. Dem angloamerikanischen »brain-washing« entlehnt, doch 1951 im kommunistischen China aufgekommen im Sinne von »Kritik des eigenen Verhaltens und Denkens nach den Maßstäben der Partei«.

gehüpft *part perf* das ist g. wie gesprungen = das läuft auf dasselbe hinaus, ist dasselbe. Leitet sich her von hüpfenden oder springenden Tanzbewegungen. Gemeint ist, daß, auf das Ziel gesehen, die Verschiedenartigkeit der Bewegung keine Rolle spielt. 19. Jh.

Gehwerk *n* Beine des Menschen. Meint eigentlich das Gehwerk der Uhr. [Vgl Gangwerk.] 1850 ff.

Geige *f* die erste G. spielen = großen Einfluß haben. Aufgekommen mit der Ausbildung des Streichquartetts im 17. und 18. Jh, bei dem der Geige der wichtigste Part zufiel. 1800 ff.

Geigenkästen *pl* große Schuhe, Stiefel. Scherzhafte Übertreibung. Etwa seit 1914.

Geister *pl* dienstbare G. = Hausangestellte; Leute, die im Hause Gelegenheitsarbeit verrichten; Kellner usw. Stammt in erster Linie aus der Bibel (Hebr. 1, 14); volkstümlich geworden auch durch die Märchengestalten des 18. Jhs.

Geizkragen *m* geiziger Mensch. Analog zu »Geizhals«, eigentlich der gierige Rachen, der sich nicht genug füllen kann. 16. Jh.

geknickt sein traurig, niedergeschlagen, mutlos sein. Vom Eindruck, den eine geknickte Blüte auf unser Gemüt macht, übertragen auf den Menschen; doch sagt man auch »sein Mut ist geknickt«. 19. Jh.

gelackmeiert sein der Betrogene sein; im Nachteil sein. »Lackmeiern« ist zusammengewachsen aus den gleichbedeutenden Verben »lackieren« und »meiern«. 19. Jh.

geladen haben (schief, krumm, schwer) g. h. = völlig betrunken sein. Unter der Last der Alkoholmenge gerät der Bezechte ins Torkeln. 18. Jh.

geladen sein auf jn g. s. = auf jn zornig sein. Hergenommen von der geladenen Flinte: man möchte auf den Betreffenden einen Schuß abgeben. Sachverwandt mit »auf dem Korn haben« und gleichbedeutenden Redewendungen. 19. Jh.

Geld *n* 1) nicht für G. und gute Worte = um keinen Preis; auf keinen Fall; nie. Reststück eines alten Sprichworts: »Für Geld und gute Worte kann man alles haben«. 17. Jh.
2) G. zum Fenster hinauswerfen = Geld vergeuden, nutzlos ausgeben. 18. Jh.
3) nach (vor) G. stinken (G. haben, daß er stinkt) = wohlhabend sein. Berührt sich mit dem Ausdruck »Geld wie Mist haben« und gleichbedeutenden. 19. Jh.

Geldklemme *f* Mangel an (barem) Geld. [Vgl Klemme.] 17. Jh.

Geldschrank *m* einen G. knacken = einen Geldschrank aufbrechen und ausrauben. [Vgl knacken.] 1900 ff.

Geldschrankknacker *m* Geldschrankausrauber. 1900 ff.

Geldspritze *f* geldliche Unterstützung zur Verhütung des Bankrotts; geldliche Zuwendung. Hergenommen aus der Medizinersprache: mit Spritzen lassen sich Körperfunktionen anregen. 1933 ff.

geliefert sein verloren, entzwei sein. Wahrscheinlich verkürzt aus »der Obrigkeit zur Bestrafung, dem Henker zur Urteilsvollstrekkung ausgeliefert sein«. 18. Jh.

gemischt *adv* jetzt wird es g. = jetzt kommt ein unfeines Gespräch auf; unfeine Ausgelassenheit breitet sich aus; man erzählt Zoten. Meint wohl eigentlich das Hinzukommen zweifelhafter Personen zu einem geselligen Kreis. 1800 ff.

Gemüse *n* 1) Durcheinander, Gemisch. Ursprünglich ein aus verschiedenen Gemüsesorten bestehendes Gericht. [Vgl Salat 1.] 19. Jh.

2) Früchte in der Bowle, im Aperitif o. ä. 1900 ff.

3) grünes G. = Kinder, Jugendliche. [Vgl grün 1.] 1800 ff.

4) junges G. = unreife Jugendliche. »Junges Gemüse = frisches Gemüse« steht sinnbildlich für weltunerfahrene, vor allem für geschlechtsunerfahrene Jugendliche, für Rekruten usw. 1800 ff.

Gemüsegarten *m* quer durch /den G. = Gemüsesuppe o. ä. [Vgl Garten.] Vielleicht vor 1900 aufgekommen.

Gemüt *n* sich einen zu G.e führen (nehmen) = ein Glas Alkohol trinken. Was man sich zu Gemüte führt, bedenkt man reiflich; wer den Alkohol reiflich bedenkt, trinkt ihn gewissermaßen »mit Andacht«. 18. Jh.

Gemütlichkeit *f* da hört doch die G. auf! = da ist die Geduld am Ende; das ist unerhört! Am 8. Juni 1847 erklärte David Hansemann im Vereinigten Landtag »in Geldsachen hört die Gemütlichkeit auf«.

Gemütsathlet *m* 1) gleichbleibend seelenruhiger Mensch; viel zu langmütiger Mensch. Im Bereich des Gemütslebens vollbringt er staunenswerte Leistungen wie ein Athlet. 1900 ff.

2) herzloser Mensch; Rohling. Ironische Bezeichnung. Seit dem ausgehenden 19. Jh.

genau *adv* stimmt! jawohl! richtig bemerkt! Hergenommen vom Schuß, der genau im Ziel liegt. Nach 1945 aufgekommenes Modewort der Zustimmung.

genehmigt *tr* sich einen g. = ein Glas Alkohol trinken. Der Trinker beantragt gewissermaßen bei sich selber ein Glas und genehmigt seinen eigenen Antrag. 1850 ff.

Generalrindvieh *n* Schimpfwort. Verstärkung von Rindvieh, s. d. Seit dem späten 19. Jh.

Genick *n* 1) jm das G. brechen = jn einer Schuld überführen; jn zu Fall bringen, zugrunde richten. Bezog sich ursprünglich auf den vom Henker geknüpften Knoten,

der dem zum Tode am Strang Verurteilten das Genick (den Halswirbel) durchschlug. 17. Jh.

2) das bricht ihm das G. = das überführt ihn der Schuld und bringt seine Bestrafung mit sich; das richtet ihn wirtschaftlich zugrunde. 19. Jh.

genießen *v* er ist heute nicht zu g. = er ist heute mißgestimmt, leicht reizbar. Seine Wesensart wirkt wie eine unschmackhafte Speise. 19. Jh. [Vgl ungenießbar.]

genudelt sein vollauf gesättigt sein; beleibt sein. Hergenommen vom Mästen der Tiere mit Nudeln. 1800 ff.

gepfeffert *adj* hoch im Preis; preisüberfordert. Parallel zu gesalzen, s. d. 17. Jh.

gepfiffen *part perf* das kommt ihm wie g. = das kommt ihm sehr gelegen. Parallel zu »das kommt ihm wie gerufen«, wie etwa der Hund sich einstellt, wenn man ihm pfeift. 19. Jh.

Geplärr *n* Geschrei, lautes Geschwätz o. ä. [Vgl plärren.] 1500 ff.

Gequassel *n* unsinniges Geschwätz. [Vgl quasseln.] 19. Jh.

Gequatsche *n* unsinniges Geschwätz. [Vgl quatschen 2.] 19. Jh.

gerade *adv* 1) nicht g. = nicht sehr; nicht sonderlich (er ist nicht gerade gescheit = er ist ziemlich dumm). Abgeschwächter Superlativ. 19. Jh.

2) eine Sache g.-biegen = eine Fehlhandlung in Ordnung bringen. Vielleicht vom Gartenbau entlehnt: den krummen Wuchs einer Pflanze durch eine Stange berichtigen. 1900 ff.

3) für etw g.-stehen = für etw einstehen, die Verantwortung auf sich nehmen. Wohl hergenommen vom Stillstehen des Soldaten, wenn ihm der Vorgesetzte eine dienstliche Rüge erteilt. 1900 ff.

gerädert sein wie g. sein = alle Glieder schmerzen. Bezieht sich auf die alte Todesstrafe des Räderns oder auf das Rad als Folterwerkzeug. 1800 ff.

gerammelt voll *adj* überfüllt; dichtgedrängt stehend. Gehört zu Ramme, Pfahlramme: mit der

Ramme wird der Boden festgemacht; wegen der rüttelnden Bewegung des Rammens steht der Ausdruck in Analogie zu »gerüttelt voll«. 1850 ff.

Geräuschkulisse *f* Begleitgeräusch eines Vorgangs; Lärmerzeugung. Stammt aus der Praxis der Rundfunkleute: zur Veranschaulichung einer Rundfunksendung werden Geräusche als Ersatz für das fehlende Bild hervorgebracht (knarrende Tür u. ä.). 1930/40 ff.

gerieben *adj* verschlagen, listig, schlau. Scheint ursprünglich einen obszönen Sinn gehabt zu haben (etwa = im Geschlechtsverkehr erfahren). 15. Jh.

Gerippe *n* hagerer, abgemagerter Mensch. In übertriebener Auffassung erscheint der Hagere als Knochengerüst ohne Fleisch und wird zum Unterschied vom Skelett des Toten (oder des Todes) »wandelndes Gerippe« genannt. 17. Jh.

gerissen *adj* verschlagen, lebenserfahren, listig, schlau. Wohl herzuleiten aus »reißen = ein Tier anfallen und verwunden«. Verwandt mit »mit alten Hunden gehetzt«. Seit dem frühen 19. Jh.

gernhaben *tr* er kann mich g.!: Ausdruck der Abweisung. Meint entweder »gernhaben« in ironischem Sinne oder ist verkürzt aus »am Hintern gernhaben« im Sinne des Götz-Zitats. 19. Jh.

Gerstensaft *m* (edler) G. = Bier. Poetisierung studentischer Herkunft. Wird heute bei den meisten ironisch aufgefaßt, während es bei Neureichen und ähnlichen Leuten als vornehme Umschreibung gilt, die gesellschaftliche Mehrgeltung einbringt. Seit dem Ende des 18. Jhs.

Geruch *m* in schlechtem (üblem, keinem guten) G. stehen = einen schlechten Leumund haben. Hängt zusammen mit dem biblischen Sprachgebrauch vom gottwohlgefälligen Brandopfer. 19. Jh.

gesalzen *adj* hoch im Preis; preisüberfordert. Eigentlich soviel wie »mit Salz versehen«, dann »scharf, kräftig«. [Vgl gepfeffert.] 18. Jh.

Gesangbuch *n* (des Teufels) G. = Spielkarten. [Vgl Gebetbuch.] 19. Jh.

gescheit *adj* ordentlich, brauchbar, gut. Verwässerte Wortbedeutung nach dem Muster des sinngleichen »vernünftig«. 18. Jh.

Geschichte *f* 1) Sache, Ereignis; Gegenstand. Zu der Grundbedeutung »Begebenheit« trat schon im Mittelalter der Sinn von »Angelegenheit, Gegenstand«.
2) die ganze G. = das alles. 18. Jh.
3) G.n machen = a) Umstände machen. 1800 ff.
= b) Unannehmlichkeiten machen; törichte Handlungen begehen. 1800 ff.

Geschirr *n* sich ins G. legen (werfen) = sich anstrengen; lebhaft tätig sein. Das Pferd legt sich ins Geschirr, wenn es schwer zu ziehen oder eine starke Steigung zu nehmen hat. 1830 ff.

Geschiß *n* um etw G. machen = etw aufbauschen, übermäßig wichtig nehmen. Etwa so zu verstehen: vor lauter Übertriebenheit, Übereifer und Erregung geht in die Hose, was in den Abort gehört. 1830 ff.

Geschmack *m* hast du G. für so etwas? = verstehst du das? Geschmack meint Wohlgefallen: das Gemeinte ist wohl so ungewöhnlich, daß ein ebenso absonderlicher Geschmackssinn vorauszusetzen ist. 1900 ff.

Geschmeiß *n* unangenehme Gesellschaft; Gesindel; Pöbel. Eigentlich der Unrat (jägersprachlich = Kot der Raubvögel), dann soviel wie Brut, Gezücht [vgl Auswurf der Menschheit]. 16. Jh.

geschmiert *part perf* es geht wie g. = es geht leicht, reibungslos vonstatten. Wohl herzuleiten vom Schmieren der Radnaben mit Wagenschmiere. 18. Jh.

Geschütz *n* 1) grobes G. (mit grobem G.) auffahren = dem Gegner mit groben Worten entgegentreten; jm sehr gewichtige Mitteilungen entgegenschleudern. Hergenommen aus dem Erlebnisbereich der Artilleristen. 1850 ff.
2) mit schwerem G. (schweres G.)

auffahren = sehr gewichtige Mitteilungen vorbringen. 19. Jh.

3) sein schwerstes G. auffahren = die alles entscheidende Mitteilung vorbringen. 19. Jh.

geschwollen *adj* 1) hochmütig, eingebildet. Parallelbildung zu aufgeblasen, s. d. Hochmut ist in volkstümlicher Auffassung substanzlos. 16. Jh.

2) pathetisch, unnatürlich (auf den Stil bezogen). 19. Jh.

Geseier (Geseires) *n* unsinniges, wirres Gerede; klagende Äußerungen. Mit Bedeutungsabwandlung entlehnt aus *jidd* »gesera = Bestimmung, Verordnung«, wohl beeinflußt von »seichen« = gedankenlos schwatzen«. 19. Jh.

Gesellschaftslöwe *m* Mann, der gern an Geselligkeiten teilnimmt und sich und die anderen gut unterhält. Stammt aus dem *engl* »social lion«. »Löwe« läßt an den biblischen Löwen denken, von dem es heißt, daß er umhergeht und sucht, wen er verschlinge. 1820 ff.

Gesicht *n* 1) er macht ein G. wie 14 (3, 7, 8, 10) Tage Regenwetter = er blickt mürrisch, verdrossen. Langanhaltender Regen (wenn man Sonne erwartet) wirkt auf das Gemüt ein und stimmt griesgrämig. 18. Jh.

2) sich eine ins G. stecken = sich eine Zigarette (Zigarre, Pfeife) in den Mund stecken. Wohl nach dem Muster »sich eine Blume ins Haar stecken« entwickelt, etwa seit 1830.

Gesichtserker *m* Nase. Eine scherzhafte Bezeichnung seit dem ausgehenden 18. Jh, fußend auf der Grundvorstellung vom Kopf als einem Haus.

Gesichtsmatratze *f* Vollbart. Vollbartfeinde meinen, man könne auf ihm wie auf einer Matratze schlafen. Etwa seit dem ausgehenden 19. Jh.

Gesichtspunkte *pl* Sommersprossen. Wortwitzelei, da nicht der geistige Standpunkt, sondern der Punkt im Gesicht gemeint ist. 1870 ff.

Gesichtszüge *pl* ich haue dich, daß dir sämtliche G. entgleisen!:

Drohrede. Wenn wortwörtlich der Eisenbahnzug entgleisen kann, müssen in scherzhafter Auffassung auch alle Gesichtszüge entgleisen können. Berlinischen Ursprungs um 1900, aber gemeindeutsch geläufig geworden.

Gesinnungsakrobat *m* geschmeidiger Gesinnungswechsler. Scheint kurz nach 1918 aufgekommen und an allen späteren Wenden der Geschichte wiederaufgelebt zu sein.

Gesöff (Gsüff, Gsäuf) *n* schlechtes Getränk. Hauptwort zu saufen, etwa seit dem 17. Jh.

gespitzt sein auf etw gespannt sein; sich auf etw Hoffnung machen. [Vgl spitzen 2.] Spätestens seit 1800.

Gestell *n* 1) großwüchsiger, hagerer Mensch (mit verwachsener Figur). Gewissermaßen ein Gegenstand (ein Gerüst), der dem Kopf als Stütze dient. 19. Jh.

2) Beine des Menschen; Unterkörper. Hergenommen vom Untergestell des Wagens. 1800 ff.

gestern *adv* 1) von g. sein = unerfahren, dumm sein (meist in der verneinenden Form). Gemeint ist eigentlich der rückständige, gealterte Mensch. Der Ausdruck fußt auf der Bibel: »wir sind von gesternher und wissen nichts«. 18. Jh.

2) von g. übriggeblieben sein = die Nacht durchgezecht haben und am Morgen weiterzechen. 1900 ff.

gestiefelt und gespornt sein ausgeh-, reisefertig sein. Meint eigentlich einen, der zum Besteigen des Pferdes vollständig gerüstet ist. 16. Jh.

gestunken *part perf* das ist g. und gelogen = das ist völlig erlogen. [Vgl erstunken.] 19. Jh.

gesund *adj* 1) das ist ihm g. = das schadet ihm nichts; das wird ihm eine Lehre sein. Bedeutungswandel von »der Gesundheit zuträglich« zu »erzieherisch von Vorteil«. 16. Jh.

2) nicht ganz g. sein = leicht verrückt sein. »Gesund« in Anwendung auf den Verstand (der ge-

sunde Menschenverstand) ist schon im 16. Jh. geläufig.

3) sonst bist du g.?: Frage an einen Menschen mit wunderlichen Ansichten, mit unverständlichen Zumutungen usw. 1900 ff.

gesundstoßen *refl* sich an (in) etw g. = wirtschaftlich gesunden; zu Vermögen (günstiger Stellung o. ä.) kommen. Stammt aus der Börsensprache: man stößt Aktien ab und ist nach dem Börsensturz wirtschaftlich gefestigter als der Aktieninhaber. 1914 ff.

Getratsch *n* Geschwätz; weitschweifiges Reden. [Vgl tratschen 1.] 18. Jh.

Getue *n* Ziererei; Verstellung; übertriebene Geschäftigkeit. Hauptwort zu »tun«, etwa verkürzt aus »geschäftig, wichtig tun«. 1700 ff.

Gewäsch *n* Geschwätz. »Waschen« ist schon im späten Mittelalter soviel wie schwätzen. Gern wird das Wort in Zusammenhang gebracht mit den Waschfrauen, die bei ihrer Arbeit das Tun und Lassen ihrer Mitmenschen besprechen. [Vgl Waschweib.] 15. Jh.

Gewehrlage *f* so stimmt die G. = so ist's richtig. Gewehrlage meint die vorschriftsmäßige Lage des Gewehrs auf der Schulter des Soldaten bei dem Kommando »Gewehr über!«. 1900 ff.

gewichst *adj* schlau, vielerfahren, pfiffig. »Wichsen« meint eigentlich »mit Wachs bestreichen, blank machen«; aus der Heftigkeit des Reibens entwickelt sich die Bedeutung »prügeln«. Analog zu »verschlagen«: Lebenserfahrung gewinnt man durch Geprügeltwerden. 1800 ff.

gewieft (gewift) *adj* vielerfahren, schlau, listig. Gehört entweder zu »weifen = mit der Weife (Werkzeug, mit dem man gesponnenes Garn von der Spule windet) winden« oder zu *mhd* »wifen = schwingen«. Einfluß von *franz* »vif = lebhaft« ist möglich. 19. Jh.

Gewitterverteiler *m* 1) großer Schirm. Das seit 1920 geläufige Wort verwertet die ältere Vorstellung vom Dreispitzhut als einem »Nebelspalter«: ähnlich treibt der große Schirm (mit dem der Hotelportier die Gäste vom und zum Wagen begleitet) das Gewitter auseinander.

2) breitrandiger, wagenradähnlicher Damenhut. 1930 ff.

gewogen bleiben er kann mir g. bleiben = er soll mich in Ruhe lassen; Ausdruck der Abweisung. Meint eigentlich »günstig, gnädig gesinnt bleiben«. Hier ironisch gemeint: die Gewogenheit möge darin bestehen, daß man nicht weiter behelligt wird. 19. Jh.

Gewohnheitstier *n* Mensch mit festen Gewohnheiten; Mensch, der an seinen Gewohnheiten bis zur Geistlosigkeit festhält. Oft in der sprichwörtlichen Form »Der Mensch ist ein Gewohnheitstier«. »Tier« meint das Animalische schlechthin ohne geistig-seelisches Vermögen: der Mensch wird aus erworbener Gewohnheit zum Handeln bestimmt. 18. Jh.

Giebel *m* 1) Kopf, Verstand. Fußt einerseits auf der volkstümlichen Gleichsetzung des menschlichen Kopfes mit einem Haus, andererseits auf der Verwandtschaft mit »Gipfel« u. ä. 1000 ff.

2) Nase. [Vgl Gesichtserker.] 1800 ff.

Gießkanne *f* eine Stimme haben wie eine (rostige) G. = eine rauhe, erkältete, heisere Stimme haben. Der Klang ist so unmusikalisch, wie wenn man in eine Gießkanne bläst. Seit dem späten 19. Jh.

Gießkannenprinzip *n* gleichmäßige Verteilung öffentlicher Mittel ohne Berücksichtigung der Vordringlichkeit. Aus der Gießkanne fällt das Wasser gleichmäßig und ohne Bevorzugung zur Erde. Nach 1955 aufgekommen.

Gift *n* 1) Zorn, Wut. [Vgl giften.] 1700 ff.

2) blondes G. = betörende Blondine. Das Blondfärben des Frauenhaars kam nach 1920 erneut auf, später begünstigt durch die Lehre von der Vorherrschaft der blonden Rasse.

3) scharf wie G. = a) überaus

scharf (auf Schneidwerkzeuge bezogen). [Vgl Gift 5.] 1800 ff.
= b) energisch, durchgreifend, rücksichtslos. 1900 ff.
= c) geil. 1900 ff.
4) G. nur etw nehmen können = sich für die Richtigkeit einer Äußerung verbürgen. Fußt wahrscheinlich auf Markus 16, 18: trinken die Apostel Tödliches, wird es ihnen nicht schaden. Auf diese Gewißheit hin kann, wer glaubt, auch Gift zu sich nehmen. 1800 ff.
5) wie G. schneiden = sehr scharf sein (auf Schneidwerkzeuge bezogen). Meint eigentlich »scharf wie starkwirkendes Gift«. 1850 ff.

giften *refl* sich heimlich ärgern; aufbrausen. »Gift und Galle« ist ein formelhafter Ausdruck für sehr starke Erregung. Groll »vergiftet« die ausgeglichene Gemütslage. 1700 ff.

giftig *adj* zänkisch, ausfallend, zornig. [Vgl giften.] 16. Jh.

Giftnudel *f* 1) schlechte Zigarre (Zigarette). »Nudel« spielt auf die zylinderförmige Gestalt der Zigarre an und »Gift« auf die gesundheitsschädliche Wirkung. Spätes 19. Jh.
2) unverträgliche, zänkische, ausfallende weibliche Person. »Nudel« spielt auf die füllige Körpergestalt an. Zu »Gift« vgl giftig. Spätes 19. Jh.

Giftschrank *m* unter Verschluß gehaltene Büchersammlung mit sittlich (politisch o. ä.) anstößigen Werken. Im Giftschrank verwahrt der Apotheker die gifthaltigen Arzneien. 1870 ff.

Giftzwerg *m* boshafter Mensch. Meint ursprünglich den Kleinwüchsigen, der seine Unterlegenheit gegenüber den Normal- und Großwüchsigen in Boshaftigkeiten zu verwinden sucht. 1920 ff.

Gigerl *m* junger Stutzer; Modenarr. Eigentlich der Hahn (Gickel, Gakkel, Gockel); er stolziert vor den Hühnern. Seit 1885 durch Pötzl über Wien geläufig geworden.

Gimpel *m* einfältiger Mensch. Hergenommen vom gleichnamigen Vogel wegen seiner ungeschickten

Sprünge (*mhd* gumpen = hüpfen), auch wegen seiner Gutmütigkeit (er ist sehr leicht zu fangen): der Einfältige glaubt jede Äußerung ungeprüft. 16. Jh.

Gips *m* Geld. Vielleicht verallgemeinert aus der Bezeichnung für die Falschmünze, weil man von der echten Münze einen Gipsabdruck fertigte. Wohl auch beeinflußt von »gib es (gib's)«. 1800 ff.

Gipskopf (kopp) *m* dummer, einfältiger Mensch. Er ist in geistiger Hinsicht so starr wie der festgewordene Gips. Seit dem späten 19. Jh.

Gipsverband *m* enganliegender Kragen; steifer Kragen; Kragen. Er umschließt den Hals wie ein Gipsverband, hemmt die Beweglichkeit und ist weiß. Seit dem ausgehenden 19. Jh, als solche Kragen Mode waren.

Glacé-Handschuhe *pl* jn mit G.n anfassen = jn behutsam behandeln. Handschuhe dieser Art wurden etwa seit 1820 Moɗe. Etwa seit der Mitte des 19. Jhs.

Glanz *m* 1) mit G. = ausgezeichnet, gehörig; mit Auszeichnung. Auch in ironischem Sinne. »Mit Glanz« kann man in einer Prüfung bestehen oder versagen. Verkürzt aus der nachfolgenden Vokabel, die im ausgehenden 19. Jh die mehr ruhmredige als ruhmreiche Kaiserzeit kennzeichnete.
2) mit G. und Gloria = ausgezeichnet (auch ironisch). 1870 ff.
3) welcher G. kommt da in meine Hütte?: Ausdruck der Begrüßung eines unerwarteten Besuchers. Stammt in entstellter Form aus Schillers »Jungfrau von Orléans« (Prolog, zweiter Auftritt). 1900 ff.

Glanzform *f* in G. sein = sehr leistungsfähig sein. [Vgl Form 1.] 1920 ff.

Glas *n* 1) zu tief ins G. geguckt haben = betrunken sein. Euphemismus nach dem Muster »einem Mädchen zu tief ins Auge geguckt haben«. 17. Jh.
2) die vollen Gläser nicht sehen (leiden) können = gern trinken. Euphemismus. 19. Jh.

3) kein leeres G. sehen (leiden) können = gern trinken. Euphemismus. 19. Jh.

Glaser *m* dein Vater ist wohl G.?: Frage an einen, der dem andern im Licht steht. Beruht auf der grotesk-witzigen Vorstellung, daß der Glaser durchsichtige Kinder zu haben hat. 1850 ff.

glatt *adj adv* 1) völlig. (Das ist g. gelogen; das ist ein g.er Zufall.) »Glatt« bezieht sich auf das Nichtvorhandensein von Widerstand, daher im Sinne von »ungehindert, bedenkenlos«. 16. Jh.
2) ohne Schwierigkeit; einfach; ohne weiteres (ich könnte ihm g. eine Ohrfeige geben). 18. Jh.
3) g. sein = die Schulden bezahlt haben. »Glatt« in der Bedeutung »eben« (eine glatte Straße). 19. Jh.

Glatteis *n* jn aufs G. führen (schikken) = jn anführen, veralbern. Der Betreffende glaubt sich auf sicherem Boden; aber auf dem Glatteis kommt er zu Fall. 18. Jh.

Glatze *f* Schallplatte. Da die Glatze auch »Platte« genannt wird, muß sich die Schallplatte wortwitzelnd auch »Glatze« nennen lassen können. Halbwüchsigendeutsch seit 1955.

Glatzenmühle *f* Plattenspieler. [Vgl die vorhergehende Vokabel.] 1955 ff.

glauben *v* 1) wer's glaubt, wird selig = ich glaube das nicht. Wohl frei gebildet nach dem Markus-Wort: »der Glaube macht selig«: nach der Bibel kommt in den Himmel, wer glaubt, ohne zu zweifeln. 19. Jh.
2) dran g. müssen = a) eine bittere Erfahrung machen; einen empfindlichen Nachteil erleiden; etw willenlos über sich ergehen lassen müssen; viel Geld einbüßen. Stammt verkürzt aus der Bibelsprache: »daran glauben müssen, daß es einen stärkeren Herrn gibt« In den Pietistenkreisen des 18. Jhs aufgekommen. = b) sterben. 18. Jh.

Gleis *n* 1) etw ins G. bringen = etw wieder in Ordnung bringen. Stammt aus der Fuhrmannssprache: Gleis ist die Wagenspur. 18. Jh.
2) aus dem G. kommen = aus der gewohnten Ordnung geraten. 18. Jh.
3) ins G. kommen = in Ordnung kommen; Verständigung erzielen. 18. Jh.

Glimmstengel *m* Zigarre, Zigarette. 1802 von Joachim Heinrich Campe als ernsthaft gemeintes deutsches Ersatzwort vorgeschlagen, von Maßmann 1848 erneut befürwortet; etwa seit 1850 in scherzhafter Anwendung vordringend.

glitschen *intr* gleiten, ausgleiten. Intensivbildung zu »gleiten«. 15. Jh.

glitscherig (glitschig) *adj* schlüpfrig (vom Boden gesagt); glatt. Gehört zur vorhergehenden Vokabel. 16. Jh.

Glocke *f* 1) etw an die große G. hängen (bringen) = etw in aller Leute Mund bringen. Früher wurden öffentliche Bekanntmachungen durch den Gemeindeboten ausgeschellt; bei wichtigen Anlässen, die über den Rahmen der Dorfgemeinschaft hinausgingen, wurden durch Glockengeläut die Bewohner aus nah und fern zusammengerufen. 18. Jh.
2) an die große G. kommen = allgemein bekannt werden. 19. Jh.
3) merken (sehen, hören), was die G. geschlagen hat = merken (spüren), wohin die Entwicklung geht. Der Glockenschlag, der die Uhrzeit angibt, versinnbildlicht die Entwicklungsrichtung der Geschehnisse, Absichten usw. 16. Jh.
4) wissen, was die G. geschlagen hat = wissen, was man zu erwarten hat; über die Folgen Bescheid wissen. 18. Jh.

Glotzaugen *pl* große hervortretende Augen (mit einem neugierig-dummen Ausdruck). [Vgl das Folgende.] 14. Jh.

glotzen *intr* neugierig-dumm blikken. Fußt auf einem indogermanischen Wurzelwort mit der Bedeutung »glänzend, schimmernd«. Übergang von »anstrahlen« zu »anstarren«. Seit mittelhochdeutscher Zeit.

Glotzophon *n* Fernsehgerät. Zusammengesetzt aus »glotzen« und der Endung »-ophon« nach dem Muster von Mikrophon o. a. Etwa seit 1960.

gluck-gluck machen *intr* trinken. »Gluck« ist lautmalend: beim Entleeren der Flasche entsteht der Laut »gluck«. Es »gluckert« oder »gluckst«. 18. Jh.

Glückspilz *m* Mensch, der unverhofft Glück hat. Hängt zusammen mit der abergläubischen Vorstellung, daß alles, was reichlich vorkommt, ein Glücksunterpfand ist. Vielleicht unter Einfluß von *engl* »mushroom« = Pilz, Emporkömmling« im späten 18. Jh aufgekommen.

Goldfisch *m* reiches Mädchen; wohlhabende Ehepartnerin. Der Goldfisch, Bewohner der Hausaquarien, wurde zur Bezeichnung der vermögenden weiblichen Person um so mehr, als Heiraten oft als ein Angeln und Fischen aufgefaßt wird. 1800 ff.

Goldgrube *f* sehr einträgliches Unternehmen, Lokal, Geschäft. Seit der Zeit des Goldgräberwesens gilt das Goldbergwerk sinnbildlich als Reichtumsquelle. 18. Jh.

goldig *adj* sehr schön; entzückend; allerliebst. Meint eigentlich das Goldglänzende, auch das Goldähnliche und, weil Gold das beliebteste Edelmetall ist, auch einen allgemeinen Superlativ. Um 1700 aufgekommen; um 1900 Backfisch- und Leutnantsdeutsch.

goldrichtig *adj* vortrefflich; treffend gesagt. Die Äußerung oder die Person ist echt wie Gold. 1900 ff.

Goldschmied *m* ich denke wie G.s Junge: Ausdruck der Abweisung. Meinte ursprünglich, daß man eine Unbill nicht mit einer Unbill erwiderte, sondern sich nur in Gedanken rächte. Balthasar Schupp erwähnt 1656 jenen Goldschmiedsjungen, der von seinem Herrn ein paar Ohrfeigen erhielt und sie dadurch erwiderte, daß er die Hand in die Tasche steckte, sobald er zuschlagen wollte. Der Sinn dieser Geschichte verwandelte sich im Laufe der Jahrhunderte zu der heute üblichen Bedeutung »leck mich im Arsch!«.

Gott *m* 1) ein Anblick für (für die) Götter = ein besonders schöner Anblick. Oft auch ironisch gemeint. Wahrscheinlich nach dem Muster von »Schauspiel für Götter« gebildet. 19. Jh.

2) ein Bild für die Götter = ein besonders schöner Anblick. [Vgl das Vorhergehende.] 1900 ff.

3) ein Schauspiel für Götter = ein schöner, herrlicher Vorgang. Stammt aus Goethes Singspiel »Erwin und Elmire« (1775): »Ein Schauspiel für Götter, zwei Liebende zu sehen«. 1850 ff.

4) dein Wort in Gottes Ohr (Gehörgang)! = möge es sich bewahrheiten! Stammt aus der jüdischen Vorstellung, daß Gott dem Beter sein Ohr leiht und daß Gott allein den Wahrheitsgehalt des Mitgeteilten kennt. 1900 ff.

5) laß dich nicht vom lieben G. erwischen! = geh bei deinem nicht ganz einwandfreien Vorhaben vorsichtig vor! Steht wohl in Zusammenhang mit Gottes Allwissenheit und Allgegenwart, vielleicht auch mit der volkstümlichen Meinung, daß Gott Unrecht mit dem Blitzstrahl vergilt. Seit dem späten 19. Jh.

6) grüß G., wenn du ihn siehst!: scherzhafter Abschiedsgruß nach dem Muster von »grüß Onkel Franz, falls du ihn zufällig siehst!«. Seit dem ausgehenden 19. Jh.

7) leben wie G. in Frankreich = sorglos leben. Wahrscheinlich zusammengewachsen aus »leben wie ein Gott« und »leben wie ein Herr in Frankreich«. Dem »Herrn in Frankreich« (gemeint ist der Adlige und Wohlhabende) sagte man im späten 18. Jh nach, er führe ein Faulenzerleben.

8) G. einen guten (frommen) Mann sein lassen = unbekümmert leben. Wer in Freuden lebt, denkt sich Gott nicht als Rachegott, sondern als friedfertigen guten Mann, der dem fröhlichen Weltkind sein weltliches Leben nachsieht. 18. Jh.

9) von G. verlassen sein = nicht ganz bei Verstande sein. Fußt auf Psalm 8, 6. Seit dem ausgehenden 19. Jh.

10) G. sei getrommelt und gepfiffen! = Gott sei Dank! Burschikose Ausweitung des Bildes von den zu Gottes Lob musizierenden Engeln, etwa nach Art eines Trommler- und Pfeiferkorps. 1850 ff.

Göttergatte *m* Ehemann (scherzhaft bis ironisch gemeint). Entweder zusammengewachsen aus »vergötterter Gatte« oder parodistisch nach »Götterweib = Weib für Götter«. 1900 ff.

gottserbärmlich *adj* sehr elend, schlecht, jammervoll. Eigentlich so schlecht, daß es Gott erbarmen müßte, umschrieben aus »kotzerbärmlich entstellt aus »kotzerbärmlich = so erbärmlich, daß man sich erbrechen muß«. 19. Jh.

gottsjämmerlich *adj* sehr elend, schlecht; herzzerreißend. [Vgl das Vorhergehende.] 18. Jh.

gottverdammt *adj* verwünscht; höchst unangenehm. 19. Jh.

gottverflucht *adj* verwünscht; äußerst unangenehm. 19. Jh.

gottverlassen *adj* weit abgelegen; einsam gelegen. Gewissermaßen eine Gegend oder Ortschaft, die Gott wegen Unwirtlichkeit aufgegeben hat oder in die das Wort Gottes nicht gelangt ist. 1800 ff.

Götz! (Götz von Berlichingen!): grober Ausdruck der Abweisung. Meint den Ausdruck »Leck mich am Arsch!« aus Goethes »Urgötz« (1771). 19. Jh.

Grab *n* sich im G. umdrehen (rumdrehen): Ausdruck heftigen Mißfallens (zuweilen auch soviel wie »nicht im Sinne des Verstorbenen handeln«); z. B.: wenn meine tote Großmutter das hörte (wüßte), drehte sie sich im Grabe herum. Meint, daß die hintere Körperhälfte nach oben gelangt und zu dem unter »Götz« Gesagten einlädt. Fußt undeutlich auf der alten Vorstellung, daß die Seele bis zur Verwesung des Körpers beim Verstorbenen verbleibt und dieselben Regungen besitzt wie zu Lebzeiten. 18. Jh.

grabbeln *tr* betasten; mit den Fingern durchsuchen. Iterativform zu grappen, s. d., wahrscheinlich auch von »krabbeln« beeinflußt. 18. Jh.

Grammogröl *m* Plattenspieler. Zusammengesetzt aus der Verkürzung »grammo« (von »Grammophon«) und »grölen = laut schreien«. Sehr abfällige Bezeichnung. Etwa seit 1955.

Granate *f* heftiger (unhaltbarer) Fußballstoß. Analog zu Bombe 3. 1930 ff.

grappen (grappschen, grapschen, grapsen) *tr* hastig nach etw greifen; etw hastig entwenden. Urverwandt mit greifen. *Engl* to grab und to grasp. 17. Jh.

Gras *n* 1) ins G. beißen = sterben. Möglicherweise eine humanistische Entlehnung aus der Ilias oder aus der Aeneis: der tödlich Verwundete krümmt sich vor Schmerzen am Erdboden und sucht durch Beißen in Sand oder Gras seine Schmerzen zu verbeißen. 16. Jh.

2) wo er hinhaut (hinschlägt, hintritt), wächst kein G. mehr = er schlägt heftig zu. 19. Jh.

3) das G. wachsen hören = sich sehr klug dünken; kommende Ereignisse ahnen (zu ahnen glauben). Eine schon um 1500 geläufige Umschreibung für das vermeintliche Wissen eines Unwißbaren.

4) über etw Gras wachsen lassen = eine Sache in Vergessenheit geraten lassen. Gras verbreitet sich schnell und macht den Untergrund nahezu unkenntlich. 16. Jh.

Gräten *pl* 1) G. im Gesicht haben = unrasiert sein. Zur Erklärung vgl Fisch 6. Etwa seit 1900.

2) nur noch in den G. hängen = völlig abgearbeitet sein. »Gräte« steht hier für Knochen: der Erschöpfte wird nur noch von seinen Knochen gehalten, nicht durch seinen Willen. 1900 ff.

Grenze *f* grüne G. = Waldgebiet auf beiden Seiten einer politischen Grenze. Um 1933 aufgekommen im Zusammenhang mit der Flucht aus NS-Deutschland, nach 1945 wieder aufgelebt durch die Flucht aus der sowjetischen Besatzungszone.

Grillen *pl* G. im Kopf haben = wunderliche Gedanken haben; sich törichte Sorgen machen. Im 16. Jh dem *franz* »avoir des grillons dans la tête« und dem *ital* »avere de' grilli per il capo« entlehnt.

Grippe *f* seine G. nehmen = wegen (angeblicher) Grippeerkrankung Krankheitsurlaub nehmen. Meines Wissens 1958 aufgekommen, als Grippeerkrankungen sehr häufig waren. Man stellte es so dar, als habe man auf die Grippe genauso Anspruch wie auf den Urlaub.

Grips *m* Verstand; Auffassungsvermögen. Zusammenhängend mit greifen, begreifen. 19. Jh.

grölen (gröhlen) *intr* laut schreien; unmusikalisch singen. Die für das 15. Jh gebuchte Form »gralen« steht in Verbindung mit dem Gral: das Heiligtum der Gralsritter sank zu einem bürgerlichen Turnierfest herab, bei dem sich lärmende Betriebsamkeit entwickelte. 17. Jh.

Groschen *m* 1) der G. ist gefallen = er hat endlich begriffen. Hergenommen vom Automaten, dessen Mechanismus durch den Fall des Groschens ausgelöst wird. Diese Vorstellung ist vielen Sprachen geläufig. 1900 ff. 2) bei ihm fällt der G. fix = er begreift rasch. 1900 ff. 3) bei ihm fällt der G. langsam = er begreift langsam. 1900 ff. 4) sein G. fällt pfennigweise (in Pfennigen) = er begreift sehr langsam. 1900 ff. 5) bei ihm fällt der G. spät = er hat eine langsame Auffassungsgabe. 1900 ff. 6) bei ihm klemmt der G. = er begreift nur langsam. Variante vom fallenden Groschen. 1920 ff. 7) bei G. sein = Geld haben. 19. Jh. 8) nicht (nicht ganz) bei G. sein =. nicht recht bei Verstand sein; dumm sein. Vom materiell Unbe-

mittelten übertragen auf den geistig Unbemittelten. 1820 ff.

Großkotz *m* Prahler; überheblicher Mensch. [Vgl das Folgende.] 1820 ff.

großkotzig *adj* anmaßend, prahlerisch. Verwandt mit »große Bogen spucken«; denn »kotzen« meint ebenfalls »spucken«, auch »überheblich, dreist reden«. 19. Jh.

Großmaul *n* vorlauter Mensch; Prahler; Schreier. 16. Jh.

großmaulig (großmäulig, großmaulert) *adj* prahlerisch, überheblich. 16. Jh.

Großmutter *f* 1) veraltete Maschine; Maschine aus der Frühzeit der technischen Entwicklung. 1920 ff. 2) das kannst du deiner G. erzählen! = lüge nicht so dreist; ich glaube dir das nicht! Großmütter gelten in volkstümlicher Auffassung vielfach als abständig, lebensunerfahren und leichtgläubig. 1850 ff.

Großmutterblatt *n* leicht zu spielendes, zu gewinnendes Skatspiel. Selbst die alte Großmutter würde dieses Spiel gewinnen. 1900 ff.

Großschnauze *f* Prahler; überheblicher Mensch; Schreier. Analog zu Großmaul. 19. Jh.

großschnauzig *adj* prahlerisch, überheblich. 19. Jh.

großschreiben *tr* einer Sache besondere Bedeutung beimessen; etw bevorzugt tun; etw gebührend hervorheben. Wohl gegen 1900 mit dem Kampf für und wider die Großschreibung aufgekommen.

großspurig *adj* prahlerisch; verschwenderisch. »Spur« meint die Wagenspur: wer eine große Spur hinterläßt, fährt einen breiten, teuren Wagen. 19. Jh.

Großtuer *m* Prahler. [Vgl das Folgende.] 18. Jh.

großtun *intr* prahlen; sich vornehm stellen; überheblich sein. Wer mehr scheinen will, als er ist, trägt entweder die Nase hoch oder streckt sich, um durch seine Körpergröße vorteilhafter zu wirken. 17. Jh.

grün *adj* 1) unerwachsen, unverständig, unreif. Hergenommen vom Grün als der Farbe des unreifen Obstes. 17. Jh.

2) jm nicht g. sein = jn nicht leiden können. Grün als Farbe des Lebens, der Freude, des Angenehmen wird auch zur Sinnbildfarbe des Günstigen. 16. Jh.

3) das ist dasselbe in G. = das ist ungefähr dasselbe. Hängt wahrscheinlich mit der Äußerung einer Modistin, Putzmacherin, Textilverkäuferin o. ä. zusammen: sie legt beispielsweise zwei Hüte derselben Machart vor, von denen der eine braun, der andere grün ist; der grüne ist »dasselbe in Grün«. 1850 ff.

Grund m aus einem kühlen G. = aus einem sehr einfachen Grunde. Dem Anfang des Volkslieds »In einem kühlen Grunde, da geht ein Mühlenrad« entnommen und etwa um 1900 verquickt mit »kühl = leidenschaftslos; sachlich nüchtern«.

Grünfutter n 1) jegliches Gemüse. Eigentlich Bezeichnung für das Wiesen- und Weidegras, Klee, Möhren- und Kohlrübenblätter usw., wie man sie dem Vieh gibt. 1900 ff.

2) Blumenstrauß. 1900 ff.

Grünschnabel m unerfahrener, vorlauter junger Mensch. Wohl dem gleichbedeutenden »Gelbschnabel« nachgebildet unter Einfluß von »grün = unerfahren«. 18. Jh.

Grünzeug n unerwachsene, unreife junge Leute. Variante zu »grünes Gemüse«. 1900 ff.

Gruß m 1) Deutscher G. (mot.); Deutscher G. der Autofahrer; neuer Deutscher G. = Berühren der Stirn oder der Schläfe mit dem Zeigefinger. [Vgl Autofahrergruß.] 1955 ff.

2) letzte Grüße aus Davos = kränkelndes Hüsteln. Meint eigentlich den Husten von Asthma- und Schwindsuchtkranken. Der Hüstelnde gilt als Anwärter für die Lungenheilstätten in Davos; sein Hüsteln gilt als letzter Gruß, er wird wohl bald sterben. Nach 1920 aufgekommen, vielleicht im Zusammenhang mit dem Roman »Der Zauberberg« von Thomas Mann (1924).

Grütze f G. im Kopf haben = klug sein; einen scharfen Verstand haben. Vielleicht umgebildet aus »Gritz, Kritz = Scharfsinn, Verstand«. 17. Jh.

Gspusi (Gespusi, Gschpusi, G'spusi) n Liebelei; Geliebte; Liebchen. In den oberdeutschen Mundarten entwickelt aus »Gespons«, dieses aus lat »sponsus, sponsa = Verlobter, Verlobte«. 19. Jh.

Guckkasten m Fernsehgerät. Gleich seinem alten Vorgänger im Kasten, in dem Bilder zu sehen sind. 1950 ff.

Gulasch m (n) ich mache aus dir G.!: Drohrede. Etwa seit 1900.

Gummilinse f Photoobjektiv mit veränderlicher Brennweite. 1955 ff.

Gummilöwe m angriffslüsterner, aber bei Widerstand sofort nachgiebiger Mensch. Nach außen gebärdet er sich als gefährlicher Löwe; aber innerlich ist er anpassungsfähig wie Gummi. Im Dritten Reich aufgekommen mit Anspielung auf Generale, die sich Hitler zu widersetzen nicht wagten.

Gummiparagraph m Bestimmung, die verschiedene Auslegungen ermöglicht. 19. Jh.

Gurgel f 1) die G. ausspülen = ein Glas Alkohol trinken. Beschönigende Redewendung. 1850 ff.

2) etw durch die G. jagen = für Trinken ausgeben. Die Gurgel gilt sinnbildlich als Sitz der Trinklust. 16. Jh.

3) die G. schmieren = zechen. Man schmiert sie wie der Fuhrmann, der die Nabe seines Wagens schmiert. 15. Jh.

gurgeln tr einem g. = ein Glas Alkohol trinken. Meint eigentlich »die Rachenhöhle spülen«, dann »hinunterspülen«. 19. Jh.

Gurke f (große, breite) Nase. Spielt an auf die Formähnlichkeit mit der halbierten und ausgenommenen Gurke. 19. Jh.

Gusche (Gosche) f Mund. Herleitung ungesichert. Vielleicht aus ital »gorcia = Kehle«. 1600 ff.

Güte f du meine (du liebe) G.!: Ausruf des Erstaunens. Zerredet oder entstellt aus dem Anruf »du mein Gott!«. 16. Jh.

H

Haar *n* 1) verrostetes H. = rötliches Haar. 1920 ff.

2) sich in die H.e fahren= Streit beginnen. [Vgl Haar 4.] 17. Jh.

3) ein H. in etw (in der Suppe) finden = durch eine unangenehme Entdeckung abgeschreckt werden. Das Haar in der Suppe steht sinnbildlich für eine unliebsame Feststellung. 17. Jh.

4) sich in die H.e geraten (bei den H.en kriegen) = sich streiten. Ursprünglich auf den tätlichen Kampf bezogen, später auch auf den Wortkampf. 17. Jh.

5) H.e auf den Zähnen haben = schlagfertig, unverträglich sein; aufbegehren. Herkunft unsicher. Entweder bezüglich auf Haare als Zeichen der Männlichkeit, der Mannhaftigkeit (noch verstärkt dadurch, daß sie sogar auf den Zähnen wachsen) oder zusammenhängend mit einem kampflustigen Hund oder Kater, die nach dem Kampf die Haare ihres Opfers auf den Zähnen haben. Auch Entstellung aus »Hor = Horn« halte ich für möglich. 17. Jh.

6) etw an den H.en herbeiziehen = zweierlei miteinander in willkürliche Verbindung bringen. Bezog sich ursprünglich vielleicht auf einen Kampf, bei dem der Gegner den anderen an den Haaren ergreift: dadurch wird der andere weitgehend machtlos und muß alles mit sich geschehen lassen. 1600 ff.

7) H.e lassen = mit Schaden davonkommen. Hergenommen von einer Rauferei, bei der man Haare in der Hand des siegreichen Gegners zurückläßt. Auch kann die Redewendung auf der Beobachtung des Tierlebens fußen: ein Tier, das in eine Falle geraten ist, befreit sich unter Verlust von Haaren oder Federn. 15. Jh.

8) sich in den H.en liegen = sich streiten. [Vgl Haar 4.] Etwa seit 1500.

9) an ihm ist kein gutes H. = er taugt nicht, ist minderwertig.

»Kein gutes Haar« meint wahrscheinlich das rote (rötliche) Haar, das — wohl wegen der Ähnlichkeit mit der Pelzfarbe des Fuchses — als äußeres Zeichen schlechter Gesinnung gilt. 17. Jh.

10) sich um etw keine grauen H.e wachsen lassen = sich um etw keine unnützen Sorgen machen; sich nicht grämen. Ergrauen wird zuweilen auch durch Kummer und Sorgen verursacht. 1500 ff.

11) sich die H.e wegamüsieren = eine Glatze bekommen. Glatzköpfigkeit wird vielfach auf lockeren Lebenswandel zurückgeführt. 19. Jh.

haarig *adj* schlimm, böse, gefährlich, schwierig. Vielleicht verkürzt aus »haarsträubend« oder weiterentwickelt aus der alten Bedeutung »borstig« zu »scharf, verletzend«. Vgl *engl* hairy. Seit dem frühen 19. Jh.

haben *v* 1) es h. = a) krank sein (es im Halse haben). »Es« steht neutral-verhüllend für Krankheit, Tod, überhaupt für Unangenehmes. 18. Jh.

= b) vermögend sein. Verkürzt aus »das erforderliche Geld haben«. o. ä. 18. Jh.

2) es in sich h. = a) vorzüglich sein. Gern auf Getränke bezogen: der Flasche sieht man außen nicht an, wie ihr Inhalt wirkt. Spätes 19. Jh.

b) schwerer sein als vermutet (dieses Möbel hat es in sich). 19. Jh.

3) es (etw) mit jm h. = mit jm heimliche Liebesbeziehungen unterhalten. »Es« steht verhüllend für Liebe, Geschlechtsverkehr. 19. Jh.

4) sich mit jm h. = sich mit jm streiten, entzweit haben. Verkürzt aus »sich mit jm in den Haaren haben«. [Vgl Haar 4.] Etwa seit dem 19. Jh.

5) sich haben = sich zieren; sich übertrieben, unnatürlich benehmen; sich ereifern. »Sich haben« meinte früher »sich benehmen«

(z. B.: sich sittsam haben), meist bezogen auf rücksichtsvolles Gebaren; in volkstümlicher Auffassung wurde hieraus das Gegenteil, wohl weil man die Anstandsformen der oberen Zehntausend für unecht hielt. 1800 ff.

6) noch zu h. sein = noch ledig sein. Hergenommen aus der Kaufmannssprache: noch verkäuflich, noch im Handel sein. 19. Jh.

7) wieder zu h. sein = verwitwet, geschieden sein. 19. Jh.

8) da h. wir es! = das erwartete Unangenehme ist eingetroffen. 18. Jh.

9) ihn hat es = a) er ist von der Kugel getroffen, ist tot. 16. Jh.
= b) er ist verrückt, irrsinnig verliebt, volltrunken. 19. Jh.
= c) er ist nicht recht bei Verstand. 19. Jh.

Habenichts *m* Herr (Baron) von H. = nicht wohlhabender Mann, der durch vornehmes Auftreten seine bescheidene wirtschaftliche Lage zu verhüllen sucht. Er wirkt wie ein Herr oder Baron; aber der Zusatz »von Habenichts« (Satzname: ich habe nichts) kennzeichnet ihn als vermögenslos. Spätes 18. Jh.

Hacken *pl* 1) sich die H. ablaufen = viele Wege machen; sich eifrig um etw bemühen. Hacke = Ferse; Schuhabsatz. 18. Jh.

2) jm auf den H. sein (sitzen) = jn verfolgen, antreiben. Analog zu »jm auf den Fersen sein«. 17. Jh.

hacken *intr* auf jn h. = an jm etw auszusetzen haben; über jn in seiner Abwesenheit Mißgünstiges äußern. Hergenommen von den Vögeln, die aufeinander einhakken, um den schwächeren zu verdrängen. Vor allem die Beobachtung des Verhaltens der Hühner untereinander (Hackordnung, Hackgesetz) dürfte bei dieser Redewendung Pate gestanden haben. 19. Jh.

Hackfleisch *n* aus dir mache ich H. (dich verarbeite ich zu H.)!: Drohrede. [Vgl Gulasch.] Seit dem späten 19. Jh.

Hafer *m* ihn sticht der H. = er

wird übermütig. Bekommt das Pferd mehr Hafer als nötig, scheidet es einen Teil der unverdauten Körner wieder aus; beim Austritt aus dem After stechen die spitzen Körner das Pferd an dieser sehr empfindlichen Stelle. 16. Jh.

Hafermotor *m* 1) Pferdedroschke, Droschkengaul. Scherzhafte Technisierung: statt Benzin gibt es Hafer als Betriebsstoff. 1900 ff.

2) 1-PS-Hafermotor mit Peitschenantrieb (Peitschenzündung) = Pferd. 1920 ff.

Hahn *m* 1) danach kräht kein H. mehr = darum bekümmert sich niemand mehr; das vermißt keiner. »Danach« ist nicht zeitlich, sondern ursächlich gemeint in der Bedeutung »um dieses«; deswegen«. Die Sache selber hält der Hahn für so unwichtig, daß er ihretwegen nicht kräht. 1500 ff.

2) jm den roten H. aufs Dach setzen =jds Haus anzünden. Hergenommen von dem mit Rötel gezeichneten Hahn, einem Gaunerzinken, mit dem man früher die Brandstiftung ankündigte. 1500 ff.

3) H. im Korbe sein = a) der Meistgeschätzte sein. »Korb« meint den Hühnerkorb, den Hühnerhof: der Hahn wird höher geschätzt als die Hühner. 1500 ff.
= b) unter weiblichen Personen der einzige Mann sein. 19. Jh.

Hahnepampel (Hannebampel, Hannepampel) *m* gutmütiger, einfältiger, energieloser Mensch; Schwächling. Wohl Streckform zu Hampelmann. 1800 ff.

Haifischmaul *n* Autokühlerverkleidung bei Luxusautos. Die Blechverkleidung ähnelt dem geöffneten Maul eines Hais. 1955 ff.

Haken *m* 1) das ist der H. = das ist die entscheidende Schwierigkeit. Wahrscheinlich hergenommen von dem Angelhaken, der für den Fisch Gefahr bedeutet, oder von einem sonstigen Haken, den man beim Klettern übersieht und erst als Nachteil erkennt, wenn es zu spät ist. 1800 ff.

2) die Sache hat einen H. = die

Sache hat eine verborgene Schwierigkeit. Seit dem Mittelalter.

halbe-halbe machen unter zweien teilen; mit jm gemeinsame Sache machen. [Vgl fifty-fifty machen.] 1900 ff.

halblang *adv* mach es h.! = übertreibe nicht! Anspielung auf übertreibende Angabe einer Länge, einer Entfernung, eines Ausmaßes. Spätes 19. Jh.

Halbmasthosen *pl* verwachsene, nur bis zur halben Wade reichende Hosen; dreiviertellange Hosen. Die Hose ist gewissermaßen auf halbmast gesetzt wie eine Fahne bei Trauerbeflaggung. 1900 ff.

halbseiden *adj* sittlich locker, anrüchig; in gesellschaftlicher Hinsicht zweitrangig; prostituierend. Halbseide ist ein Gemisch von Seide und Baumwolle, also keine reine Seide. Halbseide ist bei manchen Bindungen auf der Schauseite unsichtbar. Von daher übertragen zur Bezeichnung einer mehr oder minder offenen Anrüchigkeit. 1900 ff.

Halbstarkenchinesisch *n* Halbwüchsigensprache nach 1950. Nachgebildet dem nach 1945 aufgekommenen Wort »Parteichinesisch« für die Sprechweise kommunistischer Parteifunktionäre.

Halbstarker *m* Halbwüchsiger. Im ausgehenden 19. Jh aufgekommen, vor allem in Hamburg im Sinne von »Angehöriger des Nachwuchses der Arbeiterjugend«, dann auch in Ostwestfalen, von da westwärts und rheinaufwärts gewandert bis nach Süddeutschland hinein. Um 1900 nannte man »Halbstarke« die herumlungernden, nicht ganz ungefährlichen jugendlichen Demonstranten aus sozialen Randschichten. Das Wort kam 1950 im Zusammenhang mit Ausschreitungen Jugendlicher erneut auf.

Halbzarte *pl* junge Mädchen. Gegenwort zu »Halbstarker«. 1955 ff.

Hälfte *f* die bessere H. = Ehefrau (spöttisch). Stammt aus *engl* »my better half« in Sidneys Arcadia, 1590. Etwa seit dem späten 18. Jh.

Hallelujagasometer *m* rundgebaute Kirche. [Vgl Gebetsgasometer.] 1945 ff.

Hallelujaschuppen *m* Kirchengebäude. [Vgl Schuppen.] 1950 ff.

Hals *m* 1) jm mit etw vom H. bleiben = jn mit einer unangenehmen Sache verschonen. Hals meint hier den Nacken als Lastenträger und das Unangenehme als Bürde. 18. Jh.

2) jm den H. brechen = jn moralisch vernichten, zu Fall bringen; jn einer Schuld sicher überführen. [Vgl Genick 1.] 18. Jh.

3) das bricht ihm den H. = das richtet ihn zugrunde, ist sein Untergang, bringt ihn vor das Gericht, ins Gefängnis. 18. Jh.

4) jn (etw) auf (an) dem H. haben = mit etw Unangenehmen (mit einem lästigen Menschen) beladen sein. [Vgl Hals 1.] Etwa seit 1500.

5) viel an (auf) dem H. haben = stark beschäftigt sein. 1900 ff.

6) sich etw (jn) vom H. halten = sich eine unangenehme Sache oder Person fernhalten. 19. Jh.

7) es hängt (wächst, kommt) mir zum H. heraus = ich bin der Sache sehr überdrüssig. Das Unangenehme ist wie eine übelkeiterregende Speise und will durch Erbrechen ins Freie. 16. Jh.

8) das wird den H. nicht kosten = das Schlimmste ist dabei nicht zu erwarten; es ist nicht sonderlich schlimm. Hängt zusammen mit der Strafe des Enthauptens und Erhängens. 1500 ff. Vgl 1 Chronika 12, 19.

9) etw in den falschen (unrechten, verkehrten) H. kriegen = a) sich verschlucken. »Falscher« Hals ist die Luftröhre. 18. Jh.

= b) etw falsch auffassen, gründlich mißverstehen. 19. Jh.

10) sich etw (jn) auf den H. laden (ziehen) = sich eine lästige Sache (Person) zuziehen. [Vgl Hals 1.] Seit dem 17. Jh.

11) sich etw (jn) vom H. schaffen = sich einer lästigen Sache (Per-

son) entledigen. [Vgl Hals 1.] Seit dem 18. Jh.

12) jm einen auf den H. schicken (hetzen o. ä.) = jm einen lästigen Besucher schicken; jn verfolgen (überwachen) lassen. Hergenommen von der Verfolgung des Wildes durch Hunde. 18. Jh.

13) bis über (an) den H. in Schulden stecken = tief verschuldet sein. Bezieht sich wahrscheinlich auf die Vorstellung des Ertrinkens (ihm steht das Wasser bis zum Hals) oder des Steckens im Dreck. 19. Jh.

14) es steht ihm bis an den H. = es widert ihn an; er ist der Sache überdrüssig. Hergenommen entweder von einer Speise, die Brechreiz verursacht, oder vom Wasser (Morast), in dem man bis zum Hals steht. 19. Jh.

15) jm den H. umdrehen = jn zugrunde richten, zu Fall bringen, moralisch erledigen. Hergenommen vom Geflügel, dem beim Töten der Hals umgedreht wird. 17. Jh.

16) den H. nicht vollkriegen = gierig, gefräßig, geldgierig sein. Ursprünglich auf den gefräßigen Menschen bezogen (nach dem Muster gefräßiger Tiere), dann erweitert auf den selbstsüchtigen und lebensgierigen. 19. Jh.

17) sich jm an den H. werfen (hängen) = sich jm aufdrängen, unverlangt anbieten. Hergenommen von der Umhalsung als Gebärde der Liebe, dann verengt zur Bedeutung unerwünschter Anhänglichkeit. 18. Jh.

Halsbruch m Hals- und Beinbruch!: Glückwunschformel vor einem wichtigen Ereignis (Examen, Hochzeit o. ä.). Beruht auf altem Volksglauben: der unverhüllt ausgedrückte Glückwunsch lockt die schadenstiftenden Dämonen herbei, wohingegen sie fernbleiben, wenn man sie mit verstelltem Glückwunsch prellt. Wenn man die Gefahr beruft, wird sie unwirksam. Wahrscheinlich aus der Jägersprache über die Schauspielersprache alltagssprachlich geworden. Seit dem späten 19. Jh.

Halunke m Schurke, Schuft, ehrloser Mensch. Stammt seit dem 16. Jh aus tschechisch »holomek = nackter Bettler; verwildert aussehender Mensch«.

Halunkenloge f Galerieplatz im Theater; vordere Platzreihe im Kino; billigster Zuschauerplatz. Wertverbessernde Bezeichnung im Wettkampf mit den Theaterlogen. 1850 ff.

Hammel m dummer, ungebildeter, roher Mensch. Meint eigentlich den verschnittenen Schafbock, dann auch den Hammel als Leittier einer Schafherde: da »Schaf« den dummen Menschen bezeichnet, ist der Hammel ein noch größerer Dummkopf als die ihm folgenden Schafe. 18. Jh.

Hammelbeine pl 1) jn bei den H.n kriegen = jn ergreifen; jn zur Verantwortung ziehen. »Hammelbeine« sind seit 1870/71 die Beine des Menschen, wohl weil man mit »Hammel« auch den Rekruten meinte.

2) jm die H. langziehen = jn im Dienst schinden; jn rücksichtslos einexerzieren; jn prügeln. Seit dem späten 19. Jh hergenommen vom Kastrieren des Schafbocks: um die Hoden erreichen zu können, zieht man dem Schafbock die Beine lang.

Hämorrhoidenschaukel f 1) Fahrrad, Motorrad, Moped. Fußt auf der scherzhaften oder ironischen Vorstellung, daß man von anhaltend starkem Schaukeln Hämorrhoiden bekommt. 1900 ff.

2) altes Auto. 1935 ff.

Hampelmann m energieloser, willensschwacher Mensch; Mensch ohne feste Gesinnung. Im 16. Jh ein Scheltwort auf den Dummen (hampeln = sich hin und her bewegen); mit dem Aufkommen der Gliederpuppe im 17. Jh im Sinne der heutigen Bedeutung.

Hanake m grober, plumper Mensch; ehrloser Mann. Meint eigentlich den in Mähren angesiedelten Slawonen, aus dem Gebiet der Drau stammend. Im schwelenden Abwehrkampf der deutschsprechenden Böhmen gegen die Minder-

heiten der tschechischen Volks-
stämme geriet er in Mindergel-
tung. 1800 ff.

Hand f 1) schöne H. = rechte Hand.
»Schön« in der Bedeutung »gut,
richtig« gehört der Kindersprache an: die Begriffe »schön« und
»häßlich« gehen dem Kind früher und leichter ein als die Begriffe »richtig« und »falsch«
oder »gut« und »böse«. 19. Jh.
2) unter der H. = heimlich, im
verborgenen. Hergenommen vom
betrügerischen Kartenspieler, der
unter seiner Hand die Karten
vertauscht. 17. Jh.
3) nicht in die hohle H.! = auf
keinen Fall!; ausgeschlossen!
Hängt wohl mit der hohlen Hand
des Bestechlichen zusammen: der
Betreffende ist also keinem Be-
stechungsversuch   zugänglich.
1900 ff.
4) die H. rutscht aus = man
schlägt zu (ohne es zu wollen);
man gibt eine Ohrfeige. Beschönigende Redewendung seit 1800.
5) jm aus der H. fressen = jm
unbedingt vertrauen; gegen jn
nicht aufbegehren können. Hergenommen vom zahmen Tier.
18. Jh.
6) zwei linke Hände haben =
handwerklich ungeschickt sein.
Die linke Hand ist normalerweise
ungeschickter als die rechte.
1800 ff.
7) von der H. in den Mund leben
= die Einnahmen verbrauchen;
keine Ersparnisse machen. Gemeint ist, daß man für das Essen
ausgibt, was man mit der Hände
Arbeit verdient. 18. Jh.
8) für jn die H. ins Feuer legen =
für jn gutstehen; sich für einen
anderen verbürgen. Hängt wohl
zusammen mit dem mittelalterlichen Gottesurteil, bei dem der
Beschuldigte die Hand ins Feuer
legen mußte und als schuldlos
galt, wenn sie unversehrt blieb.
17. Jh.
9) jm die Hände schmieren = jn
bestechen. [Vgl schmieren.] 15. Jh.
10) jm die Hände versilbern = jn
bestechen. Gemeint ist, daß man
jemand Silbergeld in die Hand

gibt, vielleicht in Anspielung auf
die Silberlinge des Judas. 17. Jh.
11) seine Hände in Unschuld waschen = seine Unschuld bekennen. Fußt auf der Pilatusszene
aus Matthäus 27, 24: Hände-
waschung vor Gericht versinn-
bildlichte bei Juden und Römern
die Unschuldsbeteuerung. 18. Jh.
12) sich mit Händen und Füßen
wehren = sich heftig zur Wehr
setzen. 17. Jh.

Händchen n für etw ein H. haben =
in etw sehr geschickt sein; eine
Lage rechtzeitig erkennen und geschickt   auszunutzen   verstehen.
Hergenommen entweder von der
kleinen, feingliedrigen Hand, die
zu Feinarbeit besonders taugt,
oder vorn Kartenspieler, der eine
»glückliche« Hand hat. 19. Jh.

Handgelenk n etw aus dem H.
schütteln = etw mühelos, aus dem
Stegreif bewerkstelligen. Meint
die anstrengungslose Verrichtung,
wie sie dem geübten Handwerker
oder Künstler (Maler, Pianist) zu
eigen ist, vor allem wohl dem Di-
rigenten. 19. Jh.

handgestrickt adj aus eigenem Schaffen entstanden; selbstverfertigt.
Steht im Gegensatz zur maschi-
nellen Herstellung und bezieht
sich (etwa seit 1940) nicht mehr
auf Strickwaren (handgestrickter
Hühnerstall).

Handschrift f 1) Ohrfeige; Schlag
mit der Hand. Eigentlich soviel
wie »Schriftzüge mit der Hand«:
ihre Spuren bleiben im Gesicht
haften. 19. Jh.
2) übliche Arbeitsweise eines Verbrechers. Sie ist unveränderlich
und typisch wie die Handschrift.
1945 ff.

Handschuhe pl jn mit H.n anfassen
= jn behutsam behandeln. Der
Handschuh dämpft den Griff der
Hand. 19. Jh.

Handschuhnummer f das ist meine
H. = das sagt mir zu; das entspricht meinen Wünschen, meinem Können o. ä. 1920 ff.

Handtuch n schmales H. = a)
schlankwüchsiger Mensch. Formähnlich mit dem länglichen Handtuch. 19. Jh.

= b) längliches schmales Zimmer. 1900 ff.

= c) hohes schmales Haus; Hochhaus auf schmaler Grundfläche. 1900 ff.

Handwerk n 1) jm das H. legen = jn an der Fortführung seiner unredlichen Machenschaften hindern. Fußt auf der alten Innungsordnung: Verstoß gegen die Satzung konnte mit ständiger oder vorübergehender Niederlegung der handwerklichen Tätigkeit geahndet werden. Dem Betreffenden wurde das Handwerkszeug zu Boden gelegt. 17. Jh.

2) jm ins H. pfuschen = unberechtigt in jds Tun eingreifen. »Pfuschen« meinte ursprünglich die Ausübung eines Handwerks durch ein Nichtzunftmitglied. 17. Jh.

hanebüchen adj derb, grob, stämmig, plump. Bezieht sich auf das Holz der Hagebuche (Hainbuche), die das schwerste und härteste Nutzholz der deutschen Wälder liefert. 18. Jh.

Hangen n mit H. (Hängen) und Würgen = mit großer Mühe; mit genauer Not. »Hängen« ist die übliche Hinrichtung durch den Strang, »Würgen« ist die verschärfte Hinrichtungsart. »Mit Hängen und Würgen« heißt also »unter Einsatz schärfster Strafen«. 1800 ff.

hängenbleiben intr 1) in der Schule nicht versetzt werden; die Prüfung nicht bestehen. Hängt zusammen mit der Vorstellung, daß der Versager am klebrigem Platz haften bleibt: die Fliege bleibt am Fliegenfänger hängen. 19. Jh.

2) einen zufälligen Aufenthaltsort nicht wieder aufgeben; seinen Aufenthalt ausdehnen. 18. Jh.

3) nicht rechtzeitig fortkommen; sich aufhalten lassen; im Wirtshaus verbleiben. Der ausdauernde Besucher hat in volkstümlicher Auffassung Pech an der Hose, oder der Stuhl klebt. 18. Jh.

hänseln tr jn necken, anführen. Hergenommen von bestimmten Aufnahmegebräuchen der Hanse: die Zeremonie der Aufnahme war gelegentlich mit mancherlei Ulk und Neckerei verbunden. 17. Jh.

hapern impers stocken; nicht ausreichen. Über das Niederdeutsche aus Holland entlehnt. 17. Jh.

happig adj gierig, unbescheiden, arg. Hergenommen von »happen = zubeißen«; also eigentlich soviel wie »gierig zubeißend«. Teilweise von »habgierig« beeinflußt. 18. Jh.

Harmonikahose f zu lange Hose mit Querfalten. Sie sieht ähnlich aus wie der in Falten liegende Blasebalg der Ziehharmonika. 1900 ff.

Harnisch m 1) jn in H. bringen (jagen o. ä.) = jn erzürnen. Wer in den Zeiten des Rittertums den Harnisch anlegte, war von Kampfesmut beseelt. 17. Jh.

2) in H. geraten (kommen) = zornig werden. 15. Jh.

3) im (in) H. sein = zornig sein. 15. Jh.

Hartmann m runder, steifer, schwarzer Herrenhut. Das Wort nimmt Bezug auf »hart = steif«. Seit dem ausgehenden 19. Jh.

haschen tr hasch mich: ich bin der Frühling (ich bin der Herbst: ich habe auch noch warme Tage) o. ä. Diese Ausdrücke wurden angeblich von Damen auf Masken- und Kostümbällen verwendet, etwa im Sinne eines ausführlichen Lockrufs; heute meist bezogen auf kühne Versuche älterer Frauen, die durch jugendliche Kleidung jünger und begehrenswert erscheinen möchten. 1900 ff.

Haschmich m einen H. haben = nicht ganz bei Sinnen sein. Leitet sich wohl von den im Vorhergehenden vermerkten Gegebenheiten her: ältlichen Frauen in jugendlicher Aufmachung sagt man leicht ein unvernünftiges, lächerliches Gebaren nach. 1920 ff.

Hase m 1) alter H. = vielerfahrener Fachmann; alterfahrener Soldat o. ä. Der alte Hase, von keiner Kugel getroffen und sicher in der Kunst des Hakenschlagens, darf sich seiner Wendigkeit und Erfahrung rühmen. 19. Jh.

2) kein heuriger H. = vielerfahrener Mensch. Er ist nicht in die-

sem Jahr (heurig) geboren, sondern schon früher. 19. Jh.

3) merken, wie der H. läuft = merken, welche Entwicklung eine Sache nimmt. Der Hase ist bekannt für sein Hakenschlagen: der erfahrene Jäger läßt sich nicht von einzelnen Haken beeinflussen, sondern wartet ab, welche Hauptrichtung der Hase einschlägt. 19. Jh.

4) sehen, wie der H. läuft = die Entwicklung der Sache erkennen. 19. Jh.

5) wissen, wie der H. läuft = die (übliche) Entwicklung einer Sache kennen. 18. Jh.

6) da liegt der H. im Pfeffer = das ist bei alledem das Wichtigste; dies ist die Hauptschwierigkeit, der entscheidende Fehler. »Pfeffer« meint die starkgewürzte Sauce, auch das eingemachte Wildbret. Vielleicht ist gemeint, daß der Hase, der im Pfeffer liegt, nicht mehr lebendig zu machen ist. 1500 ff.

7) mein Name ist H. = das ist mir völlig unbekannt. Viktor Hase verhalf einem Studenten, der in Heidelberg einen anderen im Duell erschossen hatte, zur Flucht nach Frankreich, indem er seinen Studentenausweis absichtlich verlor; vor dem Universitätsgericht erklärte er: »Mein Name ist Hase; ich verneine die Generalfragen, ich weiß von nichts.« Seit dem ausgehenden 19. Jh.

Hasenbrot *n* Brotschnitten, die den Kindern von der Reise mitgebracht werden. Erwachsene machen den Kindern weis, sie hätten es einem Hasen abgenommen, nachdem sie ihm Salz auf den Schwanz gestreut haben. Wahrscheinlich auch Einfluß von Gebildbrot in Hasenform. 19. Jh.

Hasenfuß *m* furchtsamer, feiger Mensch. Gemeint ist, daß der Betreffende die Füße eines Hasen hat, also bei Gefahr ebenso schnell flieht wie der Hase. Spätestens seit dem 18. Jh.

hasenrein *adj* nicht ganz h. = nicht völlig einwandfrei; politisch nicht unverdächtig. Hergenommen aus

der Jägersprache: hasenrein ist der Hund, der ohne Befehl keinem Hasen nachläuft oder sich sofort abrufen läßt. Spätes 19. Jh.

hätscheln *tr* jn liebkosen, verzärteln, verziehen. Gehört zu »hatschen = schleifend gehen«; Nebenform »hätscheln = gleitend über etw hinstreichen; streicheln«. 17. Jh.

Hau *m* 1) Hieb, Schlag. [Vgl hauen 1.] 15. Jh.

2) einen H. haben (weghaben) = geistesbeschränkt sein; nicht ganz gescheit sein. Dummheit und Beschränktheit rührt von einem Schlag gegen den Kopf her: der einmalige Schlag hat dauernde Gehirnerschütterung zur Folge. 19. Jh.

Haube *f* 1) jn unter die H. bringen = eine weibliche Person verheiraten. Hängt zusammen mit der Haube, der alten Kopftracht der verheirateten Frau. 16. Jh.

2) unter die H. kommen = einen Mann heiraten. 16. Jh.

Haue *pl* Hiebe, Prügel. Mehrzahl zu Hau, s. d. 16. Jh.

hauen *v* 1) schlagen. Seit althochdeutscher Zeit. Alltagssprachliche Flexion »hauen — haute — gehaut«, schriftsprachlich »hauen — hieb — gehauen«.

2) mit dicken, energischen Strichen schreiben. [Vgl unterhauen.] 19. Jh.

3) das ist nicht gehauen und nicht gestochen = das ist unordentlich, schlecht, mittelmäßig. Bezieht sich entweder auf eine Wunde, die weder vom Schwert noch vom Degen noch vom Spieß herrührt, oder auf Hauen und Stechen (= Schröpfen und Aderlassen), auf welche Fertigkeit die Bader geprüft wurden. 16. Jh.

4) sich aufs (ins) Bett hauen = sich zu Bett legen. Meint eigentlich, daß sich einer formlos (flegelhaft) aufs Bett wirft. 1870 ff.

5) hauen, daß die Lappen fliegen = kräftig zuschlagen; vernichtend schlagen. »Lappen« meint wahrscheinlich die Schuhsohlen. Die Redensart wurde besonders in den Freiheitskriegen 1813/14

durch ein Soldatenlied bekannt, das damals von jung und alt gesungen wurde und eigentlich ein Spottlied auf Napoleon war; später wurde es von Volrad Kreusler in einem Soldatenlied (1870) aufgegriffen, wobei »Napoleon« durch »Franzmann« ersetzt wurde.

6) da gibt es H. und Stechen = da herrscht Unfriede; da findet eine lebhafte (tätliche) Auseinandersetzung statt. 1900 ff.

Häufchen n ein H. Elend (Unglück) = Mensch in erbärmlichem Zustand; elender, unglücklicher Mensch. Meint einen, der regungslos auf einem Fleck sitzt und über sein Elend grübelt. 19. Jh.

Haufen m 1) Kot, Notdurft. Verkürzt aus Kothaufen. 19. Jh.

2) militärische Einheit. Wohl im 16. Jh hergenommen von den Haufen der Bauern im Bauernkrieg.

Haupthahn m Hauptperson, Verantwortlicher, Leiter; Frauenliebling. Meint wohl den besonders starken, schweren Hahn unter anderen Hähnen, ähnlich wie Haupthirsch; beide haben sich ihre Stellung erkämpft und werden von den weiblichen Tieren wie von den männlichen Konkurrenten anerkannt. 1800 ff.

Haus n 1) altes H. = alter Freund (vertrauliche Anrede); Student mit mehr als 2 Semestern. Wohl studentischen Ursprungs seit dem 18. Jh. »Alt« meint »langjährig, treu«, und »Haus« ist in der Bedeutung »Person« dem Begriff »Dynastie, Fürstenfamilie« entnommen.

2) fideles H. = lustiger Mensch. 1800 ff.

3) gemütliches H. = gemütlicher Mensch. 1900 ff.

4) auf jn Häuser bauen = sich auf jn fest verlassen. Der zuverlässige Mensch läßt sich mit dem gediegenen Baugrund für ein Haus vergleichen. Wohl der Bibelsprache entlehnt mit Bezug auf Petrus (»Auf diesen Felsen will ich meine Kirche bauen«). 17. Jh.

5) Einfälle wie ein altes H. haben = wunderliche Einfälle haben. Die Redewendung schweißt zwei Bedeutungen von Einfall zusammen, einmal als Gedanke, zum anderen als Einsturz. 17. Jh.

6) das H. auf den Kopf stellen = das Unterste zuoberst kehren; in allen Ecken und Winkeln suchen; daheim ausgelassen feiern. 18. Jh.

Häuschen n 1) Abort (obd Häusl). Bezieht sich auf den Umstand, daß früher der Abort vom Haupthaus getrennt, in einem kleinen, niedrigen Nebenhaus eingerichtet war. 15. Jh.

2) jn aus dem H. bringen = jn aus der Fassung bringen. Weiterentwickelt aus dem Vergleich des Menschen mit einem Haus, wobei »Haus« vor allem den Kopf, den Verstand meint. 19. Jh.

3) aus dem H. geraten (fahren, gehen, kommen) = die Fassung verlieren. 18. Jh.

4) aus dem H. sein = außer sich sein. 18. Jh.

Hausdrache m zänkische Ehefrau (Haushälterin). [Vgl Drache.] 18. Jh.

hausieren intr mit etw h. (h. gehen) = etw überall anbringen, anbieten wollen (er hausiert mit seinen Witzen). Hergenommen vom (aufdringlichen) Hausierer, der seine Waren von Haus zu Haus anbietet. 19. Jh.

Hausknochen m Hausschlüssel, Wohnungsschlüssel. 19. Jh.

Hauskreuz n unverträgliche Ehefrau. Eigentlich das häusliche Leid, dann die durch die zänkische Frau verursachten Unstimmigkeiten, schließlich die Urheberin selber. 17. Jh.

Hausmann m Ehemann der Hausfrauenarbeit verrichtet. Gegenwort zu »Hausfrau«, früher soviel wie Hausherr, Vorsteher einer Haushaltung; Beschließer eines Hauses; Portier. Die neue Bedeutung steht in engem Zusammenhang mit Vollbeschäftigung und Frauenarbeit. 1955 ff.

Hausnummer f Schuhgröße. Wohl im späten 18. Jh aufgekommen.

Hausschuhkino n Fernsehen daheim. 1955 ff.

Haussegen *m* der H. hängt schief = in der Ehe (Familie) herrscht Unfriede. Haussegen meint den auf einer Holztafel (Brandmalerei) angebrachten Segensspruch, der entweder innen über der Eingangstür oder in der guten Stube hängt. 1850 ff.

Haut *f* 1) Mensch (lobende Bezeichnung). Im Mittelalter ein Scheltwort, im 17./18. Jh in vertraulicher Rede gemildert zu einer anerkennenden Bezeichnung.

2) ehrliche H. = ehrlicher, redlicher Mensch; Mensch, der wegen seiner Redlichkeit (Harmlosigkeit) leicht übervorteilt werden kann. 17. Jh.

3) gute H. = gutmütiger, umgänglicher Mensch. 1800 ff.

4) mit H. und Haar = ohne Rest; völlig. Fußt auf der Gewohnheit der Raubtiere, ihre Opfer in der Gier mit Haut und Haar zu vertilgen. 17. Jh.

5) aus der H. fahren = die Fassung verlieren; aufbrausen. Hängt vielleicht mit dem Werwolfglauben zusammen: der Mensch kann seine Haut verlassen und in einen Wolfskörper schlüpfen. 16. Jh.

6) tief unter die H. gehen = lebhaft empfunden werden; nachhaltig wirken. Wohl hergenommen von den subkutanen Spritzen, die der Arzt verabreicht. 1940 ff.

7) sich auf die faule H. legen = müßig gehen. Fußt auf der irrtümlichen Ansicht der Humanisten, daß die alten Deutschen untätig auf Bärenhäuten gelegen haben. 18. Jh.

8) auf der faulen H. liegen = nichts tun. [Vgl das Vorhergehende.] 18. Jh.

9) ihm ist (er fühlt sich) nicht wohl in seiner H. = ihm ist seine Lage bedenklich; er hat Bedenken, Gewissensbisse. 18. Jh.

10) nur noch H. und Knochen (Bein) sein = abgemagert sein. Wer Haut und Knochen ist, ist wenig mehr als ein Gerippe. 17. Jh.

11) in keiner guten H. stecken = leicht kränkeln; sich unwohl fühlen. 17. Jh.

12) nicht in jds H. stecken mögen = nicht in jds Lage sein mögen. 18. Jh. .

13) seine H. zu Markte tragen = a) sich einer Gefahr aussetzen; die unangenehmen Folgen einer Sache tragen müssen. Meint eigentlich, daß einer die Häute geschlachteter Tiere als Bußgeld entrichtet; wer gar seine eigene zum Markt trägt, muß damit rechnen, daß man sie ihm abzieht. 17. Jh.

= b) aus Erwerbsgründen sich nackt produzieren; Strip-tease-Vorführerin sein. Aus dem Vorhergehenden in wortwörtlichem Sinne entwickelt. 1950 ff.

Haxen *pl* Beine. Dem Mittelalter geläufig als »Kniebug des Hinterbeins«. 17. Jh.

heben *v* einen h. = ein Glas Alkohol trinken. Man hebt das Glas, um es zu leeren oder um zuzuprosten. 19. Jh.

Heckmeck *m (n)* Unsinn, Albernheit, Geschwätz; unnötige Umstände. Herzuleiten von »Hackmack = Kleingehacktes, Durcheinander«. 18. Jh.

Heftelmacher **(Haftelmacher)** *m* aufpassen wie ein H. = scharf aufpassen. Hergenommen von »Heftel = Spange, Häkchen; Stecknadel; Häkchen zum Schließen der Kleidung«. Die Herstellung dieser zierlich-kleinen Kleiderhaken erforderte früher (mit Hammer und Zange) viel Geduld und Mühegabe. 19. Jh.

Heia *f* Bett, Kinderbett, Wiege. Erweiterung der Interjektion »ei«, die in Wiegenliedern (»eia popeia«) häufig vorkommt und die gleichmäßige Bewegung der Wiege nachahmt. 18. Jh.

Heiden- als erster Bestandteil doppelt betonter Verbindungen besitzt allgemein verstärkenden Charakter. Fußt entweder auf der katholischen Heidenauffassung im Mittelalter (nach der ein Höchstmaß von Verworfensein, Qual und Strafe nach dem Tode zu gewärtigen hatte, wer sich nicht bekehren ließ) oder näherliegend auf der Gleichsetzung von Heide und Zigeuner: bei den Zusammenkünften der Zigeuner geht es sehr geräuschvoll zu. 1800 ff.

Heidenangst f sehr große Angst. [Vgl Heiden-.] 19. Jh.

Heidenarbeit f schwierige, umfangreiche Arbeit. [Vgl Heiden-.] 19. Jh.

Heidengeld n sehr viel Geld; sehr große Geldsumme. [Vgl Heiden-.] 1800 ff.

Heidenlärm m großer Lärm. [Vgl Heiden-.] 1800 ff.

heidenmäßig adj adv sehr groß; sehr viel; sehr. [Vgl Heiden-.] 1800 ff.

Heidenspaß m sehr großer Spaß; umfangreiches Vergnügen. [Vgl Heiden-.] 19. Jh.

Heidenspektakel n (m) wüster Lärm. [Vgl Heiden-.] 1800 ff.

heidi gehen intr verlorengehen; davongehen. »Heidi« ist eine Interjektion, die schnelle Bewegung ausdrückt. 18. Jh.

heidi sein intr verloren, fort sein. 18. Jh.

Heiliger m komischer (seltsamer, sonderbarer, spaßiger, wunderlicher) H. = Sonderling. Fußt auf Psalm 4, 4: »Erkennt doch, daß der Herr seine Heiligen wunderlich führet«. Dieses »wunderlich« meint »wunderbar (auf wunderbare Weise)«, dann auch »wundertätig« und schließlich »absonderlich«, vor allem in Kreisen, die die Heiligenverehrung ablehnen. 17. Jh.

Heimkino n Fernsehen. 1955 ff.

heimleuchten intr 1) jn zurechtweisen, aus dem Haus weisen, nachdrücklich abweisen. Ursprünglich war gemeint, daß man seinen Gast beim Nachhausegehen in der Dunkelheit durch Dienstboten hinaus- und heimbegleiten ließ, indem man ihm das Licht voraustrug; dann auch verengt auf die Bedeutung des schroffen Hinauswurfs. 16. Jh.
2) jn verprügeln. Als die Vokabel auch den schroffen Hinauswurf meinte, war es naheliegend oder gängig, den Betreffenden zu verprügeln. 18. Jh.

heimlich adv h., still und leise = völlig unbemerkt. Stammt aus der Operette »Frau Luna« von Paul Lincke (1899): »Heimlich, still und leise kommt die Liebe . . .«. Im frühen 20. Jh sehr beliebt geworden.

Heini m Ersatzwort für »Mann«; dummer, einfältiger Mann; Versager. Entweder übernommen aus dem Koboldnamen in der Mythologie, mit dem man bezeichnete, was man nicht gern bei seinem eigentlichen Namen nannte (Teufel, Tod), oder aus dem Landserenglisch »Heinie«, womit schon im Ersten Weltkrieg der deutsche Soldat bezeichnet wurde. 1920 ff.

heiß adj 1) gefährlich, unsicher. Herzuleiten entweder vom »heißen Eisen« oder von der Körperwärme, die sich bei Anstrengungen und Erregung steigert, oder von der atmosphärischen Hitze (»Heiß war der Tag und blutig die Schlacht«: Karl Gerok). 19. Jh.
2) du bist wohl (als Kind) zu h. gebadet worden? = du bist wohl nicht recht bei Verstand? Meint scherzhaft, daß man durch zu heißes Baden Gehirnerweichung erleiden kann. 1900 ff.

heiter adj 1) das ist ja h.! = das ist sehr unangenehm! Ironisierung seit 1800.
2) das kann ja h. werden = das läßt eine böse Entwicklung erwarten. 1870 ff.

helfen intr ich werde dir h.!: ironische Drohrede (ich werde dir helfen, in meinem Garten Kirschen zu stehlen). Gemeint ist kein Helfen, sondern ein Untersagen. 18. Jh.

hell (helle) adj klug, pfiffig. Hell ist, wer klares Einsehen hat, klar erfaßt und klar denkt. 1800 ff.

Hemd n jn bis aufs H. (jm das H.) ausziehen = jn arm machen. Ursprünglich von Räubern gesagt, die ihren Opfern nur das Hemd auf dem Leibe ließen. 1400 ff.

heranschmeißen refl sich anbiedern; sich einschmeicheln. Verkürzt aus »sich jm an den Hals schmeißen«. 1850 ff.

herausbeißen *tr* 1) jn aus seiner Stellung verdrängen. Hergenommen von Tieren, die durch Beißen einander bekämpfen, bis der Unterlegene flüchtet. 19. Jh.
2) etw h. = sich wichtig tun; den höheren Rang selbstgefällig zum Ausdruck bringen (er beißt den Offizier heraus) 1870 ff.

herausekeln *tr* jn durch unhöfliches Betragen zum Gehen veranlassen. 1850 ff.

herausfeuern *tr* jm unsanft die Tür weisen; jn fristlos entlassen. [Vgl feuern 2.] 19. Jh.

herausfliegen *intr* unhöflich hinausgewiesen werden. [Vgl fliegen.] 19. Jh.

heraushaben *tr* 1) etw verstehen, beherrschen. Wohl verkürzt aus »herausgefunden haben, wie man am geschicktesten zu Werke geht«. 18. Jh.
2) etw festgestellt, erraten haben (ich habe das Rätsel raus). 1850 ff.

herauskitzeln *tr* hundert h. = 100 km Fahrtgeschwindigkeit erzielen. Stammt aus der Kellnersprache des 19. Jhs: der Kellner zeigte sich übereifrig, um Sonderbedienungsgeld einzuheimsen. Daraus um 1925 in die Kraftfahrersprache übergegangen mit dem Nebensinn, daß man dem Motor eine Leistung abverlangt, die er normalerweise nicht aufbringt.

herausknobeln *tr* etw ergründen. [Vgl knobeln.] 19. Jh.

herauskrabbeln *v* sich wieder h. = genesen. Der Genesende krabbelt langsam und mühsam aus dem Krankenbett. 19. Jh.

herauskriegen *tr* 1) beim Geldwechseln den Mehrbetrag zurückerhalten. 19. Jh.
2) etw ergründen, herausfinden. 18. Jh.

herausmachen *refl* sich kräftig entwickeln; sich erholen; sich beruflich (gesellschaftlich) emporarbeiten. Meint eigentlich »aufquellen«, z. B. nach einer Krankheit, nach schmächtigem Aussehen, nach niederer gesellschaftlicher Stellung o. ä. 19. Jh.

herausnehmen *tr* sich viel h. = sich viel anmaßen; unverschämt sein.

Zusammenhängend mit der gemeinsamen Speiseschüssel, aus der sich der Dreiste mehr herausnimmt als der Bescheidene. 17. Jh.

herausrücken *v* 1) *tr* etw widerstrebend hergeben. »Rücken« meint die langsame Bewegung, mit der ein Gegenstand bewegt wird, vor allem die Langsamkeit, mit der man Geld hervorzieht. 18. Jh.
2) *intr* ein Geständnis ablegen; zur Sprache bringen. 18. Jh.

herausrutschen *v* es rutscht ihm heraus = er plaudert etwas unbedacht aus. Alltagssprachliche Entsprechung zu »den Lippen entgleiten«. 19. Jh.

herausschlagen *tr* Geld bei etw h. = bei etw viel Geld verdienen, eine große Geldsumme einheimsen. Hängt zusammen mit dem Prägen von Münzen: die Münzen wurden aus dem Metall herausgeschlagen; je dünner das Metall gewalzt war, um so mehr Münzen ließen sich herausschlagen. 19. Jh.

heraussein *v* 1) es ist noch nicht heraus = das weiß man noch nicht; das ist noch unentschieden. Bezieht sich entweder auf eine Bekanntmachung, die noch nicht herausgegeben ist, oder auf das Lotterielos, das noch nicht gezogen ist. 1900 ff.
2) fein h. = in günstigen Verhältnissen leben; Glück gehabt haben. Gemeint ist ursprünglich, daß einer aus einer Beschränkung, aus einer Gefahr o. ä. herausgekommen ist. 1800 ff.

herausstellen *tr* jn dem Publikum erstmalig vorstellen; jn an die Öffentlichkeit bringen. Ein theatersprachlicher Ausdruck: man bringt einen jungen Künstler erstmalig vor den Theatervorhang, nachdem er seine erste größere Rolle gespielt hat. 1920 ff.

herausstreichen *tr refl* loben, rühmen. Leitet sich her entweder vom Striegeln, wodurch die Pferde für den Kauf ansehnlicher werden, oder vom Kolorieren von Holzschnitten. 1600 ff.

Hereinfall *m* Übertölpelung, Benachteiligung. [Vgl das Folgende.] 19. Jh.

hereinfallen *intr* übertölpelt, übervorteilt, angeführt werden; Nachteil erleiden. Herzuleiten von der listig angebrachten Fallgrube, in die man aus Unachtsamkeit (Arglosigkeit) hineinfällt. 19. Jh.

hereinfliegen *intr* zu Schaden kommen; in Nachteil geraten; übertölpelt werden. Verstärkung zum Vorhergehenden: »fliegen« ist eine schnellere Bewegung als »fallen«. 19. Jh.

hereinfunken *v* in etw h. = sich störend einmischen; in eine schwebende Angelegenheit eingreifen. Übernommen aus der Funktechnik: eine Funkverbindung durch Erzeugung von Störgeräuschen beeinträchtigen. 1917 ff.

hereinknien *v* sich in etw h. = sich einer Sache eifrig annehmen; eine Aufgabe (Schauspielerrolle o. ä.) fleißig lernen. Knien ist eine anstrengendere Körperhaltung als das Sitzen: man verlagert das gesamte Körpergewicht auf das Arbeitsgerät und greift die Arbeit aus der Mitte an. Im späten 19. Jh in der Berliner Schauspielersprache aufgekommen und ziemlich rasch alltagssprachlich geworden.

hereinlegen *tr* jn anführen, übertölpeln, übervorteilen. Meint entweder »jn in den Schmutz legen« (wie es beispielsweise bei einer Rauferei auf offener Straße oder durch »Beinstellen« möglich ist) oder bezieht sich wie »hereinfallen« auf die Fallgrube, die einer absichtlich anlegt, damit der andere in sie hineinfällt. 19. Jh.

hereinplatzen *intr* in etw h. = überraschend in einem geselligen Kreis erscheinen. Die Vokabel hieß früher »einplatzen« im Sinne von »plötzlich eindringen; geräuschvoll einstürmen«. Heute verstärkt durch die Vorstellung von der detonierenden Bombe. 17. Jh.

hereinrasseln *intr* betrogen, übertölpelt werden; die Frage des Lehrers nicht beantworten können; beim Verhör überführt werden. Parallel zu »hereinfallen«: der Betreffende fällt rasselnd in die Fallgrube. Die Geräuschwiedergabe ist als Steigerung des Fallens gemeint. 19. Jh.

hereinreißen *tr* jn als Mitschuldigen verraten, bezichtigen; jn ins Unglück bringen. Hängt wohl zusammen mit der sprachsinnbildlichen Fallgrube, in die man einen hineinreißt. Auch kann man ihn in ein Moor, in Flammen o. ä. hineinreißen. 1850 ff.

hereinriechen *v* in etw h. = sich mit etw flüchtig beschäftigen; etw oberflächlich kennenlernen. Hier ist die Geruchsempfindung soviel wie flüchtige, unsorgfältige Wahrnehmung. 1850 ff.

hereinsausen *intr* dem Lehrer die Antwort schuldig bleiben; in der Prüfung versagen; den Schaden davontragen; betrogen werden. Fußt verstärkend auf den Voraussetzungen der Vokabel »hereinfallen«. Seit dem späten 19. Jh.

hereinschlittern (-schliddern) *intr* in eine Unannehmlichkeit langsam und widerstandslos geraten. »Sliddern« ist im Niederdeutschen soviel wie »auf dem Eis dahingleiten; rodeln« als Iterativbildung zu »schlitten = gleiten«. 19. Jh.

hereinsegeln *intr* in eine unangenehme Lage geraten; unbeabsichtigt einen Nachteil erleiden; übervorteilt werden; die Frage des Lehrers (des Prüfers) nicht beantworten können. Scheint um 1850 entstellt worden zu sein aus »rinsegeln = in ein Loch fallen«. Doch auch parallel mit »hereinfliegen«, »hereinschlittern«. o. ä.

hereinwürgen *v* jm einen h. = jn heftig rügen. Die Rüge geht dem Gescholtenen schwer ein, er hat an ihr zu würgen wie an widerwärtiger Kost. 19. Jh.

herhalten müssen *intr* büßen müssen; etw widerspruchslos über sich ergehen lassen müssen, obwohl man schuldlos ist. Hergenommen vom Tod am Galgen: man muß den Kopf herhalten, wenn die Schlinge um den Hals gelegt wird. 16. Jh.

Hering *m* 1) schmächtiger Mensch. Hergenommen von der Formähnlichkeit. 19. Jh.

2) aufeinander (gepfercht) wie die H.e = dicht gedrängt. Hergenommen von der dichten Lagerung der Heringe im Faß. 18. Jh.

hermachen *tr* einen vorteilhaften Eindruck erwecken; einer Sache ein vornehmes Aussehen geben. Verkürzt aus »dahermachen«, wobei »daher« die allgemeine Erstreckung über einen Raum meint. Seit dem späten 19. Jh.

Herr *m* 1) die Herren der Schöpfung = die Männer. Spielt spöttisch an auf den Vorrang des Mannes auf allen Gebieten des öffentlichen Lebens: ihm ist die gesamte Schöpfung untertan. 18. Jh.

2) mein alter H. = mein Vater. Studentischer Ausdruck seit etwa 1850, beruhend auf der veralteten Sitte, den Vater mit »Herr Vater« anzureden. »Alter Herr« nennt man auch das Korporationsmitglied nach Bestehen der akademischen Abschlußprüfung.

3) meine Herren!: Ausruf des Erstaunens oder Entsetzens. Da der Hauptton auf »meine« liegt, ist wahrscheinlich das Teilstück einer religiösen Anrufung durch Herübernahme der Anrede an eine Herrengesellschaft euphemistisch verdeckt worden. 19. Jh.

Herrchen *n* Hundebesitzer. 19. Jh.

Herrenwinker *m* seitlicher Haarschnörkel am Frauenkopf; Stirnlocke; angeklebte Schläfenlöckchen. Die hakenförmig gebogene Haarsträhne wird erotisierend als winkende Gebärde ausgelegt. In der Biedermeierzeit aufgekommen als käuflich erworbene Löckchen, um 1900 bis heute als Löckchen aus den eigenen Haaren.

Herrgottsgabel *f* mit der H. essen = mit den Fingern essen. Fußt wohl auf dem blasphemischen Bibelspruch: »Jesus sprach zu seinen Jüngern: ›wer keine Gabel hat, ißt mit den Fingern.‹« Seit dem späten 19. Jh.

Herrjeh (Herr Je) *interj* Ausruf des Entsetzens, auch des Mitleids.

Entstellt aus »Herr Jesus«, der Anrufung Jesu Christi. 18. Jh.

Herrjemine (Herr Jemine) *interj* Ausruf des Entsetzens oder Mitleids. Entstellt aus »Herr Jesu domine«. 18. Jh.

herrlich *adj* 1) wir haben es h. weit gebracht = wir haben es sehr weit gebracht, besitzen eine bewunderungswürdige Kultur. Fußt in ironischem Sinne auf Goethe, Faust I. 1890 ff.

2) h. und in Freuden leben = sorglos, verschwenderisch leben. Fußt auf dem Gleichnis vom reichen Prasser (Lukas 16, 19). 18. Jh.

Herrschaften *pl* 1) H.!: mahnende Anrede der Vorgesetzten an seine Untergebenen; ironische (halb scherzhafte) Höflichkeitsanrede. Herrschaften sind eigentlich die Vornehmen, die Patrizier. 19. Jh.

2) die alten H. = die Eltern. Summierung von »mein alter Herr« und »meine alte Dame«. Im späten 19. Jh aus der Studentensprache alltagssprachlich geworden.

3) die hohen H. = die Eltern. Aus den »alten« sind »hohe« geworden, weil man ihren Machtanspruch als Herrschende heute nicht anerkennt. 1950 ff.

Herrscher (Alleinherrscher, Selbstherrscher) *m* H. aller Reußen = überheblicher Mensch; Mensch mit (eingebildeter) Machtfülle. Hergenommen vom Titel des russischen Zaren »Kaiser und Selbstherrscher aller Reußen«. Nur der Zar sah sich als Selbstherrscher, daher die Geltung der Überheblichkeit. 1850 ff.

herumbringen *tr* 1) jn überreden, für etw gewinnen. [Vgl herumkriegen.] 19. Jh.

2) jn in aller Leute Münder bringen; etw weitererzählen. Man bringt die Nachricht von Haustür zu Haustür. 19. Jh.

herumbummeln *intr* müßig gehen; ohne festes Ziel spazierengehen; weniger studieren als ausschweifend leben. [Vgl bummeln.] 19. Jh.

herumdoktern *intr* an etw h. = an etw stümpern; etw mühsam, ohne Fachkenntnisse verbessern wollen. »Doktern = die Heilkunst ausüben« meint vielfach die Tätigkeit des Kurpfuschers. 19. Jh.

herumdrücken *refl* sich an etw h. = sich der Übernahme einer Verantwortung zu entziehen suchen. [Vgl drücken.] 19. Jh.

herumdrucksen *intr* an etw längere Zeit erfolglos arbeiten; mit der Antwort zögern. [Vgl drucksen 1.] 19. Jh.

herumfuchteln *intr* die Hand (etw in der Hand) hin und her bewegen. [Vgl fuchteln.] 18. Jh.

herumfuhrwerken *intr* mit etw h. = etw hin und her bewegen. [Vgl fuhrwerken.] 19. Jh.

herumfummeln *intr* an etw h = lange, wiederholt sich mit etw beschäftigen; etw betasten. [Vgl fummeln.] 18. Jh.

herumgammeln *intr* müßig gehen; ohne Ernst seine Zeit vertreiben; tatenlos vor Anker liegen. [Vgl gammeln.] 1935 ff.

herumhaben *tr* jn überredet, überzeugt haben. Verkürzt aus »herumgebracht, herumbekommen haben«. [Vgl herumkriegen.] 19. Jh.

herumkommen *intr* 1) mit seinem Geld auskommen. Meint das Auskommen über den Monat im Sinne der Meisterung einer geldlichen Schwierigkeit. 19. Jh.
2) zu jm h. = den Nachbarn besuchen. 18. Jh.

herumkriegen *tr* jn überreden; einen Widerstrebenden für seine Absichten gewinnen. Meint eigentlich »einen um eine Schwierigkeit, um einen Einwand herumbringen«. 19. Jh.

herumlungern *intr* müßig gehen. [Vgl lungern.] 16. Jh.

herummurksen *intr* an etw unordentlich, unsachgemäß arbeiten. [Vgl murksen.] 19. Jh.

herumreichen *tr* jn allen hochgestellten, einflußreichen Personen vorstellen. Hergenommen vom kleinen Kind, das von Tante zu Tante, von Onkel zu Onkel herumgereicht wird. Seit dem späten 19. Jh.

herumreiten *intr* auf etw h. = immer wieder auf dieselbe Sache zurückkommen. Leitet sich her vom Steckenpferd, auf dem die Kinder reiten und das — in übertragener Bedeutung — den Erwachsenen zur Lieblingsbeschäftigung in der Freizeit wird. Aufgekommen durch einen am 18. September 1845 abgedruckten Erlaß von Heinrich LXXII., Fürst von Reuß-Lobenstein-Ebersdorf, worin der Ausdruck vorkommt: »seit zwanzig Jahren reite Ich auf diesem Prinzip herum«.

herumwursteln (herumwurschteln) *intr* ungeschickt, planlos an etw arbeiten. [Vgl wursteln.] 19. Jh.

herunterhauen *tr* jm eine h. = jm eine Ohrfeige versetzen. »Herunter« besagt, daß der Schlag von oben kommt: der Betreffende holt mit hocherhobener Hand zum Schlag aus. 19. Jh.

herunterkriegen *tr* etw verzehren können. »Herunter« meint hier »die Speiseröhre hinab in den Magen«. 19. Jh.

herunterlangen *tr* jm eine h. = jm eine Ohrfeige versetzen. [Vgl langen 1.] 19. Jh.

herunterleiern *tr* etw eintönig, ausdruckslos hersagen. [Vgl leiern.] 19. Jh.

heruntermachen *tr* jn (etw) durch Tadel verkleinern; jn ausschimpfen, verleumden. Wohl verblaßte Analogie zu »herabsetzen«. 17. Jh.

herunterputzen *tr* jn ausschimpfen, heftig rügen. Putzen meint »von Schmutz reinigen«. Tadeln gilt volkstümlich als Reinigen. 19. Jh.

herunterrasseln *tr* etw fehlerlos, ausdruckslos hersagen; etw hastig diktieren. »Rasseln« gibt lautmalerisch das Geräusch metallisch-klirrenden Fallens wieder; ähnlich ausdruckslos, aber laut ist das Hersagen von Gedichten, das Vorsprechen eines Brieftextes usw. Seit dem späten 19. Jh.

herunterreißen *tr* jn heftig kritisieren, schmähen, heftig tadeln. Ursprünglich von der Kunstkritik gesagt: künstlerisch Hochstehendes von seiner Höhe herabreißen (eine Statue vom Piedestal, den Lorbeer von der Stirn reißen). Abwertung ist allemal eine Abwärtsbewegung. 18. Jh.

herunterschlucken *tr* einen Vorwurf widerspruchslos hinnehmen; kein Widerwort geben. [Vgl schlucken.] 17. Jh.

heruntersein *intr* abgearbeitet, entkräftet, matt sein (mit den Nerven, mit der Gesundheit heruntersein). Verkürzt aus »heruntergekommen sein«. 18. Jh.

Herz *n* 1) viel (ein starkes, ein weites) H. = üppiger Frauenbusen. Wohl wegen des herzförmigen Kleiderausschnitts. 1900 ff.
2) ihm fällt (rutscht, sinkt) das H. in die Hose (Buxe) = er wird mutlos. Das Herz gilt als Sitz des Mutes, der Beherztheit. Entmutigung erscheint unter dem Bilde des sinkenden Mutes. Die Hose als Richtungsangabe dieses Sinkens hängt zusammen mit der volkstümlichen Gleichsetzung von Mutlosigkeit (Feigheit, Angst) mit Durchfall oder innerlich beschmutzter Hose. 16./17. Jh.
3) das H. fällt ihm in die Schuhe = er wird mutlos. Das Herz in den Schuhen reicht nur noch zum Davonlaufen. Ist möglicherweise einer lateinischen Redewendung entlehnt. 16. Jh.
4) jn auf H. und Nieren prüfen = jn genau, streng prüfen; im Examen unnachsichtig sein. »Herz und Nieren« bezeichnet formelhaft das Innere des Menschen; wohl durch die Bibelsprache aufgekommen. 16. Jh.

Herzklaps *m* Herzfehler, Herzanfall. [Vgl Klaps.] Seit dem späten 19. Jh.

Herzknacks *m* Herzfehler, Herzkrankheit. [Vgl Knacks.] 1900 ff.

Heu *n* Geld wie H. = sehr viel Geld. Reiche Heuernte bedeutet Geldreichtum. 18. Jh.

heulen *intr* anhaltend und heftig weinen. Heulen meint das Ausstoßen von langgezogenen, klagenden Tönen, ursprünglich auf Tiere (Hund) bezogen, dann übertragen auf den Menschen, wohl mit Einfluß der Bibelsprache. 16. Jh.

Heuler *m* großartige Sache. Fußt auf *engl* howler. Die Vokabel trifft sich mit »ein Freudengeheul ausstoßen«. 1955, Halbwüchsigendeutsch.

Heuochse *m* dummer Mensch. Da alte Ochsen sehr böse werden können und dann blindwütig umherrasen, ohne auf sich und Hindernisse Rücksicht zu nehmen, windet man denjenigen, die wegen ihrer Raserei bekannt sind, einen prall am Heu ausgestopften Sack um die Hörner, wodurch sie sich selber und ihren Hörnern weniger schaden können. Der Ochse mit dem Heusack ist noch verstandesblinder als der ohne Heusack. 18. Jh.

Heupferd *n* dummer Mensch. Eigentlich der volkstümliche Name der Heuschrecke; wahrscheinlich Analogie zum Vorhergehenden, da »Pferd« ebenfalls den Dummen meint [vgl Roß]. 1800 ff.

hexen *intr* nicht h. können = Unmögliches nicht vollbringen können; nicht noch schneller arbeiten können. Im 18. Jh aufkommende Analogie zu »zaubern« im Sinne der Aufklärung.

Hieb *m* einen H. haben = a) betrunken sein. »Hieb« ist beispielsweise der Schlag auf den Kopf. Der Zustand der Gehirnerschütterung ähnelt dem der Trunkenheit. 18. Jh.
= b) nicht ganz bei Verstande sein. 18. Jh.

Himmel *m* 1) du lieber H.!: Ausruf des Erstaunens oder Verwunderns. Entstanden aus der Anrufung des Himmels, verhüllend für »Gott«. 1800 ff.
2) aus allen H.n fallen = sehr erstaunt sein. Beruht auf der altjüdischen Vorstellung, daß der Himmel aus mehreren Schichten besteht. 18. Jh.
3) der H. hängt ihm voller Geigen = er ist voller Zuversicht, hocherfreut, in bester Stimmung. Hergenommen von der durch die bildende Kunst bekannten Vorstellung von den musizierenden Engelscharen. 15. Jh.
4) im siebten H. sein = sich übermäßig freuen. Der siebte Himmel ist nach rabbinischer Lehre der höchste Himmel; in ihm wohnt

Gott mitsamt den Engeln, dazu das Recht, die Gerechtigkeit usw. 1800 ff.

5) H. und Hölle in Bewegung setzen = alles aufbieten, um etw zu erreichen. Fußt auf der Bibel: beim Propheten Haggai steht, Gott verheiße, Himmel und Erde, das Meer und das Trockene zu bewegen. An die Stelle der Erde ist im Deutschen aus Alliterationsgründen die Hölle getreten. 18. Jh.

6) H., Arsch und Wolkenbruch!: Fluch. Hier ist »Arsch« vielleicht aus »Hagel« entstellt. 19. Jh.

7) H., Arsch und Zwirn!: Fluch. Oft mit dem Zusatz: »Entschuldigen Sie das harte Wort Zwirn!«. »Zwirn« bezieht sich entweder auf den Schneider, der »beim Zwirn!« schwört, oder auf die Bedeutung »semen virile«. 1800 ff.

8) H. Donnerwetter!: Fluch. 1800 ff.

9) H. Herrgott Sakrament!: Fluch. 1800 ff.

10) H. Sakra(ment)!: Fluch. 1800 ff.

Himmelfahrtsnase f aufwärts gebogene Nase. Der Nasenrücken weist den Weg himmelan. 19. Jh.

himmeln intr 1) verzückt himmelwärts blicken; vor Schwärmerei die Augen verdrehen; überschwenglich schwärmen. 18. Jh.

2) sterben. Bezieht sich auf das Brechen (Verdrehen) der Augen als Begleiterscheinung des Sterbens; beeinflußt von der Vorstellung, daß der Tote in den Himmel kommt. 18. Jh.

himmelschreiend adj entsetzlich, fürchterlich, unerträglich. Hängt zusammen mit der Bibel: »Die Stimme des Bluts deines Bruders schreit zu mir von der Erde«. 17. Jh.

himmlisch adj entzückend, wunderschön, unüberbietbar. Profaniert aus den Bedeutungen »im Himmel wohnend« zu »überirdisch« und zu »höchstbeseligend«. 19. Jh.

hinbiegen tr etw in die gewünschte Form bringen; jn nach Wunsch erziehen; jn zu einem bestimmten Verhalten, etw zu einer bestimmten Entwicklung beeinflussen. Hergenommen vom Gärtner, der durch Biegen und Anbinden den Ranken eine bestimmte Richtung gibt. 1900 ff.

hinhauen v 1) refl sich niederwerfen; sich aufs Bett werfen; sich schlafen legen. 1850 ff.

2) das haut hin = das glückt, reicht hin, ist richtig, wirkungsvoll. Hergenommen vom Schuß, der sein Ziel genau trifft, oder vom Ausschlag des Zeigers auf der Waage. 1900 ff.

hinkriegen tr 1) etw bewerkstelligen, in Ordnung bringen. Fußt wahrscheinlich ebenfalls auf dem Schuß, den man ins Ziel bringt. 1900 ff.

2) jn gesund pflegen; jn ärztlich heilen. 1914 ff.

hinreiben tr jm etw h. = jm etw vorhalten; an jm Rache nehmen; jm etw deutlich zu verstehen geben. Verkürzt aus »jm etw unter die Nase reiben«. 19. Jh.

hinsein intr 1) hingegangen sein. Hieraus verkürzt. 1900 ff.

2) betrunken sein. 18. Jh.

3) entkräftet, müde sein. 19. Jh.

4) wirtschaftlich zugrunde gerichtet sein. 19. Jh.

5) gestorben sein. 1800 ff.

hinten adv jm h. hereinkriechen = jm würdelos schmeicheln. Umschreibung von »in den Arsch kriechen«. 19. Jh.

hintendrauf adv ein paar h. kriegen = Schläge auf das Gesäß bekommen. 19. Jh.

hintenherum (hintenrum) adv auf Schleichwegen; im Schleichhandel; ohne Bezugschein; unter Umgehung amtlicher Vorschriften. Meint eigentlich das Betreten des Hauses durch die Hintertür, statt die Vordertür zu wählen, wie es redlichem Vorgehen entspricht. 17. Jh.

Hinterbeine (Hinterfüße) pl sich auf die H. stellen (setzen) = sich sträuben; eine Zumutung abwehren. Hergenommen von Tieren, die sich auf die Hinterbeine stellen, um sich zur Wehr zu setzen. 18. Jh.

Hintergestell n Gesäß. 17. Jh.

Hintertreffen n ins H. geraten (kommen) = in Nachteil geraten; übertroffen, zurückgesetzt werden. Hintertreffen nannte man die im Hintergrund stehende, noch nicht am Kampf beteiligte Reservetruppe, die im Falle des Sieges keinen Anteil an der Beute hatte. 1750 ff.

hintertückisch (hintertücksch) *adj* heimtückisch. Zusammengesetzt aus »hinterlistig« und »heimtückisch«. Seit dem späten 19. Jh.

hintun *tr* nicht wissen, wo man jn h. soll = sich jds erinnern, aber es nicht mehr genau wissen. Hintun = einordnen, in Zusammenhang bringen. 19. Jh.

Hirnkasten *m* **(Hirnkastl** *n*) Kopf, Vorderkopf, Stirn; Verstand. Nach dem Vorbild von »Brustkasten« entwickelt zu einem Behältnis des Gehirns. 18. Jh.

hirnrissig *adj* verrückt. »Rissig« zu »reißen« gehörend meint eigentlich »verwunden«, dann soviel wie »geisteskrank«. Im Oberdeutschen beheimatet, aber in ganz Deutschland geläufig. 19. Jh.

hirnverbrannt *adj* verrückt. Im 19. Jh dem *franz* »cerveau brulé« nachgebildet. Vorausgegangen ist im 18. Jh das Wort »hirnverrückt«.

Hirsch *m* 1) Fahrrad; Motorrad. Wegen der hirschgeweihähnlichen Gabelform der Lenkstange. 1900 ff. 2) schneller H. = Motorrad; Auto mit hoher Motorleistung; Rennauto. 1920 ff.

Hobel *m* du kannst mir am H. blasen (blas mir den H. aus)!: derbe Abfertigung. Die Seitenteile des Hobels werden mit den beiden Gesäßbacken verglichen. *Jidd* »hoibel = Afterkerbe«. 19. Jh.

hoch *adv* 1) da geht es h. her = da herrscht lebhaftes Treiben; da wird verschwenderisch gelebt. Entlehnt aus »Wallensteins Lager« von Schiller, 8. Szene. »Hoch« spielt darauf an, daß man vor Ausgelassenheit auf Tische und Stühle steigt oder beim Glücksspiel hohen Einsatz wagt. 18. Jh. 2) das ist mir zu h. = das übersteigt mein Auffassungsvermögen. Wahrscheinlich der Bibelsprache entlehnt (Hiob 42, 3 und

Psalm 139, 6), mit Einfluß der Fabel vom Fuchs und den Trauben. 16. Jh. 3) h. hinauswollen = ehrgeizig, anspruchsvoll sein; hochmütig auftreten. »Hoch hinaus« meint entweder das hochgesteckte Ziel oder das Hochrichten der Nase (er trägt die Nase hoch) oder die Absicht, hoch zu Roß hinauszuwollen. 17. Jh.

hochanständig *adj* sehr anerkennenswert; sehr großzügig. »Hoch« als Verstärkung und Steigerung versteht sich nach »hocherfreut, hochbeglückt, hochverdient o. ä.«. 19. Jh.

hochgehen *intr* 1) aufbrausen. Der Erregte geht hoch wie eine detonierende Granate; auch die See geht hoch, wenn sie brandet oder hohe Wellen schlägt. 1900 ff. 2) verhaftet werden. Analog zu »auffliegen« im Sinne von »scheitern« (die Konferenz fliegt auf) nach dem Vorbild der Vögel, die auf- und davonfliegen. Seit dem späten 19. Jh. 3) jn h. lassen = jn verhaften, anzeigen, verraten. Seit dem späten 19. Jh.

hochgestochen *adj* hochmütig, anspruchsvoll. Entweder herzuleiten von hochräumigen Zimmern, wie sie früher bei Begüterten üblich waren, oder lehnübersetzt aus *engl* »highbrow = hochgeistig«. »Hochgestochen« ist übrigens auch das Karrenrad mit besonders langen Speichen. 19. Jh.

hochloben *tr* jn durch (unechtes, unberechtes) Lob in eine höhere Stellung bringen. 1900 ff.

hochnäsig *adj* anmaßend, hochmütig. [Vgl »die Nase hoch tragen«.] 18. Jh.

hochnehmen *tr* 1) jn necken, veralbern. Gemeint ist, daß der Betreffende auf den Arm genommen wird wie ein kleines Kind. 1900 ff. 2) jn scharf rügen, streng einexerzieren. Stammt wohl aus der Pferdedressur: beim Zureiten werden die Zügel hochgenommen, damit sich das Pferd nicht auf der Trense (Kandare) festbeißen kann. 1870 ff.

3) jm überhöhte Preise abfordern; jn übervorteilen; jn erpressen, ausnutzen. Seit dem späten 19. Jh.
4) jn verhaften. [Vgl hochgehen 2.] 1900 ff.

hochpäppeln *tr* 1) jn mit Mühe aufziehen, mit behutsamer Pflege genesen lassen. [Vgl aufpäppeln.] 19. Jh.
2) jds Ruf h. = jm durch geschickte Propaganda o. ä. zu Ansehen und Beliebtheit verhelfen. 1945 ff.

hochsein *intr* 1) aufgestanden sein (vom Stuhl oder aus dem Bett). [Vgl aufsein 1.] 19. Jh.
2) wütend sein; sich gereizt äußern. Verkürzt aus »hochgegangen sein«, [vgl hochgehen 1]. 1900 ff.

hochspielen *tr* ein Gesprächsthema übertreibend erörtern, übergebührlich in den Vordergrund rücken. Hergenommen vom hohen Einsatz eines Glücksspielers. Vielleicht aus dem *engl* »to play up« entlehnt. 1945 ff.

Höchstform *f* in H. sein = sein Leistungsvermögen voll entfalten [Vgl Form.] 1920 ff.

Hochwasser *n* H. haben = die Hosenbeine zu hoch gezogen haben; zu kurze Hosenbeine haben. Sie erinnern an die aufgekrempelten Hosenbeine beim Waten durch Hochwasser. Seit dem späten 19. Jh.

Hochwasserhosen *pl* zu hoch aufwärts gezogene Hosen; zu kurze Hosen. [Vgl das Vorhergehende.] Seit dem späten 19. Jh.

hockenbleiben *intr* in der Schule nicht versetzt werden. Parallel zu sitzenbleiben 3. Spätes 19. Jh.

Hoftrauer *f* Schmutz unter den Fingernägeln. Scherzhaft aufgefaßt als Trauerbekundung. Meint eigentlich die Trauerzeit im gesamten Hofstaat. 1850 ff.

Höhe *f* 1) auf der H. sein = mit den neuesten Errungenschaften (wissenschaftlichen Erkenntnissen o. ä.) vertraut sein; mit den anderen mithalten können. Höhe meint hier die geistige Höhengleichheit, bezogen auf Wert-,

Rang- und Kenntnisverhältnisse. 18. Jh.
2) nicht auf der H. sein = abgespannt, mißgestimmt, nicht vollleistungsfähig sein; kränkeln. Meint eigentlich »nicht auf der Höhe der Stimmung, der Leistungskraft, der Gesundheit sein«. 1900 ff.
3) das ist die H.! = das ist unerhört! Wohl verkürzt aus älterem »das ist die rechte Höhe«, wobei »recht « ironisch gemeint ist. Leitet sich her vom Messen und Einpassen, wobei das richtige Maß verfehlt wurde. 19. Jh.
4) das ist die Höhe h! = das ist eine Zumutung, eine Unverfrorenheit! Verstärkt aus dem Vorhergehenden durch den Buchstaben »h« als Kennzeichen der Höhe in geometrischen Figuren. Seit dem späten 19. Jh.

Höhle *f* sich in die H. des Löwen begeben (wagen) = sich beherzt in eine Gefahr begeben; neuerdings auch »den Vorgesetzten in seinem Amtszimmer aufsuchen und mit einer Rüge rechnen«. Hergenommen von Äsops Fabel: zu dem krank in seiner Höhle liegenden Löwen sagt der Fuchs, er würde ihn gern besuchen, wenn er nicht sähe, daß viele Spuren hinein-, aber nur wenige hinausführten. 19. Jh.

Hohlkopf *m* geistarmer Mensch. Zusammengewachsen aus »hohler Kopf«: der Betreffende besitzt kein Gehirn. 18. Jh.

Hokuspokus *m* unnötige Umschweife; überflüssiges Beiwerk; Gaukelei, Unsinn. Beruht auf der Zauberformel »hax, pax, max, Deus adimax«, die 1624 in England in der Form »holas polas« erscheint und 1634 im Titel eines englischen Handbuchs der Taschenspielkunst »Hocus pocus junior« wiederkehrt. 17. Jh.

holen *tr* sich etw h. = sich eine Krankheit zuziehen. »Holen« verliert in der Alltagssprache das Absichtliche des Mitnehmens. 19. Jh.

Hölle *f* jm die H. heiß machen = jn durch Drohungen in Angst ver-

setzen. Fußt auf den mittelalterlichen Schilderungen der Geistlichen von den fürchterlichen
Qualen, die in der Hölle der un-
bußfertige Sünder zu erwarten
hat. 15. Jh.

Höllen- als erster Bestandteil einer
doppelt betonten Zusammensetzung hat verstärkenden Charakter. Die Hölle als Ort der Qual
für die Verdammten gilt als das
Allerfürchterlichste. Ausgangs-
punkt bildete wohl die Vokabel
»Höllenangst«, die sowohl
»Angst vor den Höllenqualen«
wie auch »sehr große Angst«
meinen kann. 18. Jh.

Höllenangst f sehr große Angst.
[Vgl das Vorhergehende.] 18. Jh.

Höllenbraten m widerlicher, bösar-
tiger Mensch. Wohl einer, den
man gern in der Hölle braten
sähe oder der wegen seiner Nie-
dertracht später in der Hölle braten wird. 18. Jh.

Höllenlärm m ohrenbetäubender
Lärm. Die Verdammten in der
Hölle machen wegen der mannig-
fachen Qualen gewaltigen Lärm.
19. Jh.

Höllenspektakel m sehr starker
Lärm. [Vgl das Vorhergehende.]
1800 ff.

Höllentempo n sehr große Geschwindigkeit. 1920 ff.

Holz n 1) H. bei der Wand (vor der
Tür, vor der Hütte, bei der Herberge) = üppig entwickelter
Frauenbusen. Hergenommen von
dem an der Hauswand draußen
aufgestapelten Holzvorrat für den
Winter. 19. Jh.
2) H. schneiden (sägen) = schnarchen. Beruht auf der Schallähn-
lichkeit: die Sägetöne ähneln den
Schnarchtönen. 18. Jh.

Hölzchen n vom H. aufs Stöckchen
kommen = sich im Gespräch in
nebensächliche Dinge verlieren;
vom eigentlichen Thema weit abschweifen. »Hölzchen« und
»Stöckchen« stehen bildlich für
Kleinigkeiten, für kaum unter-
scheidbare Belanglosigkeiten.
1800 ff.

holzen v 1) sich h. = roh aufeinander einschlagen; einander hef-

tig prügeln. Bezieht sich auf den
hölzernen Prügelstock. 1800 ff.
2) intr = beim Fußballspiel dem
Gegner gegen Schienbein oder
Knöchel treten; regelwidrig, unfair spielen. 1920 ff.

Holzerei f 1) Prügelei. [Vgl holzen
1.] 1800 ff.
2) unfaires Fußballspiel. 1920 ff.

Holzhammermethode f plumpe geistige Beeinflussung; eintönige,
geistesarme, strengdidaktische
Lehrweise. Der Holzhammer ist
seit etwa 1900 das Sinnbild für
plumpes, rücksichtsloses Vorgehen. Vermutlich im mündlichen
oder tätlichen Kampf zwischen
politischen Gegnern nach 1920
aufgekommen.

Holzkopf m schwerfälliger, schwer-
begreifender Mensch. Sinnfälliger
als »harter Kopf«. 1800 ff.

Holzweg m 1) auf den H. geraten
(den H. gehen) = ins Verderben
geraten; sich irren. Meint wohl
den auf Bohlen oder Knüppeln
angelegten Weg in sumpfigen Ge-
genden (Knüppeldamm). Nach anderen ist es der nur zur Holz-
abfuhr dienende Weg; er endet
im Wald und führt nur rückwärts zum Dorf. Die Herleitung
schwankt nach den geographischen Gegebenheiten. 16. Jh.
2) auf dem H. sein (reiten) = sich
irren. Etwa seit dem ausgehenden 15. Jh.

Homburg m hellgrauer Herrenhut
mit eingefaßtem Rand. Er wurde
1882 in Homburg v. d. Höhe in
der Hutfabrik Möckel durch den
damaligen Prinzen von Wales und
nachmaligen König Eduard VII.
entworfen und ging als »The real
Homburg-Hat« in die Herren-
mode ein.

Honig m jm H. um die Backe (den
Bart, das Maul, den Mund)
schmieren = jm schmeicheln; jm
eine Sache verlockend darstellen.
Meint eigentlich »jn mit Honig
füttern = jm Honig mit dem Löffel eingeben«. Die Redensart ist
im Mittelalter aufgekommen, als
der Zucker noch nicht (nur wenig)
bekannt war und Honig das Süße
und Angenehme bezeichnete.

Honigkuchenpferd n grinsen (strahlen) wie ein H. = stark grinsen; über das ganze Gesicht strahlen. Honigkuchenpferd ist ein Backerzeugnis aus Honigkuchen in Pferdeform: das Pferdegesicht verläuft leicht ins Breite. 1850 ff.

Hopfen m an ihm (da) ist H. und Malz verloren = er ist unverbesserlich; da ist alle Mühe vergeblich. Stammt aus der Zeit, als man Bier nur für den eigenen Gebrauch braute; war trotz großer Mühe das Bier (vielleicht wegen Verwendung unreinen Wassers) mißlungen, so war Hopfen und Malz vergeudet. Mindestens seit 1600.

Hopfenstange f großwüchsiger, hagerer Mensch. Hopfen wächst an langen Stangen. 18. Jh.

hoppnehmen tr 1) jn verhaften; eine Verbrecherbande ausheben. »Hopp« ist ein Ausruf der Aufforderung, über etwas hinwegzuspringen, oder der Aufforderung zum Tanz. 19. Jh.
2) jn erpressen, ausbeuten. Seit dem späten 19. Jh.

hopsgehen intr 1) verloren-, entzweigehen; zu Ende gehen; sterben. »Hops« ist Befehlsform zu »hopsen = hüpfen, springen«; vor allem auf Vögel bezogen, die davonhüpfen. 19. Jh.
2) verhaftet werden. 1900 ff.

hopsnehmen tr jn verhaften. Seit 1900.

hopssein intr entzwei, verloren, bankrott, tot sein. Verkürzt aus »hopsgegangen sein«. 18. Jh.

Horizont m das geht über seinen H. = das übersteigt sein Auffassungsvermögen. Vom räumlichen auf den geistigen Gesichtskreis übertragen seit dem 17. Jh.

Horn n 1) sich die Hörner abgelaufen (abgestoßen) haben = seine Unerfahrenheit überwunden haben; durch Erfahrungen gereift sein. Hergenommen vom Weidevieh, das sich die Hörner abläuft; männliches Wild kämpft um den Besitz desselben weiblichen Tieres, wobei sie Hörner abstoßen; außerhalb der Brunstzeit greifen die männlichen Tiere einander nicht an. Daher im menschlichen Bereich vorwiegend übertragen auf Erfahrungen des Mannes auf erotischem Gebiet. 16. Jh.
2) ins gleiche H. stoßen (blasen; mit jm in ein H. blasen) = jm beipflichten. Hergenommen vom ventillosen Horn, aus dem man nur in einer Tonart blasen kann. 17. Jh.

Hornochse m dummer Mensch. Der in früher Jugend kastrierte Ochse besitzt keine Hörner; wird die Operation später vorgenommen, entsteht der Ochse mit Hörnern. Also sowiel wie ein ausgewachsener Ochse, dann übertragen auf den ausgewachsenen Dummkopf. 1800 ff.

Hornvieh n dummer Mensch. Analog zu Rindvieh; denn das Rindvieh nennt man Hornvieh. 18. Jh.

Hose f 1) die H.n anhaben = im Hause herrschen (von der Ehefrau oder Haushälterin beherrscht werden). Die Hose galt früher wirklich und sinnbildlich als Kleidungsstück der Männer. 17. Jh.
2) eine krumme H. anhaben = krummbeinig sein. Krummbeinigkeit beruht in scherzhafter Auffassung nicht auf Krümmung der Knochen, sondern auf krummer. Machart der Hose. Seit dem ausgehenden 19. Jh.
3) die H.n vollhaben = ängstlich, feige sein. Bei Angst tritt Darm- und Harnblasenentleerung leicht ein. 19. Jh.
4) die H.n gestrichen vollhaben = sehr ängstlich sein. Verstärkung des Vorhergehenden. Gestrichen voll ist das bis zum Rande gefüllte Glas. 1870 ff.
5) das kannst du einem erzählen, der die H. mit der Beißzange (Kneifzange) zumacht (anzieht) = das kannst du einem Dummen erzählen, aber nicht mir. »Die Hose mit der Beißzange zumachen« steht sprichwörtähnlich und sinnbildlich für das umständliche Bewerkstelligen eines einfachen Vorgangs, wie man es einem Dummen zutraut. 1900 ff.

Hosenscheißer (**Hosenschisser**) m 1) kleiner Junge. Eigentlich das

Kind, das seine Wäsche noch beschmutzt. 16. Jh.

2) Feigling, Mutloser. Beim Ängstlichen stellt sich Darmentleerung ungewollt ein. 16. Jh.

Hosentasche f etw aus der linken H. bezahlen = einen größeren Betrag mühelos zahlen. Wer sein Geld lose in der Hosentasche trägt, besitzt wohl so viel, daß es nicht in die Brieftasche paßt. Vermutlich entstellt aus der gleichbedeutenden Wendung »etw aus der linken Westentasche bezahlen«. 1920 ff.

hott interj 1) einmal h. und einmal ha (hü) sagen (bald hott, bald ha wollen) = seine Ansichten ständig ändern. Hergenommen vom Zuruf des Fuhrmanns an die Pferde, damit sie anziehen oder nach rechts (links) gehen. 18. Jh.

2) nicht h. noch ha wissen = ratlos sein. Eigentlich soviel wie »nicht wissen, ob man vorwärtsgehen oder einbiegen soll«. 18. Jh.

Hottehott n Pferd. Ein kindersprachlicher Ausdruck, entstanden aus Verdopplung des Zurufs »hott« an die Pferde zum Vorwärts- oder Rechtsgehen. 19. Jh.

Hottehüh n 1) Pferd. Eine Vokabel der Kindersprache, fußend auf dem Zuruf »hü = vorwärts«, auch »hü = halt«. 19. Jh.

2) Pferdefleisch. 19. Jh.

Hübschling m Mann von gefälligem Aussehen, aber ohne sonstige Vorzüge. Er ist hübsch, aber sonst nichts. 1920 ff.

Hucke f 1) jm die H. vollhauen = jn heftig prügeln. Hucke ist eigentlich die auf dem Rücken getragene Last, dann auch der Rücken. 18. Jh.

2) sich die H. vollachen = übermäßig lachen. Wohl analog zu »sich einen Buckel lachen«, da »Hucke« auch den gewölbten Rücken meint. 19. Jh.

3) jm die H. vollügen = jn gründlich, dreist belügen. 18. Jh.

4) sich die H. vollsaufen = sich betrinken. Eigentlich »soviel trinken, wie man tragen (vertragen) kann«. 19. Jh.

Hudelei f nachlässige Arbeit. [Vgl hudeln.] 17. Jh.

hudeln (huddeln) intr unordentlich, hastig arbeiten. Zusammenhängend mit »Hudel = Lumpen«. Was man herstellt, ist wertlos wie ein Lumpen. 15. Jh.

Hudler (Huddeler) m unordentlich Arbeitender. [Vgl das Vorhergehende.] 16. Jh.

hudlig (huddelig) adj unordentlich, oberflächlich. [Vgl hudeln.] 1800 ff.

Hugo m Geschmack eines Stücks Wild im ersten Stadium der Verwesung; Wildgeschmack. Verdreht aus gleichbedeutendem franz »haut-goût«. 19. Jh.

Huhn n 1) Sonderling; ulkiger Mensch. Hergenommen vom Benehmen eines Huhns, dessen Verhalten der Mensch nach seiner Weise als unverständlich empfindet. 19. Jh.

2) verrücktes H. = sonderbarer, schrulliger Mensch; Spaßmacher. 19. Jh.

3) mit den Hühnern schlafen (zu Bett) gehen = sehr früh zu Bett gehen. Die Hühner ziehen sich meist schon vor Einbruch der Dämmerung in ihren Stall zurück. 17. Jh.

4) er sieht aus (macht ein Gesicht), als hätten ihm die Hühner das Brot gestohlen = er macht ein einfältiges, ratloses, trübseliges Gesicht. Wohl hergenommen vom Gesichtsausdruck eines Kindes, das sich von den Hühnern das Butterbrot aus Unachtsamkeit (Arglosigkeit) hat wegnehmen lassen. Spätestens seit 1800.

5) da lachen ja die Hühner!: Ausdruck der Abweisung. Die Äußerung (das Ansinnen) ist so dumm, daß darüber sogar die Hühner lachen würden, wenn sie lachen könnten. Die im 19. Jh. in Berlin aufgekommene Redewendung ist inzwischen alltagssprachlich geworden.

Hühnchen n mit jm noch ein H. zu pflücken (rupfen) haben = mit jm noch eine Sache zu bereinigen haben; jm etw gedenken. Herkunft unsicher. »Hühnchen« ist vielleicht nur spätere, versinnbildlichende Zutat zu »rupfen =

streiten; Händel haben«. »Pflük-
ken« ist möglicherweise von *franz*
»éplucher = rupfen« beeinflußt.
15. Jh.

Hühneraugen *pl* jm auf die H. treten = jm zu nahe treten; jn be-
leidigen. Analog zu »jm auf den
Fuß treten«. Hühneraugen sind
eine äußerst schmerzempfindliche
Stelle. 18. Jh.

Hui *m* im H. (in einem H.) = sehr
schnell. »Hui« ist eine lautmalende Interjektion zur Bezeichnung der Schnelligkeit und Plötz-
lichkeit, dem Klang starken, pfei-
fenden Windes nachgebildet.
16. Jh.

hui *adv* oben (vorn, auswendig)
hui, unten (hinten, inwendig) pfui
= hübsches Gesicht auf häßlichem
Körper; nach außen gut, darunter
schlecht gekleidet; schön von Gestalt, schlecht von Charakter.
»Hui« als antreibender Ruf, als
Äußerung des Wohlgefallens ist
um des Reimes auf »Pfui« willen zu einem anerkennenden Ausdruck geworden. 17. Jh.

Humbug *m* schwindelhafte Reklame; listige Übertölpelung; Lug
und Trug. Um 1750 in Nord-
amerika aufkommend im Zu-
sammenhang mit »to hum = jn
nasführen«; vielleicht entstellt
aus »uim bog«, Spottwort auf die
aus minderwertigem Metall hergestellten Silbermünzen. In
Deutschland seit 1830 bekannt.

Hummel *f* 1) wilde H. = ausgelassenes Mädchen. Hergenommen
vom Hinundherfliegen der Hummel. 17. Jh.
2) H.n im Hintern (Arsch) haben
= nicht ruhig sitzen können; keine Ausdauer haben. 1500 ff.

Humpelrock *m* langer Frauenrock,
der an den Knöcheln sehr eng ist.
In ihm kann sich die Trägerin
nur humpelnd bewegen. Um 1913/
1914 aufgekommen.

Hund *m* 1) Schimpfwort. Die Min-
dergeltung des ältesten Haustiers
beruht auf seiner Gefräßigkeit,
Unverträglichkeit und Geilheit.
15. Jh.
2) armer H. = bedauernswerter
Mensch. Wohl übertragen vom

Schicksal des Karrenhunds. 1900 ff.
3) blöder H. = dummer, einfältiger Mensch. 1920 ff.
4) dicker H. = große Frechheit;
schwierige Angelegenheit; un-
glaubwürdiger Vorgang; gute Erfolgsaussicht. 1920 ff.
5) falscher H. = nichtvertrauens-
würdiger, heimtückischer Mensch.
»Falsch« im Sinne von »hinterlistig, heuchlerisch«. 18. Jh.
6) feiger H. = Feigling. Feig ist
der Hund, der, statt anzugreifen,
den Schwanz einkneift und flüchtet. 15. Jh.
7) frecher H. = frecher, dreister,
mit Worten angreifender Mensch;
rücksichtsloser Vorgesetzter.
Meint eigentlich den angriffslusti-
gen Hund mit seinem wütenden
Bellen. 19. Jh.
8) krummer H. = Mensch in
schlechter (unmilitärischer) Körperhaltung. 15. Jh.
9) scharfer H. = strenger Vorgesetzter; strenger Richter. Der auf
den Mann dressierte Hund ist
scharf: er fällt fremde Menschen
an. 1900 ff.
10) bekannt wie ein bunter H. =
überall bekannt. »Bunt« ist der
mehrfarbige Hund, der eher auf-
fällt als der einfarbige. 17. Jh.
11) müde wie ein H. = sehr erschöpft. Meint wohl die Müdigkeit des Hundes nach der Jagd
oder leitet sich her vom Hund
des Schäfers. Spätestens seit 1800.
12) da (betont!) liegt der H. begraben = das ist der Kern der
Sache; auf diese Sache kommt es
an. Herzuleiten entweder vom alten Volksglauben (Hunde lagern
auf vergrabenen Schätzen) oder
vom Hundegrab im thüringischen
Ort Winterstein: 1650 wurde der
Hund Stutzel dort begraben, der,
als Postillon d'amour zwischen
einem Edelfräulein und einem
Junker, von einem Jäger erschossen wurde, weil man ihn für
einen wildernden Hund ansah:
dieses Grab brachte den Winter-
steinern viel Spott ein. 17. Jh.
13) vor die H.e gehen = verkommen. Meint entweder, daß
krankes, schwaches, schlechtes

Wild von (wildernden) Hunden gejagt und vernichtet wird, oder bezogen auf die mit geförderter Kohle zum Schacht fahrenden Wagen, welche Verrichtung früher als niedrig galt und entsprechend schlecht bezahlt wurde. 17. Jh.

14) mit allen H.en gehetzt sein = jede List kennen; sehr schlau sein; sich in jeder Lage zu helfen wissen. Hergenommen vom Wild, das den auf seine Fährte gesetzten Hunden entgeht. 1800 ff.

15) auf den H. kommen = a) in wirtschaftliche Not geraten; schwer erkranken; verkommen. Herkunft umstritten. Entweder hergenommen von »Hunde tragen« als schimpfliche Bestrafung oder von »Hund = unterirdischer Karren zum Wegschaffen des Gesteins« (Strafe für schuldiggewordene Bergleute) oder von »Hund = eiserner Behälter zur Aufbewahrung nötigster Habe« oder verkürzt aus der Redewendung »vom Pferd auf den Hund kommen = das bisherige Pferdefuhrwerk durch ein Hundefuhrwerk ersetzen« (was wirtschaftlichen Niedergang versinnbildlicht) oder von »Hund = schlechter Wurf beim Würfelspiel«. 18. Jh.

= b) sich einen Hund anschaffen. Scherzhaft-wörtliche Auffassung des Vorhergehenden. 1800 ff.

16) es ist, um junge H.e zu kriegen (es ist zum Jungehundekriegen): Ausdruck der Verzweiflung. 1850 ff.

17) leben wie ein H. = armselig, in dürftigen Verhältnissen leben. Mancher (herrenlose) Hund fristet sein Leben auf sehr kümmerliche Weise. 1800 ff.

18) mit etw keinen H. aus (von) dem Ofen locken = mit etw vergeblich reizen. »Ofen« meint hier die Fußhöhlung des Ofens, in der der Hund zu liegen pflegt; verläßt der Hund diesen Platz nicht einmal um des Fressens willen, muß der Leckerbissen minderwertig sein. 16. Jh.

19) von ihm nimmt kein H. ein Stück Brot = er wird von allen verachtet. Hunde haben zuweilen eine untrügliche Witterung für die Garstigkeit (Schlechtigkeit) eines Menschen. 15. Jh.

20) mit etw auf dem H. sein = mit etw in schlechter Verfassung sein. Verkürzt aus »auf den Hund gekommen sein«. 18. Jh.

21) unter dem (allem) H. sein = höchst minderwertig sein. Im volkstümlichen Vorurteil ist der Hund noch immer das Sinnbild des Minderwertigen: was noch darunter ist, ist also noch weit minderwertiger. 1800 ff.

22) da wird der H. in der Pfanne verrückt!: Ausdruck ratloser Verwunderung. Leitet sich wohl vom Hundebraten her. 1910 ff.

Hundedeckchen *pl* Schuhgamaschen. Wegen der Formähnlichkeit mit der kleinen Decke, die man verwöhnten Hunden im Winter überzieht. 1870 ff.

hundeelend (hundselend) *adj* sehr elend. 17. Jh.

Hundeflöhen *n* es ist zum H.!: Ausdruck der Verzweiflung. Hunde haben viele Flöhe; sie ihnen zu entfernen, ist eine mühsame Arbeit, bei der man verzweifeln kann. Spätestens seit 1900.

hundekalt *adj* bitter kalt. Gemeint ist wohl, so kalt, daß man keinen Hund nach draußen schicken sollte. 17. Jh.

Hundekälte *f* grimmige Kälte. 18. Jh.

Hundeleben (Hundsleben) *n* elendes Leben. 17. Jh.

hundemüde (hundsmüde) *adj* sehr müde. [Vgl Hund 11.] Etwa seit dem 17. Jh.

Hundertfünfzigprozentiger *m* leidenschaftlicher Parteianhänger; (parteipolitisch) übereifriger Mensch. Steigerung von hundertprozentig. 1933 ff.

hundertkarätig *adj* charakterlich völlig einwandfrei. »Karätig« bezieht sich auf das Feingehaltsmaß für Gold, Edelsteine usw. Die unzulässige Steigerung »hundertkarätig« (man kennt nur 24-karätig) ist beeinflußt von »hundertprozentig«. 1920 ff.

hundertprozentig *adj* ganz, voll,

vollwertig. Fußt auf der prozentualen Angabe der Dividende, auch des Alkoholgehalts. In und nach dem Dritten Reich ursprünglich auf den mustergültigen, leidenschaftlich überzeugten Parteianhänger bezogen. Das Wort ist unmittelbar amerikanischen Ursprungs und wurde bekannt durch den Roman »Hundertprozentig« von Upton Sinclair; literarisch zum erstenmal 1860 aufgetaucht.

Hundertste *n* vom H.n ins Tausendste kommen = sich in Nebensächlichkeiten verlieren; vom Thema abschweifen. Gemeint ist eigentlich, daß einer beim Rechnen die Hunderter und Tausender falsch untereinanderschreibt. 17. Jh.

hundeschlecht *adj* sehr schlecht; sehr übel. 17. Jh.

Hundeschnauze *f* kalt wie eine H. = gefühllos, rücksichtslos. Die kalte Hundeschnauze gilt gemeinhin als Zeichen der Gesundheit, der Fieberfreiheit; in der Redewendung meint »kalt« jedoch die Gefühlskälte. 1850 ff.

Hundewetter (Hundswetter) *n* sehr schlechtes, unfreundliches Wetter. Das Wetter ist so naßkalt, daß man keinen Hund vor die Tür jagt. 1800 ff.

hundselend *adj* s. hundeelend.

hundsgemein *adj* sehr niederträchtig. Seit dem 19. Jh aufgekommene Vokabel, die das ältere »hundsföttisch« verdrängt: anfangs auf das Schamteil der Hündin bezogen, später auf die läufige Hündin wegen ihrer Schamlosigkeit, endlich auf den schamlosen, charakterlosen Mann.

Hundsleben *n* s. Hundeleben.

hundsmiserabel *adj* sehr elend, schlecht. 1800 ff.

hundsmüde *adj* s. hundemüde.

Hundswetter *n* s. Hundewetter.

Hunger *m* 1) H. bis unter beide Arme = heftiger Hunger. »Bis unter beide Arme« gibt grotesk den Umfang des leeren Magens wieder. 1914/18 ff.

2) H. bis in den dicken Zeh = heftiger Hunger. 1900 ff.

Hungertuch *n* am H. nagen = kärglich leben; arm sein. Das Hungertuch, ein seit dem 13. Jh üblicher Vorhang, wurde in der Kirche während der Fastenzeit am Eingang des Chores angebracht und verhüllte zur Steigerung der Bußgesinnung die Vorgänge am Altar. Ursprünglich hieß die Wendung »am Hungertuch nähen«. Daß aus dem »Nähen« ein »Nagen« wurde, hängt wohl mit der Metapher vom nagenden Kummer, vom nagenden Hunger o.ä. zusammen. 16. Jh.

hüpfen *intr* s. gehüpft.

Hurra *interj* 1) im (mit) H. = schnellstens; hastig; oberflächlich, unordentlich. Eigentlich Imperativ des *mhd* Verbs »hurren = sich schnell bewegen«. Mit Hurra stürmen die Soldaten auf die feindlichen Linien vor: sie bewegen sich rasch auf den Feind zu. 1870 ff.

2) H. die Enten!: Ausruf der Genugtuung über ein Ereignis, das man lange und mit Spannung erwartet hat. Stammt aus der Jägersprache und bezieht sich geographisch auf die Niederungsgebiete, in denen es keine Rehböcke, Hirsche usw. gibt; hier spielt die Jagd auf Wildenten eine große Rolle. Ihr Einfallen wird alljährlich mit großem Hallo begrüßt. 1850 ff.

husten *v* 1) auf (in) etw h. = auf etw keinen Wert legen; etw als minderwertig ablehnen. Analog »auf etw pfeifen« als sinnbildliche Handlung der Geringschätzung. 17. Jh.

2) jm etw h. = jm etw verweigern. [Vgl das Vorhergehende.] 17. Jh.

Hut *m* 1) ein alter H. = altbekannte Tatsache; Langgewohntes; Bekanntes als Neuigkeit vorgebracht; veralteter Witz. Seit dem ausgehenden 19. Jh.

2) ihm geht der H. hoch = er wird wütend. Der Hut geht hoch, wenn sich die Haare sträuben, wie es beispielsweise beim Hund im Zorn der Fall ist. Seit dem frühen 20. Jh.

3) sich etw an (auf) den H. stek-

ken können = etw aufgeben müssen; auf etw keinen Wert legen. Leitet sich her entweder von der Sitte der bei der militärischen Musterung angenommenen jungen Leute, Papierblumen auf den Hut zu stecken, oder von dem Geistesschwachen, der seinen Hut mit Federn, Gräsern u. ä. besteckt. Seit dem späten 19. Jh.

Hutschnur f das geht über die H. = das geht zu weit, ist zu arg, ist unerträglich. Hutschnur war früher ein Maß für fließendes Wasser, für die Menge des Wassers und die Dicke des Wasserstrahls. Was über die Hutschnur hinausging, verstieß gegen die Verträge, in denen die Benutzung der Wasserleitung geregelt war. Auch ist Hutschnur die unter dem Kinn herumlaufende Schnur, die den Hut am Kopf festhält: vom Bilde des Ertrinkenden her ergäbe die Redewendung eine Steigerung von »das Wasser geht ihm bis an den Hals«. 1850 ff.

Hütten pl H. bauen = sich niederlassen; nicht den schicklichen Zeitpunkt zum Weggehen finden. Beruht auf Matthäus 17, 4 und meint eigentlich das Errichten von Hütten zum Bewohnen. 19. Jh.

Hutweite f das ist nicht meine H. = das paßt mir nicht, sagt mir nicht zu. Ein Hut, der zu klein oder zu groß ist, kann seinem Träger nicht gefallen. 1920 ff.

I

Idee f 1) eine Kleinigkeit; ein wenig (hängen Sie das Bild eine Idee weiter rechts!). »Idee« als gedankliche Vorstellung wird wegen ihrer sinnlichen Ungreifbarkeit alltagssprachlich umgewandelt zum Begriff der Geringfügigkeit. 1850 ff.
2) keine I. = ausgeschlossen! Ausdruck der Ablehnung. Analog »da habe ich keinen Gedanken dran« oder »ich denke nicht daran!«. 1850 ff.

Idi m Dummkopf. Verkürzt aus »Idiot«. Seit dem ausgehenden 19. Jh.

Idiotenbagger m Skilift am Übungshang; Sessellift. Er baggert die Idioten (die Skineulinge) zur Höhe hinauf. 1935 ff.

Idiotenhügel m Ski-Übungshügel. Meint eigentlich den Übungshügel auf dem militärischen Übungsgelände, und »Idiot« meint in diesem Zusammenhang sowohl den Rekruten wie auch das ständige Einerlei der Übungen. Nach 1920 auf das Skigelände übergegangen.

Idiotenlampe (-laterne) f Fernsehgerät. Abfällige Wortbildung von Fernsehgegnern: in ihrer Auffassung »erleuchtet« das Fernsehprogramm den Geist nur von Idioten. 1955 ff.

idiotensicher adj gegen falsche Behandlung durch Unerfahrene gesichert. Entspricht dem angloamerikanischen »fool-proof«. [Vgl narrensicher.] 1925 ff.

Idiotenwette f Toto-(Lotto-)wette mit willkürlich gewählten Zahlen. Nach Meinung von Systemwettern ist diese Art idiotisch. 1955 ff.

Idiotenwiese f Übungswiese für Skianfänger. [Vgl Idiotenhügel.] 1920 ff.

illuminiert sein betrunken sein. »Illuminiert« im Sinne von »erleuchtet« bezieht sich auf das geistige Erleuchtetsein, auf das Angeregtsein, wie es sich nach etlichen Glas Alkohol in Form von Redseligkeit, Geistesblitzen o. ä. bekundet. 18. Jh.

Illusionsbunker m Kino. Jegliche Form von Kunst oder kunstähnlichen Produkten ist den ernüchterten Halbwüchsigen seit 1955 lediglich eine Illusion.

Infaulenza f Faulheit; geheuchelte Krankheit träger Schüler. Entstellt aus Influenza (Katarrhfieber). Seit dem ausgehenden 19. Jh.

inhalieren *tr* 1) trinken. Meint eigentlich »einatmen« und wird in der Alltagssprache auf vielerlei bezogen, was man in sich aufnehmen kann. 1900 ff.

2) essen. Seit dem frühen 20. Jh.

innen *adv* sich von i. besehen (betrachten, begucken, beschauen o. ä.); nach i. gucken = a) seinen Gedanken nachhängen; grübeln; geistesabwesend sein. Seit dem ausgehenden 19. Jh. = b) schlafen. 1900 ff.

Innung *f* die ganze I. blamieren = als einzelner die Kollegen bloßstellen. Innung, eigentlich der Zusammenschluß von Angehörigen eines bestimmten Handwerks, meint hier auch allgemein die Arbeits- und Berufsgemeinschaft. Seit dem frühen 20. Jh.

Intelligenzbestie *f* rein geistig Schaffender o. ä. »Bestie« ist geringschätzige Analogie zu »hohes Tier«. 1900 ff.

Intelligenzbrille *f* Brille mit breiter, dunkler Einfassung; Hornbrille. Nach dem Ersten Weltkrieg in Mode gekommen zur Bezeichnung eines Gesichts, das durch die Hornbrille ein vergeistigtes Aussehen erhält.

intus haben *tr* 1) etw verzehrt, geleert haben. Dem lateinischen »intus = innen, drinnen« entlehnt. 19. Jh.

2) etw begriffen haben; etw beherrschen. 1900 ff.

Irrer *m* armer I. = einfältige Person. Einer, der wegen seiner Dummheit bedauernswert ist. 1900 ff.

Irrtum *m* falscher I. = großer Irrtum. Tautologisch im Sinne einer Verstärkung. Vielleicht in Berlin entstanden. 1900 ff.

Ische *f* Mädchen, Freundin. Stammt aus *jidd* »ischa = Frau«. Das seit dem frühen 18. Jh belegte Wort ist kurz nach 1950 als Ausdruck der Halbwüchsigensprache wiederaufgetaucht.

Ischias-Anger *m* Campingplatz. Nach 1945 aufgekommen.

J

Ja *n* zu allem Ja und Amen sagen = mit allem einverstanden sein. Stammt aus den Schlußversen der Offenbarung Johannes, im 17. Jh vorgebildet durch »ja und Amen sein = die volle Wahrheit sein«.

Jacke *f* 1) das ist eine alte J. = das ist eine gewohnte Erscheinung, ist nichts Neues. Die alte, abgetragene Jacke wird zum Sinnbild des Gewohnten. 1800 ff.

2) das ist J. wie Hose = das ist dasselbe, das macht keinen Unterschied. Hergenommen von der Kleidertracht: die Jacke entstand aus einem kurz gewordenen Rock, und die Hosen waren eigentlich Strümpfe. Als man beide aus demselben Stoff schneiderte, machte Jacke und Hose keinen Unterschied mehr. 17. Jh.

Jagdschein *m* amtliche Bescheinigung über geistige Unzurechnungsfähigkeit; Zubilligung des § 51 StGB. Das Gesetz von 1871 bestimmt, daß der Jagdscheinbesitzer zur Jagd auf jagdbare Tiere berechtigt ist und in seinem Jagdbezirk im Rahmen der Jagdgesetze nach Belieben schalten und walten kann, ohne daß er wegen Jagdfrevels belangt werden kann. Eine annähernd ähnliche Freiheit genießt der geistig Unzurechnungsfähige. 1900 ff.

Jahr *n* jm das neue J. abgewinnen = jm mit den Neujahrsglückwünschen zuvorkommen. Die im 19. Jh aufkommende Redewendung fußt auf der alten abergläubischen Regel, daß man am 1. Januar etwaigen Unglücksanwünschungen zuvorkommen muß, damit man im neuen Jahr Glück hat. Diese Grundvorstellung ist bis zur Unkenntlichkeit überlagert von dem dörflichen Brauch, am Neujahrstag die Glückwünsche rasch anzubringen, damit man das dem ersten Glückwünscher zustehende kleine Geschenk erhält.

Jakob *m* das ist der wahre J. = das ist der (das) Gesuchte, der (das) Richtige. Bezieht sich entweder auf Jakobus, den Schutzpatron Spaniens, dessen Grab in Santiago de Compostela verehrt wird (es gab auch falsche Jakobsgräber), oder auf den als Esau verkleideten Jakob, der sich das Erstgeburtsrecht und den Segen seines blinden Vaters erschlichen hat. 18. Jh.

Jammerlappen *m* energieloser, wehleidiger, unmilitärischer Mann. Entweder zusammengewachsen aus »jämmerlich« und »Waschlappen« oder weiterentwickelt aus der Bedeutung »Taschentuch zum Abwischen der Tränen«. 18. Jh.

Je *interj* o Je!: Ausruf des Entsetzens, des Mitleids. Verkürzt aus der Anrufung »O Jesu!«. 1700 ff.

jemine *interj* o Jemine!: Ausruf des Entsetzens, des Mitleids. Entstellt aus der Anrufung »o Jesu domine«. Die Entstellung gründet sich auf das zweite der Zehn Gebote. 17. Jh.

Jeses (Jesses, Jösses, Jessas) *interj* Ausruf des Erstaunens, Entsetzens, Unwillens. Abgeschliffen aus der Anrufung »Jesus«. 1800 ff.

Jubeljahre *pl* alle J. einmal = sehr selten. Bezieht sich auf das bei den Israeliten alle fünfzig Jahre wiederkehrende Jubeljahr (*hebr* »jobel« = Posaunen-, Freudenschall; Horn zum Blasen«; das Jahr wurde mit Widderhörnern eingeblasen). Seit 1300 auch in der katholischen Kirche, anfangs alle hundert Jahre, heute alle fünfundzwanzig Jahre. 16. Jh.

Jubiläumsfeuerzeug *n* minderwertiges Feuerzeug. Brennt in spöttischer Auffassung alle 25 Jahre oder erst beim 25. Versuch. Etwa seit 1915.

Jubiläumshölzer *pl* schlecht brennende Streichhölzer. Nur jedes 25. Streichholz zündet. 1920 ff.

Juchhe (Juchhee, Juhe, Juchhei) *m* obere Galerie im Theater. Gehört zu »jauchzen« und bezieht sich im engeren Sinne auf Begeisterungsstürme, Bravorufe u. ä., wie sie dem anspruchslosen Galeriepublikum entsprechen. 1800 ff.

Judenschule *f* Lärm wie in einer J. = großer Lärm, Stimmengewirr. Judenschule meint die Synagoge, auch die der Synagoge angegliederte Unterrichtsstätte für jüdische Kinder. Das gemeinsame laute Lesen im Unterricht oder das Gemurmel im Gottesdienst war dem Laien unverständlich. 17. Jh.

Juliusturm *m* Staatsschatz. Benannt nach dem Teil der Befestigungen von Spandau, in dem nach 1871 die französische Kriegsentschädigung untergebracht war. Etwa seit dem ausgehenden 19. Jh geläufig geworden.

jung *adj* so j. kommen wir nicht wieder zusammen: Redensart, mit der man zur Verlängerung des gemütlichen Zusammenseins auffordert. 18. Jh.

Junge *m* 1) grüner J. = unerfahrener, vorlauter, unreifer Junge. [Vgl grün 1.] 1800 ff.
2) schwerer J. = Schwerverbrecher; oft bestrafter Verbrecher. 1800 ff.

Jux *m* Scherz, Ulk. Von Studenten eingedeutscht aus dem lateinischen »jocus = Scherz«, vielleicht mit dem bedeutungsverwandten Verben »jauchzen, juchzen«. Wahrscheinlich über die Wiener Volkssprache im späten 18. Jh volkstümlich geworden.

Juxbude *f* Vergnügungsstand auf dem Jahrmarkt o. ä. 19. Jh.

juxig *adj* spaßig. [Vgl Jux.] Seit dem späten 18. Jh.

K

K. K. Abkürzung von »kalter Kaffee«, s. d. 1900 ff.

Kabache (Kabacke) *f* kleiner Raum; elendes Haus. Entlehnt aus Rußland: kabak, kabaku = geringe Schenke. 1800 ff.

kabbeln (käbbeln) *intr* einen Wortwechsel führen; sich zanken. Verwandt mit »keifen«. 17. Jh.

kacken *intr* ko̲ten. Urverwandt mit dem lateinischen cacare. Etwa seit dem ausgehenden 15. Jh.

kackfidel *adj* sehr vergnügt, munter. »Kack« meint »noch ohne Federn, kahl, nackt, nicht flügge«, begriffsverwandt mit »blutt« in »blutarm«. Seit dem späten 19. Jh.

Kadetten *pl* seine K. kennen = seine Leute kennen; wissen, wie man, die Untergebenen zu behandeln hat. »Kadetten« steht in burschikoser Verwendung analog zu »Burschen«, »Jungen« u. ä. Seit dem späten 19. Jh.

Kadi *m* Richter. Stammt aus dem Arabischen; in Deutschland seit 1703 nachgewiesen. Volkstümlich geworden durch Tausendundeine Nacht.

Käfer *m* Mädchen (meist: netter, süßer, niedlicher, kesser, reizender Käfer). Gilt meist im Hinblick auf das Äußere, auch auf die Munterkeit. Leitet sich her vom Aussehen hübscher Käfer, vor allem des Marienkäfers. Seit dem späten 19. Jh.

Kaff *n* Dorf. Stammt aus der Zigeunersprache (gaw, gave = Dorf). Vielleicht auch Rückbildung aus Kaffer, s. d. Soll von Soldaten aus dem Osten vor 1850 über Berlin eingeflossen sein.

Kaffee *m* 1) kalter K. = Altbekanntes als Neuigkeit vorgebracht; wertlose, belanglose Sache; reizlose Feststellung; leeres Gerede; Unsinn. Kenner trinken den Kaffee heiß; kalten Kaffee verschmähen sie, weil er die Geschmacksnerven kaum reizt. 1900 ff.
2) ihm haben sie etwas in den K. getan . = er ist nicht recht bei Verstande. Hergeleitet von betäubenden, Mitteln, die man dem Kaffee beigibt. 1920 ff.
3) ihm kommt der K. hoch = es widert ihn an. 1920 ff.

Kaffeeklatsch *m* Damenkaffeegesellschaft. [Vgl Klatsch.] 19. Jh.

Kaffeemühle *f* 1) altmodisches (altes, minderwertiges) Kraftfahrzeug. Es lärmt wie eine Kaffeemühle mit Handkurbel. 1910 ff.
2) Hubschrauber. Der Propeller dreht sich wie die Kaffeemühlenkurbel. 1938 ff.

Kaffeeschlacht *f* Damenkaffeegesellschaft. »Schlacht« bezieht sich entweder auf das »Schlachten« von Torten und Kuchen oder auf Stimmengewirr und Wortwechsel, auch auf mißgünstiges Gerede über Abwesende. 19. Jh.

Kaffeeschwester *f* leidenschaftliche Kaffeetrinkerin; geschwätzige Teilnehmerin an einer Damenkaffeegesellschaft. 18. Jh.

Kaffeetante *f* leidenschaftliche Kaffeetrinkerin; weibliche Person, die gern an Kaffeegesellschaften teilnimmt; leidenschaftlicher Kaffeetrinker. 1900 ff.

Kaffer *m* Dorfbewohner; dummer Bauer; ungebildeter Mann; Schimp*f*wort. Fußt auf *jidd* »Kapher = Bauer« (neuhebr »kafri = Dörfler«). 1700 ff.

Kahlschlag *m* Kahlrasur des Kopfhaars; Vollglatze. Hergenommen von der Bedeutung »Kahlschlag = abgeholzter Waldbezirk«. 1920 ff.

Kahn *m* 1) Bett. Anspielung auf die kahnförmige Vertiefung (Mulde) im Bett oder Eindeutschung aus *franz* »lit de camp« (Feldbett) über die niederdeutsche Zwischenstufe »lütten Kahn«. 1870 ff.
2) Gefängnis, Karzer, Arrestzelle, Polizeiarrest. Meint »Kahn« entweder im Sinne eines engen Behältnisses oder fußt auf *jidd* »bekahne, kaan = irgendwo«, also neutralisierend-euphemistisch. Aus dem Rotwelsch des 18.

Jhs in die Soldatensprache gewandert, auch in die Schülersprache.

3) Fußball-, Handball-, Eishockeytor u. ä. »Kahn« meint jedes Schiff, und das Schiff nennt man auch »Kasten«, und »Kasten« ist auch das Fußballtor. 1910 ff.

4) Kähne = breite, ausgetretene Schuhe. Je nach der geographischen Lage auch verdeutlicht in den Formen »Elbkähne«, »Oderkähne«, »Mainbötchen« u. ä. Seit dem späten 19. Jh.

Kakao *m* 1) Kot. Entstellt aus »Kacke«, vor allem in der kindersprachlichen Form »Kaka«. 1900 ff.

2) jn durch den K. ziehen = über einen Abwesenden spöttisch, kritisierend sprechen; jn verhöhnen, veralbern. »Ziehen« stammt aus den verwandten Redewendungen »durch die Hechel, durch den Dreck ziehen«. Scheint im Ersten Weltkrieg aufgekommen zu sein und mit einem derben Soldatenbrauch zusammenzuhängen: Leute, die sich vergangen hatten, aber vom Gesetz nicht gefaßt werden konnten, wurden aus der Bettlade geholt und durch die Kacke gezogen.

kakeln *intr* plaudern; albern reden. Hergenommen vom Gackern der Hühner, deren Laut man auch mit »kakeln« wiedergibt. 18. Jh.

Kaktus *m* 1) Kothaufen (eines Menschen). Hat mit der Pflanzenbezeichnung nichts zu tun, sondern hängt latinisierend mit »kacken« (s. d.) zusammen. 1850 ff.

2) K. pflanzen (drehen, setzen) = in freier Natur koten. Spätestens seit 1900.

Kalaumes *n* überflüssiges, unsinniges Gerede. Fußt auf *jidd* »chalaumes = Nichtigkeiten«. 19. Jh.

Kalb *n* 1) ungeschickter, alberner Mensch. Hergenommen vom mutwilligen und tölpischen Benehmen des einjährigen Kalbs. 15. Jh.

2) K. Moses = ungeschickter, dummer Mensch. Verlängert aus dem Vorhergehenden unter Einfluß der biblischen Geschichte von Aarons goldenem Kalb. 1700 ff.

3) goldenes K. = heiratsfähige Tochter aus reichem Hause. [Vgl das Vorhergehende.] 1900 ff.

4) ein K. anbinden (machen) = sich erbrechen. Meint entweder, daß Kälber übermäßig trinken, bis ihnen der Trank aus Maul und Nase läuft, oder ist lautmalend entstanden aus den wie »Kalb« klingenden Würgelauten beim Erbrechen. 18. Jh.

kalbern (kälbern) *intr* 1) sich albern, mutwillig, kindisch benehmen. [Vgl Kalb 1.] Seit 1900.

2) sich erbrechen. [Vgl Kalb 4.] 16. Jh.

Kalk *m* bei ihm rieselt der K. = er ist ältlich, abständig. Der Kalk rührt von der Verkalkung her: Arterienverkalkung als medizinische Alterserscheinung ist in volkstümlicher Auffassung zugleich ein Zeichen geistigen Alterns. 1900 ff.

kalt *adj* 1) auf k.em Wege = ohne Umstände; unauffällig; ohne den vorgeschriebenen Weg streng einzuhalten. Leitet sich wohl her von chemischen Verfahren, bei denen Extrakte ohne Erhitzung hergestellt werden. 1900 ff.

2) das läßt mich k. = das macht auf mich keinen Eindruck, berührt mich innerlich nicht. »Kalt« meint das Fehlen der Gefühlswärme (kaltes Blut; kalter Verstand) 18. Jh.

3) k. rauchen = die Tabakspfeife im Munde halten, ohne anzuzünden (ohne sie mit Tabak gefüllt zu haben). 1800 ff.

kaltmachen *tr* jn umbringen, töten. Hergenommen vom Erkalten der Leiche. 18. Jh.

kaltschnauzig (kaltschnäuzig) *adj* gefühllos, rücksichtslos, frech. [Vgl Hundeschnauze.] 20. Jh.

Kaltschnäuzigkeit *f* rücksichtslose Handlungs-, Redeweise. 1900 ff.

kaltstellen *tr* jds Einfluß schwächen oder zunichte machen; jn unbeachtet lassen. Hergenommen von Speisen, die man vom Feuer stellt, damit sie nicht verderben, oder vom Sekt, den man in Eis stellt. 1850 ff.

Kamel *n* dummer Mensch. Wahrscheinlich in Studentenkreisen um 1800 aufgekommen, bei denen »Kamel« nicht bloß der nichtkorporierte Student, sondern auch der fleißig seinem Studium zugewandte Student gescholten wurde; beides galt als Zeichen von Einfältigkeit und Dummheit.

Kamellen *pl* alte (olle) K. = alte, längst bekannte Dinge. Leitet sich her von den Kamillen, die bei langem Lagern den würzigen Geruch, auch die Heilkraft einbüßen. 18. Jh.

Kamin *m* etw in den K. schreiben = etw verlorengeben; mit Rückzahlung einer Geldschuld nicht mehr rechnen. [Vgl Schornstein.] 19. Jh.

Kamm *m* 1) da liegt der K. bei der Butter = im Hause herrscht große Unordnung. Seit dem späten 19. Jh.
2) alle über einen K. scheren = alle unterschiedslos behandeln, gleich einschätzen. Hergenommen von der früheren Badestube, in der alle Kunden (vor allem die Bauernsöhne und Knechte) mit demselben Kamm bedient wurden. 16. Jh.
3) ihm schwillt der K. = er wird übermütig, zornig, herausfordernd. Herzuleiten vom Hahn, dem der Kamm schwillt, wenn er in Zorn gerät. 18. Jh.

kampeln *intr* miteinander streiten; sich zanken. Iterativum von »kämpfen« ohne Umlaut und Lautverschiebung. 1600 ff.

Kamuffel *n* dummer Mensch. Gern verdeutlicht: blödes Kamuffel. Wahrscheinlich zusammengewachsen aus dem gleichbedeutenden »Kamel« und dem Wort »Muffel = verdrießlicher Mensch«. 1800 ff.

Kanake *m* ungebildeter Mensch; Schimpfwort. Eigentlich der Eingeborene der Sandwichinseln; der lautliche Anklang an das Schimpfwort »Hanake« dürfte eingewirkt haben. 1850 ff.

Kanal *m* den K. voll haben = a) einer Sache überdrüssig sein; angewidert sein. Kanal meint hier den Darmkanal, vor allem den Magen (Magen-Darm-Kanal). 1914 ff.
= b) betrunken sein. 1920 ff.

Kandare *f* 1) jm die K. anlegen = jn in strengere Zucht nehmen. Kandare ist die Gebißstange am Zaumzeug: sie liegt über der Zunge des Pferdes und ermöglicht ein schärferes Zügeln als mit der Trense. Seit dem späten 19. Jh.
2) sich (jn) an die K. nehmen = sich (jn) zügeln, streng behandeln. Seit dem späten 19. Jh.

Kanone *f* 1) Fachgröße; hervorragender Fachmann. Leitet sich her vom schweren Geschütz, das den kleineren Feldgeschützen überlegen ist; auch kann man mit einer Kanone weiter schießen als mit einer Handfeuerwaffe. Etwa seit 1800.
2) Revolver, Pistole. Scherzhafte Wertsteigerung, etwa seit 1900.
3) voll (besoffen) wie eine K. = schwer betrunken. Hergenommen einerseits von »Kanone = großer Bierkrug« (er faßt zwei bis drei Liter), andererseits von der Vorstellung des schwergeladenen Geschützes. 1800 ff.
4) das ist unter aller (unter der) K. = das ist völlig ungenügend, überaus schlecht. Hat mit der Kanone nichts zu tun, sondern ist Übersetzung des lateinischen Schulausdrucks »sub omni canone«: mit »Kanon« ist die Richtschnur, der Maßstab gemeint, den der Lehrer bei der Beurteilung einer Schularbeit anlegt; was unterhalb dieses Kanons lag, war sehr schlecht. 19. Jh.

Kanonenrausch *m* schwerer Rausch. [Vgl Kanone 3.] Etwa seit 1850.

Kanonenrohr *n* Heiliges K.!: Ausruf des Erstaunens, Entsetzens. Wohl verunstaltete Anrufung eines Heiligennamens unter Einfluß des eindrucksvollen Aussehens eines aufgerichteten Kanonenrohrs. 1870 ff.

kanonenvoll *adj* schwer bezecht. [Vgl Kanone 3.] 19. Jh.

Kante *f* 1) etw auf die hohe K. haben = Ersparnisse haben. Kante meint entweder die hohe, die schmale Seite der Münze (Geldstücke werden in Rollen verpackt, wodurch ihre schmale Seite nach oben zu liegen kommt) oder bezieht sich in der Bauernstube (großen Wohnküche) auf das Sims unterhalb der niedrigen Decke als Ablageort für verschiedene Dinge, an die Kinder nicht heranlangen können. 18. Jh.

2) etw auf die hohe K. legen (setzen) = Ersparnisse machen. 18. Jh.

Kanthaken *m* jn beim K. nehmen (fassen, greifen, kriegen o. ä.) = jn am Genick ergreifen; jn zur Verantwortung ziehen; Kanthaken ist der Eisenhaken, mit dem in Häfen die Fässer und Kisten beim Verladen auf die Kante gestellt werden. In der Redewendung ist Kanthaken entstellt aus »Kammhaken = hakiger Kamm des Hahns, Genick«. 17. Jh.

Kantonist *m* unsicherer K. = unzuverlässiger Mensch. Leitet sich her von dem unter dem preußischen König Friedrich Wilhelm I. eingeführten, bis 1841 gültigen Kantonssystem für die Aushebung der Soldaten: jeder Kanton (Rekrutierungsbezirk) hatte eine festgesetzte Zahl von Soldaten zu stellen. Wer sich der Rekrutierung durch Flucht oder andere Machenschaften entzog, war ein unsicherer Kantonist. 19. Jh.

Kanzel *f* von der K. fallen (geworfen werden; springen) = vom Pfarrer in der Kirche aufgeboten werden. Früher verlas der Pfarrer von der Kanzel alle amtlichen Verordnungen, noch heute das Aufgebot der Brautpaars. 17. Jh.

Kapee *n* schwer von K. sein = schwer begreifen. »Kapee« ist französierendes Hauptwort zu »kapieren«. 1900 ff.

kapieren *tr* begreifen, verstehen. Entstanden aus dem Verb »capere« der Römer, wohl in Lateinschulen des 17./18. Jhs aufgekommen und französierend umgewandelt.

Kapitän *m* K. der Landstraße = Fern-, Lastzugfahrer. Wegen seiner Länge wird der Lastzug auch »Schiff« genannt, und drum wird aus dem Fahrer ein Kapitän. 1920 ff.

kapitelfest *adj* 1) seiner Sache sicher; im Besitz gediegenen Wissens. Hergenommen vom »Kapitel = Bibelstück«: wer Bibelstellen genau angeben kann, ist kapitelfest. 19. Jh.

2) nicht k. = nicht kerngesund; krankheitsanfällig. 19. Jh.

kapores gehen *intr* sterben. [Vgl das Folgende.] 18. Jh.

kapores sein 1) entzwei, tot sein. Stammt aus *jidd* »kapparah, kappora = Sühnopfer, Sühnung, Versöhnung, Genugtuung«. Am Vorabend des Versöhnungstages wurden Hühner »kapores« geschlagen, nämlich als Sühnopfer um den Kopf geschwungen. 18. Jh.

2) bankrott sein. Etwa seit der Gründerzeit.

Kappe *f* 1) es geht auf seine K. = er trägt die Unkosten, die Verantwortung. [Vgl das Folgende.] 1900 ff.

2) etw auf seine K. nehmen (holen) = für etw die Verantwortung übernehmen; die Folgen auf sich nehmen. »Kappe« meint von Hause aus den Mantel mit Kopfbekleidung, auch nur die Kopfbekleidung, vor allem als Teil der Amtstracht. Wer etw seine Kappe nimmt, läßt auf Mantel oder Kopfbedeckung die Schläge über sich ergehen und steht für die Sache mitsamt ihren Folgen ein. 1800 ff.

kapristi hast du verstanden? Kontaminiert aus »kapierst du?« und dem Fluchwort »Sapristi«. Seit dem späten 19. Jh.

kaputt *adj* 1) entzwei, bankrott, erschöpft. Entlehnt aus *franz* »capot« als Kartenspielerausdruck für den Unterliegenden. Vor dem Dreißigjährigen Krieg aufgekommen im Sinne von »erschlagen«, später verallgemeinert. Gilt bei den Ausländern heute als einer der typischsten deutschen Slangausdrücke.

2) tot. 1800 ff.

3) sich k. arbeiten = sich abarbeiten, überanstrengen. 1900 ff.

4) k. gehen = entzweigehen; Bankrott machen; zerbrechen; sterben. 18. Jh.

5) sich k. lachen = heftig lachen. 19. Jh.

6) k.-machen = a) entzweimachen; zerbrechen; zugrunde richten; umbringen. 17. Jh. = b) *refl* sich abarbeiten, überanstrengen. 19. Jh.

7) k. sein = abgearbeitet, erschöpft, seelisch mitgenommen sein. 18. Jh.

8) was ist k.? = was ist geschehen? Die Frage richtet sich an einen nach Hilfe Eilenden. 1900 ff.

kariert *adv* 1) mir geht es k. = mir geht es mittelmäßig. »Kariert« meint vor allem das Buntschekkige, das Nebeneinander von Flecken verschiedener Färbung im Sinne eines farbigen Durcheinanders. 1900 ff.

2) k. reden (quatschen o. ä.) = unverständig, unverständlich reden. Seit dem späten 19. Jh.

Karnickel *n* der Verantwortliche; der eigentliche Urheber; der Schuldige. Reststück der ursprünglich Berliner Redensart »der Karnickel hat angefangen«. Der Hund eines Marktbesuchers zerreißt das lebendige Kaninchen einer Marktfrau, die, mit dem zehnfachen Ersatz nicht zufrieden, in die Klage gehen will; ein Schusterjunge erklärt sich gegenüber dem Hundebesitzer bereit, gegen ein Trinkgeld zu bezeugen, daß nicht der Hund, sondern das Kaninchen Anlaß zu der Tat gegeben hat. 1820 ff.

Karosserie *f* Körperbau. Vom Auto hergenommen zur Bezeichnung der äußeren Formen eines Menschen. 1920 ff.

Karpfen *m* K. des kleinen Mannes = Hering. Der »kleine Mann« ist seit dem ausgehenden 19. Jh der versicherungspflichtige Arbeitnehmer. Was den Reichen der Karpfen, ist ihm der Hering. 1900 ff.

Karre *f* (**Karren** *m*) 1) Fahrrad, Auto. Auf das Fahrrad bezogen, ist die zweirädrige Karre gemeint, vor allem als Abkürzung von Tretkarre; hingegen ist in bezug auf das Auto die vierrädrige Karre gemeint. 1900 ff.

2) jm an die K. fahren = jm zu nahe treten; jn belangen, zurechtweisen. Hergenommen vom Karren, der einen anderen anstößt. 1900 ff.

3) die K. laufen lassen = in eine Entwicklung nicht eingreifen. Ins Bildhafte gewendete Analogie zu »den Dingen ihren Lauf lassen«. 1900 ff.

4) die K. in den Dreck schieben (fahren) = eine Sache verderben; einer Sache eine ungünstige Wendung geben. Die in Kot und Schlamm geratene Karre versinnbildlicht die ungünstige Entwicklung einer Sache. 19. Jh.

5) die K. ist verfahren = die Sache ist verdorben, hat eine ungünstige Entwicklung genommen. Hergenommen vom falschen Weg, den man mit einer Karre eingeschlagen hat, oder vom Straßengraben, in den man mit der Karre geraten ist. 19. Jh.

6) die K. aus dem Dreck ziehen (schieben, fahren) = eine ungünstige Entwicklung rückgängig machen. 1600 ff.

Karrenrad *n* breitrandiger Damenhut. Er hat annähernd die Größe eines Wagenrads. 1900 ff.

Karte *f* 1) jm in die K.n gucken (sehen) = jds geheime Absichten erkennen wollen. Hergeleitet vom Kartenspieler, der dem Mitspieler ins Blatt blickt. 16. Jh.

2). K.n kloppen = Karten spielen. Weil man sie auf den Tisch zu schlagen pflegt. 19. Jh.

3) die K.n offenlegen (aufdecken, auf den Tisch legen) = bisher verheimlichte Gedanken und Absichten äußern. Meint eigentlich den mit unverdeckten (offen auf den Tisch gelegten) Karten spielenden Kartenspieler, dessen Spielabsichten leicht zu erkennen sind. 19. Jh.

4) alles auf eine K. setzen = das Letzte wagen; sich keinen Ausweg lassen. Vom Kartenspieler hergenommen, der trotz einer ungünstigen Karte das Spiel wagt. Spätestens seit 1900.

5) mit offenen K.n spielen = seine Absichten und Wünsche nicht verbergen. [Vgl Karte 3.] 19. Jh.

6) eine K. sticht = eine Maßnahme wird erfolgreich sein. Vom Kartenspiel hergenommen: die stechende Karte ist höherwertig. 19. Jh.

Kartoffel f 1) Taschenuhr. Wohl wegen der Kugelform der früheren Uhren, wegen der Kartoffelscheibenform der heutigen Taschenuhren. 19. Jh.
2) Loch in der Ferse des Strumpfes. Der durch das Loch zum Vorschein kommende Fuß sieht aus wie eine geschälte Kartoffel. Spätestens seit 1900.
3) rin in die K.n, raus aus den (die) K.n = erst so, dann genau umgekehrt (sagt man beispielsweise, wenn eine bisher gültige Arbeitsanweisung durch eine völlig entgegengesetzte abgelöst wird). Geprägt von Friedrich Wülfing 1881 in den »Fliegenden Blättern«: nacheinander befehlen verschiedene militärische Vorgesetzte den Soldaten, einen Kartoffelacker zu betreten oder zu verlassen.
4) jn fallen lassen wie eine heiße K. = den Umgang mit jm abbrechen. 1945 ff.

Kartoffelnase f kleine dicke Nase. Hergenommen von der Form der längs durchgeschnittenen Kartoffel. 18. Jh.

Karussell n mit jm K. fahren = jn um den Exerzierplatz jagen; jn heftig rügen. Bei einer Karussellfahrt geht es nicht glimpflich zu. Wohl seit dem späten 19. Jh.

Kaschemme f minderwertiges Wirtshaus. Im 19. Jh aufgekommen aus der Zigeunervokabel »Katšima, Kertšima = Wirtshaus«.

kaschen tr jn ergreifen, verhaften, gefangennehmen. Wohl aus engl »to cash = kassieren« entlehnt. 1900 ff.

Käse m 1) Geschwätz; leeres Gerede; Unsinn; Wertlosigkeit. Käse gilt, vor allem auf dem Lande, als ein billiges, leicht selbstzuzubereitendes Nahrungsmittel, besonders in Form von Quark, dessen übertragene Bedeutung mit der des Stichworts identisch ist. 18. Jh.

2) alter K. = längst abgetane, altbekannte Sache. 19. Jh.
3) durcher (durchner) K. = reifer Käse. »Durcher« und »durchner« sind verkürzt aus »durchgeweicht«. 19. Jh.
4) auf jeden K. = auf jeden Fall. Fußt in scherzhafter Auffassung auf engl »at any case«. 1850 ff.

Käseblatt (Käseblättchen) n unbedeutende Zeitung; Winkelblatt. Wohl eigentlich ein Zeitungsblatt, das man nicht liest, sondern zum Einwickeln von Käse verwendet. Seit dem späten 19. Jh.

Käsedolch m Taschen-, Fahrtenmesser. Mit dem Dolch hat es Ähnlichkeit, und man schneidet mit ihm auch Käse. Seit dem frühen 20. Jh.

Käseglocke f 1) rundgebaute Kirche. Wegen der Formähnlichkeit. Seit dem ausgehenden 19. Jh.
2) runder steifer Herrenhut. 1900 ff.

Käsekleid n Kleid mit Perforationen, durch die das Unterkleid zu erkennen ist. Anspielung auf den Schweizer oder Emmentaler Käse mit seinen Löchern. Gegen Ende des Jahres 1965 aufgekommen mit der entsprechenden Mode.

kaspern intr sich albern benehmen; vorlaut sein; töricht schwätzen. Hergenommen von Kasper, der lustigen Person im Kasperspiel (Kasperletheater). 19. Jh.

Kasse f 1) zur K. bitten = a) einen Geldraub verüben. Fußt auf dem im Jahre 1966 im Deutschen Fernsehen aufgeführten Film »Die Gentlemen bitten zur Kasse« in Nachahmung des 1963 verübten Raubüberfalls auf den englischen Postzug. Die große Wirkung dieses Fernsehfilms ließ kurz nach der Aufführung weitere Varianten aufkommen, nämlich
= b) den Gewinnanteil einfordern.
= c) zur richterlichen Vernehmung laden (vorführen)
= d) höhere Preise fordern.
= e) zur Steuerzahlung heranziehen.
= f) vom Betteln leben; betteln.
= g) zur Verantwortung ziehen,

zur Gegenleistung zwingen; Schadenersatz fordern.

2) gut (schlecht, nicht, schwer, knapp) bei K. sein = viel (wenig, kein, kaum) Geld haben. Stammt aus der italienischen Handelssprache. 1800 ff.

3) nicht recht bei K. sein = nicht recht bei Verstand sein. Wohl so zu verstehen, daß der Betreffende nicht »herausgeben« kann im Sinne von »die Antwort schuldig bleiben«. 1900 ff.

kassieren tr jn verhaften, gefangennehmen; etw erobern, sich aneignen. Verwandt mit kaschen, s. d. 1939 ff.

Kastanien pl die K. aus dem Feuer holen = für einen anderen etwas Gefährliches unternehmen. Hergenommen aus einer durch La Fontaine bekannten Fabel: der Affe läßt sich von der Katze die gerösteten Kastanien aus dem Feuer holen und verspeist sie sofort; beim Erscheinen der Magd ergreifen beide Tiere die Flucht. Die Fabel selber ist wesentlich älter. 17. Jh.

Kasten m 1) Schiff, Haus; Schulgebäude. Meist in abfälligem Sinne. Anspielung auf die annähernd übereinstimmende geometrische Form von Haus und Kasten. Fußt vielleicht auf Luther, der die Arche Noah »Kasten« nannte.

2) Gefängnis; Arrestlokal; Karzer. 1800 ff.

3) Tor auf dem Fußballplatz. Es ähnelt einem schmalen Kasten. 1920 ff.

4) große, breitschultrige, beleibte Person. Bezog sich ursprünglich wohl auf den kräftig entwickelten Brustkasten. Seit dem späten 19. Jh.

5) jm auf den K. fallen = jn nervös machen. Hier ist mit »Kasten« wohl der Gehirnkasten gemeint. 1900 ff.

6) etw auf dem K. haben = a) einen kräftigen Oberkörper haben; Bizeps haben; stark sein; anziehend wirken. Kasten = Brustkasten. 1900 ff.

= b) klug sein; ein Könner sein. Kasten = Hirnkasten. 1900 ff.

7) im K. hängen (sein) = als Heiratswillige öffentlich angekündigt sein. Hergenommen vom Aushängekasten, in dem der Standesbeamte das Aufgebot anbringt. Seit dem späten 19. Jh.

8) im K. sein = zu Ende photographiert sein. Übernommen aus der alten Bezeichnung »Photographenkasten«. 1920 ff.

Kastrate f Filter-, Mentholzigarette. [Vgl Kastrierte.] 1945 ff.

kastrieren tr einen Text (Redeentwurf, Film o. ä.) von Anstößigkeiten reinigen. Man macht ihn ungefährlich. 1850 ff.

Kastrierte f Filterzigarette; nikotinarme Zigarette. 1945 ff.

Katarrhbremse f Schnurr-, Vollbart. Etwa seit dem späten 19. Jh.

Katastrophe f Ärgernis; unerträglicher Zustand (beispielsweise: das Kleid ist eine K.; Herr Müller als Chef ist eine K.; wie er Auto fährt, ist eine K.). Im Verein mit »katastrophal« seit 1900 vordringend.

Kater m Rausch; Nachwehen des Rausches. Entweder entstellt aus Katarrh oder verkürzt aus Katzenjammer, s. d. Etwa seit 1850.

Katerbummel m Spaziergang nach durchzechter Nacht. [Vgl Kater und Bummel 1.] Etwa seit 1850.

Katerfrühstück n Frühstück nach durchzechter Nacht (meist in Gestalt von Hering, Gurke o. ä.). 1850 ff.

Kateridee f unsinniger, wunderlicher Einfall. Eigentlich der Einfall unter alkoholischem Einfluß. Seit dem ausgehenden 19. Jh.

katzbalgen intr sich raufen, zanken. Meint wohl das Balgen von Katzen oder leitet sich her von »Katzbalger«, einer schwertartigen Landsknechtswaffe. 16. Jh.

Katzbalgerei f Zank, Rauferei. [Vgl das Vorhergehende.] 16. Jh.

katzbuckeln intr unterwürfige Verbeugungen machen; gegenüber dem Vorgesetzten würdelos untertänig sein. Das Krümmen des Rückens, wie es bei Katzen üblich ist, ist eine international sinnbildliche Unterwürfigkeitsbezeigung. 18. Jh.

Katze *f* 1) zänkische weibliche Person. Mit der Katze hat sie sinnbildlich das Fauchen, Kratzen und Beißen gemeinsam. 19. Jh.
2) ein Gesicht machen wie die K., wenn es donnert = vor Überraschung, Erstaunen oder Angst die Augen weit aufreißen (erschrocken blicken). 18. Jh.
3) das trägt die K. auf dem Schwanz fort = das ist nur eine kleine Menge. Auf dem Katzenschwanz haben große Mengen keinen Platz. Seit den späten 19. Jh.
4) die K. im Sack kaufen = etw unbesehen kaufen. Leitet sich wohl her aus einer alten Fabel vom Hecketaler: um ihn zu erwerben, ging man in der Neujahrsnacht mit einer Katze im Sack an die Kirchentür und rief den Teufel; bei seinem Erscheinen sagte man, in dem Sack befinde sich ein dreibeiniger Hase, woraufhin der Teufel den Sack unbesehen für einen Taler kauft. In verneinender Form auch auf die Probenächte bezogen. Früher hieß es »im Sack kaufen«; das Tier scheint erst nachträglich hinzugefügt worden zu sein. 15. Jh.
5) die K. aus dem Sack lassen = die bisher verheimlichte wahre Meinung äußern; die Wahrheit ans Licht kommen lassen. Gemeint ist wohl, daß, wer die Katze aus dem Sack läßt, niemandem einreden kann, sie sei ein Hase. 19. Jh.
6) das ist für die K. (für die Katz) = das ist vergeblich. Beruht wohl auf dem alten Sprichwort »was einer spart mit dem Mund, das ist für Katz und Hund«. Hiermit berührt sich der Ausdruck »es der Katze geben« im Sinne von »weggeben, was der Herrschaft wertlos erscheint«. 16. Jh.

Katzenbank *f* Sitzbank (Strafbank) für die Klassenschlechtesten. Vom Katzentisch (s. d.) übertragen auf die Schulverhältnisse. Spätestens seit 1900.

Katzenjammer *m* Nachwehen des Rausches. Wohl entstellt aus »Kotzenjammer« im Sinne von Jammer zum Kotzen. 1750 ff.

Katzenmusik *f* unmusikalischer Lärm; mißtönende Musik. Meint im 18. Jh ein ohrenbetäubendes Ständchen zur Verhöhnung und wird hergeleitet vom nächtlichen Geheul der verliebten Katzen.

Katzensprung *m* geringe Entfernung; kurze Strecke. Verglichen mit anderen Tieren, kann die Katze nicht weit springen; andererseits ist der Katzensprung jene Entfernung, die die Katze in einem einzigen Sprung zurücklegen kann. 17. Jh.

Katzentisch *m* abseits stehender Tisch für die Kinder oder verspätete Tischgäste, auch für Untergebene. Eigentlich der Fußboden in der Stube. Die heutige Bedeutung kam nach 1750 auf.

Katzenwäsche *f* oberflächliches Waschen. Hauskatzen scheuen in der Regel das Wasser. Seit dem späten 19. Jh.

katzig *adj* unverträglich, leicht gereizt; schnippisch. [Vgl Katze 1.] 19. Jh.

kaufen *v* 1) sich in kaufen = jn zwecks Zurechtweisung stellen. Die ursprüngliche Bedeutung ist »jn durch Bezahlung für sich gewinnen«. Hieraus entwickelte sich nach 1900 die heutige Bedeutung; denn Bestechung, Geheimverhandlung und auch die Erteilung einer Rüge gehen vorzugsweise unter vier Augen vor sich.
2) sich einen k. = sich betrinken. Vielleicht verkürzt aus »sich einen Affen kaufen«, älter »sich einen Rausch kaufen«. 1850 ff.

Kautschukparagraph *m* dehnbares Gesetz. Man kann es in sehr verschiedener Weise auslegen und anwenden. Seit der Reichstagsrede Eduard Laskers am 3. Dezember 1875.

Kegel *m* Petrus schiebt K. = es donnert. Volkstümliche Herkunftsdeutung des Donners: das dumpfe Geräusch der rollenden Kegelkugel hört sich ähnlich an wie der Donner. 19. Jh.

kegeln *intr* sie k. im Himmel = es donnert. [Vgl das Vorhergehende.] 19. Jh.

Kehle f 1) sich die K. anfeuchten = zechen. Beschönigende Redensart. 1900 ff.

2) es gerät ihm in die falsche (unrechte) K. = a) er verschluckt sich. Die Luftröhre gilt volkstümlich als falsche Kehle, auch als falscher Hals. Seit dem späten 19. Jh.
= b) er faßt es falsch auf. Bezieht sich auf die volkstümliche Gleichsetzung von »fressen« und »begreifen«. Seit dem späten 19. Jh.

3) etw durch die K. jagen = Geld vertrinken. [Vgl Gurgel 2.] Etwa seit dem 18. Jh.

Kehricht m das geht ihn einen feuchten K. an = das geht ihn nichts an. »Feuchter Kehricht« ist scherzhaft-vornehme Umschreibung von »Dreck«. 1900 ff.

Keile pl (zuweilen auch f) Prügel. [Vgl keilen 1.] Seit 1750.

keilen tr 1) prügeln. Bezieht sich auf das kräftige Schlagen, das beim Eintreiben eines Keils erforderlich ist. 17. Jh.

2) jn für etw zu gewinnen suchen; Mitglieder anwerben. Beruht vielleicht auf der Vorstellung, daß der Keil nur langsam eindringt und daß der Werber ebenso langsam und anhaltend vorzugehen hat. Etwa seit 1815.

Keilerei f Prügelei. [Vgl keilen 1.] 19. Jh.

keimfrei adj nicht anstößig; von allen Anstößigkeiten befreit. Herzuleiten von der medizinischen Asepsis: das Eindringen von Fäulnis-(Krankheits-)erregern verhüten. In übertragener Bedeutung bezogen auf das Freisein von Keimen der sittlichen Ansteckung. Seit dem ausgehenden 19. Jh.

Keks m 1) Kopf. Stammt vielleicht aus jidd »gag = Dach«: im Alltagsdeutsch meint »Dach« auch den Kopf. 1900 ff.

2) feuchter K. = Geistesbeschränktheit; geistiger Defekt. Wohl Anspielung auf Gehirnerweichung. 1900 ff.

3) morscher (mürber) K. = geistige Beschränktheit. 1900 ff.

4) weicher K. = Dummheit. Spielt wohl auf Gehirnerweichung an. 1900 ff.

Kelle f 1) Befehlsstab des Fahrdienstleiters. Wegen der Formähnlichkeit mit dem Küchengerät (Schöpfkelle). Gilt weithin als amtliche Bezeichnung. 1900 ff.

2) Stoppscheibe der Polizei. 1920 ff.

3) Ballschläger. Seit dem frühen 20. Jh.

kennen v da kenne ich nichts = da lasse ich keine Rücksicht walten; da gehe ich rücksichtslos vor. Wohl verkürzt aus »da kenne ich nichts, was mich davor zurückhalten könnte« o. ä. 1900 ff.

Kerbe f mit jm in dieselbe K. hauen = einander unterstützen; auf dasselbe Ziel hinarbeiten. Vom Baumfällen hergenommen: die Holzhauer schlagen in dieselbe Kerbe. 16. Jh.

Kerbholz n etw auf dem K. haben = nicht unbescholten sein. Früher wurden Leistungen oder Forderungen auf einem Holzstab eingeritzt; der Stab wurde in der Länge durchgeschnitten, und sowohl der Gläubiger wie auch der Schuldner bekam eine Hälfte. 1700 ff.

kess adj 1) elegant gekleidet; reizend, nett. Eigentlich ein Buchstabenwort; »kess« ist der jiddische Name des hebräischen Buchstabens »ch« als Abkürzung von »chochem = klug«. Wohl aus der Gaunersprache über berlinische Vermittlung alltagssprachlich geworden. Seit dem späten 19. Jh.

2) schnippisch, frech, dreist (meist auf Jugendliche bezogen). 1870 ff.

kibbeln tr miteinander zanken. Ablautform zu kabbeln, s. d. 16. Jh.

kiebig adj zänkisch, schlecht gelaunt. Verwandt mit »keifen, keiben = zanken, streiten«. 16. Jh.

Kiebitz m Zuschauer beim Karten-, Glücks-, Schachspiel o. ä. [Vgl das Folgende.] 16. Jh.

kiebitzen intr dem Kartenspiel (o. ä.) anderer zusehen. Soll aus dem Gaunerausdruck »kiebitschen = visitieren« stammen; nach anderen ist zurückzugehen auf die weitverbreitete Volksmeinung, nach der der Vogel Kiebitz vorlaut und neugierig ist. 18. Jh.

Kieker *m* 1) Fernrohr, Fernglas, Lupe. 17. Jh.
2) jn (etw) auf dem K. haben = beobachten; es auf jn abgesehen haben; jn verdächtigen, nicht leiden können. Analog zu »jn auf dem Korn haben«. Kieker meint wohl den Teil der Visiereinrichtung am Gewehr. 18. Jh.

Kien *m* auf dem K. sein (auf den K. achten) = auf seinen Vorteil bedacht sein. Wahrscheinlich auf der französischen Vokabel »quine = unverhofftes Glück; Treffer« fußend. Während der Besetzung Berlins durch die Franzosen (1806 bis 1813) aufgekommen.

Kies *m* Geld. Entstammt entweder dem hebräischen Wort »kiß = Geldbeutel« oder nimmt die helle, schimmernde Färbung als Analogon zu Silbergeld. 18. Jh.

kille-kille machen *intr* jn (unter dem Kinn) streicheln, kitzeln. Ammensprache unter dem Einfluß der kindlichen Lallsprache. 19. Jh.

Kilometer *pl* K. fressen = viele Kilometer schnell zurücklegen (beim Marschieren, Wandern, Radfahren, Autofahren o. ä.). »Fressen« spielt an auf die Hast und die Menge. Im ausgehenden 19. Jh aufgekommen.

Kilometerfresser *m* Infanterist, Radfahrer, Geschäftsreisender; Mensch, der rasch und ausdauernd wandert; Mensch, der die »Autoraserei« betreibt. [Vgl das Vorhergehende.] Seit dem ausgehenden 19. Jh.

Kilowatt *n* (reichliches) Achselpolster. Scherzhafte Gleichsetzung von Kilowatt (= 1000 Watt) und »Kilo Watte«. 1920 ff.

Kind *n* 1) das K. mit dem Bad ausschütten = das Gute mitsamt dem Schlechten verwerfen; etw übereilen, übertreiben. Der dem 18. Jh angehörende Ausdruck nimmt an, es schütte einer das Badewasser aus, ehe er das Kind aus der Wanne genommen hat.
2) ein K. von Lumpen (Puppenlappen) kriegen = sich sehr wundern; sich sehr ärgern. Meinte

ursprünglich wohl eine aus Lumpen hergestellte Schandpuppe vor dem Haus oder Fenster einer liederlichen weiblichen Person. Spätestens seit 1900.
3) das K. beim (rechten) Namen nennen = eine Sache unverblümt bezeichnen, keine ausweichende Bezeichnung suchen. Als geflügeltes Wort bekanntgeworden durch Goethe (Faust I); doch schon im 17. Jh geläufig.
4) jm ein K. in den Bauch reden = anhaltend auf jn einreden. Leitet sich wohl her von dem bei Hans Sachs vorkommenden Schwankmotiv vom dummen Bauern, dem man ein Kind in den Bauch redete, bis er sich schwanger glaubte. 19. Jh.
5) wie sag' ich's meinem K.? = wie sage ich es dir am geschicktesten? Meint eigentlich die geschlechtliche Aufklärung eines Kindes. 1900 ff.
6) wir werden das (dem) K. schon schaukeln = wir werden die Sache gut erledigen. Vielleicht ermunternde Redewendung an eine Mutter, die mit dem Hinweis auf ihr Wiegenkind Zimmer oder Haus nicht verlassen mag. Seit dem späten 19. Jh.
7) dasitzen (dastehen) wie das K. vor (bei) dem Dreck = hilflos (ratlos) sitzen (stehen); sich unbeholfen aufführen. »Dreck« meint die Exkremente; gemeint ist also der Gesichtsausdruck eines Kindes, dem beim Koten ein Mißgeschick unterlaufen ist. 1800 ff.

Kinderbadewanne *f* 1) großer Schuh. 1900 ff.
2) große Tasse. Seit dem ausgehenden 19. Jh.

Kinderbelustigungswasser *n* (**-saft** *m*) Mineralwasser, Brauselimonade. Es wird bei Kinderbelustigungen ausgeschenkt. 1920 ff.

Kinderfreund *m* ein K. sein = auf Gewaltanwendung (Ohrfeigen, Prügel) verzichten; nachsichtig sein mit den Schwächen der Mitmenschen. Kinderfreund ist eigentlich der Vater, der gern viele Kinder hat, oder der gutmütige Onkel, der sich gern mit

Kindern abgibt. Gegen 1900 aufgekommen als Bezeichnung für Vorgesetzte, die ihre Untergebenen milde behandeln.

Kindersarg m 1) großer Schuh; großer, breiter Fuß. Grimmiger Scherz, wohl bei Soldaten im frühen 19. Jh aufgekommen.
2) Musterkoffer der Reisenden der Damenhutbranche. Kaufmannsdeutsch seit dem frühen 20. Jh.
3) Kleinauto. 1920 ff.

Kinderstube f 1) gute (schlechte) Erziehung. 19. Jh.
2) mit dem Düsenjäger durch die K. gerast sein = sehr schlechtes Benehmen haben. Übertreibend für höchst flüchtige Bekanntschaft mit den Anstandsregeln. 1945 ff.
3) im Galopp durch die K. geritten sein = sehr schlechtes Benehmen haben. 1920 ff.
4) im D-Zug durch die K. gesaust sein = sehr schlechtes Benehmen haben. 1920 ff.

Kinderwein m Trink-, Mineralwasser; Limonade; Fruchtsaft. Scherzhafte Werterhöhung. Seit dem späten 19. Jh.

Kindskopf m unreifer Erwachsener; dummer Mensch. Eigentlich einer, der den Verstand eines Kindes hat und sich trotz seines Alters wie ein Kind benimmt. 18. Jh.

Kinkerlitzchen (Kinkerlitzen) pl Tand; alberne Ziererei; Blendwerk; Täuschung. Im letzten Drittel des 18. Jhs übernommen aus franz »quincaille = Flitterkram, Flausen« und um die Verkleinerungssilbe »-litz« vermehrt; vielleicht mit Einfluß von »kunkeln = blenden, täuschen«.

Kino n K. im Schlaf = Traum. Soll nach 1945 von irgendeinem Kind aufgebracht worden sein.

Kintopp m Kino. Im Jahre 1906 aufgekommen im Zusammenhang mit dem in Berlin am Kottbuser Damm errichteten »Kinematographentheater«, dessen Besitzer Topp hieß.

Kippe f 1) Zigaretten-, Zigarrenendstück. Gehört zu »Kipfe = Spitze«. Scheint im Ersten Weltkrieg aufgekommen zu sein.
2) es geht auf K. = der Gewinn wird genau in zwei Hälften geteilt. Fußt auf jidd »Kippe = gemeinschaftlicher Handel; Gewinnbeteiligung aus Kameradschaft«. Vermutlich seit dem späten 19. Jh.
3) mit jm K. machen = mit jm redlich teilen; betrügerisch mit jm gemeinschaftliche Sache machen. [Vgl das Vorhergehende.] Seit dem späten 19. Jh.
4) auf der K. stehen = in der Schwebe sein; unentschieden, nicht mehr fest, dem Ende [Bankrott] nahe sein. Stammt aus »kippen = das Übergewicht bekommen«. Scheint im 18. Jh zunächst Kaufmannsdeutsch gewesen zu sein.

kippen tr ein Glas Alkohol trinken. Man neigt das Glas so weit, daß sein Inhalt sich in den Mund ergießt. 1850 ff.

Kippenquäler m Mensch, der seine Zigarette bis zum letzten halben Zentimeter raucht oder aus den Resten immer neue dreht, bis ein unverwertbarer Rest übrigbleibt. 1920 ff.

Kirchenlicht n 1) kein K. sein = nicht besonders begabt sein. »Kirchenlicht« ist eigentlich der hervorragende Theologe des Mittelalters; danach ironisiert seit den »Epistolae virorum obscurorum«. 18. Jh.
2) ihm geht ein K. auf = er beginnt, die Zusammenhänge zu begreifen. 19. Jh.

Kirchenmaus f arm wie eine K. = sehr arm. Die in der Kirche lebende Maus findet keinerlei Vorräte und ist also die allerärmste. 18. Jh.

Kirchhofsjodler m hohler, rasselnder Husten. 1900 ff.

kirre adv 1) jn k. kriegen (machen) = jn fügsam machen. Entstammt einem indogermanischen Wurzelwort mit der Bedeutung »zahm, mild« und ist vor allem durch die Jägersprache alltagssprachlich geworden (Wild oder Fische durch hingeworfenes Futter an einen bestimmten Platz gewöhnen). Schon seit dem Mittelalter geläufig.
2) k. werden = nachgiebig wer-

den. Schon seit der mittelhochdeutschen Zeit.

kirren *tr* jn gefügig machen. [Vgl das Vorhergehende.] Im 17. Jh aufkommendes Verbum zum Adverb »kirre«.

Kirschen *pl* mit ihm ist nicht gut K. essen = mit ihm ist schwer auszukommen; er ist unverträglich. Leitet sich her aus der seit dem 14. Jh belegten sprichwörtlichen Wendung »mit großen Herren ist nicht gut Kirschen essen; denn sie werfen einem die Steine und Stiele ins Gesicht«. Entstammt den Zeitläuften, in denen Leute niederen Standes dem Übermut der großen Herren ausgesetzt waren.

Kissingen *On* nach K. gehen = zu Bett gehen. An den Ortsnamen wortspielerisch angelehnt wegen des Anklangs an »Bettkissen«. 1900 ff.

Kiste *f* 1) schlechte, ungünstige Sache (burschikos); Vorhaben, Unternehmen o. ä. Beruht wohl auf dem Umstand, daß Kisten gewöhnlich aus billigem, unbearbeitetem Holz hergestellt werden und keinen sonderlichen Wert darstellen. Andererseits läßt sich mit der Vorstellung von der großen, unförmigen Kiste auch der Begriff »große Sache« verbinden. Spätes 19. Jh.
2) Fahrzeug (Auto, Fahrrad, Flugzeug u. a.). In verächtlichem Sinne wohl herzuleiten von engen Kisten (Sarg, Kasten) oder von dem kistenähnlichen Aufbau. 1900 ff.
3) Fußballtor. [Vgl Kasten 3.] Etwa seit 1920.
4) Haftzelle, Arrest, Gefängnis. Anspielung auf die Enge der Zelle. 1400 ff.
5) Bett. Wohl wegen der alten Bett-Truhen oder verkürzt aus Flohkiste, s. d. Seit dem späten 19. Jh.
6) breites (Frauen-)Gesäß. 1850 ff.
7) fliegende K. = Flugzeug alten Typs; Doppeldecker; jegliches Flugzeug. 1910 ff.

Kitt *m* 1) Lug, Täuschung. Wohl analog zu gleichbedeutendem »Leim«. Seit dem ausgehenden 19. Jh.
2) derber Ulk; Streich; Unsinn. Vermutlich ein Unfug, dessen listige Inszenierung einer nicht durchschaut. 1870 ff.

Kittchen *n* Gefängnis, Arrest. Fußt wahrscheinlich auf »Kütte = Haus« (*ndd* »Kute = Loch, Höhle«, also parallel zu »Loch = Gefängnis«). 1700 ff.

kitzeln *v* 1) das kitzelt ihn = das hört er gern; das schmeichelt ihm; das reizt ihn. Zu verstehen aus den schriftdeutschen Redewendungen »die Sinne, das Ohr, den Gaumnen kitzeln; zum Lachen kitzeln; an jds Ehrgefühl kitzeln«. 1850 ff.
2) das Auto k. = den Motoranlasser wiederholt betätigen. 1930 ff.

kitzlig *adj* 1) empfindlich; leicht reizbar. Meint sofortiges Reagieren auf Kitzeln. 16. Jh.
2) heikel, bedenklich, gewagt. Der Mensch, der rasch Kitzel empfindet, gilt als schwierig zu behandeln. Vom Menschen auf die Sache übertragen seit dem 16. Jh.

klabastern *intr* schwerfällig, mühsam gehen. Fußt auf dem Verbum »klappern«, zu dem sich viele lautmalende Varianten entwickelt haben. 18. Jh.

Kladderadatsch *m* Zusammenbruch, Sturz, Schicksalsschlag; aufsehenerregender Vorgang; lauter Streit. Aus »Klatsch« über »Kladatsch« gebildete Streckform als Ausruf beim Niederfallen eines klirrenden Gegenstandes. Das gleichnamige Berliner Witzblatt wurde 1848 begründet.

Klafümf (Klafünf) *n* Klavier. Ein sprachlicher Spaß, beruhend auf der Meinung, die letzte Silbe von Klavier sei die Zahl 4 und könne durch eine andere ersetzt werden — vor allem durch die Zahl 5, weil man fünf Finger hat. Seit dem späten 19. Jh.

Klamauk *m* Lärm; unnötige Aufregung; lärmende Festlichkeit. Ahmt vielleicht den Klang zerbrechenden Geschirrs nach, mit Einfluß von romanisch »clam = schreien, rufen«. 18. Jh.

klamheimlich (klammheimlich) *adv* ganz heimlich, unbemerkt. Tautologische Bildung studentischer Herkunft; denn »klam« meint das lateinische »clam = heimlich«. 1870 ff.

klamm sein kein Geld haben. Bezieht sich auf das Erstarrtsein vor Frost, von daher auf die Gehemmtheit in der Bewegung, mit der man Geld hervorholt. Spätestens seit 1600.

Klammeräffchen *n* Motorrad-Mitfahrerin. Galant verniedlicht aus dem Folgenden. 1920 ff.

Klammeraffe *m* Motorrad-Mitfahrer. Der südamerikanischen Affenart modern nachempfunden: der Mitfahrer klammert sich an den Fahrer oder an den Griff des Mitfahrersattels. 1920 ff.

Klammerbeutel (Klammersack) *m* mit dem K. gepudert sein = nicht recht bei Verstande sein. Wer sich mit dem Beutel für Wäscheklammern pudert, schlägt sich selber auf den Kopf und zieht sich eine Gehirnerschütterung zu. 1914/18 ff.

Klamotten *pl* 1) ärmliche Habe. Nach gängiger Meinung zusammengewachsen aus »Klamotten= Ziegelbruchstücke, zerbrochene Mauersteine« und *rotw* »klabot (klaffot) = Kleid, Kleidung«. 1850 ff. 2) Kleider; Uniformstücke. Spätestens seit dem Ersten Weltkrieg. 3) Geld. Meint wohl im Sinne von Klamotten 1 das spärliche Barvermögen. Seit dem späten 19. Jh. 4) Füße, Beine, Hände. Meint ursprünglich wohl die plumpgeformten, brockenförmigen Gliedmaßen. 1900 ff. 5) aus primitiven Einfällen zusammengesetzte, aus primitivschauspielerischen Mitteln bestehende Theater- oder Filmstücke. Versteht sich nach Klamotten 1: die Text- oder Drehbücher sind geistesarm und wertlos wie ärmliche Habe. 1900 ff.

klamottig *adj* aus anspruchslosen Einfällen zusammengesetzt; vom künstlerischen Standpunkt aus wenig wertvoll. [Vgl Klamotten 5.] 1920 ff.

Klappe *f* 1) Mund. Leitet sich her vom Auf- und Zuklappen des Mundes, etwa nach Art der Vorrichtung an Holzblasinstrumenten zum Öffnen und Schließen der Tonlöcher. 19. Jh. 2) Bett. Bezieht sich in Gaunerkreisen wohl auf das in Haftanstalten übliche Bett, das tagsüber an die Wand geklappt wird, wohingegen es bei den Soldaten die Bettdecken in der Kasernenstube meint, die tagsüber wegen der Lüftung zurückgeschlagen sind und deren obere Hälfte der Soldat über seinen Körper klappt. 1870 ff. 3) K.! = schweige! Verkürzt aus »halte die Klappe!«. Wohl seit dem ausgehenden 19. Jh. 4) große K. = Redetüchtigkeit; Prahlerei. Seit dem ausgehenden 19. Jh. 5) eine große K. haben = anmaßend, prahlerisch reden; mehr mit Worten leisten als mit Taten. Seit dem ausgehenden 19. Jh. 6) die K. halten = schweigen; nichts verraten. Seit dem späten 19. Jh.

klappen *v* 1) es klappt = es glückt, funktioniert, läßt sich bewerkstelligen. Meint eigentlich das Geräusch beim Zusammenschlagen von Gegenständen (den Deckel auf den Topf setzen), dann unter Fortlassung des Geräuschs nur das Aufeinanderpassen. 17. Jh. 2) es kommt zum K. = man erzielt eine Übereinstimmung; es kommt zur Entscheidung. Die Ansichten der Partner passen aufeinander wie der Deckel auf die Kanne, wie der Deckel auf den Topf. 18. Jh.

Klapperatismus *m* Maschine (Apparat, Kraftfahrzeug), die wegen hohen Alters klappert. Zusammengesetzt aus »klappern« und »Automatismus«. 1900 ff.

Klapperkasten *m* 1) Klavier ohne Klang. Ein kastenähnliches Klavier, das weniger einen musikalischen als einen klappernden Klang von sich gibt. 19. Jh. 2) altes Fahrzeug. Es fährt mit klappernden Teilen. 1900 ff.

klapprig *adj* gebrechlich, kränklich. Will eigentlich besagen, daß bei dem Betreffenden die Knochen gegeneinander klappern. 1800 ff.

Klaps *m* einen K. haben = verrückt sein; nicht recht bei Verstande sein. »Klaps« meint den gelinden Schlag gegen den Kopf als Ursache einer Gehirnerschütterung. 18. Jh.

Klapsmann *m* unzurechnungsfähiger Mann. [Vgl das Vorhergehende.] 1900 ff.

Klapsmühle *f* Nervenheilanstalt; psychiatrische Lazarettabteilung. Anspielung auf die sinnlosen, schwergängigen Mühlen, die früher die Irren mit den Händen drehen oder mit den Füßen treten mußten. Scheint im Ersten Weltkrieg bei den Soldaten aufgekommen zu sein.

klar *adv* 1) selbstverständlich; Ausdruck der Bejahung. (Kennst du Herrn Meyer? = Klar kenne ich den!) Wohl hergenommen aus »klar = bereit« (klar Schiff = gefechtsbereit). 1900 ff.
2) klarer Fall = Selbstverständlichkeit; sehr einleuchtender Vorgang. Ein Fall gilt als klar, wenn die Straftat kriminalpolizeilich eindeutig geklärt ist. 1920 ff.
3) es geht k. = es glückt, nimmt den gewünschten Verlauf. Im Ersten Weltkrieg aus dem Marinedeutschen alltagssprachlich geworden.
4) etw k.-kriegen = etw ergründen, bewerkstelligen. Wohl verkürzt aus »mit einer Sache ins klare kommen«. 1900 ff.
5) k. wie Klärchen = völlig einleuchtend, selbstverständlich. Fußt auf »Klara, Klärchen = Sonne« (es ist sonnenklar). 1900 ff.

Klasse sein = hervorragend sein. Hergenommen von der kaufmännischen Wareneinteilung in Güteklassen, hier verkürzt aus »erster Klasse« [Vgl prima.] 1900 ff.

klassisch *adj* mustergültig (ironisch gemeint); sehr bezeichnend (das war eine klassische Bemerkung). Seit dem Niedergang der klassischen Zeit alltagssprachlich säkularisiert und ironisiert. 1830 ff.

klaterig *adj* schwächlich, erbärmlich, schlecht; schmutzig. Gehört zu *ndd* »Klater = Schmutz, Schmutzfleck; Fetzen«. Der Schmutzige und Zerlumpte lebt elend. 18. Jh.

Klatsch *m* mißgünstiges Gerede; Geschwätz; Zwischenträgerei. Eigentlich Bezeichnung für den klatschenden Schall eines Schlags; dann wegen des Geräuschs übertragen auf das Sprechen, sowohl auf Geschwätzigkeit wie auch auf heimtückisches Gerede; denn »Klatsch« meint auch Dreck, Schandfleck u. ä. 18. Jh.

Klatschbase *f* geschwätzige weibliche Person; Ohrenbläserin. »Base« gilt in ländlichen Kreisen als Bezeichnung für Frauen, auch wenn sie mit den Sprechenden nicht verwandt sind. 19. Jh.

Klatsche *f* 1) Schwätzer (vor allem auf Frauen bezogen). [Vgl Klatsch.] 17. Jh.
2) fremdsprachliche Übersetzung für lernträge Schüler. Aus »Klade (Kladdebuch)« über volksetymologisches »Klatschbuch« durch Abkürzung entstanden. Seit dem ausgehenden 19. Jh.

klatschen *intr* 1) geschwätzig sein; liebloses Gerede verbreiten. [Vgl Klatsch.] 17. Jh.
2) verräterisch sein; Mittäter benennen. 18. Jh.

Klatschmaul *n* geschwätziger, verleumderischer Mensch. [Vgl Klatsch.] 18. Jh.

Klatschweib *n* schwatzhafter Mensch. [Vgl Klatsch.] 18. Jh.

Klaue *f* 1) Hand, Finger. Vom Tier auf den Menschen übertragen seit dem 16. Jh.
2) schlechte, unleserliche Handschrift. Gemeint ist, daß eine solche Handschrift nur von der Klaue eines Tiers herrühren kann. 19. Jh.

klauen (kläuen) *tr* stehlen. Meint eigentlich »mit den Klauen umfassen, ergreifen«. Vielleicht zusammengewachsen mit älterem »klauben = mit den Fingern herauslösen«. Spätestens seit 1800.

kleben *v* 1) jm eine k. = jm eine Ohrfeige versetzen. »Kleben«

meint hier »anhaften«, »haften-bleiben«, auch damit der Be-treffende den Anlaß des Ohrfei-gens nicht vergißt. 1870 ff.

2) *intr* nicht den schicklichen Zeit-punkt zum Fortgehen finden. In scherzhafter Auffassung liegt dies nicht an dem Betreffenden, son-dern an seiner Hose: sie ist kleb-rig, voller Pech, so daß er nicht aufstehen kann. 19. Jh.

3) einen k. haben = betrunken sein. 19. Jh.

kleben bleiben *intr* a) = den schick-lichen Zeitpunkt zum Weggehen nicht finden. [Vgl kleben 2.] Ver-wiesen sei auch auf die soge-nannte Bierprobe: man gießt das Bier dem Gast unbemerkt auf die Bank; ist das Bier dickflüssig und schwer, muß die Hose an der Bank kleben bleiben. 18. Jh.

b) = in der Schule nicht versetzt werden. [Vgl hängenbleiben 2.] Seit dem späten 19. Jh.

Klebpflaster *n* Mensch, der den schicklichen Zeitpunkt zum Auf-bruch nicht findet. Der Betreffen-de sitzt so ausdauernd wie der anhaftende Wundverband, das Heftpflaster. 19. Jh.

kleckerweise *adv* in kleiner Menge; nacheinander. »Kleckern« meint beschmutzen, auch tropfenweise fallen lassen; von da entwickelt zum Begriff »kleine Anzahl« und »langsames Nacheinander«. Seit dem späten 19. Jh.

Kledage *f* (französisch gesprochen) Kleidung, Kleider. Entstanden aus deutsch »Kleid« und der französischen Endung »-age«, die vielfach einen Sammelbegriff aus-drückt. 18. Jh.

Klee *m* über den grünen K. lo-ben = etw übermäßig loben. Soll (wiewohl erst im 19. Jh aufge-kommen) auf der mittelalterli-chen Dichtersprache fußen: der grüne Klee diente zu Vergleichen aller Art und blieb bis heute im deutschen Volkslied erhalten.

Kleider *pl* 1) das ist ihm nicht in den K.n geblieben (hängenge-blieben) = das hat ihm seelisch zugesetzt, bleibt ihm unvergeß-lich. Was nicht in den Kleidern

geblieben ist, muß tiefer in den Menschen eingedrungen sein und wird von ihm nicht mit dem Aus-ziehen der Kleider abgelegt. Frü-her wohl auf Prügel bezogen, die durch die Bekleidung hindurch spürbar blieben; später verallge-meinert. 18. Jh.

2) aus den K.n fallen (herausfal-len) = abgemagert sein. In gro-tesker Übertreibung sind dem Abgemagerten die Kleider so weit geworden, daß er ihnen keinen Halt mehr gibt. 1850 ff.

Kleidergalgen *m* Kleiderständer. An ihm hängt die Garderobe ver-gleichsweise wie der Delinquent am Galgen. 1925 ff.

Kleiderschrank *m* breitschultri-ger, kräftiger Mann. 1930 ff.

Kleiderständer *m* 1) abgemagertes Tier. An den vorstehenden Kno-chen des Tiers kann man in gro-tesker Auffassung seine Kleider aufhängen. 1850 ff.

2) hagerer Mensch. 19. Jh.

3) putzsüchtiger Mensch; Stutzer. Er ist bloß ein Träger von Klei-dern. 1900 ff.

klein *adj* 1) k., aber oho! = von kleiner Gestalt, aber sehr lei-stungsfähig. »Oho«, ein Ausruf der Verwunderung und der An-erkennung, ist hier als lobende Äußerung für alles, was sich hier auf die Gestalt bezieht, gemeint. 1870 ff.

2) k. beigeben = nachgeben; sich fügen. Stammt aus der Karten-spielersprache: wer klein beigibt, hat nur geringwertige Karten, mit denen er nicht übertrumpfen kann. 1800 ff.

3) k.-kriegen = a) jn besiegen, demütigen, gefügig machen. Der unterliegende Kämpfer wird klein, wenn er besiegt vor dem Sieger liegt; der anmaßende Mensch sinkt in sich zusammen, sobald er mit seiner Art unter-liegt. Seit der zweiten Hälfte des 19. Jhs.

= b) etw entzweimachen; etw aufbrauchen. Wohl hergenommen vom Holzhacken. 19. Jh.

= c) etw ergründen, verstehen. Gemeint ist wohl, daß ein Geistiges wie beim Holzhacken in seine Bestandteile zerlegt und dadurch vorstellbar wird. 18. Jh.

4) so k. mit Hut sein = völlig unterlegen, unterwürfig, mundtot sein. Weiterentwicklung von gleichbedeutendem »klein sein«: die Angabe der geringen Höhe (mit der die Unterlegenheit gekennzeichnet wird) verringert sich noch weiter durch Hinzurechnung des Hutes. 1920 ff.

5) k. und häßlich werden = gefügig werden; das anmaßende Wesen ablegen. »Klein« steht für »demütig«, und »häßlich« bezieht sich wohl auf den kläglichen Gesichtsausdruck oder auf die klägliche Körperhaltung eines Menschen, der einer Verfehlung überführt ist oder nicht länger aufbegehren kann. 1900 ff.

Kleingärtner *m* geistiger K. = einfältiger Mensch; Halbgebildeter. Sein Gesichtsfeld ist sinnbildlich ebenso eingeschränkt wie das Grundstück des Kleingärtners oder Schrebergärtners. 1945 ff.

Kleinholz *n* ich mache aus dir K. (ich mache dich zu K.)!: Drohrede. 1900 ff.

kleinkariert *adj* engherzig, kleingeistig, in engen (kleinlichen) Sittenanschauungen befangen. Steht wohl im Zusammenhang mit dem Millimeterpapier: der engherzige Mensch nimmt sich im Verhältnis zum großzügig eingestellten aus wie Millimeterpapier zum normalen Rechenblatt. 1945 ff.

kleistern *tr* jm eine k. = jm eine Ohrfeige, einen heftigen Schlag versetzen. Analog zu kleben 1. 1900 ff.

Klemme *f* 1) Bedrängnis, Not; arge Verlegenheit. »Klemme« ist in der Jägersprache das zum Vogelfang zerspaltene Holz. Ebenso bezeichnete man ein mittelalterliches Folterinstrument. 16. Jh.

2) in die K. geraten (kommen) = in eine bedrängte Lage geraten. 16. Jh.

3) in der K. sein (sitzen, stecken) = in Not und Verlegenheit sein. 16. Jh.

klemmen *v* 1) *tr* stehlen, erpressen. Meint im eigentlichen Sinne »packen, fesseln; fesselnd ergreifen« (von Raubvögeln gesagt). Verwandt mit »Klamme = Klaue, Hand«; »Klamm = fester Griff; Kralle«. 18. Jh.

2) sich hinter etw. k. (sich dahinterklemmen) = eine Sache eifrig betreiben, vorwärtstreiben. Meint soviel wie »sich hinter etw pressen« (man klemmt sich hinter den Schrank, wenn man ihn von der Wand abrücken will). 1900 ff.

Klempnerladen *m* Orden und Ehrenzeichen; große Ordensschnalle. Der Klempner verwendet als Arbeitsmaterial das Blech. In übertragenem Sinne ist »Blech« eine Scheltbezeichnung für das zur Herstellung von Orden verwendete Metall. Auch kennzeichnet man mit »Blech« den Unsinn. Spätestens seit dem Ersten Weltkrieg hat der Soldat keine Achtung vor Orden und Ehrenzeichen.

Klepper *m* Pferd (abfällig). Hergenommen vom Klappern des Hufschlags oder von »kleppen = schellen« (die Pferde wurden seit der Zeit des Rittertums mit Schellen behängt). 1500 ff.

Klette *f* 1) durch Anhänglichkeit lästiger Mensch. Übertragen von der distelartigen Klette mit ihren hakenförmigen Stachelspitzen auf den in ähnlicher Weise festhaftenden Menschen. 18. Jh.

2) sich an jn hängen wie eine K. (an jm hängen wie eine K.) = von jm nicht weichen. 18. Jh.

3) aneinanderhängen (zusammenkleben) wie die K.n = fest zueinander stehen; in unzertrennlicher Freundschaft leben. 18. Jh.

Klimbim *m* lärmende Festlichkeit; geräuschvolle Begleiterscheinung; überflüssiges Beiwerk. Meint eigentlich das Musikkorps. Das Wort scheint zusammengewachsen zu sein aus »klingeln« (den Schellenbaum betätigen) und »bimmeln« (s. d.). Seit dem späten 19. Jh.

Klimmzüge *pl* Klimmzüge am Brotkasten (Brotfach) machen = knapp zu essen haben. »Klimmzug« nennt der Sportler das

Hochziehen am Turngerät. Seit dem späten 19. Jh.

Klimperkasten *m* Klavier (abfällig). [Vgl klimpern.] 19. Jh.

Klimperladen *m* Orden und Ehrenzeichen. Zusammengewachsen aus Klempnerladen (s. d.) und klimpern (s. d.). 1900 ff.

klimpern *intr* schlecht Klavier spielen. Meint schallnachahmend das helle Klappern, dann das Anschlagen der hohen Töne auf dem Klavier; von da verallgemeinert. »Klimpern (klempern)« meint den Schall hervorrufen, wenn man auf Blech oder dünnes Metall schlägt. 17. Jh.

klingeln *intr* es hat bei ihm geklingelt = er hat (endlich) begriffen. Variante zu »der Groschen ist gefallen«: wenn im Automaten die Sperrvorrichtung außer Betrieb gesetzt wird, klingelt es. Von da übertragen auf den Mechanismus des Denkens. 1900 ff.

Klinken *pl* die K. putzen = an den Haustüren betteln. Durch reichlichen Bettlerbesuch sind die Türklinken weder staubig noch schmutzig. 1800 ff.

Klinkenputzer *m* Wanderbettler; Hausierer. [Vgl das Vorhergehende.] 1800 ff.

Klitsche *f* 1) Landgut. Stammt aus polnisch »Klič = Lehmhütte; elendes Haus«. 1850 ff.

2) unbedeutender, unsauberer Laden. Wohl aus der Bedeutungsverengung »dürftiges Landgut« auf entsprechende Einzelhandelsgeschäfte übertragen. 1900 ff.

Klo *n* Abort. Verkürzt aus »Klosett«, dieses aus »Wasserklosett« (um 1840 aus England entlehnt). Seit dem späten 19. Jh.

klobig *adj* plump, schwerfällig, grob, ungesittet. Bezieht sich eigentlich auf das große, unförmige Stück Holz, vor allem auf das Holzscheit, zu dem ein Baumstamm nur ein einziges Mal gespalten ist. 19. Jh.

klöhnen (klönen) *intr* gemütlich plaudern. Meint eigentlich »tönen«, dann »mit durchdringender Stimme reden«, gleichzeitig

auch »wehleidig sein« und »langweilig, weitschweifig reden«.

Kloßbrühe *f* klar wie K. = völlig einleuchtend. Ein ironischer Ausdruck; denn Kloßbrühe ist trübe. 1800 ff.

Kloster *n* Abort. Hehlwort, fußend auf »Klosett« sowie auf *lat* »claustrum = abgeschlossener Ort«. Seit dem späten 19. Jh.

Klotz *m* 1) ungesitteter, plumper, grober Mensch. Meint eigentlich das große, unförmige Stück Holz. Bekannt durch das Sprichwort »auf einen groben Klotz gehört ein grober Keil« etwa in dem Sinne »Ungebührlichkeiten sind durch größere Ungebührlichkeiten zu vergelten«. 18. Jh.

2) grober K. = Ungesitteter; plumper, derber Mensch. [Vgl das Vorhergehende.] 18. Jh.

3) einen K. am Bein haben = a) durch etw gehemmt sein. Leitet sich her von dem unförmigen Stück Holz, das man den Weidetieren ans Bein bindet, damit sie nicht durchgehen. Auch den Bullen und Ochsen bindet man die Vorderbeine zusammen und behindert sie durch einen Klotz, um ihrem Lauf in wütigem Zustand Einhalt zu gebieten. Auch wurden früher die Gefangenen an einen Klotz geschmiedet. 18. Jh. = b) eine Ehefrau haben. 18. Jh. = c) ein uneheliches Kind haben; eine geschiedene Mutter sein. 1900 ff.

= d) durch die Sorgepflicht für einen anderen behindert sein. 1945 ff.

klotzen *intr* 1) wandern, marschieren. Fußt auf »Klotzschuh = plumper, derber Schuh«. Um 1900 in der Sprache des Wandervogels aufgekommen.

2) schwerfällig schreiten; laut auftreten. 1900 ff.

3) beim Fußballspiel dem Gegner gegen das Bein treten; unfair Fußball spielen. 1900 ff.

klotzig *adj* 1) plump; groß; außerordentlich; sehr viel. [Vgl Klotz 1.] 18. Jh.

2) *adv* sehr; überaus. 18. Jh.

Kluft *f* Kleidung; Uniform. Fußt auf *jidd* »keliphas = Schale«, und »Schale« meint in der Alltagssprache die elegante Kleidung. Das Wort ist seit dem 17. Jh über die Gaunersprache, über Studenten und Soldaten alltagssprachlich geworden.

klugscheißen *intr* sich klug dünken; sich vermeintlich klug äußern. Bezieht sich wohl auf einen, der sogar auf dem Abort klug zu Werke geht oder weise Ratschläge zum zweckmäßigen Koten gibt. 19. Jh.

Klugscheißer (Klugschieter) *m* vermeintlich kluger (überkluger) Mensch. [Vgl das Vorhergehende.] 1800 ff.

Klumpatsch *m* unförmiges Gemisch; Haufen wertloser Dinge; erfolglose Dinge; Durcheinander. Meint eigentlich »Ungeformtes; Dreckhaufen; Kot der Kuh, der geräuschvoll fällt«. 19. Jh.

Klüngel *m* 1) geheime Fürsprache; Parteiwirtschaft; Cliquenwesen. Meint im eigentlichen Sinne das Knäuel, dann auch die Quaste, Troddel; von da erweitert über »vom Kleid herabhängender Fetzen« zu »Anhang« usw. Als für Köln typisch geläufig. Die heutige Bedeutung scheint um 1820 aufgekommen zu sein. 2) Clique. 1820 ff.

Klüngelei *f* Verfahren der geheimen Absprache; Parteiwirtschaft. [Vgl das Vorhergehende.] 1820 ff.

klüngeln *intr* geheime Fürsprache verwenden. 1820 ff.

knaatschen *intr* weinerlich, wehleidig reden; aus Mißmut weinen; wimmern. Wohl Lautmalerei: hergenommen von dem Geräusch, das entsteht, wenn man in eine saftige Birne beißt, auf eine sumpfige Wiese tritt o. ä. 1800 ff.

knabbern (knabbeln) *intr* nagen. Ein niederdeutsches Wort, verwandt mit *engl* »to knab; to knabble«. 17. Jh.

Knabe *m* alter K.: gemütliche Anrede; alter Freund; alter Junggeselle. Fußt vielleicht auf Jesaias 65, 20: »puer centum annorum«. Hintergründig ist oft die unverwüstliche Jugend- und Manneskraft gemeint. 18. Jh. Am bekanntesten geworden durch Wilhelm Busch: »Rotwein ist für alte Knaben eine von den besten Gaben.«

knacken *tr* Einbruchdiebstahl begehen; etw gewaltsam aufbrechen und ausrauben (ein Auto, einen Automaten, eine Fensterscheibe, einen Tresor, ein Türschloß knakken). Meint im eigentlichen Sinne soviel wie »geräuschvoll brechen«. 1800 ff.

Knacker *m* 1) geiziger Mensch; zurückhaltender Kartenspieler o. ä. Wohl Nebenform von Knicker, s. d. 19. Jh.
2) Einbrecher, Ausrauber. [Vgl knacken.] 1800 ff.
3) alter K.: gemütliche Anrede; alter Mann. Meinte ursprünglich wohl den geizigen alten Mann, dann unter Einfluß von »alter Knabe« den alterfahrenen Mann, zu dem man vertraulich steht. 1900 ff.

Knacks *m* 1) Schaden; empfindliche Einbuße an innerer Geschlossenheit (Gesundheit, Einfluß, Erfolgsaussicht o. ä.). Herzuleiten von dem Riß oder Sprung im Glas, im Teller, in der Vase o. ä.: durch den Riß ist die Haltbarkeit beeinträchtigt. 18. Jh.
2) einen K. haben (weghaben; sich geholt haben) = sich eine Krankheit zugezogen haben; nicht mehr gesund sein. 1800 ff.
3) sich einen K. holen (einen K. kriegen) = erkranken; sich einen bleibenden gesundheitlichen Schaden zuziehen. 18. Jh.

Knall *m* 1) aufsehenerregender Zwischenfall; Zusammenbruch; Zerstörung eines Trugbildes. Meint eigentlich den bei Explosionen entstehenden Lärm. Spätestens seit 1900.
2) K. und Fall (auf K. und Fall) = plötzlich, unversehens. Stammt aus der Jäger- und Soldatensprache: so rasch, daß der Knall der Büchse und der Fall des Getroffenen schnell aufeinanderfolgen. 1700 ff.
3) der große K. = Kriegsausbruch. 1939 ff.

4) einen K. haben = nicht recht bei Verstande sein. Knall als kräftiger kurzer Schall meint hier den knallenden Schlag gegen den Kopf als Ursache einer Gehirnerschütterung. Seit dem späten 19. Jh.

knallblau *adj* grellblau. Von grellen Farben sagt man, daß sie knallen, wie auch die Sonne knallt, wenn sie sehr heiß strahlt. Knallen = heftig auftreffen. Von der Heftigkeit übertragen auf das »Schreien« der Farben, vom Gehöreindruck auf den Augeneindruck. 19. Jh.

Knalleffekt *m* verblüffende Wirkung; überraschende Wendung einer Sache; Höhepunkt. Hergenommen vom Feuerwerk. 1800 ff.

knallen *v* 1) *tr* mit Gewalt werfen; heftig auftreffen; schießen. 18. Jh. 2) jm eine k. = jm eine schallende Ohrfeige versetzen. 19. Jh. 3) es hat geknallt = eine heftige Auseinandersetzung hat stattgefunden; jetzt ist die Geduld zu Ende. Bei dem Zank hat es knallende Schläge (Ohrfeigen) gegeben, oder die Bombe ist eingeschlagen. 1945 ff.

Knaller *m* aufsehenerregendes Ereignis. Verwandt mit »Schlager« und »Bombe«. [Vgl Knüller.] 1930 ff.

Knallerei *f* Schußwechsel. [Vgl knallen 1.] Etwa seit dem frühen 20. Jh.

knallhart *adj* voller Gewalttaten; nur den gewaltsamen Ausgang zulassend. Meint, daß im Film oder Kriminalroman viel geschossen oder im Boxkampf o. ä. hart zugestoßen wird. 1945 ff.

knallig *adj* in die Augen fallend; grellfarbig. [Vgl knallblau.] 19. Jh.

Knallkopf (Knallkopp) *m* dummer, beschränkter, verrückter Mensch. [Vgl Knall 4.] 1900 ff.

knallrot *adj* grellrot. [Vgl knallblau.] 19. Jh.

Knalltüte *f* dummer Mensch. Fußt wohl auf tütenförmig zusammengelegten Papierbogen, die so gefaltet sind, daß sie bei schneller, ruckartiger Bewegung durch die Luft aufspringen und dabei einen ziemlich lauten Knall verursachen;

von da übertragen auf einen Menschen, der vermeintlich kluge Äußerungen tut, die aber in sich zusammenfallen. 1920 ff.

knapp *adv* nicht zu k. = reichlich, tüchtig. Euphemismus. 19. Jh.

Knarre *f* Gewehr, Flinte. Früher hatte das Gewehr eine Sperrklinke; bei jedem Radzacken ertönte ein knarrendes Geräusch. 1850 ff.

Knast *m* 1) hohe Fahrtgeschwindigkeit. Meint eigentlich den Knorren im Holz; ihn beim Sägen anzugehen, setzt heftige Anstrengung voraus und ist mit Lärm verbunden. Andererseits bezeichnet man mit »Knast« den Bukkel: bei schnellem Fahren legt der Motorradfahrer den Oberkörper nach vorn. 1945 ff. 2) Gefängnis, Arrest. Fußt auf *jidd* »Knas= Geldstrafe«. 1900 ff. 3) Freiheitsstrafe. 1800 ff.

Knastbruder *m* Strafgefangener. 1900 ff.

Knaster *m* Tabak. Stammt aus spanisch »canastro = Rohr, Korb«: früher wurde der Tabak in Rohrkörben verschickt. Das Wort wanderte über Holland nach Deutschland und bezeichnete zuerst anfangs eine feinere Sorte Tabak; die verächtliche Geltung entstammt Studentenkreisen des 19. Jhs.

Knastologe (Knastrologe) *m* Strafgefangener. Humorvoll und um der höheren Geltung willen zusammengesetzt aus »Knast = Gefängnis« und der griechischen Bezeichnung für Fachwissenschaftler. Etwa seit dem ausgehenden 19. Jh.

Knautsch *f* Couch. Aus dem Englischen scherzhaft eingedeutscht mit Angleichung an »knautschen = knittern«, wohl auch mit Anspielung auf knutschen, s. d. Spätestens seit 1915.

kneifen *intr* nicht mitmachen; sich einer Verpflichtung entziehen; bei der Mensur ausweichen. Hängt zusammen entweder mit dem Hund, der den Schwanz einkneift, wenn er Angst hat, oder mit dem Zweikämpfer, der den Kopf vor dem Hieb einzieht oder wegwendet. 1800 ff.

Kneipe *f* Wirtshaus (abfällig). Verkürzt aus »Kneipschenke = kleine, schlechte Schenke«, in der man enggedrückt beieinander sitzt. Von der rotwelschen Bedeutung »Diebswirtshaus« im ausgehenden 18. Jh durch Studenten alltagssprachlich geworden.

kneipen *intr* in Wirtshäusern zechen. [Vgl das Vorhergehende.] Seit dem späten 18. Jh.

Kneipgenie *n* wackerer Zecher; lustiger Zecher auf Kosten anderer oder auf Borg. 1800 ff.

Knicker *m* geiziger Mensch. Entweder gekürzt aus »Läuseknicker« (das ist einer, der Läuse zerdrückt, um ihr Fell zu gewinnen) oder zusammenhängend mit dem untergegangenen Verbum »knikken = knausern« (von einem Betrag einen Teil einbehalten). 16. Jh.

knickerig *adj* geizig [Vgl das Vorhergehende.] 18. Jh.

knickern *intr* geizig sein. [Vgl Knikker.] 18. Jh.

Knie *n* 1) etw übers K. brechen (auf dem K. abbrechen) = etw schnell, gewaltsam erledigen. Holz, das, statt gesägt zu werden, auf dem Knie gebrochen wird, splittert und weist eine rauhe Bruchstelle auf, ist also gewaltsam zerkleinert worden. 17. Jh.
2) mit den K.n Feuer schlagen können = einwärtsgekehrte Beine haben. 1900 ff.

Kniewärmer *pl* Hörnchennudeln. Wegen der Formähnlichkeit. 1930 ff.

Kniff *m* Kunstgriff; List; Trick. Leitet sich her vom betrügerischen Einkneifen der Spielkarten. Etwa seit 1750.

knifflig *adj* schwierig, verwickelt; viel Kleinarbeit erfordernd. Gehört zu *ndd* »knüffeln, kniffeln = mühselige Arbeit verrichten«. 1800 ff.

Knilch *m* unangenehmer, widerwärtiger, minderwertiger Mann; Schimpfwort. Anfangs eine Schelte auf den jungen Bauern. Das Wort hängt vermutlich mit »Knolle = Erdscholle« zusammen. Es kann aus der Bauern-

schelte »Knollmichel« verkürzt sein, auch aus »Knollich = Knolle, Knäuel, Klumpen«. [Vgl Knülch.] Wohl seit dem ausgehenden 19. Jh.

knill (knille) *adj* betrunken. [Vgl knüll.] Seit dem späten 19. Jh.

knipsen *tr* photographieren. Hergenommen vom Klang, der entsteht, wenn der Auslöser des Photogeräts die Blende öffnet. Bezieht sich ursprünglich auf das Photographieren mit dem Momentapparat; der Schlitzverschluß wurde 1883 von Ottomar Anschütz erfunden. Seit dem ausgehenden 19. Jh.

knobeln *intr* nachdenken. »Knobel« meint eigentlich den Fingerknöchel, dann auch den Würfel, der früher aus Knochen geschnitten wurde. Von da übertragen auf das Befühlen mit den Fingern, dann auf jegliche angelegentliche Beschäftigung, auch die geistige. Spätestens seit 1900.

Knochen *m* 1) Mensch (halbgemütliche Schelte). Eigentlich der starkknochige, dann der plumpe Mensch. 1850 ff.
2) *pl* = Hände. Finger. 1870 ff.
3) *pl* = Beine, Füße des Menschen; Gliedmaßen. 17. Jh.
4) Schlüssel, Hausschlüssel. [Vgl Hausknochen.] Damit niemand den Schlüssel in die Tasche steckte, knüpfte man ihn früher an einen Knochen. Dies betraf vor allem den Abortschlüssel in der Zeit, als der Abort nicht in der Wohnung, sondern im Hof oder Garten lag. Seit dem frühen 19. Jh.
5) bis auf (in) die K. = durch und durch; völlig; unbedingt. Leitet sich her von einer Verwundung, bei der die Wunde bis auf die Knochen reicht, oder (übertreibend) vom völligen Durchnäßtsein durch den Regen. 19. Jh.
6) es ist ihm in die K. gefahren = er leidet körperlich unter den Folgen eines schweren seelischen Erlebnisses. Alltagssprachliche Analogie zu der schriftdeutschen Wendung »der Schrecken fährt ihm in die Glieder«. 18. Jh.

7) etw in den K. haben (liegen haben, stecken haben) = sich krank fühlen. Eine Krankheit, auch das Gewitter, den Witterungswechsel spüren manche Leute voraus. 18. Jh.

8) ich haue (schlage) dir die K. kaputt (entzwei, zusammen)!: Drohrede. 18. Jh.

9) laß deine K. numerieren!: Drohrede. Rat an einen, der geprügelt werden soll, daß er vorher seine Knochen numeriert, damit er sie hinterher wiederfindet. Spätestens seit 1900.

10) ich haue dich, daß du deine K. im Sack (Schnupftuch) nach Hause tragen kannst: Drohrede. 1800 ff.

Knochenmühle *f* Arbeitsstätte, die schwere körperliche Arbeit verlangt; Betrieb, der die Arbeitnehmer übermäßig ausnutzt; Schwerarbeit. Eigentlich die Anlage zur Herstellung von Knochenmehl. Auf die Fabrik bezogen, ist gemeint, daß die Knochen der Arbeitnehmer gemahlen werden. 19. Jh.

Knödeläquator *m* Mainlinie. Eine gedachte geographische Linie: südlich von ihr sind Knödel beliebt. 1920 ff.

Knödellinie *f* Mainlinie. [Vgl das Vorhergehende.] Seit dem frühen 20. Jh.

Knolly-Brandy *m* Kartoffel-, Rübenschnaps. Mit »Knolle = Kartoffel« scherzhaft an Cherry-Brandy angelehnt. 1910 ff.

Knopf *m* 1) Kerl. Da »Knopf« auch den Astknorren meint, bezeichnet das Wort auch den kleinwüchsigen, dicklichen Menschen sowie den ungeschickten, groben Menschen. 16. Jh.

2) Knöpfe = Geld. Spielt an auf die Ähnlichkeit der Knöpfe mit Münzen; reiche Bauern trugen statt der Knöpfe Silbermünzen. 18. Jh.

3) alter (oller) K. (Knopp) = alter Mann; vertrauliche Anrede an einen Mann. Spätestens seit 1900.

4) ihm geht ein K. auf = er begreift endlich die Zusammenhänge; endlich wird ihm klar, wie man es handhaben muß. Versteht sich aus dem Folgenden. Etwa seit 1850.

5) Knöpfe auf den Augen (im Kopf) haben = nichts sehen; unaufmerksam sein. Meint entweder, daß man durch die Nadellöcher der Knöpfe nur wenig sehen kann, oder spielt an auf die Knopfaugen der Stofftiere für Kinder oder fußt auf der Vorstellung, daß man seine Augen zugeknöpft hat. Spätestens seit 1900.

Knopflöcher *pl* aus sämtlichen K.n schießen (funken, rotzen, spucken) = schießen, was die Feuerwaffen hergeben. »Aus allen Knopflöchern« ist eine allgemeine Verstärkung geworden im Sinne von »so prall, daß es aus den kleinsten Öffnungen quillt«. Spätestens seit dem Zweiten Weltkrieg.

Knopflochfieber *n* (-schmerzen *pl*) Verlangen nach dem ersten Orden, dessen Band im Knopfloch getragen wird. »Fieber« kennzeichnet das Verlangen als krankhaft-leidenschaftlich. 1900 ff.

knorke *adj adv* ausgezeichnet, vorzüglich, unüberbietbar. In Berlin um 1905 aufgekommen, wohl zusammenhängend mit »Knorr = Knorren (Knoten an Bäumen, Steinen usw.)«; daraus »knorrig = kraftvoll, widerstandsfähig, von harter Schale«. Die Endung »-ke« ist eine norddeutsche Verkleinerungssilbe.

Knorpel *m* einen hinter den K. brausen (raspeln, schlippern, schütten, zischen o. ä.) = ein Glas Alkohol trinken. »Knorpel« bezieht sich auf den Schildknorpel des Kehlkopfes. 1900 ff.

Knote (Knoten) *m* ungesitteter, eigensinniger Mann. Entstanden aus *ndd* »gnote, genote«, entsprechend dem *hd* »Genosse« 17. Jh.

Knoten *m* sich einen K. ins Gedächtnis machen = sich etw unvergeßlich einprägen. Scherzhaft abgewandelt von dem Knoten im Taschentuch als einer Gedächtnisstütze. 1900 ff.

Knuff *m* Stoß; leichter Stoß mit der Faust oder dem Ellenbogen. [Vgl das Folgende.] 18. Jh.

knuffen *tr* jn unbeabsichtigt, unauffällig stoßen. Fußt auf *ndd* »Knüvel = Knöchel«. 18. Jh.

Knülch *m* unangenehmer Mensch. [Vgl Knilch.] 19. Jh.

knüll *adj* bezecht. Verwandt mit »knallen = heftig werfen; heftig schlagen«. [Vgl angeschlagen sein 2.] 1800 ff.

Knüller *m* publikumswirksame Neuheit in der Zeitung, auf der Leinwand, auf dem Buchmarkt o. ä.; Sensation. Die Herkunft ist umstritten. Vielleicht eine entstellte Weiterbildung aus »Kneller«, dieses die judendeutsche Form von »Knaller« (s. d.), so daß sich Analogie zum Begriff »Schlager« ergibt. Andere gehen auf »knüllen = ballen, zerknittern« zurück und meinen, die Sensation zerknülle die Seelen. Soll um 1920 vom Redakteur Dupont von der »Berliner Zeitung« geprägt worden sein.

Knüppel *m* Steuer des Piloten. Fußt auf dem Vergleich mit dem hölzernen Schlägel mit Stiel, wie er bei Tischlern, Bildhauern, Steinmetzen usw. üblich ist. 1914 ff.

knusprig *adj* liebreizend. Hergenommen von der knusprigen Kruste frisch gebackenen Brotes: man beißt mit Appetit hinein. Ähnlich appetitreizend ist das junge Mädchen. 1900 ff.

knutschen (knutscheln) *tr* (mit jm k.) = jn liebend an sich drücken; jn herzen und küssen. In Nord- und Mitteldeutschland übliche Entsprechung zum hochdeutschen Wort »knautschen« im Sinne von »zusammendrücken«. Meint seit dem 18. Jh auch das liebende Umarmen.

Kochlöffel-Akademie *f* Frauenoberschule. Anspielung auf den hauswirtschaftlichen Unterricht. 1900 ff.

koddrig *adj* 1) Brechreiz verspürend; elend, unbehaglich, unwohl. Verwandt mit »kotzen« und »kotzerig«. 19. Jh.
2) unehrerbietig, unziemlich im Reden. Fußt einerseits auf *ndd* »ködern, kodern = plaudern, schnattern«, andererseits auf »Kodder = Lumpen; zerrissenes Kleidungsstück«. Spätes 19. Jh.

Koffer *m* 1) einen K. in Berlin haben = Anlaß zur Rückkehr nach Berlin haben; Berlin verbunden bleiben. Aufgekommen gegen Ende des Zweiten Weltkriegs oder seit der Blockade Berlins durch das von Marlene Dietrich gesungene Schlagerlied »Ich hab noch einen Koffer in Berlin«.
2) aus dem K. leben = keine feste Wohnung haben; auf Reisen sein. Bezogen auf einen, der sich aus dem Koffer verproviantiert, bis er eine feste Unterkunft gefunden hat. 1920 ff.
3) jm vor den K. scheißen = jn anherrschen; jm eine arge Enttäuschung bereiten. »Koffer« ist vielleicht aus »Gedankenkoffer« entwickelt in Nachbildung von »Verstandskasten«. Auch meint »Koffer« das Gesicht, überhaupt den Kopf. 1935 ff.

Kognakpumpe *f* Herz. 1910 ff.

Kohl *m* 1) Lüge, Erdichtetes; langweilige Rede; Unsinn. Stammt entweder aus dem gleichlautenden hebräischen Wort für »Schall, Rede, Gerücht« oder fußt auf dem zigeunersprachlichen »kalo = schwarz« (bei den Gaunern ist »schwarz« soviel wie »lügnerisch, betrügerisch«). 1750 ff.
2) aufgewärmter K. = Altbekanntes, als Neuigkeit vorgebracht. [Vgl aufwärmen.] 18. Jh.
3) den alten K. wieder aufwärmen = eine alte Sache erneut zur Sprache bringen. 1700 ff.
4) das macht den K. nicht fett = das macht die Sache nicht besser; das ändert an der Sache nicht viel. Gemeint ist wohl eine spärliche Zugabe von Fett zum Gemüse. Auch gibt es die sprichwörtliche Redensart »eine Laus macht den Kohl nicht fett«. 16. Jh.

Kohldampf *m* 1) Hunger. Ein tautologisches Wort; denn im Rotwelschen meinen sowohl »Koll« wie auch »Dampf« den Hunger. 1830 ff.

2) K. schieben = Hunger leiden. »Schieben« ist eingedeutscht aus *rotw* »scheffen = sich befinden, sein; sitzen; liegen«. 19. Jh.

Kohlen *pl* 1) Geld. Soll auf *jidd* »kal = gering, leicht« zurückgehen mit Beeinflussung von »kohlen = essen«, da Essen und Geldbesitz gleichbedeutend sind. Andererseits dürfte auch die Überlegung eingewirkt haben, daß für den Menschen Geld so wichtig ist wie für den Ofen die Kohlen. 1850 ff.
2) auf glühenden (heißen) K. sitzen (stehen) = voller Unruhe warten; sich machtlos in peinlicher Verlegenheit befinden. Wohl Reststück einer älteren sprichwörtlichen Redensart, nach der nicht ruhig sitzen kann, wer auf heißen Kohlen sitzt. 16. Jh.
3) die K. stimmen = die Geldfrage ist zufriedenstellend geklärt; der Lohn ist ausreichend; die Sache hat ihre Richtigkeit. 1930 ff.

kohlen *intr* schwatzen, prahlen, lügen. [Vgl Kohl 1.] Seit dem 18. Jh.

Kohlenkasten *m* 1) Kleinauto. Wegen einer gewissen Formähnlichkeit. 1920 ff.
2) im K. schlafen = in sehr dürftigen Verhältnissen leben. Die Armut ist so groß, daß der Betreffende nicht einmal ein Bett besitzt. 1900 ff.

kohlpechrabenschwarz *adj* tiefschwarz. Eigentlich »schwarz wie Kohle, Pech und Rabe«; im 19. Jh zusammengewachsen aus den früher selbständigen Wörtern »kohlschwarz, pechschwarz, kohlpechschwarz und kohlrabenschwarz«.

kohlrabenschwarz *adj* tiefschwarz. [Vgl das Vorhergehende.] 18. Jh.

Kohlrabi *f (m)* Kopf des Menschen. [Vgl Rübe 2.] Etwa seit 1900.

Kohlrübe *f* Kopf des Menschen. [Vgl das Vorhergehende.] 1850 ff.

Kokolores (Kukolores, Kokolorus, Kukoloris, Kukeloris, Kokeloris, Kokulores) *m (auch pl)* = überflüssige Umstände; Geschwätz; Unsinn; das Ganze. Entweder ist hier der Schluß des lateinischen Gebetstextes »per omnia saecula saeculorum« entstellt oder es ist zurückzugehen auf die Wörter »Gaukler« und »Gauklerei«. Scheint um 1900 aufgekommen und ursprünglich in der Theatersprache heimisch gewesen zu sein.

Koks *m* 1) (auch *n*) = Kokain, Heroin, Morphium. Aus »Kokain« verkürzt nach dem Vorbild des englischen Slang; gehört wohl der internationalen Gaunersprache an. Etwa seit 1918/19.
2) steifer Herrenhut. Herzuleiten von dem Engländer William Coke, der dem steifen Hut Volkstümlichkeit zu verschaffen wußte. Etwa seit 1900.
3) Geschwätz, Unsinn; minderwertiges Zeug. Steht in Analogie zu Kohl 1, was absichtlich oder fälschlich als »Kohle« aufgefaßt wurde. 19. Jh.
4) Geld. Parallel zu Kohlen 1. Seit 1900.
5) Graf (Baron) K. von der Gasanstalt (vom Gaswerk) = Stutzer; Vornehmtuer. 1900 ff.

koksen *intr* 1) Kokain schnupfen. [Vgl Koks 1.] 1920 ff.
2) fest, schnarchend schlafen. Hängt wohl zusammen mit der Redensart »mit Koks gurgeln = schnarchen«. 1914 ff.
3) übertreiben, prahlen, lügen. [Vgl Koks 3.] 1900 ff.

Kolonne *f* fünfte K. = Kampfgruppe, die innerhalb der Reihen des Gegners oder unmittelbar hinter seinem Rücken ihr Werk verrichtet. Der Ausdruck ist 1936 im spanischen Bürgerkrieg aufgekommen. General Mola erklärte, der Fall von Madrid werde unter dem Ansturm von fünf Kolonnen erfolgen, von denen vier von außen heranmarschieren würden, während die fünfte in der Stadt selbst auf den Augenblick der Erhebung warte.

kolossal *adj adv* sehr eindrucksvoll; außerordentlich; sehr. Leitet sich her von den vorgriechischen Riesenbildsäulen. Der Ausdruck nahm im späten 19. Jh die Geltung allgemeiner Verstärkung an. Volkstümlich geworden durch

Kaiser Wilhelm II., dessen Lieblingswort es war.

kolossiv *adj adv* sehr eindrucksvoll. Kontaminiert aus »kolossal« und »massiv«. 19. Jh.

komisch *adj* wunderlich, eigenartig (darin bin ich komisch; mir ist komisch im Magen). Weiterentwickelt von »witzig, erheiternd, lächerlich« über »durch seltsames Benehmen lächerlich« zu »wunderlich, sonderbar, auffallend«. 1850 ff.

kommen *v* 1) jm k. = jm Prügel androhen. Meint eigentlich »jm entgegentreten; mit jm verfahren«. Etwa im Sinne von »ich komme dir mit dem Prügelstock«. 17. Jh.
2) hinter etw k. = etw ergründen, aufdecken. [Vgl dahinterkommen.] 1500 ff.
3) das durfte nicht k. = diese Bemerkung wäre besser unterblieben. Seit dem späten 19. Jh.

Kommiß *m* Soldatenstand, Militär. Im 15. Jh aus *lat* »commissum = anvertrautes Gut« entstanden im Sinne von »Heeresvorrat, Lieferungsbefehl. Im letzten Drittel des 19. Jhs vorgedrungen, heute von »Barras« weit zurückgedrängt.

kommissig *adj* auf den Wehrdienst bezüglich; im Hinblick auf die Ausbildung der Truppe. Seit dem späten 19. Jh.

Konfusionsrat *m* umständlicher, zerstreuter Mensch. Das frühe 18. Jh kannte bei Friedrich Wilhelm I. den »Confusrat« ; um 1830/40 kommt — gleichzeitig mit dem »Konfusionarius« — die heutige Form auf.

können *v* 1) uns kann keiner (keener) = wir sind unübertrefflich. Gekürzt aus »uns kann keiner übertreffen, an den Wagen fahren; uns kann keiner etwas vormachen«. Um 1850 in Berlin aufgekommen, möglicherweise eine Wortprägung des Komikers Bendix.
2) er kann mir (mich!): derbe Abweisung. Verkürzt aus »er kann mir (mich) am Arsch lecken!«. 19. Jh.

Konservenchrist *m* Christ, der seine Konfessionszugehörigkeit nur bekennt, wenn ein Vorteil damit verbunden ist. Er besitzt sein Bekenntnis gewissermaßen nur in Konservendosen, wo es im gegebenen Augenblick sofort greifbar ist. Auch ist er einer, der sich die von konfessionellen Organisationen gestifteten Fleisch- und Gemüsekonserven nicht entgehen läßt und sich um ihretwillen zur Kirche begibt. 1945 ff.

Konservenmusik *f* Schallplatten-, Tonbandmusik. Im Sinne von »Grammophonmusik« entstanden im Ersten Weltkrieg bei den Soldaten, die zur Vertreibung der Langeweile sich Grammophone in den Schützengraben holten: der Ausdruck stand damals im Gegensatz zu Konzerten der Militärkapellen.

Kontra geben widersprechen. Entweder hergenommen von der Fechtkunst (= beim Fechten zurückschlagen) oder vom Skatspiel (= einer Wette um die Niederlage durch Erhöhung der Punktwertung entgegentreten). 1900 ff.

Konzert *n* sich nicht aus dem K. bringen lassen = sich nicht beirren lassen. Entstellt aus »sich nicht aus dem Konzept bringen lassen«. Wohl seit 1900.

Konzertlager *n* Konzentrationslager. Die übliche Abkürzung KZ ist euphemistisch umgedeutet worden. 1933 ff.

Kopf *m* 1) fauler K. (Kopp) = a) unzuverlässiger Mensch; träger Arbeiter; Taugenichts. [Vgl faul.] 1850 ff.
= b) zahlungsunwilliger (-unfähiger) Mensch. 1900 ff.
2) den K. aufsetzen = auf seinem Willen beharren; trotzen. Meint eigentlich den Kopf starr aufrichten und nicht bewegen: Sinnbildgebärde der Unzugänglichkeit, der Unbeugsamkeit. 1500 ff.
3) den K. oben behalten = die Beherrschung bewahren. Beruht entweder auf der Grundvorstellung, daß der Mutlose den Kopf hängen (sinken) läßt, oder spielt

an auf den Schwimmer, der den Kopf über Wasser hält, um nicht zu ertrinken. 1800 ff.

4) nicht auf den K. gefallen sein = kein Dummkopf sein; sich zu helfen wissen. Durch den Fall auf den Kopf hat sich Gehirnerschütterung als Ursache der Dummheit eingestellt. 18. Jh.

5) seinen K. für sich haben (seinen eigenen K. haben) = eigensinnig sein; an abweichender Meinung hartnäckig festhalten. Der Kopf steht hier sinnbildlich für den festen, unerschütterlichen Willen. 17. Jh.

6) einen harten K. haben = schwer begreifen. In volkstümlich scherzhafter Auffassung erschwert die dicke (harte) Schädeldecke das leichte Auffassen. 18. Jh.

7) jn einen K. kürzer machen = jn hinrichten. Euphemistisch — grimmiger Scherzausdruck. 17. Jh.

8) mit dem K. gegen die Wand rennen = Unmögliches durchsetzen wollen. Ein anschauliches Bild vom unausbleiblichen Mißerfolg unvernünftigen Wollens. 17./18. Jh.

9) jm mit jm ein K. und ein Arsch sein = mit jm eng befreundet sein. Vergröberte Analogie zu »mit jm ein Herz und eine Seele sein«. Während Herz und Seele hier die Übereinstimmung des Fühlens, des Seelischen und Geistigen ausdrücken, bezieht sich »Kopf« auf das Denken und »Arsch« auf das Grobnatürliche, auf das Animalische, wohl auch auf das Geschlechtliche. 19. Jh.

10) jm den K. zwischen die Ohren setzen = jn zurechtweisen. Die zuweilen als lustige Drohung an unartige Kinder bekannte Redensart umschreibt bildhaft die Wiederherstellung gestörter Ordnung. Analog zu »den Kopf zurechtsetzen«. 16. Jh.

11) jm auf den K. spucken = sich gegen jn ungestraft Frechheiten erlauben; jn heftig zurechtweisen. Spucken gilt als mimische Handlung der Geringschätzung. Die Redewendung umschreibt Verhöhnung und Erniedrigung durch

einen Mächtigeren. Seit dem späten 19. Jh.

12) den K. ins Loch stecken = die unangenehmen Folgen auf sich nehmen. »Loch« meint hier die Höhlung des Richtblocks. 19. Jh.

13) den K. in den Sand stecken = die wirklichen Verhältnisse nicht wahrhaben wollen. Leitet sich her von der volkstümlichen Meinung, der Vogel Strauß werde nicht gesehen, wenn er den Kopf in den Sand steckt und nichts sieht. 19.Jh.

14) das ist ihm in den K. gestiegen = dadurch ist er übermütig, eingebildet geworden. Nachbildung der Wendung »der Wein steigt in den Kopf« und »Erfolg macht trunken«. 19. Jh.

15) und wenn du dich auf den K. stellst (und mit den Beinen Hurra brüllst; und mit den Beinen wackelst; und mit den Beinen Fliegen fängst) = und wenn du dich noch so anstrengst, bei mir ist es vergeblich. Ausdruck der Ablehnung. Spielt wohl an auf Straßenbettler, die sich auf den Kopf stellen und für ihre turnerische Vorführung Geld erwarten. Man denke an die Düsseldorfer Radschläger. 18. Jh.

16) jn vor den K. stoßen = jn kränken. Wohl hergenommen von einem wirklichen Stoß an den Kopf, wodurch der Betreffende ängstlich und abgeschreckt wird. 18. Jh.

17) der K. ist ihm durch die Haare gewachsen = er hat eine Glatze. Wie ein Pilz wächst der Kopf durch die Haarschicht. Spätestens seit 1850.

18) jm über den K. wachsen = jm überlegen werden; jds Einfluß entgleiten. Fußt auf der Bibel (Esra 9, 6): »unsere Missetat ist über unser Haupt gewachsen, und unsere Schuld ist groß bis in den Himmel«. 18. Jh.

19) jm den K. waschen = jn heftig rügen. Fußt in der Grundvorstellung auf der alltagssprachlich beliebten Gleichsetzung des Tadelns mit dem äußerlichen Reinigen; im engeren Sinne vom Bader (Friseur) gemeint. 16. Jh.

20) mit dem K. durch die Wand

wollen = etw erzwingen wollen.
[Vgl Kopf 8.] Spätestens seit dem
18. Jh.
21) jm den K. zurechtsetzen = jn
zurechtweisen. [Vgl Kopf 10.] 17. Jh.

Köpfchen n Schlauheit. Diminutivisch verniedlicht seit 1900 aus
»Kopf haben = denken können«.

kopflastig adj schwer betrunken;
unter den Nachwehen des Rausches leidend. Der Technik entlehnt: bei der Kopflastigkeit der
Maschine liegt der Schwerpunkt
oberhalb der Mittellinie; beim
Betrunkenen neigt sich der Kopf
auf die Brust (»schwerer Kopf«).
1920 ff.

Kopfnuß f Schlag mit den Fingerknöcheln an den Kopf; Ohrfeige.
»Nuß« ist veraltet soviel wie
Schlag. Schläge an den Kopf erscheinen alltagssprachlich gern als
Früchte. 18. Jh.

Kopfwäsche f Zurechtweisung. [Vgl
Kopf 19.] 20. Jh.

Korb m 1) jm einen K. geben =
ein Heiratsangebot ablehnen; ein
Angebot ablehnen. [Vgl durchfallen 1.] 16. Jh.
2) sich einen K. holen = abgewiesen werden. 1800 ff.
3) einen K. kriegen = abgewiesen
werden. 1600 ff.

Koreapeitsche f gleichmäßig kurzgeschnittene Haare. Hergenommen vom kurzen Haarschnitt der
nordamerikanischen Soldaten im
Koreakrieg. 1950 ff.

Korkzieherhose f Hose mit vielen
Querfalten; ungebügelte Hose. Die
querfaltenreiche Hose hat mit
dem Korkzieher übertreibend die
Spirallinie gemeinsam. 1900 ff.

Korn n 1) jn (etw) auf dem K. haben = es jm gedenken; jn nicht
leiden können; auf jn (etw) seine
Absicht gerichtet haben. Hergenommen vom Visierkorn am Gewehrlauf: beim Zielen liegt das
Ziel für das Auge auf dem Korn.
18. Jh.
2) jn aufs K. nehmen (holen) =
jn beobachten; auf jn seine Absicht richten. 18. Jh.

kornblumenblau adj schwer betrunken. Verstärkung von »blau«
nach dem Muster von »blau wie

ein Veilchen«. Bekannt geworden durch den Schlager »Kornblumenblau sind die Augen der
Frauen (Mädchen) am Rheine«;
die Vokabel taucht erstmalig im
frühen 20. Jh auf; möglicherweise
in Köln aufgekommen. Heute alltagssprachlich.

Korps der Rache n unbeliebte
Gruppe; Leute (abfällig). Hängt
zusammen mit der »Schwarzen
Schar«, dem 1813 aufgestellten
Jägerkorps des Freiherrn v. Lützow, das später »Korps der Rache« genannt wurde. Da nach der
Niederlage dieser Jäger am 17.
Juni 1813 bei dem Dorfe Kitzen
(in der Nähe von Merseburg)
Theodor Körner weiterhin patriotische Lieder zur Verherrlichung
der Lützowschen Jäger dichtete
und die Vorgänge von Kitzen
auch dem Volk nicht verborgen
blieben, machte man aus dem
»Korps der Rache« ironisierend
einen »Chor der Rache«. 1850 ff.

koscher adj unbedenklich, einwandfrei, unverdächtig. Stammt aus
dem Hebräischen und Jiddischen,
wo es ursprünglich auf die Reinheit gemäß den Speisegesetzen
bezogen war; die heutige Bedeutung ist im 18. Jh wohl von Studenten (in Halle?) entwickelt worden.

Köter m Hund (abfällig). Gehört zu
»kuten = schwatzen«, zu »kauzen = kläffen«. Auch ist in Norddeutschland »Kote« das kleine
Bauernhaus und »Köter« sein
Besitzer. 16. Jh.

Kotz- (kotz-) als erster Bestandteil
von Flüchen und Verwünschungen. Entstellt aus »Gottes«. 1800
ff. Vor allem in Formen wie:
»Kotz Bomben Element!«, »Kotz
Bomben und Granaten!«, »Kotzdonner!«, »Kotz Donnerwetter!«, »Kotz Schwerebrett!«,
»Kotz Schwerenot!« u. a.

Kotzbalken m minderwertige Zigarre. Eine in übertriebener Auffassung balkenförmige Zigarre,
die Brechreiz verursacht. Seit
dem späten 19. Jh.

Kotze f 1) das Ausgebrochene. [Vgl
kotzen 1.] 18. Jh.

2) die K. kriegen = angewidert werden. Spätestens seit 1900.

Kotzebue *Fn* K.s Werke herausgeben (studieren) = sich erbrechen. Scherzhafte Verhüllung von »kotzen« wegen der lautlichen Übereinstimmung mit dem Namen des damals beliebten Dichters. Um 1820 aufgekommen, wohl in Berlin.

kotzen *intr* 1) sich erbrechen. Im 15. Jh zusammengezogen aus »koppezen« als Intensivum von »koppen« unter Einwirkung von Konsonantenerleichterung.
2) schimpfen. 20. Jh.
3) explodieren, detonieren. Seit dem Ersten Weltkrieg.
4) es ist zum K. = es ist zum Verzweifeln! es ist unerträglich. Wohl seit dem späten 19. Jh.
5) der Motor kotzt = der Motor läuft unregelmäßig wegen Schadens an der Kraftstoffzufuhr. Piloten- und Kraftfahrersprache, spätestens seit dem Ersten Weltkrieg.
6) das große K. kriegen = sehr angewidert werden. 1914 ff.

Krabbe *f* kleines Kind; junges Mädchen. Ursprünglich auf Wickelkinder und Kleinkinder bezogen, wohl weil sie krabbelnd sich fortbewegen oder Krabbelbewegungen machen. Da beispielsweise »Maikrabbel« den Maikäfer meint, kann das Wort auch die Bedeutung von »Käfer« annehmen und bezieht sich dann auf ein junges Mädchen. 18. Jh.

Krabbelwasser *n* Mineralwasser. »Krabbeln« steht im Ablaut zu »kribbeln«, s. d. Mineralwasser prickelt. 1900 ff.

Krach *m* 1) lauter Streit; Zerwürfnis; Zank. Meint eigentlich den Lärm des Wortwechsels, dann den Wortwechsel selber. 19. Jh.
2) Bankrott; Kurssturz. 1850 ff.
3) K. machen (schlagen) = seine Meinung laut und energisch sagen; aufbegehren; Zank stiften. »Schlagen« ist wohl vom Schlagen auf die Trommel hergenommen. 19. Jh.

Kracher *m* alter K. = gebrechlicher Mann; widerwärtiger ältlicher Mann. Meint eigentlich wohl einen, dessen Gliedmaßen in den Gelenken rappeln. 1800 ff.

Kraft *f* vor lauter K. nicht gehen können = wegen muskulösen Körperbaues unbeholfen gehen. Ursprünglich wohl auf Ringer und Boxer bezogen. 1920 ff.

Kraftmeier *m* Kraftmensch. »Mensch« wird konkretisierend durch »Meier« ersetzt wegen der Häufigkeit dieses Familiennamens. 1900 ff.

Kraftprotz *m* Mensch, der mit seiner Körperkraft prunkt. [Vgl Protz.] 1900 ff.

Kragen *m* 1) Schaum auf dem Glas Bier. Mit d_m Kragen hat er das Weiße gemeinsam. 1900 ff.
2) es geht ihm an den K. = er wird zur Verantwortung gezogen. »Kragen« bezieht sich auf Hals und Nacken und spielt auf Hinrichtung an. 18. Jh.
3) jn beim K. erwischen (kriegen, nehmen, packen o. ä.) = jn am Hals greifen. 16. Jh.
4) ihm platzt der K. = er ist sehr wütend, braust auf. Hängt zusammen mit den anschwellenden Zornesadern am Hals: vergrößernd stellt man es sich so vor, als brächten die Adern den Kragen zum Platzen. Spätestens seit 1900.

Kragennummer (-weite) *f* das ist nicht seine K. = das paßt ihm nicht, liegt ihm nicht, entspricht nicht seinem Geschmack. Der zu enge oder zu weite Kragen ist etwa seit 1900 zum Wortsinnbild der Unzuträglichkeit geworden.

Krakeel *m* 1) Lärm, Zank. Spätestens um 1500 aus Holland nach Norddeutschland vorgedrungen und im Laufe der Jahrhunderte alltagssprachlich geworden. Möglicherweise ein auf vielen europäischen Kriegsschauplätzen zusammengewachsenes Landsknechtswort. In Italien meint »gargagliata« den Lärm von vielen Leuten, in Frankreich ist »querelle« der Streit, und in Deutschland gibt man mit »krakra« den krächzenden Laut der

Krähe wieder, und »Kräkeln« meint im Niederdeutschen soviel wie »krächzen wie eine Krähe; zanken; sich wütend gebärden«.
2) der Hut sitzt auf K. = er hat den Hut ins Genick geschoben. Vor Handgreiflichkeiten schiebt man den Hut in den Nacken, damit er nicht über die Augen rutscht und dem Gegner Vorteil gibt. 1800 ff.

krakeelen *intr* lärmen, zanken. [Vgl Krakeel 1.] Spätestens seit 1600.

Krakeeler *m* Lärmmacher, Zänker. [Vgl Krakeel 1.] Etwa seit 1600.

Krakel *m* Schnörkel; unleserliches Schriftzeichen. Hängt zusammen mit »Krack = Krähe«: der Krähentritt ähnelt unregelmäßigen Schriftzügen. 19. Jh.

krakelig *adj* verschnörkelt; kritzelig; unleserlich gekritzelt. [Vgl das Vorhergehende.] 19. Jh.

krakeln *intr* kritzeln; unleserlich schreiben. 19. Jh.

Krallen *pl* 1) Hand, Finger. Vom Wortschatz der Zoologen auf den Menschen übertragen. 19. Jh.
2) lange Fingernägel. 19. Jh.
3) rote K. = rotlackierte Fingernägel. Um 1925 nach amerikanischem Vorbild europäische Mode geworden.

krallen *tr* etw stehlen. [Vgl Krallen 1.] Etwa seit dem 18. Jh.

Kram *m* 1) wertloses Zeug; minderwertige Ware; das alles (abfällig). Eigentlich die Ware des Händlers, die in offener Bude, in einem kleinen Laden, auch auf dem Tragebrett des Hausierers feilgeboten wird; von da verallgemeinert auf allerhand Sachen von geringem Wert. 16. Jh.
2) das paßt ihm in den K. = das kommt ihm gelegen. Bezieht sich auf die Zusammengehörigkeit von Waren. 16. Jh.

Krampf *m* 1) das ist K. = das ist schlecht, wertlos; das ist übertriebene Geschäftigkeit, Übereifer, zweckloses Beginnen; das ist Unsinn, Unvernunft. Scheint im späten 19. Jh aufgekommen zu sein als Ausdruck der bildenden Künstler, für die Verrenkung Mißgestaltung ist und als un-

künstlerische Bewegung abgelehnt wird.
2) auf K. gehen = auf Entwenden ausgehen. [Vgl krampfen.] 1900 ff.
3) K. machen = überflüssige Umstände machen; prahlen; sich aufspielen. Vermutlich von übertriebener Darstellung auf der Bühne hergenommen oder von dem unnatürlichen Benehmen (militärischer) Vorgesetzter. 1914 ff.

krampfen *tr* stehlen, entwenden. »Krampfen« in der Bedeutung »im Krampf zusammenziehen« stellt sich zu der Grundbedeutung »krumme Finger machen«. 1900 ff.

Kraneberger (Kranenberger; Kranenberger Silber) *m (n)* = Trinkwasser. Eigentlich Wasser aus dem Kran; scherzhafte Wertsteigerung nach dem Muster von Weinbezeichnungen. Seit dem späten 19. Jh.

krank *adj* 1) sich k. lachen = heftig lachen. Heftiges Lachen kann Herz-, Magen- und andere Beschwerden hervorrufen. 19. Jh.
2) du bist wohl k. (ein bißchen k.)? = du bist wohl nicht recht bei Verstand? Spielt wohl auf Geisteskrankheit an. Seit dem späten 19. Jh.

Kränke *f* es ist, um die K. zu kriegen (da soll man die K. kriegen)!: Ausdruck der Verzweiflung, der Unerträglichkeit. »Kränke« meint eigentlich die Epilepsie, auch den Krampf. 19. Jh.

Krankenhausfenster *n* du hast wohl lange nicht mehr (mit verbundenem Kopf) aus dem K. geguckt?!: Drohfrage. 1920 ff.

krankfeiern *intr* wegen Erkrankung nicht arbeiten. Euphemistisch; denn »feiern = Feste begehen« meint auch »nicht arbeiten«, weil an Feiertagen die Arbeit ruht. 1900 ff. Für viele ist das Wort bereits hochsprachlicher Natur.

Kratzbürste *f* zänkischer, unverträglicher Mensch. Hergenommen von der Drahtbürste, wie sie von Metallarbeitern, im Bergwesen usw. verwendet wird. 16. Jh.

kratzbürstig *adj* unverträglich, zänkisch; streitlüstern. 16. Jh.

kratzen *v* 1) es kratzt mich nicht = es berührt, stört, betrifft mich nicht; es regt mich nicht auf. Hergenommen von anzüglichen Bemerkungen. »Wen's juckt, der kratze sich«, sagt man, wenn sich eine nicht namentlich genannte Person von einer Bemerkung getroffen fühlt. 17. Jh.
2) etw k. = etw stehlen, auf nicht ganz erlaubte Weise beschaffen. Sachverwandt mit krallen (s. d.). 1900 ff.

Kratzenberger *m* saurer, minderwertiger Wein. Er ist so sauer, daß er auf der Zunge, im Halse kratzt. Ein ironischer Weinname. 17. Jh.

kratzen gehen *intr* sich davonmachen; flüchten. [Vgl auskratzen.] Spätestens seit 1900.

Krätzer *m* saurer, minderwertiger Wein. [Vgl Kratzenberger.] 17. Jh.

Kraut *n* 1) Tabakware. Eigentlich Bezeichnung für ein Heilkraut. Die scherzhafte und verächtliche Bedeutung kam im ausgehenden 19. Jh. auf.
2) dagegen ist kein K. gewachsen = das läßt sich nicht beheben. Ursprünglich auf eine Krankheit bezogen, gegen die es kein Heilkraut gibt: 16. Jh.
3) wie K. und Rüben durcheinander = wirr durcheinander; völlig ungeordnet. »Kraut« meint das Blattwerk, »Rübe« die Wurzel. Vor der Zubereitung werden beide voneinander getrennt; wo es nicht geschieht, entsteht ein unschmackhaftes Gemisch. 17. Jh.

Krawall *m* Straßenauflauf; Straßenkampf; Rauferei; Lärm. 1830 aufgekommen mit den parteipolitischen Auseinandersetzungen auf der Straße. Beruht vielleicht auf dem mittellateinischen Wort »charavallium = Katzenmusik, Straßenlärm«, wohl mit Einfluß von »rebellen = lärmen«.

Krawattenmuffel *m* Mann, der nie die Krawatte wechselt. 1964 aufgekommen durch den Reklametext der Krawattenindustrie. Versteht sich nach »Muffel = mürrischer Mensch«. Die Reklame hat den Umsatz der Krawattenindustrie um 25 % gesteigert. Ende 1966 (Anfang 1967) erhielt das Wort eine andere Bedeutung: »Mann, der sich keine moderne Krawatte kauft«. Die Substantivbildung mit »-muffel« hat inzwischen Schlagwortcharakter angenommen und bezeichnet im allgemeinen einen Menschen, der entgegen der Mode oder dem Fortschritt am Hergebrachten festhält: der »Wahlmuffel« bleibt unverdrossen seiner Partei treu, der »Frauenmuffel« liebt nur seine eigene Frau, und der »Buttermuffel« verschmäht Margarine.

kraxeln *intr* bergsteigen, klettern. Weitergebildet aus der österreichischen Vokabel »krageln = strampeln, klettern«. Im ausgehenden 18. Jh durch den zunehmenden Alpinismus aufgekommen.

Kreide *f* 1) mit doppelter K. anschreiben (rechnen, schreiben) = Zechschulden doppelt buchen; unlautere (überhöhte) Preise verlangen. Hergenommen von der Kreide, mit der früher die Zechschulden auf dem Schwarzen Brett angeschrieben wurden. 14. Jh.
2) bei jm in die K. geraten = bei jm Schulden machen. 18. Jh.
3) bei jm in der K. sein (sitzen, stehen) = bei jm Schulden haben. 18. Jh.

Kreissäge *f* steifer, ovaler Herren-(Damen-)Strohhut mit flachem Kopf und gerader Krempe. Anspielung auf den zackenähnlichen Rand infolge Verwendung einer groberen Strohsorte. Um 1900 in Mode gekommen; bekanntgeworden als Bühnenrequisit von Buster Keaton, Harold Lloyd und Maurice Chevalier.

Krempel *m* minderwertige Waren; wertlose Dinge; Geringwertiges. Meint eigentlich die Trödelware, die auf dem Trödelmarkt angebotene Ware. 1800 ff.

krepieren *intr* 1) sterben; elend zugrunde gehen. Um 1600 aus dem *ital* »crepare = verrecken« (eigentlich = zerplatzen; Spreng-

körper zerplatzen) übernommen.
2) es ist zum K. = es ist zum Verzweifeln. 18. Jh.

Krethi und Plethi *pl* viele Leute
verschiedenen Standes; minderwertige Gesellschaft. Meint in der
Bibelsprache die Kreter und die
Philister, die König Davids Leib-
wache bildeten. 1700 ff.

Kreuz *n* 1) mit jm sein K. haben
= mit jm Kummer (Sorgen) haben. Das Kreuz ist hier Sinnbild der Bürde und des Leids.
18. Jh.
2) zu K. kriechen = nachgeben;
sich demütigen; widerrufen. Fußt
auf einer alten Kirchenstrafe: am
Karfreitag mußte der reuige Sünder auf Armen und Beinen zum
Kreuze Christi kriechen; nur
dann galt seine Reue als vollkommen. Ursprünglich in kirch-
lich-geistlichem Sinne geläufig;
seit dem 17. Jh auf weltliche Verhältnisse übertragen.
3) jn aufs K. legen (schmeißen
o. ä.) = a) jn zu Boden werfen,
bezwingen; jds Widerstand brechen; jn unschädlich machen. Leitet sich vom Ringkampf her: der
Ringer sucht seinen Gegner so zu
Boden zu werfen, daß beide
Schulterblätter gleichzeitig den
Boden berühren. Verallgemeinert
etwa seit 1945.
= b) jn anschwindeln, übertölpeln, betrügen, erpressen, als
Geldgeber gewinnen. 1930 ff.
4) es ist ein K. mit ihm = man
hat mit ihm seine Last, seinen
Kummer, seine Not. [Vgl Kreuz
1.] 1800 ff.

kreuzbrav *adj* sehr brav; unbedingt aufrichtig, ehrlich. Weiterentwickelt aus den beteuernden
Anrufungen des Kreuzes Christi
zur Geltung einer unumstößlichen
Versicherung, von da abgeschwächt zur Bedeutung einer allgemeinen Verstärkung. Spätestens
seit 1700.

Kreuzdonnerwetter *interj* Verwünschung. Herzuleiten vom Kreuz
Christi, bei dem man schwört und
auch flucht. 1800 ff.

kreuzdumm *adj* sehr dumm. [Vgl
kreuzbrav.] 1800 ff.

kreuzfidel *adj* sehr lustig, munter.
[Vgl kreuzbrav.] Spätestens seit
1800.

kreuzlahm *adj* 1) rückenlahm.
Kreuz = Rückgrat. 18. Jh.
2) zu nachgiebig; wankelmütig;
nicht charakterfest. »Rückgrat«
meint im übertragenen Sinne die
unerschütterliche Gesinnung.
19. Jh.

Kreuzschmerzen *pl* Begehren
nach dem Eisernen Kreuz. Wortspielerei mit »Kreuz = Rückgrat«
und »Kreuz = Ordenskreuz«.
1850 ff.

kreuzunglücklich *adj* sehr un-
glücklich. [Vgl kreuzbrav.] Seit
dem ausgehenden 19. Jh.

kreuzweise *adv* derber Ausdruck
der Verachtung und Abweisung
(auch in den Formen: »leck mich
k.!« und »er kann mich k.!«).
Fußt vielleicht auf der Redensart »zehn Finger über Kreuz«
als Ausdruck der unbedingten
unbedingten Wahrheit; auch meint
»Kreuz« das Rückgratende.
1850 ff.

kribbelig *adj* reizbar, nervös, unge-
duldig. [Vgl kribbeln.] 1800 ff.

kribbeln *intr* prickeln, jucken, kitzeln; sich unruhig bewegen. Ablautform zu krabbeln. Seit der
mittelhochdeutschen Zeit.

Krieg *m* kalter K. = feindseliges
Verhalten von Völkern ohne Anwendung von Waffengewalt (mittels Schikanen, diplomatischer
Noten u. ä.). Lehnübersetzung von
engl »cold war«. Seit November
1947 in der deutschen Presse auf-
tauchend unter ausdrücklichem
Hinweis auf einen Leitartikel von
Walter Lippmann in der Washing-
ton Post.

kriegen *tr* 1) bekommen, erlangen, einer Sache habhaft werden.
Stammt aus dem mitteldeutschen
Verb »kriegen = streben«, von
da weiterentwickelt zur Bedeutung »zu erhalten trachten«.
1400 ff.
2) sich k. = ein Braut-, Ehepaar
werden. 1800 ff.
3) sie (es, etwas, einen) k. = Prügel erhalten. 17. Jh.
4) das werden wir schon k. = das

werden wir geschickt bewerkstelligen. 1900 ff.

5) jn zu etw k. = jn zu etw bestimmen, beeinflussen. 1900 ff.

Kriegsandenken *n* Verwundung, Narbe. 1914 ff.

Kriegsbeil *n* das K. begraben = Frieden schließen; nicht länger streiten. Stammt aus *engl* »to bury the tomahawk«, bekanntgeworden durch die Lederstrumpferzählungen von James Fenimore Cooper. 1830 ff.

kriegsbemalt *adj* (auffallend) geschminkt. [Vgl das Folgende.] 1900 ff.

Kriegsbemalung *f* in K. (in voller K.) = zum Ausrücken fertig angezogen; versehen mit schmückendem Beiwerk zur Uniform (Orden, Ehrenzeichen, Schießschnur); geschminkt. Beruht auf der Sitte der Eingeborenen (Indianer), vor Beginn des Kampfes Gesicht und Brust zu bemalen. Bezieht sich bei uns stets auf zusätzliche Verschönerung, nicht auf die normale Uniform oder Gesichtsfarbe. 1900 ff.

Kriegsschmuck *m* 1) Gesamtheit der militärischen Orden und Ehrenzeichen. Möglicherweise erst nach dem Ersten Weltkrieg aufgekommen.

2) Damenschmuck. Meint sowohl Schmuckstücke, die sie im »Ehekrieg« erworben hat, wie auch solche, die sie anlegt, um auf der »Jagd« nach Männern Eindruck zu machen. 1930 ff.

Krimi *m* Kriminalroman, -film, Nach 1945 aufgekommene Abkürzung, vielleicht im Münchener Verlag Wilhelm Goldmann entstanden.

kriminal (kriminalisch) *adv* sehr. »Kriminal« bezieht sich auf den Schwerverbrecher, überhaupt auf die Verfolgung und Aburteilung schwerer Verbrecher. Daraus entwickelte sich um 1800 die Geltung einer allgemeinen Verstärkung.

Krimskrams *m* kleines wertloses Zeug; Gerümpel. Jüngere Nebenform zu »Kribskrabs, Kribbes-Krabbes« für unverständlich-geheimnisvolles Zauberzeichen und gelehrtes Kauderwelsch. 1800 ff.

Krips *m* jn beim K. holen (kriegen, nehmen, packen) = jn am Hals greifen; jn ergreifen, dingfest machen. Hergenommen von »Griebs = Kerngehäuse; auf den Kehlkopf übertragen, weil nach volkstümlicher Deutung Adam das Kerngehäuse des ihm von Eva gereichten Apfels im Kehlkopf steckengeblieben ist. 18. Jh.

kritisch *adj* reizbar, zornig. Gehört zu *nordd* »kriddeln = zanken«, verwandt mit »krritteln«. Seit dem ausgehenden 19. Jh.

Krokodilstränen *pl* heuchlerische Tränen. Beruht auf dem von mittelalterlichen Gelehrten verbreiteten, auf die Antike (die Harpyien) beruhenden Volksglauben, daß das Krokodil wie ein kleines Kind weint, um sein Opfer anzulocken. 15./16. Jh.

Krone *f* 1) das setzt allem die K. auf = das ist der Gipfel der Frechheit, Dreistigkeit, Gemeinheit o. ä. Die Krone ist die sinnbildliche Auszeichnung für das Höchste, Mächtigste und Vollendete. 18. Jh.

2) das ist ihm in die K. gefahren (gestiegen) = a) das hat ihn aufgeregt, geärgert, verdrossen. Die Krone meint hier den Kopf. 18. Jh.

= b) dadurch ist er hochmütig, eingebildet geworden. Analog zu »das ist ihm in den Kopf gestiegen«. 1800 ff.

3) einen in der K. haben = betrunken sein. 18. Jh.

Kropf *m* den K. leeren = a) schelten, schimpfen. »Kropf« meint hier nicht die Schilddrüsenvergrößerung, sondern den Vormagen des Vogels. Demnach sachverwandt mit auskotzen. 19. Jh.

= b) ein Geständnis ablegen; Mittäter verraten. 1945 ff.

Kroppzeug *n* Kinder; ärmliche, kleine Leute; Wertloses. Gehört als *ndd* »Kroptüg« zu »Krop = kriechendes Wesen; Kleinvieh«. 18. Jh.

Kröte *f* Schimpf-, Schelt-, Kosewort für ein Kind. Die bösartige Bedeutung beruht auf dem Giftspeien der Kröte und ist schon im Mittelalter ein Schimpfwort auf zänkische Frauen, unverträgliche Männer und unartige Knaben.

Kröten *pl* Geld, Geldmünzen. Möglicherweise entstellt aus *ndd* »Grote = Groschen«. 1800 ff.

krötig *adj* gereizt, zornig. [Vgl Kröte.] 19. Jh.

Krott *n* (f) kleines Kind; freches, vorlautes Kind. Ältere Lautform zu *hd* Kröte. 18. Jh.

Krücke f Versager. Leitet sich wohl her von einem, der an der Krücke geht, also krank oder gebrechlich ist: im Alltagsleben gibt es für Krankheit und Gebrechlichkeit nur selten Mitleid. 1914 ff.

Krümel *m* kleines Kind; kleinwüchsiger Mensch. Eigentlich das Brotteilchen, das unbeachtete Abfallstück vom Brot; von da übertragen auf den zu geringer Geltung kommenden Menschen. Seit dem späten 19. Jh.

krumm *adj* 1) anrüchig, unredlich, verbrecherisch. »Krumm« im Sinne von »sittlich anfechtbar« war schon dem Mittelalter geläufig. Sinnbildlich steht der gerade Weg für Lauterkeit und Aufrichtigkeit, hingegen der krumme (gewundene) Weg für Unlauterkeit. 16. Jh.
2) ohne militärische Haltung. Der kernige, energische Soldat hat aufrecht, gerade, stramm zu stehen. Seit dem späten 19. Jh.
3) sich k. ärgern = sich sehr ärgern. Der Ärger als Bürde verursacht gebücktes Gehen. 1900 ff.
4) sich k. lachen = heftig lachen. »Krumm« spielt auf den Buckel an, den mancher Lacher macht, wenn er sich bei herzhaftem Lachen vornüber beugt. 19. Jh.
5) sich k. und bucklig (schief) lachen = heftig lachen. 19. Jh.
6) sich k. legen (k. liegen) = sich einschränken; ärmlich leben. Der ursprüngliche Sinn der Redensart war »in Schuldhaft sein«; denn der Häftling wurde »krumm geschlossen«. Im 18. Jh vermischt mit der Redewendung »sich nach der Decke strecken«. Übrigens krümmt auch Hunger den Magen.

7) etw k.-nehmen = etw verübeln. »Krumm« bezieht sich wohl auf das »schiefe« Gesicht als Zeichen der Unzufriedenheit und Verärgerung. Parallel zu »etw schiefnehmen«. 18. Jh.

Krünkel *m* Falte, Runzel. Zur Zeit der Hansa gleichbedeutend »Kroke« und »Krunke«, verwandt mit *engl* »to crook = krümmen«. 18. Jh.

Kruzifix *intr* Ausdruck der Verwünschung; Fluch. Eigentlich Christus am Kreuz; aus der Fluch- und Verstärkungsgeltung von »Kreuz-« wohl vermischt mit »verflixt«, s. d. 19. Jh.

Kruzitürken *interj* Ausdruck der Verwünschung. Hängt wohl zusammen mit den Türkeneinfällen in Österreich, deren Schrecken noch heute geläufig sind. Andererseits kann das Wort auch aus »Kuruzzen« und »Türken« zusammengesetzt sein; sowohl die Kuruzzen (= ungarisches Militär) wie auch die Türken bildeten im 17. Jh die Landplage Ungarns. 1800 ff.

kübeln *intr* 1) sich erbrechen. Gewissermaßen sich wie einen Kübel ausschütten. Wohl auch schallnachahmender Einfluß. Seit dem ausgehenden 19. Jh.
2) reichlich trinken. Der Kübel als ein tonnenartiges Gefäß wird vergröbert zum Begriff »Becher in Trinkerhand«. 1900 ff.

Kubikarschloch *n* Schimpfwort. Vergröberung von Arschloch. 1900 ff.

Kubikfresse (-schnauze) f breiter Mund; unversieglicher Redefluß. Spätestens seit 1900.

Kuchen *m* ja, K.!: Ausdruck der Verneinung. »Kuchen« meint euphemistisch wohl »Kot«, dann »Mindertwertiges, Enttäuschendes«. 1800 ff.

Küchenbulle *m* Koch. [Vgl Bulle.] 1900 ff.

Küchendragoner *m* handfeste Köchin. »Hofstaats- und Küchendragoner« hießen von 1689 bis 1704 diejenigen Dragoner, die für die Küche des kurbrandenburgischen Hofes von drei Dragonerregimentern abgeordnet wurden. Andererseits meint »Dragoner« die kräftige, energische Frau, so daß auch Weiterbildung von hier möglich ist. 1830 ff.

Küchenfahrplan *m* Speisefolge für einen längeren Zeitraum; Speisezettel. [Vgl Magenfahrplan.] 1945 ff.

Küchenfee *f* saubere, nette junge Köchin. Sie besitzt die Schönheit und Hilfsbereitschaft der Fee im Märchen. 1830 ff.

Kuckuck *m* 1) Siegel des Gerichtsvollziehers; Pfändungsmarke. Der Reichs- oder preußische Adler auf der Siegelmarke wird als Kuckuck gedeutet. Seit dem späten 19. Jh.
2) zum K. (zum K. zu)!: Fluch. Eigentlich wünscht man den Betreffenden oder die Sache zum Kuckuck (= Teufel). In abergläubischer Auffassung darf man den Teufel nicht beim Namen nennen, weil er bei unumwundener Anrufung sich sofort einstellt. 18. Jh.
3) zum K. gehen = verloren-, zugrunde gehen; verderben. Kuckuck = Teufel. 19. Jh.
4) der K. soll das holen (hol's der K.)!: Ausdruck der Verwünschung. 18. Jh.
5) sich um etw den. K. scheren = sich um etw nicht kümmern. Parallel zu »sich um etw den Teufel scheren«. 18. Jh.
6) sich zum K. scheren = davongehen (meist in der Befehlsform). Parallel mit »sich zum Teufel scheren«. 19. Jh.
7) da ist der K. los = da geht es laut zu; da zankt man heftig. Analog zu »da ist der Teufel los«. 19. Jh.
8) zum K. sein = verloren, fort sein; zugrunde gerichtet sein. 18. Jh.
9) das weiß der K.! = das wisse, wer kann; ich weiß es nicht. Leitet sich her von der volkstümlichen Meinung von der Prophetengabe des Kuckucks. 18. Jh.
10) jn zum K. wünschen = jn verwünschen, in weite Ferne wünschen. Man wünscht den Betreffenden zum Teufel. 19. Jh.

Kuddelmuddel *m* (*n*) Wirrwarr, Durcheinander; Geheimverabredung. Ein niederdeutsches Dialektwort, zusammengewachsen aus »koddeln = Sudelwäsche halten« und »Modder = Moder«. Andererseits bezeichnet man mit »Kuddelmuddel« auch das Darmgeschlinge (Kuddeln = Kaldaunen; muddeln = durcheinandermischen): die Därme des Schlachttiers bilden ein scheinbares Durcheinander. »Muddeln = trüben« ergibt die Bedeutung betrügerischen Kartenspielens, auch des heimlichen Liebesverhältnisses. 19. Jh.

Kugel *f* eine ruhige K. schieben = bequemen Dienst haben; sich nicht anzustrengen brauchen. Wohl vom Kegeln hergenommen: die ruhig, mit geringem Schub dahinlaufende Kegelkugel versinnbildlicht ein Tätigsein ohne Hast. 1939 ff.

kugeln *v* 1) sich k. vor Lachen = heftig, herzhaft lachen. Parallel zu »sich bucklig lachen«. 1850 ff.
2) es ist zum K. = es ist sehr erheiternd. Seit dem späten 19. Jh.

Kuh *f* 1) dumme (ungeschickte) weibliche Person. Die Kuh gilt als dumm, unbelehrbar, unbeholfen und störrisch: ihre Hauptleistung ist die Milch. 19. Jh.
2) K. des kleinen (des armen) Mannes = Ziege. Der Wohlhabende kann eine Kuh, der Ärmere nur eine Ziege halten. Seit der zweiten Hälfte des 19. Jhs.
3) K. in der Tüte = Trockenmilchpulver. 1914/18 ff.
4) alte K. = alte weibliche Person. 1800 ff.
5) dumme K. = dumme weibliche Person. 18. Jh.
6) heilige K. = unantastbare Person, Gruppe oder Sache; Konservativismus. Nach 1945 (?) aufgekommen in Anspielung auf die Heilighaltung der Kühe in Indien.
7) melkende K. = gute Einnahmequelle; Erpreßter; Mensch, der ausgenutzt wird. Melkend = Milch gebend. 17. Jh.
8) dunkel (finster) wie in einer K. = sehr dunkel. 18. Jh.

9) von der K. gebissen (gekratzt) sein = nicht ganz bei Verstande sein; sehr anspruchsvoll sein. In volkstümlicher Auffassung ist Dummheit durch einen Biß oder Tritt des Tieres verursacht. Seit dem letzten Drittel des 19. Jhs.

10) Einfälle wie eine K. Ausfälle haben = wunderliche Einfälle haben. »Ausfall« bei der Kuh meint die Darmentleerung. Kühe misten viel; ähnlich fruchtbar ist der Betreffende an wunderlichen Gedanken. 1900 ff.

11) Geschmack wie eine K. haben = schlechten Geschmack haben. Die Kuh, die vorwiegend Gras, Rübenschnitzel u. ä. frißt, muß in volkstümlicher Auffassung einen schlechten Geschmack haben, weil sie keine andere Nahrung verlangt. 1900. ff.

Kuhdorf n kleines, unbekanntes, unfortschrittliches Dorf; Kleinstadt. Eigentlich das Dorf, in dem die Kühe noch in den Straßen umherlaufen. 20. Jh.

Kuhhandel m Abmachung mit Zugeständnissen gegen Zugeständnisse; politischer Parteischacher; unlautere Vereinbarung. Hergenommen vom Handel mit Kühen, wobei mancherlei Betrugsmöglichkeiten sich ergeben. Seit dem ausgehenden 19. Jh.

Kuhhaut f das geht auf keine K. = das ist unbeschreiblich, unvorstellbar groß. Herzuleiten vom mittelalterlichen Aberglauben, daß der Teufel dem Sterbenden ein auf Kuhhaut aufgeschriebenes Sündenverzeichnis vorhält; was umfangreicher ist als diese Kuhhaut, geht über das normale Maß hinaus. 1500 ff.

Kuhkaff n Dorf (abfällig). [Vgl Kaff.] 1900 ff.

kühl adj k. bis ans Herz hinan = völlig empfindungslos. Um 1900 übernommen aus Goethes Ballade »Der Fischer« (1779).

Kühlerschnauze f Autokühler mit maulähnlicher Verkleidung. 1947 ff.

Kuhsaft m Milch. Nach dem Muster von Rebensaft. Gerstensaft u. ä. Um 1900 entwickelt.

Kuhscheiße f wie kommt K. aufs Dach?: ironische Gegenfrage, wenn einer verwundert fragt, woher etwas komme und wie man sich die Ursache zu erklären habe. Der Antworten sind viele: »hat sich Kuh auf Schwanz geschissen, Scheiße dann aufs Dach geschmissen«, oder »der Dachdecker hieß Kuhscheiße«, oder »wenn das Dach an den Hang anlehnt« usw. 1900 ff.

Kuhschluck m großer Schluck aus dem Glas oder der Flasche. Etwa seit der Mitte des 19. Jhs.

Kujon m Schurke; gemeiner Mensch. Stammt aus franz »coion = grober Mensch« (eigentlich = der Entmannte). 16. Jh.

kujonieren tr jn böswillig, unwürdig, streng, als Schuft behandeln. [Vgl das Vorhergehende.] 17. Jh.

Küken n junger, unerfahrener Mensch. Ein niederdeutsches Wort, analog zu hd »Küchlein = junges Hühnchen«. 19. Jh.

Kulissen pl 1) hinter den K. = heimlich; außerhalb der Öffentlichkeit. Der Theatersprache entlehnt: was hinter den Kulissen vorgeht, entzieht sich dem Zuschauer. 1900 ff.

2) hinter die K. sehen = unerwartete, enttäuschende Feststellungen machen; verheimlichte Sachen kennenlernen. Der Blick hinter die Bühne ist für Theaterfreunde oft eine bittere Enttäuschung. 1840/50 ff.

Kulleraugen pl große runde Augen; vor Erstaunen weit geöffnete Augen. Bezieht sich eigentlich auf einen, der mit den Augen rollt. [Vgl das Folgende.] 19. Jh.

kullern tr rollen, rumpeln. Lautmalend hergenommen vom Geräusch zusammenstoßender Kugeln, auch vom Ton des Truthahns, der Taube o. ä. 17. Jh.

Kullerpfirsich m Pfirsich in Sekt. Durch die aufsteigenden Bläschen gerät er in rollende Bewegung. 1900 ff.

Kulturbunker m 1) Gebäude für kulturelle Veranstaltungen. Nach 1945 aufgekommen, als schmucklose Zweckbauten aus Beton gern »Bunker« genannt wurden.

2) Funkhaus. 1950 ff.

3) Opernhaus. 1950 ff.

Kulturgerät *n* 1) Rasierapparat. Um 1930 aufgekommen, als Modischsein, Körperpflege, Kosmetik u. a. für Kultur ausgegeben wurde.

2) Rundfunk-, Fernsehgerät. 1940 ff.

Kulturlappen *m* Krawatte. 1950 ff.

Kulturscheune *f* 1) Vorstadtkino; Dorfschule. Solche Lehr- und Unterhaltungsstätten befanden sich früher in (umgebauten) Scheunen. 1900 ff.

2) moderner Theaterbau. Anspielung auf die sachliche architektonische Form, die von der Mehrheit der Bürger nicht verstanden wird. 1950 ff.

Kultursilo *m* 1) Universität. Dort werden kulturelle Werte eingelagert wie Waren in einem Lagerhaus. Auch erinnern manche Universitätsbauten an Silos. 1930 ff.

2) Museum, Kunstsammlung, Konzerthaus, Opernhaus o. ä. 1950 ff.

Kulturstrick *m* Krawatte. Hängt zusammen mit »Krawatte = Strick am Galgen«. »Kultur« spielt an auf die Kultiviertheit des Mannes, der einen Schlips trägt oder zu tragen hat, wofern er als Herr angesehen werden will. [Vgl Krawattenmuffel.] 1920 ff.

kümmeln *intr* Alkohol trinken; zechen; viel trinken, wiewohl in kleinen Schlücken. Meint eigentlich »Kümmelschnaps trinken«; dann übertragen auf jeglichen Alkoholverzehr. 1800 ff.

Kümmelspalter *m* kleinlicher, geiziger Mensch. Gemeint ist ursprünglich der Kaufmann, der beim Verkauf von Kümmel die kleinen länglichen Kümmelkörner lieber halbiert, ehe er ein Milligramm zugibt. 1800 ff.

Kümmeltürke *m* langweiliger Mensch; Schimpfwort. Bezeichnete seit 1790 den Studenten, der im Bannkreis der Universitätsstadt Halle gebürtig war, weil man dort früher einmal Kümmel anbaute. Auch malte man früher einen Türken (Mohren) auf das Schild des Kaufladens, in dem Gewürzwaren gehandelt wurden.

Kummerkasten *m* Briefkasten für Bittschreiben Hilfsbedürftiger; Kasten für Aufnahme von Beschwerdeschreiben; Zeitungsspalte für Raterteilung in Kümmernissen. Nach 1948 aufgekommen.

Kummerpulle *f* Schnapsflasche. [Vgl Pulle.] Mit ihrem Inhalt läßt sich mancher Kummer ertränken. Seit dem ausgehenden 19. Jh.

Kummerspeck *m* Fettleibigkeit auf Grund ungemeisterter seelischer Schwierigkeiten; Beleibtheit als Kummeranlaß. Literarisch vielleicht beeinflußt von Falstaff bei Shakespeares »König Heinrich IV.«. Wohl seit dem späten 19. Jh.

kumpabel *adj* tüchtig, umgänglich; mutig, dreist. Wahrscheinlich kontaminiert aus »Kumpel« und *franz* »capable«. 18. Jh.

Kumpan *m* Zechbruder; Spießgeselle; Amtskollege. Stammt aus dem altfranzösischen »compain = Brotgenosse«, danach »Geselle, Genosse«. 14. Jh.

Kumpel *m* 1) Bergmann. Zusammenhängend mit Kumpan, vielleicht weil man aus dem »Kump = tiefe Schüssel; henkelloser Napf« ißt. Nach den einen ist das Wort im rheinisch-westfälischen Bergbaugebiet aufgekommen und von da zu anderen Revieren gewandert; andere nehmen oberschlesischen Ursprung an. 1900 ff.

2) Mitarbeiter, Arbeitskollege, Kamerad, Freund o. ä. 1914 ff.

3) arbeitsloser Landstreicher. 1900 ff.

Kunde *m* unangenehmer Mensch. Im 16. Jh aufgekommen, wohl im Zusammenhang mit dem Eindringen berufsfremder Personen ins Handwerk. »Kunde« war vorher der Handwerksgenosse, dann auch der wandernde Geselle, der Landstreicher und der Gauner. Die heutige Bedeutung setzte sich im 19. Jh durch.

kungeln (kunkeln, kongeln) *intr* heimlich tauschen und verkaufen; verbotenen Handel treiben; unlautere Geschäfte abschließen;

Ware gegen Ware tauschen. Hängt wahrscheinlich zusammen mit »kunkeln = heimlich Pläne und Ränke besprechen«; auch an »Kunkelstube« ist zu denken, die — ehemals Spinnstube — wegen geschlechtlicher Ausschweifungen in Verruf geriet. 19. Jh. Gemeindeutsch geläufig vor allem seit der zweiten Hälfte des Ersten und des Zweiten Weltkriegs, als die Lebensmittelbewirtschaftung zur Suche nach Schleichwegen greifen ließ.

Kunst f 1) nach allen Regeln der K. = tüchtig; wie es sich gehört. Meint eigentlich »bei Befolgung aller Kunstregeln« im Sinne von »wie es sein soll«. Hierbei kann »Kunst« sowohl das handwerkliche Können wie auch die bildende Kunst meinen. 19. Jh.
2) was macht die K. ? = wie geht es? Oft beantwortet mit »sie ist verhunzt«. In Lessings »Emilia Galotti« noch auf die Kunst bezogen, meint die Redewendung seit 1900 das allgemeine Können und überhaupt die allgemeinen Lebensumstände.
3) das ist keine K. = das ist leicht zu bewerkstelligen; das kann jeder. Fußt vielleicht auf der Achtung vor dem Künstler, dem man sich selber nicht ebenbürtig glaubt. Es können allerdings auch Akrobatenkunststücke und verwandte Darbietungen gemeint sein, die marktschreierisch für Kunst ausgegeben werden. 1700 ff.

kunterbunt adj adv ungeordnet, regellos, durcheinander. Ursprünglich die Adjektivbildung zu »Kontrapunkt« im Sinne von »vielstimmig«; mit Anlehnung an »bunt« seit dem 17. Jh zur heutigen Bedeutung entwickelt.

Kürbis m 1) (dicker) Kopf. Meint eigentlich den großen Rundkopf (Wasserkopf) und ist aus »Kabiz = Weißkohl« entstellt. 1800 ff.
2) Glatzkopf. 1900 ff.

Kurve f 1) pl = betonte Rundungen des Frauenkörpers (Busen, Gesäß). Um 1950 aufgekommen in Anlehnung an die Straßenkurven; anfangs Sprache der Illustriertenpresse.

2) sanfte K.n = Busen eines Backfischs; Flachbusigkeit. 1950 ff.
3) scharfe K.n = üppig entwickelter und durch die Kleidung entsprechend hervorgehobener Frauenbusen (oder Gesäß); Vollbusigkeit. »Scharf« meint nicht bloß das Hervorgehobensein dieser Teile des Frauenkörpers, sondern auch das geschlechtlich Auf- oder Anreizende. 1950 ff.
4) in der K. hängen = benachteiligt sein; übertroffen werden. Meint, daß eine Kurve zu scharf und zu schnell genommen wird; dabei liegen die Außenräder hoch, das Fahrzeug »hängt« buchstäblich in der Kurve. 1920 ff.
5) die K. heraushaben ('raushaben) = etw gründlich verstehen, geschickt bewerkstelligen. Um 1920 vom Verhalten des Kraftfahrers hergenommen.
6) die K. kratzen = a) die Straßenkurve schneiden. Meint ursprünglich, daß einer so rasch um die Ecke biegt, daß er die Mauer kratzt. 1930 ff.
= b) sich eiligst entfernen; sich einer Verpflichtung entziehen. [Vgl auskratzen.] 1920/30 ff.
7) die K. nicht kriegen = den Plan nicht ausführen können; mit der Arbeit nicht fertig werden. 1930 ff.
8) auf K.n machen = üppig entwickelte Körperformen zur Schau stellen. [Vgl Kurve 1.] 1950 ff., als solche Schaustellung im Film und auch im photographierten Privatleben der Filmschauspielerinnen Mode wurde.

kurvenreich adj im Besitz von üppiger Körperform an Busen (und Gesäß). Hergenommen von der an Biegungen (Rechts- und Linkskurven) reichen Autostraße und nach 1950 im Zusammenhang mit dem italienischen Film und seinen Darstellerinnen (Lollobrigida, Loren usw.) über die Illustriertenpresse und die Berichte von Schönheitsköniginnen geläufig geworden.

Kurventechnik f Zurschaustellung üppig entwickelter Körperformen; Kokettieren mit erotisch an-, aufreizenden Körperformen. 1950 ff.

kurvig *adj* im Besitz üppig entwikkelter Körperformen. 1950 ff.

kurz *adj* 1) k. und schmerzlos = ohne viele Umstände; ohne jede Förmlichkeit. Hergenommen vom Arzt, der rasch den erforderlichen Eingriff vornimmt. Seit dem späten 19. Jh.

2) k. angebunden sein = wortkarg, schnippisch sein. Leitet sich her entweder vom Pferd, das man kurz anbindet, damit es auf der Weide keine großen Sprünge machen kann, oder vom Hund (vor allem vom Hofhund), der an kurzer Kette (Leine) gehalten wird: der entsprechend angekettete Hofhund neigt zu Bissigkeit. 16. Jh.

3) jn k.-halten = jn in seiner Freiheit beschränken; jm wenig Geld geben. Hergenommen vom Pferd, das man straff im Zügel hält, wodurch es keine Sprünge machen kann. 18. Jh.

4) etw k. und klein hauen (schlagen) = etw entzweischlagen. Vom Holzhacken hergenommen, wobei man das Holz in kurze und kleine Stücke schlägt. 17. Jh.

5) zu k. kommen = benachteiligt, übervorteilt werden (vor allem bei einer Verteilung o. ä.). Hergenommen vom Schuß oder Wurf, der zu kurz kommt, wenn er vor dem Ziel zu Boden geht. 17. Jh.

6) k.-treten = verhalten vorgehen; langsam arbeiten; Kurzarbeit einführen. Leitet sich her vom Marschieren in Kolonnen im Gleichschritt: damit der Gleichschritt erhalten bleibt, machen beim Schwenken die auf der Innenseite Marschierenden kleinere Schritte. 1900 ff.

Kurzer *m* 1) Kurzschluß. 1920 ff.

2) Schnaps, Likör. Versteht sich aus dem Gegensatz »lange Sache = Glas Bier; Pokal Wein«. 19. Jh.

kürzer *adj* den kürzeren ziehen = benachteiligt werden. Hergenommen vom Halmziehen im altdeutschen Rechtsleben: wer den kürzeren Halm zog, mußte sich für das ungünstigere Los entscheiden. Wird im heutigen Alltag mit

Streichhölzern verschiedener Länge vorgenommen. 17. Jh.

kusch sein eingeschüchtert sein; keine Widerrede wagen. »Kusch« stammt aus Frankreich: »couche = leg dich nieder!« als Zuruf an den Jagdhund. 19. Jh.

Kuschee *f* Bett. Stammt aus *franz* »couchée = Nachtquartier«. 19. Jh.

kuschelig *adj* mollig, weich, behaglich (der Sessel ist kuschelig). [Vgl kuscheln.] 19. Jh.

kuscheln *refl* sich schmiegen, anschmiegen. Eingedeutscht aus *franz* »se coucher = sich niederlegen«. 19. Jh.

kuschen *intr (refl)* sich fügen; unterwürfig sein; eingeschüchtert sein; kein Widerwort wagen. [Vgl kusch sein.] 18. Jh.

Kußbremse *f* Oberlippenbart; Existentialistenbart. 1945 ff.

küssen *tr* und wer küßt mich (mir)?: Redewendung, wenn einer sich bei einer Verabredung oder Verteilung übergangen fühlt. Stammt aus einem von Hand zu Hand weitergereichten Gedicht mit den Schlußzeilen: »Die Hasen rammeln im Revier / kurzum, es liebelt jedes Tier / und wer küßt mir?«. 1880 ff.

Kußhand *f* mit K. = gern, mit großer Freude. Kußhand als Kuß auf die innere Seite der Finger ist, dem anderen zugeworfen, eine Höflichkeitsgebärde seit dem 18. Jh. Die Redewendung scheint nach 1800 aufgekommen zu sein.

Kutscherbalken *m* minderwertige Zigarre. Man steckte sie dem Kutscher zu; denn wenn er sie im Freien (auf dem Kutschbock) rauchte, belästigte der scheußliche Geruch niemanden. 1900 ff.

Kutscherglas *n* ziemlich großes Trinkglas. Kutscher begnügten sich nicht mit kleinem Gefäß: durften sie auf Kosten des Fahrgastes ein Glas trinken, wählten sie das größte. 1900 ff.

Kutschertasse *f* sehr große Tasse. [Vgl Kutscherglas.] 1870 ff.

Kutscherzigarre *f* minderwertige Zigarre. [Vgl Kutscherbalken.] 1900 ff.

L

l² (l hoch drei) = schwer von Begriff. Abkürzung von »lausig lange Leitung«. 1900 ff.

l⁵ (l hoch fünf) = sehr schwer von Begriff. Abkürzung von »lebenslänglich lausig lange Leitung«. 1900 ff.

l⁶ (l hoch sechs) = sehr schwer von Begriff. Abkürzung von »leider lebenslänglich lausig lange Leitung«. 1920 ff.

l. L. = langsame Auffassungsgabe. Abgekürzt aus »lange Leitung«. [Vgl Leitung.] 1900 ff.

l. l. L. = sehr langsame Auffassungsgabe. Abgekürzt aus »lausig lange Leitung«. [Vgl Leitung.] 1920 ff.

l. m. A.!: derbe Abweisung. Abgekürzt aus »Leck mich am Arsch!«. 1914 ff.

l. m. A² (l. m. A Quadrat): derbe Abweisung. [Vgl das Vorhergehende.] »A Quadrat« ergibt sich aus »a. A.« (am Arsch).1900 ff.

l. m. a. A.!: derbe Abweisung. [Vgl das Vorhergehende.] 19. Jh.

l. m. i. A.!: derbe Abweisung. Abgekürzt aus »Leck mich im Arsch!«. Es herrscht Unsicherheit darüber, ob man »am« oder »im« Arsch zu lecken hat. 18. Jh.

Laatsch m 1) Spaziergang; Streifzug durch das Gelände auf der Suche nach beschaffungswürdigen Dingen. [Vgl laatschen 1.] 1900 ff.
2) nachlässig, schwerfällig gehender Mensch. 19. Jh.

Laatsche f träge, nachlässige, unordentliche weibliche Person. [Vgl laatschen 1.] 17. Jh.

Laatschen pl 1) ausgetretene Schuhe; Schuhe ohne Hinterleder; Halbpantoffeln; bequeme Hausschuhe. [Vgl laatschen 1.] 17. Jh.
2) plumpe, große Füße. 19. Jh.
3) abgenutzte Autoreifen; Autoschläuche, denen die Luft entwichen ist. Die Reifen sind das Schuhwerk des Autos. 1920 ff.

laatschen v 1) intr = schleppend, schlurfend einhergehen. Fußt auf einem germanischen Adjektiv »lats, lat, late = träge«. Einfluß von wendisch »lac« erscheint wahrscheinlich. 17. Jh.
2) marschieren; spazierengehen. 1914 ff.

Laatschenkino n 1) Vorstadtkino. Man kann es in bequemen Hausschuhen [vgl Laatschen 1] aufsuchen. 1910 ff.
2) Fernsehen daheim; Fernsehgerät. Die meisten Fernseher machen es sich in Hausschuhen bequem. Nach 1950 aufgekommen.

laatschig adj schlurfend; nachlässig gehend; eine schlurfende Gangart verursachend. [Vgl laatschen 1.] 17. Jh.

Laban m langer L. = großwüchsiger Mensch. Da der aus 1. Moses 29 bekannte Laban nicht als großwüchsig geschildert ist, scheint die Herleitung aus dem sorbischen »Laban = ungeschliffener Kerl« eher zuzutreffen; auch kann Laban ein Hehlname für Laps (s. d.) sein. 1800 ff.

labberig adj gehaltlos, unschmackhaft, fade. Niederdeutsche Form zu läppisch (s. d.). 18. Jh.

Lachbombe f ein Film o. ä., der stürmische Heiterkeit erregt. Auf den Zuschauer wirkt er wie eine einschlagende Bombe: unwiderstehlich muß er lachen. Seit dem frühen 20. Jh.

Lächeln n das kostet mich ein L. = das macht mir keinerlei Mühe; das erreiche ich mühelos. Ursprünglich wohl von einer Frau gesagt, die bei ihren einflußreichen Gönnern viel mit einem einzigen Lächeln erreicht. 1920 ff.

lachen intr 1) das wäre ja gelacht!: Ausdruck der Beteuerung, wenn man sich eine Leistung zutraut, die der andere nicht für möglich hält. Spätestens seit 1900.
2) er hat da nichts zu l. = er wird dort streng behandelt ; es ergeht ihm dort nicht gut. 19. Jh.

Lack m 1) das ist L. = das ist unwahr, Betrug, Irreführung; das endet mit Übertölpelung. Analog zu Leim 1. 1900 ff.
2) der L. ist ab = die Jugend-

frische ist verloren. Der Mensch ähnelt dann beispielsweise einer Tür, deren Lackanstrich abgeblättert ist. 1920 ff.

Lackaffe *m* pomadisierter Stutzer; eitler Geck; schöner Mensch ohne sonstige Vorzüge. Bezieht sich im engeren Sinne auf den Mann, der Lackschuhe als Straßenschuhe trägt, obwohl sie nur zum Gesellschaftsanzug gehören. Etwa seit dem letzten Drittel des 19. Jhs.

lackieren *tr* jn übertölpeln, übervorteilen, schädigen. Analog zu anschmieren 1, zu leimen 2 usw. 1850 ff.

lackiert sein betrogen sein, übertölpelt sein. [Vgl das Vorhergehende.] 1850 ff.

lackmeiern s. gelackmeiert sein.

Ladehemmung *f* L. haben = a) nicht begreifen; etw dieses Mal nicht bewerkstelligen können. Hergenommen vom störenden Klemmen der Munition beim Laden von Maschinenfeuerwaffen. Von da übertragen auf eine plötzlich auftretende Störung der Denkfähigkeit oder des Leistungsvermögens. 1900 ff. = b) stottern. 1900 ff.

Laden *m* 1) Sache, Angelegenheit. Das Geschäftslokal des Kaufmanns wurde kurz vor oder in dem Ersten Weltkrieg zu einem neutralen Begriff für »Sache«, wohl weil mit »Laden« vorzugsweise die Kramladen gemeint ist. Von »Kram« her haftet dem Wort ein abfälliger Sinn an.
2) Fußballtor. Wohl wegen der Formähnlichkeit mit einem Verkaufsstand, einer Jahrmarktbude o. ä. 1900 ff.
3) Restaurant, Bar o. ä. Wohl verkürzt aus Saftladen, s. d. 1920 ff.
4) der ganze L. = Arbeitsstätte; das Ganze (abfällig). 1914 ff.
5) kaputter L. = langweiliges, heruntergekommenes Lokal ohne irgendwelchen Stimmungsbetrieb. Halbwüchsigendeutsch seit 1955.
6) klammer L. = Tanzlokal oder andere Vergnügungsstätte, in der keinerlei Stimmung aufkommt. 1955, Halbwüchsigendeutsch.

7) müder L. = militärische Einheit ohne Angriffsgeist; lustlos tätige Gruppe von Menschen; langsam tätige Behörde. 1910 ff.
8) einen L. aufmachen = sich aufspielen; überflüssige Umstände machen; zu ausführlich reden. Leitet sich wohl her von den vielerlei aufwendigen Werbemaßnahmen bei Eröffnung eines Geschäfts. 1900 ff.
9) jm ein paar an (in) den L. geben = jn ohrfeigen, prügeln. »Laden« meint den »Bilderladen« im Sinne von »Gesicht«. Seit dem ausgehenden 19. Jh.
10) der L. klappt = die Sache nimmt einen günstigen Verlauf. [Vgl Laden 1. Vgl klappen 1.] 1920 ff.
11) den L. schmeißen = eine Sache überlegen meistern; einen Betrieb großartig leiten. [Vgl schmeißen.] 1900 ff.
12) im falschen L. sein = sich gröblich irren. 1910 ff.
13) den L. voll haben = schwer betrunken sein. »Laden« meint hier wohl den Mund oder den Magen. 1900 ff.

laden *v* s. geladen haben; auf jn geladen sein.

Ladenhüter *m* unverkäufliche Ware. Stammt wohl aus dem gleichbedeutenden *franz* »garde-boutique«.17. Jh.

Ladenschwengel *m* Ladengehilfe, Verkäufer. Wohl dem »Galgenschwengel« nachgebildete Berufsschelte, wahrscheinlich obszönen Nebensinns: Schwengel = Penis. Vergleichbar mit Stift, s. d. 18. Jh.

Ladestock *m* einen L. verschluckt haben = steif, ungewandt sein; sich nicht verbeugen; dünkelhaft sein. Groteske Physiologie: wer einen Stock, mit dem man die Ladung im Gewehrlauf oder Kanonenrohr zusammenpreßt, verschluckt hat, muß ein starres Rückgrat besitzen. 19. Jh.

Laffe *m* einfältiger Mensch. Meint eigentlich einen, der eine Hängelippe hat und dadurch keinen intelligenten Eindruck erweckt. 1500 ff.

lahm *adj* 1) müde, matt, energielos.

Hergenommen vom gelähmten Gefühl in den Gliedern nach schwerer körperlicher Anstrengung. Spätestens seit 1900.
2) langweilig, gehaltlos; unschmackhaft; schwunglos. »Lahm« ist der Witz mit fader Pointe; auch die Entschuldigung, der jegliche Überzeugungskraft fehlt; auch der Kaffeeaufguß, der nur schwach nach Kaffee schmeckt; auch der schleppende Geschäftsgang. 1920 ff.
3) nicht stichhaltig; nicht wahrheitsgemäß; schlecht erfunden. 16. Jh.

Lahmarsch *m* energielose Person; feiger, fauler, unentschlossener Mensch. Das lahme Gesäß erklärt die Trägheit des Betreffenden, seinen Mangel an Entschlußkraft usw. Ihn selber trifft keine Schuld: es liegt an seinem Gesäß. Spätestens seit 1850.

lahmarschig *adj* energielos, schwunglos. [Vgl das Vorhergehende.] 19. Jh.

Lamäng (Lamänk, Lameng) *f*
1) Hand. Mitsamt Artikel aus Frankreich eingeführt; gleichwohl wird der deutsche Artikel davorgesetzt. In Berlin zwischen 1806 und 1813 aufgekommen und seitdem in ganz Deutschland verbreitet oder bekannt.
2) nicht in die L. = durchaus nicht; Ausdruck der Ablehnung. Versteht sich wohl nach Hand 3. Spätestens seit 1850.
3) nicht in die kalte L.: Ausdruck der Ablehnung. Spätestens seit dem ausgehenden 19. Jh.

Lametta *n* sichtbar auf der Uniform getragene Orden und Ehrenzeichen; Silber-, Goldtressen, -litzen, -schnüre usw. Meint eigentlich die schmalen und dünnen, silbrigen Bänder, mit denen man den Christbaum (Tannenbaum) schmückt. Der Ausdruck ist im Zweiten Weltkrieg aufgekommen. Früher sagte man »Christbaumschmuck«.

Lämmerhüpfen *n* Tanzstundenball; Tanzvergnügen junger Leute. »Lamm« als Jungtier des Schafs bezieht sich auf die Tanzpartne-

rinnen. Seit dem ausgehenden 19. Jh.

Lämmerweide *f* Promenierstraße. Da gehen die Jugendlichen beider Geschlechter spazieren, wollen gesehen werden oder Bekanntschaft anknüpfen. 1900 ff.

lammfromm *adj* sehr sanftmütig, willig, harmlos. Zusammenhängend mit der Vorstellung von Christus als Lamm, das zur Schlachtbank geführt wird und das Maul nicht auftut. 18. Jh.

Lampe *f* 1) einen auf die L. gießen = ein Glas Alkohol nehmen. Hergenommen von »Öl auf die Lampe gießen = den Ölbehälter der Lampe füllen«; das Lebenslicht erscheint ebenfalls als Lampe (»freut euch des Lebens, weil noch das Lämpchen glüht«): durch Alkohol verlängert man die Brenndauer. 1820 ff.
2) einen auf der L. haben = angetrunken sein. 1900 ff.

Landeplatz *m* Glatze. Eigentlich das für die Landung von Flugzeugen freigemachte, eingeebnete Gelände. 1945 ff.

Landluft *f* L. aus dem Döschen (der Puderdose, aus dem Schachterl) = Sonnenbräune mit chemischen Mitteln; Schminke; künstliches Wangenrot. Ironisch gemeint: geschminkt sieht man aus, als käme man aus der Sommerfrische oder aus einem Wintersportort. 1900 ff.

Landpomeranze *f* Mädchen vom Lande; weibliche Person mit täppischem Benehmen, ohne Sinn für gesellschaftliche Formen. Eigentlich das Landmädchen mit roten Pausbacken; dann in der Sicht der Städter das ungebildete Mädchen ohne Stadterfahrung. Wortspielerisch wohl beeinflußt von »Pommern = männliche Provinzler«. 1800 ff.

Landratte *f* Festlandbewohner; Mensch ohne seemännische Beruf. Lehnübersetzt aus *engl* »land-rat«. Spätestens seit 1837.

Landser *m* Soldat. Als »Landsmann (= Person aus dem Heimatort oder dessen näherer Umgebung)« im ausgehenden 19. Jh unter Soldaten aufgekommen.

Landstraßenkapitän *m* Lastzugfahrer. [Vgl Kapitän.] 1920 ff.

langen *tr* 1) jm eine l. = jm eine Ohrfeige, einen Schlag versetzen. »Langen« meint »darreichen, geben«, auch »die Hände ausstrekken, um einen Gegenstand zu erreichen«. 17. Jh.
2) sich jn l. = jn zur Rede stellen, rügen. Man zieht ihn zu sich heran, hält ihn fest und redet auf ihn ein. 19. Jh.

Langfinger *m* · Dieb. [Vgl Finger 10.] Spätestens seit 1800.

langlegen *refl* sich schlafen legen. 1900 ff.

langmachen *refl* sich schlafen legen. 1900 ff.

langstielig *adj* langweilig, langwierig. Meint eigentlich die ausführliche Rede oder die Schreibart. Im zweiten Drittel des 19. Jhs ist »Stil« mit »Stiel« vermengt worden, wohl mit Bezug auf den langen Stiel mancher Pflanzen, der sich mit dem ausführlichen Stil mancher Reden vergleichen läßt.

Lapp *m* energieloser, willensschwacher, einfältiger Mensch. Verwandt mit Laffe, s. d. [Vgl Lapps.] Seit den Tagen des Mittelalters.

Lappalie *f* Kleinigkeit. Im 17. Jh von Studenten gebildet durch Anhängung der lateinischen Endung von Kanzleiwörtern (Regalien, Personalien) an »Lappe = Lumpen; wertloses Ding«.

Lapparsch *m* energieloser Mensch. [Vgl Lapp.] 18. Jh.

Lappen *m* 1) großwertiger Geldschein; Papiergeld. Anfangs bezogen auf Geldscheine, die wegen schlechter Papierqualität rasch unansehnlich wurden und lappig wie ein Stück Zeug. 1850 ff.
2) blauer L. = Hundertmarkschein. 1870 ff.
3) durch die L. gehen = entwischen. Im 18. Jh von der Treibjagd hergenommen: vor Einführung der Wildzäune hängte man zwischen den Bäumen breite Leinentücher oder bunte Lappen auf, um das Wild zurückzuscheuchen.
4) ein paar auf (hinter) die L. kriegen = ein paar Ohrfeigen erhalten. Lappen = Ohrlappen, Horchlappen. 18. Jh.
5) sich auf die L. machen = schnell davongehen. Hier meint »Lappen« die Fußlappen oder die Schuhe aus Lappen. 18. Jh.
6) durch die L. sein = geflohen sein; unwiederbringlich verloren sein. [Vgl Lappen 3.] 19. Jh.

läppisch (läppsch) *adj* schlaff, energielos, einfältig, fade. Verwandt mit Laffe (s. d.) und Lapps (s. d.). 15. Jh.

Lapps (Labbes, Lappes, Laps) *m* energieloser Mann. Zusammenhängend mit »laff = schlaff«. »Lappen = schlaff herabhängen« (möglicherweise auf den schlaffen Penis bezogen). [Vgl auch Laffe, Lapp.] 18. Jh.

Larifari *n* törichtes Gerede. Stammt entweder aus den italienischen Tonbezeichnungen »la re fa« oder aus niederländisch »larie = Unsinn« (*mhd* »lari = leer«) mit angehängtem Reimschnörkel. 1700 ff.

lässig *adj* außerordentlich, höchst eindrucksvoll; überlegen. Der geübte Reiter hält den Zügel lässig in der Hand: diese scheinbare Nachlässigkeit macht auf den Laien großen Eindruck. Die lässige Eleganz gehört dem Wortschatz der Modeschöpfer o. ä. an. 1930 ff.

Laster *m* Lastkraftwagen; Großraumtransportfahrzeug. Volkstümliche Verkürzung seit 1935.

Laster *n* langes L. = großwüchsiger, hagerer Mensch. Hängt vermutlich zusammen mit der gleichlautenden Bezeichnung für den Windelbaum oder Wiesbaum, jener Stange, die der Länge nach über dem Heuwagen liegt. 1850 ff.

Läster-Allee *f* Promenierstraße, auf der man über die Vorübergehenden gehässig spricht. Lästern = Ehrverletzendes äußern. 1850 ff.

Latein *n* mit seinem L. zu Ende sein (am Ende seines L.s sein; das L. vergessen haben; ihm ist das L. ausgegangen) = nicht mehr weiterwissen; ratlos sein. »Latein« meint hier die lateinische Wissenschaft, Sprache und Kunst, sodann auch jegliches hohe Können. Stammt aus einer Zeit (18. Jh), als man Kenner der lateinischen Sprache und Kultur höher einschätzte denn die Kenner der deutschen Sprache.

Laterne f ihm geht eine L. auf = er beginnt zu begreifen. [Vgl »ihm geht ein Licht (s. d.) auf«.] Daß aus dem Licht eine Laterne wurde, hängt wohl zusammen mit dem Aufkommen der Gasbeleuchtung in den Straßen. 1900 ff.

Laternengarage f Wagenabstellplatz an der Bürgersteigkante unter einer Laterne, die die ganze Nacht brennt. 1920 ff.

Laternenpfahl m 1) Wink mit dem L. = unmißverständlicher, plumper Wink. Parallel zu »mit dem Zaunpfahl (s. d.) winken«, allerdings anschaulicher wegen der Anspielung auf Erhellen, Klarmachen. Aufgekommen gegen 1750 mit der Einführung der Straßenbeleuchtung.
2) mit dem L. winken = jm einen unmißverständlichen Wink geben; jn warnen. 1750 ff.

Latrinenparole f unverbürgte Nachricht. Eigentlich die wirkliche oder vermeintliche Tagesneuigkeit, die sich die Soldaten auf der Latrine mitteilen. Dort sind sie vor Behelligung durch den Vorgesetzten ziemlich sicher; man kann (konnte) die Zeitung lesen oder mit den Kameraden offen reden. Spätestens seit 1914.

Latschen pl s. Laatschen.

latschen intr s. laatschen.

Latte f 1) große Geldsumme; hohe Rechnung; Geldschuld. [Vgl Latte 4.] Etwa seit der Mitte des 19. Jhs.
2) Menge der Vorstrafen; Menge von Straftaten, die insgesamt abgeurteilt werden; mehrjährige Freiheitsstrafe. Spätestens seit dem späten 19. Jh.
3) lange L. = großwüchsiger Mensch. In der Grundvorstellung verwandt mit Bohnenstange, Hopfenstange usw. 18. Jh.
4) etw auf der L. haben = a) Geldschulden haben. »Latte« steht in Analogie zu »Kerbholz«: was man auf dem Kerbholz hatte,

war früher die Geldschuld, später auch die strafbare Handlung. 19. Jh.
= b) eine Straftat begangen haben. 1800 ff.
5) jn auf der L. haben = jn nicht leiden können; es jm gedenken. Hier ist »Latte« die Visierlatte am Geschütz; also analog zu »jn auf dem Korn haben«. Auch kann der Betreffende, den man auf der Latte hat, der Schuldner sein, weil »Latte« soviel wie »Kerbholz« meint. 19. Jh.
6) nicht alle auf der L. haben = nicht recht bei Verstande sein. »Latte« meint hier wahrscheinlich den Dachsparren, so daß Analogie zu »einen Sparren haben« vorliegt. Oder sollte an eine Visierlatte zu denken sein, bei der etliche Striche fehlen? 19. Jh.

Latüchte (Latichte, Lantüchte) f Laterne, Lampe. Im 18. Jh auf niederdeutschem Boden zusammengewachsen aus »Laterne« und »Leuchte« (mundartlich = Lüchte). 1800 ff.

Latz m jm einen vor den L. knallen (ballern, donnern) = jn auf die Brust schlagen; auf jds Brust schießen; jn ohrfeigen. Latz nennt man die Vorderöffnung der Männerhose, auch das Bruststück der Männer- und Frauentracht, auch das Brusttuch zum Schutz gegen Beschmutzung beim Essen. 1900 ff.

lau adv für lau (auf lau) = unentgeltlich; ohne Vergütung. Fußt wohl auf jidd »lo, lau = nicht, nichts, nein, ohne«. Seit dem späten 19. Jh.

Laube f fertig ist die L.!: Ausruf der Freude nach Beendigung einer Sache oder Darlegung. Leitet sich wohl her vom Bau einer Laube im Kleingarten: mit ein paar Brettern und Nägeln und etwas Handgeschick ist's rasch erledigt. Gehört dem letzten Drittel des 19. Jhs an, als die sogenannten »Schrebergärten« dem Großstädter Zuflucht boten und Erholung schenkten.

Laubhüttenfest n es ist mir ein (geistiges) L. = es freut mich sehr. Hergenommen vom jüdischen Erntedankfest. Seit dem ausgehenden 19. Jh.

laufen *intr* zu Fuß gehen. Meint hier die Bewegung mit den Beinen, nicht immer mit dem Nebengedanken an Schnelligkeit. 19. Jh.

Laufmasche *f* du hast wohl eine L. im Gehirn? = du bist wohl nicht recht bei Verstande? Der Weg der gefallenen Masche im Damenstrumpf steht für jegliches Defekt. 1945 ff.

Laufpaß *m* jm den L. geben = jn entlassen, verabschieden. Laufpaß ist der Paß, der früher den Soldaten bei Entlassung aus dem Soldatendienst ausgehändigt wurde. Seit dem späten 18. Jh.

Laufwerk *n* 1) Beine des Menschen. Dem Fahrwerk (s. d.) nachgebildet für den Gebrauch der Fußgänger. Halbwüchsigendeutsch nach 1950.
2) schaues L. = schön geformte Mädchenbeine. [Vgl schau.] 1950 ff.

Laus *f* 1) ihm ist eine L. über die Leber gelaufen = er ist verärgert. Beruht auf der volkstümlichen Vorstellung von der Leber als Sitz der leidenschaftlichen Empfindungen. Früher hieß es »ihm ist etwas über die Leber gelaufen«: die »Laus« ist wohl aus Alliterationsgründen hinzuerfunden worden. 1500 ff.
2) du kriegst Läuse in den Bauch!: Warnrede vor vielem Wassertrinken. Seit dem späten 19. Jh.
3) jm eine L. in den Pelz setzen = jn mißtrauisch machen; jm einen ärgerlichen Nachteil bereiten. Läuse im Pelz sind nicht selten: sie zu entfernen, macht viel Mühe, ähnlich dem Bestreben, Mißtrauen aus der Welt zu räumen. 16. Jh.

Lause- als erster Bestandteil einer meist doppelt betonten Zusammensetzung ergibt den Nebensinn starker Verächtlichkeit. Auszugehen ist wohl vom verlausten Menschen, mit dem man den Menschen niederen Standes gleichsetzt. Dazu 1809 Campe: »Das Verächtliche, welches diesem Tiere und dessen Namen anklebt,

klebt auch den damit zusammengesetzten Wörtern an. ... Auch vermeidet man sie in der anständigen Sprechart, und der edlen Schreibart sind sie ganz fremd«.

Lauseallee (Lausallee, Läuseallee, Lausechaussee, Lausepfad, Lausepfädchen) *f* (*n*) scharf, gerade gezogener Scheitel. Der Scheitel scheint eigens für die Läuse angelegt zu sein. 1850 ff.

Lausebande *f* widerliche Gesellschaft. [Vgl Lause-.] 1900 ff.

Lausebengel *m* lästiger, dummer Junge. [Vgl Lause-.] 1800 ff.

Lauseharke *f* Kamm. Scherzbezeichnung: mit dem Kamm harkt man die Läuse zusammen wie mit dem Rechen das Laub, wie mit der Harke die Ähren. 17. Jh.

Lausejunge *m* frecher Junge. [Vgl Lause-.] 1800 ff.

Lausekerl *m* Schimpfwort. [Vgl Lause-.] 18. Jh.

Lauselümmel *m* frecher Junge; Tunichtgut. [Vgl Lause-.] 17. Jh.

lausen *tr* jm das Geld abgewinnen; jn beim Spiel überlisten; jn bestehlen, betrügen. Meint eigentlich »nach Läusen suchen«, dann über die Redewendung »jm den Beutel lausen« verselbständigt. In unterschiedlicher Auffassung ist für den Besitzenden Geld ebenso überflüssig wie Ungeziefer. 16. Jh.

Lausenest *n* Dorf; Kleinstadt. [Vgl Nest. Vgl Lause-.] 1850 ff.

Lauserechen *m* Kamm. [Vgl Lauseharke.] 1900 ff.

lausig *adj* armselig; schlimm; heftig; sehr. Meint eigentlich »mit Läusen behaftet«, von daher soviel wie »schäbig, lumpig«. 16. Jh.

läuten *v* er hat etwas l. hören = er hat davon erfahren, weiß aber nichts Genaues. Verkürzt aus der sprichwörtlichen Redensart »er hat läuten hören, weiß aber nicht, wo die Glocken hängen«; denn der Wind verweht die Klänge. 17. Jh.

Lautsprecher *m* 1) Schreier; Mensch mit lauter Stimme. Vom Übertragungsgerät für Rundfunksendungen nahezu gleichzeitig übernommen mit der Einführung der Gerätebezeichnung. 1925 ff.

2) schreiender Säugling. 1925 ff.

Lebedame f Prostituierte; Frau mit »Vergangenheit« und moralischer Großzügigkeit. Gegenwort zum »Lebemann«. Eigentlich eine, die zu »leben« weiß, nämlich ohne Prüderie, mit der Raffinesse ihres Geschlechts und der unverblümten Rücksichtnahme auf Vermehrung ihres Geldes. Seit dem ausgehenden 19. Jh.

leben v 1) man lebt: neutrale Antwort auf die Frage nach dem Ergehen. Meint eigentlich »man lebt so dahin« im Sinne von »man nimmt den Alltag für den Alltag und erwartet nichts anderes«. 1900 ff.

2) so was lebt nicht!: Ausdruck ungläubiger Verwunderung. Soll wohl besagen, daß das Gemeinte überhaupt nicht existieren kann. 1800 ff.

Leben n 1) L. in der Bluse = Vollbusigkeit. Meint nicht bloß den »wogenden« Busen, sondern auch den üppig entwickelten Busen, der unter der Bluse sichtbar wird. 1930 ff.

2) L. in die Bude bringen = in einer Gesellschaft heitere (ausgelassene) Stimmung verbreiten; für Geschäftsbelebung sorgen; eine Angelegenheit aufmuntern. Anfangs studentensprachlich, später (etwa seit 1850) alltagssprachlich.

3) was kann das schlechte L. helfen?: Redewendung, wenn man einmal gut leben oder weiterzechen will. Das »schlechte Leben« meint hier die kärgliche Lebensweise, der man einmal durch großzügiges Geldausgeben entrinnen will. Seit dem späten 19. Jh.

4) es kommt L. in die Bude = es entwickelt sich ein fröhliches Treiben; der Geschäftsbetrieb wird aufgemuntert. 1850 ff.

Leber f 1) eine durstige (trockene) L. haben = oft (immer) durstig sein. Fußt auf der volkstümlichen Auffassung von der Leber als Sitz des Durstes, weil bei Alkoholmißbrauch chronische Leberent-

zündung eintreten kann. 17. Jh.

2) frischweg (frei) von der L. reden = unumwunden reden. Leitet sich her entweder von der Auffassung der Leber als Sitz der Seele und der Gemütsbewegungen, vor allem des Zorns (sich den Ärger von der Leber reden), oder von den im 17. Jh bei geselliger Unterhaltung üblichen Leberreimen (»die Leber ist vom Hecht und nicht vom . . .«). 1700 ff.

Leberwurst f beleidigte (gekränkte) L. = Mensch, der sich (ohne Ursache) gekränkt fühlt. »Wurst« ist scherzhafte Hinzufügung zu »Leber«, die als Sitz der leidenschaftlichen Empfindungen gilt. In einem Erzählchen platzt eine Leberwurst im Kessel aus Ärger darüber, daß man eine Blutwurst als erste herausholt. Spätestens seit dem ausgehenden 19. Jh.

lecken tr leck mich!: derber Ausdruck der Abweisung. Verkürzt aus »leck mich am (im) Arsch!«. 18. Jh.

Leder n 1) Haut des Menschen. 18. Jh.

2) Fußball. Seit 1920 fast in jeder Fußballreportage zu hören und zu lesen.

3) jm etw aufs L. geben = jn prügeln. 18. Jh.

4) jm das L. gerben = jn prügeln. 18. Jh

5) vom L. ziehen = energisch einschreiten; scharf vorgehen. Meint eigentlich »das Schwert aus der Scheide ziehen« (die Schwertscheide war aus Leder) im Sinne von »sich dem offenen Kampf nicht entziehen«. 18. Jh.

Lederkugel f Fußball. [Vgl Leder 2.] 1920 ff.

ledern adj ungewandt, nicht gesprächig; langweilig. Fußt auf der Zähigkeit und Sprödigkeit des Leders. 17. Jh.

lehren tr ich will (werde) dich l., dies zu tun = ich werde dir diese Unart austreiben! Ironisch in Parallele zu »ich werde dir helfen!«. 16. Jh.

Leib m 1) Ausdrücke am L. haben = sich seltsame, ungehörige Ausdrücke angewöhnt haben. »Am

Leib« veranschaulicht das hochsprachliche »an sich« im Sinne von »zu eigen«. Spätestens seit 1850.

2) sich jn vom L. halten = sich jn fernhalten. »Leib« steht als pars pro toto für den ganzen Menschen, wohl im Zusammenhang mit Duell, Nahkampf o. ä. 19. Jh.

3) sich den L. vollschlagen = viel essen. [Vgl Bauch 6.] 19. Jh.

Leibblatt n Leib- und Magenblatt = Lieblingszeitung. Wenn Kindern eine Speise sehr gut schmeckt, streichen sie sich über den Leib und die Magengegend. 19. Jh.

Leiblied n Leib- und Magenlied = Lieblingslied. [Vgl das Vorhergehende.] 19. Jh.

Leiche f 1) L. auf Urlaub = blaß, kränklich aussehender Mensch. Ein grimmiger Scherz, wohl im späten 19. Jh bei den Soldaten aufgekommen.

2) eine L. begießen = nach der Beerdigung zechen. [Vgl begießen 2.] Etwa seit dem 19. Jh.

Leichenbittermiene f (-gesicht n) traurig-ernste Miene. Bezieht sich auf den Gesichtsausdruck des Leichenbitters, der zur Teilnahme am Begräbnis auffordert. 18. Jh.

Leichenschändung f dich schlagen (der zweite Schlag) wäre L.: Drohrede vor Beginn einer Prügelei. Spätestens seit 1900.

Leichenwagenbremser m Versager; dummer Mensch; arbeitsscheuer Mann. Eine erfundene Berufsbezeichnung. Gemeint ist einer, der eine langsame, nutzlose Tätigkeit ausübt: der Leichenwagen fährt ohnehin langsam. 1900 ff.

Leichnam m Körper eines Lebenden; Leib, Magen. Scherzhaft-ironisch im Sinne der Vorstellung, daß der lebendige Körper lediglich ein belebter Leichnam ist. 18. Jh.

Leiden n 1) langes L. = großwüchsiger, hagerer Mensch. Wohl hergenommen von Darstellungen Christi mit anatomisch verlängerten Gliedmaßen. 1900 ff.

2) aussehen wie das L. Christi (wie das L. Christi zu Pferde) = elend, bejammernswert aussehen. Entstanden im frühen 19. Jh im Anschluß an alte Passionsbilder und Holzkruzifixe. »Das Leiden Christi« ist ein stehender Ausdruck in der christlichen Kirche; es meint sowohl die Passion Christi wie auch den leidenden Gesichtsausdruck Christi. In Fronleichnamsprozessionen und anderen kirchlichen Umzügen wurden (werden) Darstellungen Christi durch die Straßen getragen. 1800 ff.

Leier f die alte L. = die übliche Entwicklung (die jedermann kennt); immer dasselbe. Fußt auf der Drehleier, deren Saiten mittels eines durch Kurbel gedrehten Rades zum Tönen gebracht wurden; sie besaß nur beschränkte Tonfähigkeit, weswegen der Spieler nur einfache Stücke spielen konnte. 16. Jh.

leiern tr etw ausdruckslos vortragen, hersagen. [Vgl das Vorhergehende.] Seit mhd Zeit.

Leim m 1) Trug; Anlockung zwecks Übertölpelung. Hergenommen vom Leim des Vogelstellers. 17. Jh.

2) jn auf den L. führen = jn täuschen, anführen. 1800 ff.

3) jm auf den L. gehen = sich von jm täuschen lassen. 1700 ff.

4) aus dem L. gehen = a) entzweigehen; sich auflösen (die Freundschaft geht aus dem Leim). Ursprünglich auf geleimte Dinge bezogen, dann auch auf zwischenmenschliche Verhältnisse. 1700 ff. = b) dicklich werden. Vor allem auf Frauen bezogen. 19. Jh.

5) auf den L. kriechen = sich verlocken lassen. 19. Jh.

6) jn auf den L. locken = jn zu etw verleiten. 19. Jh.

7) aus dem L. sein = entzwei sein; an Zusammenhang verloren haben. 19. Jh.

leimen tr 1) eine Freundschaft (Verlöbnis, Ehe, Geschäftspartnerschaft o. ä.) wieder anknüpfen. Hergenommen vom Tischlerhandwerk: Zerbrochenes, aus den Fugen Geratenes wieder verbinden. 18. Jh.

2) jn anführen, betrügen. 1800 ff.

Leimsieder *m* unbeholfener, energieloser, langweiliger Mann. Soll auf der Langweiligkeit und Eintönigkeit des Leimsiedens beruhen; in meiner Auffassung ist das Wort erst nachträglich an den Leimsieder angelehnt worden; ursprünglich ging es wohl um die Vorstellung des klebenden Leims, mit dem sich das Verhalten eines langsam und schwerfällig tätigen Menschen unschwer vergleichen läßt. 19. Jh.

Leine *f* 1) schlappe L. = milde, nachgiebige Menschenbehandlung; Freizügigkeit ohne irgendwelchen Zwang. Herzuleiten von der Art und Weise, wie man einen Hund oder ein Pferd führt. 1910 ff.
2) L. ziehen = verschwinden, fliehen. Hergenommen entweder vom Schiff, das, am Zugseil befestigt, sich von seinem Liegeplatz entfernt, oder vom Seiler, der bei seiner Arbeit auf der Reeperbahn rückwärts geht. 1800 ff.

leise weinend *adv* kleinlaut, unbemerkt, still. Der »leise weinend« entweichende Dieb und der »leise weinend« zum Empfang einer Rüge erscheinende Untergebene weinen nicht im geringsten: lediglich sind sie still und leise und suchen, keinerlei Aufmerksamkeit zu erregen. 1900 ff.

leisetreten *intr* vorsichtig zu Werke gehen; Forderungen zurückstellen; sich in keinen Wortwechsel einlassen. Wohl hergenommen vom leisen Auftreten der Katze. Im Mittelalter meinte man damit das höfische Einhergehen. 15. Jh.

Leisetreter *m* ängstlicher Mensch; Heimlichtuer. 15. Jh.

Leisten *m* über einen L. schlagen = Verschiedenartiges gleich behandeln; Unterschiede nicht berücksichtigen. Hergenommen vom Schuhmacher, der sich nach feststehender Holzform und nicht nach der besonderen Form des Fußes richtet. 17. Jh.

Leitung *f* 1) kurze L. = schnelle Auffassungsgabe. Hierbei ist die Verbindung zwischen Wahrnehmung und Auffassung kurz, scherzweise ähnlich dem Telefondraht zwischen Steckdose und Apparat. 1900 ff.
2) lange L. = langsame Auffassung. 1900 ff.
3) eine lausig lange L. haben = sehr dumm sein; sehr lange begreifen. [Vgl l³ und lausig.] 1900 ff.
4) ihm (bei ihm) steht einer auf der L. = er begreift nicht (schwer). Wohl vom Wasserschlauch hergenommen. 1920 ff.

Leitungsheimer *m* Leitungswasser zum Trinken; Trinkwasser aus der Leitung (nicht aus dem Brunnen). Scherzhafte Werterhöhung in Anlehnung an Weinbezeichnungen. 1900 ff.

Lenker *m* sich den goldenen L. verdienen = sich einschmeicheln. Leitet sich her von einem Radrennfahrer, der als erster das Ziel erreicht. Im übertragenen Sinne ist »Radfahrer« einer, der gegenüber den Vorgesetzten unterwürfig, aber gegenüber den Arbeitskollegen oder Untergebenen herrisch ist. 1930 ff.

Lenz *m* 1) leichte, bequeme Tätigkeit; angenehme Gelegenheit; Festtagsruhe. »Lenz« ist Kurzform des männlichen Vornamens Lorenz. Wohl vermischt mit »faulenzen«. Seit dem späten 19. Jh.
2) einen lauen (faulen, ruhigen, schlauen) L. schieben (haben) = sich mit der Arbeit nicht beeilen müssen; gemächlich arbeiten können. 1870 ff.

lernen *tr* mancher lernt es nie und dann nur unvollkommen (und andere noch viel später): Redewendung zur Kennzeichnung der Unbelehrbarkeit (der geistigen Beschränktheit) eines Menschen. 19. Jh.

Leseknochen *m* Nackenkissen für Leute, die im Liegen (an-, zurückgelehnt) zu lesen pflegen. Das Kissen hat die Form eines Knochens: an den Enden ist es breiter als in der Mitte. 1950 ff.

Leseratte *f* leidenschaftlicher Leser; wahllos lesender Mensch. Der Leser besitzt die Gefräßigkeit einer Ratte. Beeinflußt von Vokabeln wie Landratte, Spielratte usw. Seit dem ausgehenden 19. Jh.

Letztes n das Beste, Eindrucksvollste. Wahrscheinlich hergenommen von der letzten Nummer eines Zirkus- oder Varietéprogramms: in der Reihenfolge der Vorführungen pflegt die letzte Darbietung allen vorhergehenden überlegen zu sein. Halbwüchsigendeutsch seit 1950.

Leuchte f eine L. sein = überklug sein; sich klug dünken. Gern in verneinender Form. [Vgl Kirchenlicht 1.] 1900 ff.

Leukoplastbomber m Kleinauto mit stoffüberzogener Sperrholzkarosserie. Scherzhaft-spöttelnd behauptet man, die angeblich wenig widerstandsfähige Karosserie müsse mit Leukoplast zusammengehalten werden. »Bomber« ist eigentlich das Bombenflugzeug. 1945 ff.

Leviten pl jm die L. lesen = jm heftige Vorhaltungen machen. Leitet sich her vom 3. Buch Moses, »Leviticus« genannt: in ihm stehen Verhaltensvorschriften für Priester und Leviten, auch Flüche wider Gesetzesübertreter. Nach anderen handelt es sich um einen Kanon, der die Canonici zu gemeinschaftlichem Speisen und Schlafen, zu gemeinsamem Gebet und Gesang sowie zu Buß- und Andachtsversammlungen verpflichtete. 15. Jh.

Licht n 1) herabhängender Nasenschleim. Herzuleiten vom Talglicht, das beim Brennen leicht überläuft. 1830 ff.
2) Könner, Fachgröße. Stammt aus dem Wortschatz der Bibel; vgl Kirchenlicht, Leuchte. Spätestens seit 1700.
3) grünes L. für . . . = Zubilligung der Handlungsfreiheit für . . . Nach 1950 aufgekommen im Zusammenhang mit den Verkehrsampeln an wichtigen Straßenkreuzungen: nur bei grünem Licht darf der Kraftfahrer oder der Fußgänger die Kreuzung überqueren.
4) rotes L. = Versagung der Handlungsfreiheit; Untersagung eines Tuns. [Vgl das Vorhergehende.] 1950 ff.
5) ihm geht ein L. auf = er begreift endlich. Wahrscheinlich dem Wortschatz der Bibel entlehnt: »Licht« ist die plötzliche Verstandeserhellung, zusammenhängend mit der Einwirkung des Heiligen Geistes. 16. Jh.
6) jm ein L. aufstecken = jm zu einer Erkenntnis verhelfen; jn über etw aufklären. »Licht« meint sowohl die Kerze wie auch die Geisteserhellung: früher wie heute steckt man die Kerze auf einen Zacken. 17. Jh.
7) jn hinter das L. führen = jn täuschen, betrügen. Gemeint ist, daß man den Betreffenden absichtlich in den Schatten, ins Dunkle führt, damit er leichter übervorteilt werden kann: er erkennt dann nicht den Schaden an einer Ware. 16. Jh.
8) ich habe nicht das L. dazu gehalten = ich bin an der Sache nicht beteiligt. Leitet sich her von einem Einbruch, einem Diebstahl o. ä., bei dem einer das Licht hält, während der andere stiehlt. 1920 ff.
9) sein L. leuchten lassen = sich verständig äußern; seine Gaben zur Geltung bringen. »Licht« meint die Verstandesgabe im Anschluß an die Bibelsprache. 1500 ff.

Lichtung f L. im Urwald = Glatze, Tonsur. 1920 ff.

Liebe f 1) von der L. und der Luft leben = bedürfnislos sein. Wer herzhaft liebt, kann eine Zeitlang das Hungergefühl vergessen. Seit dem späten 19. Jh.
2) muß L. schön sein!: Redewendung beim Anblick eines Liebespaares, das Zärtlichkeiten austauscht, Arm in Arm geht o. ä. 1900 ff.

Liebestod m lange Männerunterkleidung. Sie ist praktisch, aber unkleidsam und ertötet die Liebeswünsche der Frau. 1930 ff.

Liebestöter pl 1) lange Männerunterhosen; wollene Unterkleidung. [Vgl das Vorhergehende.] 1940 ff.
2) reizlose, nur das Praktische berücksichtigende Frauen-Unterwäsche; lange warme Damenschlüpfer. 1940 ff.

Liebkind n 1) sich L. machen = sich beliebt machen; sich einschmeicheln. Aus dem Kosenamen »liebes Kind« schon im Mittelalter zusammengewachsen.

2) bei jm L. sein = bei jm sehr viel gelten; bevorzugt werden. Seit *mhd* Zeit.

Lied n 1) das ist das alte L. = das ist das Übliche, der gewohnte Verlauf. Leitet sich wohl her von altbekannten Liedern, vor allem von Liebesliedern, in denen Liebe in Leid einmündet. 1700 ff.

2) von etw ein L. (Liedchen) singen können = von einer Sache aus schlechter Erfahrung berichten können. Leitet sich wohl her von allgemein bekannten Vorgängen, die durch ein Lied (Bänkelgesang) verbreitet wurden. 1500 ff.

Liederian (Liederjan, Liedrian o. ä.) m liederlicher Mensch. Kontaminiert aus »liederlich« und »Jan« (Kurzform des Vornamens Johann). 1800 ff.

liefern v s. geliefert sein.

Lieschen Müller künstlerischer Geschmack des Durchschnittspublikums; seichte, kritiklose, zu Rührseligkeit neigende Kunstauffassung. Vor- und Nachname sind weitverbreitete Namensgebung angepaßt. 1945 aufgekommen mit den Unterhaltungssendungen in Funk und Fernsehen nach dem Zuschnitt anspruchsloser Gebührenzahler.

lila adv mittelmäßig, einigermaßen: unwohl. Lila ist weder blau noch rot, also farbensinnbildlich weder Hoffnung noch Freude. Vielleicht auch weiterentwickelt aus »so so la la«. 1850 ff.

Limburger pl Schweißfüße. Scherzhaft vom starken Geruch des Limburger Käses übertragen auf den Geruch des Schweißfußes. Seit dem späten 19. Jh.

Limo f Limonade. Abkürzungsausdruck der Kellner. Etwa seit 1900.

Lineal n er hat ein L. verschluckt = er ist steif, ungelenk, verbeugt sich nicht. [Vgl Ladestock.] Seit dem späten 19. Jh.

linientreu adj streng (kritiklos) der parteipolitischen Richtung folgend. Hergenommen von der »Parteilinie« im Sinne der seitens einer politischen Partei eingeschlagenen Zielsetzung; dem Begriff »Frontlinie« nachgebildet. 1947 ff.

link adj falsch, hinterhältig, unzuverlässig. Fußt wohl auf der Bevorzugung der rechten Hand. 18. Jh.

links adv 1) jn l. drehen = jn medizinisch gründlichst untersuchen. Hergenommen vom Wenden eines Anzugs. 20. Jh.

2) jn (etw) l. liegenlassen = jn (etw) unbeachtet lassen, vernachlässigen; etw nicht besichtigen. »Links« ist für Abergläubische die ungünstige Seite; auch schreibt die Sitte vor, daß der Untergebene (Jüngere, Kavalier) auf der linken Seite seines Partners zu gehen hat. 1800 ff.

Linksdrall m Hinwendung zur sozialistischen Gesinnung. »Links« bezieht sich auf die Sitzverteilung im Parlament. »Drall« ist die Windung der Züge im Gewehrlauf und Geschützrohr. Da diese Feuerwaffenläufe nur Rechtsdrall haben, kommt dem Wort die Bedeutung eines Ausgefallenen, eines Verstoßes gegen die Art zu. 1950 ff.

linksgedrallt adj sozialistisch. [Vgl das Vorhergehende.] 1950 ff.

Linse f 1) L. auf einem Brett (zwei L.n auf ein Brett genagelt) = flache Frauenbrust. Die Brust ist flach wie ein Brett, und die Brustwarzen ragen nur in Linsengröße hervor. 19. Jh.

2) pl = Geld, Geldmünzen. Linsen sind flach und rund wie Münzen. 1850 ff.

linsen (linzen) intr 1) äugen, spähen. Hängt wohl zusammen mit der Augenlinse: das Auge wird so stark zugekniffen, daß nur die Linse zu sehen ist. Spätestens seit 1800.

2) vom Mitschüler abschreiben. 1900 ff.

Lippe f eine L. riskieren = Widerworte geben; sich in ein Gespräch mischen. Gemeint ist eigentlich, daß man Mut zu einer Äußerung hat. 1850 ff.

Litanei f lange Liste; große Menge. Leitet sich her von der Länge der katholischen Litaneien. 19. Jh.

Lobhudelei (Lobhudlerei) f übermäßige, unwürdige, unwahre Loberteilung. [Vgl das Folgende.] 18. Jh.

lobhudeln *intr* übertrieben, schmeichlerisch loben. [Vgl hudeln.] Gemeint ist eigentlich »durch Lob plagen«, »unaufrichtig loben«. 18. Jh.

Loch n 1) elende, verfallene Wohnung; kleiner, lichtloser Wohnraum. Ursprünglich ein Erdloch, in dem Menschen hausen. 18. Jh.
2) Gefängnis, Karzer, Arrestzelle; Arrest. Schon im Mittelalter geläufig, als Erd- und Felslöcher zur Unterbringung von Übeltätern verwendet wurden.
3) ein L. aufmachen (aufreißen) und ein anderes zumachen = neue Schulden zur Deckung der alten machen. 18. Jh.
4) jm Löcher in den Bauch fragen = jn ausgiebig ausfragen. Volkstümlich ist »fragen« soviel wie »bohren«: man stellt bohrende Fragen. Seit dem späten 19.Jh.
5) ein L. im Magen (Bauch) haben = viel essen können; unersättlich sein. Groteske Physiologie, vielleicht fußend auf der antiken Sage vom Danaidenfaß. 19. Jh.
6) auf (aus) dem letzten L. pfeifen = am Ende sein; mit seinen Geldmitteln, mit seinem Können zu Ende sein; nicht weiterwissen; sterben. Hergenommen von einem Blasinstrument: wer auf dem letzten Loch, das den höchsten Ton erzeugt, geblasen hat, kann keinen höheren Ton hervorbringen. 16. Jh.
7) jm ein L. in den Bauch reden (quasseln, schwätzen o. ä.) = auf jn anhaltend, eindringlich einreden. Berührt sich mit Loch 4. 1600 ff.
8) saufen wie ein L. = unersättlich trinken. Der Vergleich fußt auf dem Erdloch, in dem das Wasser verläuft, ohne es jemals füllen zu können. 18. Jh.

9) Löcher in die Luft (in die Wolken, in die Natur) schießen = das Schußziel verfehlen. Statt ein Loch in die Schießscheibe zu schießen, »trifft« der Schütze die Luft. Soll im preußisch-dänischen Krieg von 1848/49 aufgekommen sein.
10) ein L. in den Tag schlafen = sehr lange schlafen. 18. Jh.
11) im L. sitzen = Gefängnisinsasse sein. [Vgl Loch 2.] 19. Jh.
12) jn ins L. stecken (führen, legen, werfen) = jn zu einer Freiheitsstrafe verurteilen. [Vgl Loch 2.] 16. Jh.
13) ein L. zurückstecken = nachgeben; die Ansprüche mindern. Hergenommen von dem Leibriemen, den man enger schnallt: sprachliches Sinnbild für Einschränkung, Sparsamkeit usw. 1850 ff.

löchern *tr* jn ausdauernd ausfragen; jn durch ausdauerndes Ausfragen ermüden. [Vgl Loch 4.] 1900 ff.

locker *adv* 1) nicht l. lassen = nicht nachgeben; sich von einer Absicht nicht abbringen lassen. Leitet sich her entweder vom Lockern der Stränge des Zaumzeugs oder vom Henkersknecht, der beim Verhör des Verdächtigen auf der Streckfolter die Folterung nicht lockern durfte. 19. Jh.
2) etw l. machen = Geld hergeben; eine Bewilligung durchsetzen. In übertragenem Sinne lockert man die Zügel, wenn man sich gegen Geldzuwendungen nicht länger sträubt. 19. Jh.

Löffel *m* 1) *pl* Menschenohren. Stammt aus der Jägersprache, wo es die Ohren des Hasen bezeichnet; zusammenhängend mit »laff = schlaff herabhängend«. 18. Jh.
2) seine L. aufsperren (auftun) = aufmerksam zuhören. Meist in der Befehlsform. 19. Jh.
3) jn über den L. balbieren (barbieren) = jn übervorteilen. Leitet sich her entweder von der Barbiergewohnheit, zahnlosen Männern einen großen Holzlöffel in den Mund zu schieben und über dieser künstlich gewölbten

Wange zu rasieren, oder ist eine Erweiterung von einseifen, s. d. 18. Jh.

4) mit L.n gefressen = in großer Menge. Bezieht sich auf den Suppenlöffel, der mehr faßt als die Gabel; auch ist der Löffel älter als die Gabel. 17. Jh.

5) etw mit L.n gefressen (gegessen) haben = a) sich eine Sache (Idee) überzeugt zu eigen gemacht haben. Man hat sich an ihr völlig gesättigt. 1800 ff.

= b) einer Sache überdrüssig sein. Man hat von ihr gewissermaßen zuviel gegessen und hat dadurch Widerwillen gegen sie. 17. Jh.

6) die Gescheitheit (den Verstand, die Weisheit) mit L.n gefressen haben = sich sehr klug dünken. Die Redewendung ist entweder ironisch aufzufassen und meint mit dem Löffel den Schaumlöffel, der lediglich den Schaum auffängt, und Schaum ist ohnehin das Sinnbild der Substanzlosigkeit. Andererseits nimmt man geistige Nahrung vergleichsweise wie leibliche Nahrung auf. 17. Jh.

7) jm ein paar um (hinter) die L. hauen = jn ohrfeigen. [Vgl Löffel 1.] 18. Jh.

Lokomotive f großer Könner; Anreger; Schrittmacher. Die Lokomotive ist wohl schon im ausgehenden 19. Jh zum allgemeingültigen Sinnbild überragenden Könnens, großer Zugkraft u. ä. geworden. Am bekanntesten wurde die Sinnbildgeltung bei den Olympischen Spielen von Helsinki im Jahre 1952, als der Tscheche Zatopek Sieger im 5000-Meter-Lauf, im 10 000-Meter-Lauf sowie im Marathonlauf wurde.

Lokus m Abort. Stammt aus *lat* »locus = Ort«, vor allem aus »locus necessitatis«. Wohl bei Lateinschülern des 17. Jhs aufgekommen.

Lokusbrille f Abortsitz. [Vgl Brille.] 1800 ff.

Lollo m 1) üppig entwickelter Busen. Verkürzend benannt nach der italienischen Filmschauspielerin Gina Lollobrigida, da sie im Film mit entsprechender Aufmachung auftrat. 1955 ff.

2) enganliegender Mädchenpullover. Halbwüchsigendeutsch seit 1955.

Lord m Seemann. Verkürzt aus »Seelord«, dies eingedeutscht aus *engl* »sailor«. 1900 ff.

Loreleikreuz n **(Loreleiorden** m) Auszeichnung für eine unbekannte Heldentat. »Lorelei« bezeichnet das Undefinierbare, Unverständliche wegen des Eingangsverses »Ich weiß nicht, was soll es bedeuten...« des Gedichts »Die Lorelei« von Heinrich Heine (1824). Etwa seit 1900.

loseisen tr jn mit Mühen frei machen, abspenstig machen. Leitet sich her entweder vom Schiff, das man aus dem Eis frei macht, oder vom gefangenen Tier, das man aus der Schlagfalle (Fuchseisen) nimmt. 18. Jh.

Loser m du L.! = du Schelm! Ursprünglich soviel wie »Leichtsinniger, Leichtfertiger«. 19. Jh.

losgehen intr anfangen (wann geht das Theater los? = wann beginnt die Theatervorstellung?). Meint das Sichentfernen auf ein Ziel zu: der Schuß geht los, wenn die Kugel die Gewehrmündung verläßt. 18. Jh.

loshaben tr 1) etw losgemacht haben. Hieraus verkürzt. 1900 ff.

2) klug sein; etw beherrschen; etw bewerkstelligen können. Analog zu weghaben, s. d. Seit 1800.

loskriegen tr etw lösen, frei machen können; sich von einer lästigen Sache oder Person befreien können. 18. Jh.

loslassen tr ein Schreiben l. = ein Schreiben absenden; eine Verordnung erlassen. Meint »aus der Hand lassen«, daß es an den Empfänger gelangen kann. Auch läßt man den Hund los, wenn man ihn von der Kette löst, oder den Gefangenen, den man in die Freiheit entläßt. 19. Jh.

loslegen intr 1) energisch beginnen. Hergenommen vom Lösen der Vertäuung, wenn das Schiff abfährt. 18. Jh.

2) seiner Erregung freien Lauf

lassen; offen, hemmungslos sprechen; schimpfen. Wie man das Schiff von der Vertäuung löst, so macht sich der Wütende frei von seiner Beherrschung. 19. Jh.

losschieben *intr* 1) fortgehen. [Vgl abschieben.] 1900 ff.
2) zu tanzen beginnen. Der Herr schiebt seine Tänzerin vor sich her. Spätestens seit 1900.

losschießen *intr* zu erzählen beginnen; mit der Sprache herausrükken. Man kommt mit den Worten heraus wie beim Schuß die Kugel aus dem Gewehr, nämlich plötzlich. 19. Jh.

los sein *v* 1) es ist etwas los = etwas ereignet sich; es herrscht ausgelassene Stimmung. »Los« ist der Schuß, wenn er die Gewehrmündung verlassen hat. »Los« ist auch die Gestimmtheit, wenn man eine gewisse Zurückhaltung abgelegt hat. 1800 ff.
2) was ist los? = was ist geschehen? »Los« besagt, daß sich etwas aus der gewohnten Ordnung gelöst hat, daß etwas Außergewöhnliches geschehen ist. Die Frage wird gern beantwortet mit »Was nicht angebunden (nicht fest) ist«. 18. Jh.
3) es ist nicht viel los mit ihm = a) er leistet nicht viel, taugt nicht viel. [Vgl los haben 2.] 19. Jh. = b) er ist nicht freigebig, nicht gesund, nicht gut gestimmt. [Vgl los sein 1.] 19. Jh. = c) er ist nicht sehr zahlungskräftig. 19. Jh.
4) was ist los mit dir? = warum bist du anders als sonst? was fehlt dir? [Vgl los sein 2.] 19. Jh.
5) hier ist etwas los = hier herrscht ein lebhaftes Treiben; hier langweilt man sich nicht. [Vgl los sein 1.] 19. Jh.

loszittern *intr* abmarschieren, davongehen. »Zittern« spielt wohl an auf das Rütteln des sich in Bewegung setzenden Gefährts; von da verallgemeinert zu »sich in Bewegung setzen«. Spätestens seit dem ausgehenden 19. Jh.

Lot *n* 1) etw ins L. bringen (kriegen) = etw in Ordnung bringen; ein Zerwürfnis schlichten. Hergenommen vom Maß-, Senkblei (Richtlot), mit dem der Bauhandwerker die Senkrechte bestimmt. 19. Jh.
2) im L. sein = in Ordnung sein. [Vgl das Vorhergehende.] 19. Jh.

Lötkolben *m* dunkel verfärbte Nase; Trinkernase; Nase. Fußt wahrscheinlich auf *rotw* »löden, löten = trinken«. Im 19. Jh witzig mit dem Lötkolben in Verbindung gebracht, wobei »Kolben« die dicke Nase meint.

lotterig (lodderig) *adj* nachlässig in der Kleidung. »Lotter = locker, schlaff«. 16. Jh.

Lotterwirtschaft (Lodderwirtschaft) *f* unordentlicher Familien-, Staatshaushalt; Unordnung. 19. Jh.

Lötwasser *n* Schnaps. Zusammenhängend mit *rotw* »löten = trinken«. 1820 ff.

Löwenhöhle *f* Arbeitszimmer des (unangenehmen) Vorgesetzten. [Vgl Höhle.] 1900 ff.

luckilucki machen *intr* spähen. Fußt auf »lugen = äugen«, beeinflußt von *ndd* »Luken = Augen« und von *engl* »to look = blicken«. 1914/18 ff.

Luder *n* 1) Schimpfwort auf Menschen, Tiere und Dinge. Parallel zu Aas 1; denn »Luder« ist die Lockspeise für Fische, Falken usw.; man verwendete dazu rohes Fleisch. 16. Jh.
2) armes L. = bedauernswerter Mensch. 19. Jh.
3) dämliches (dummes) L. = dummer Mensch. 19. Jh.
4) feines L. = gutgekleideter Mensch; charaktervoller, hilfsbereiter Mensch. Seit dem späten 19. Jh.

Luft *f* 1) L. im Preis = zuviel Gewinn-, Handelsspanne. Wohl hergenommen vom schlecht eingeschenkten Glas Bier: am Fehlenden verdient der Wirt. Nach 1945 aufgekommen.
2) dicke L. = a) ungemütliche Stimmung; gefahrvolle Lage; Zank; Verärgerung. Hergenommen von den Explosionsgasen und Rauchschwaden, die die Luft dick machen. Spätestens seit 1870. = b) gefährliche Bedrängung des

Fußballtors. Vom Militärischen auf den Sport übertragen: die Sprache der Sportreporter ist stark von der Soldatensprache beeinflußt. 1920 ff.

3) eisenhaltige L. = Beschuß; gefährlicher Frontabschnitt mit Feindeinsicht. Hergenommen von der Heilkunde: viele Heilquellen sind eisenhaltig; von da übertragen auf das Eisen der Granatsplitter. 1914 ff.

4) dem Radio die L. abdrehen = das Rundfunkgerät abschalten. Meint eigentlich soviel wie »würgen, erwürgen«. 1920 ff.

5) die L. anhalten = nicht weitersprechen; schweigen. Meist in Befehlsform. 19. Jh.

6) gesiebte L. atmen (schnappen) = eine Freiheitsstrafe verbüßen. Weil die Zellenfenster siebartig vergittert sind, kann die Luft nur gesiebt einströmen. 1920 ff.

7) ihm ist die L. ausgegangen = er hat kein Geld mehr, ist zahlungsunfähig geworden. »Luft« meint hier allgemein den Lebensraum, vor allem das Gelände für großzügige Lebensweise. 1900 ff.

8) jn wie L. behandeln (als L. betrachten) = jn absichtlich nicht beachten. »Luft« steht hier für Nichtiges. 1900 ff.

9) mir bleibt die L. fort = ich bin sehr erstaunt, sprachlos. Die fortbleibende Luft entspricht der Sprachlosigkeit. Seit den späten 19. Jh.

10) in die L. gehen = a) aufbrausen. Parallel mit hochgehen (s. d.) und »an die Decke gehen«. 19. Jh.
= b) mit dem Flugzeug aufsteigen; eine Flugreise unternehmen. 1950 ff.

11) die L. aus dem Glas 'rauslassen (machen) = das Glas nochmals füllen, nachfüllen. Beschönigende Redewendung. 1920 ff.

12) die L. aus den Preisen 'rauslassen = übergebührliche Handelsspannen beseitigen. [Vgl Luft 1.] 1945 ff.

13) die L. ist rein = Ertapptwerden ist nicht zu befürchten. »Luft« meint hier den Umkreis, in dem man atmet und in dem kein Fremder auftaucht. 18. Jh.

14) für jn L. sein = von jm nicht beachtet werden. [Vgl Luft 8.] 19. Jh.

15) jn an die L. (an die frische L.) setzen = jn aus dem Haus verweisen. »Luft« meint hier die Luft des freien Himmels im Gegensatz zur Luft des geschlossenen Raums. 19. Jh.

Luftikus m leichtsinniger, leichtlebiger Mensch. Im 19. Jh durch Studenten kontaminiert aus »luftig = leichtsinnig« und der *lat* Endung »-cus«.

lügen *intr* 1) l. wie gedruckt = dreist, viel lügen. Anspielung auf die Lügenhaftigkeit der Pressemeldungen. Spätestens um 1700 traute man den Zeitungen lügnerische Berichterstattung zu.
2) l., daß sich die Balken biegen = unverschämt lügen. In volkstümlicher Auffassung ist die Lüge eine schwere Last: unter ihrem Gewicht biegen sogar die Deckenbalken durch.1500 ff.

Lügenmaul n Lügner. Eigentlich das Maul, aus dem nur Lügen hervorgehen. 18. Jh.

Lulatsch m langer L. = großwüchsiger Mann mit ungelenken Bewegungen. Herkunft ist umstritten. Die einen führen zurück auf das ostpreußische Adjektiv »loi = lau, säumig, träge« in Verbindung mit »laatschen = schlurfend gehen«. Andere verweisen auf niederländisch »luilak, luiaard = Faulenzer«. Außerdem gibt es *hebr* »lulaw = Palmzweig«, wie er zum Laubhüttenfest benötigt wird: man trachtet dabei nach einem möglichst langen Zweig. 18. Jh.

Lulle f 1) Zigarette. Fußt auf *ndd* »Lull = Sauglappen, Lutscher für Säuglinge«, wie ja denn überhaupt Zigarre, Zigarette, Pfeife usw. gern mit Bezeichnungen für den Schnuller wiedergegeben werden. Nach 1950 als Halbwüchsigendeutsch aufgekommen.
2) kastrierte L. = Filterzigarette. 1955 ff.

Lümmel *m* flegelhafter, ungesitteter Junge (Halbwüchsiger, Mann). Fußt auf dem untergegangenen Adjektiv »lumm = schlaff, lokker«. 16. Jh.

lümmeln *refl* sich ungesittet benehmen; sich flegeln; flegelhaft sich lagern. 18. Jh.

Lump *m* Mensch mit gemeiner Gesinnung; Schimpfwort. Eigentlich der Mensch in zerlumpten Kleidern; dann wegen der Gleichsetzung »Verwahrlosung = niederträchtige Gesinnung« übertragen auf den charakterlosen, gemein gesinnten Menschen. 1600 ff.

lumpen *v* 1) liederlich leben. [Vgl Lump.] 17. Jh.
2) sich nicht l. lassen = sich nicht beschämen lassen; hinter jm an Freigebigkeit nicht zurückstehen mögen. Meint eigentlich »sich nicht Lump schimpfen lassen«. 17. Jh.

Lumpenbagage *f* Gesindel. [Vgl Bagage.] 19. Jh.

Lumpengeld *n* geringer Geldbetrag. Etwa soviel, wie ein bettelnder Lump an der Haustür erhält. 17. Jh.

Lumpenhund *m* Schimpfwort. 17. Jh.

Lumpenkerl *m* Schimpfwort auf Mensch oder Tier. 18. Jh.

Lumpenpack *n* Gesindel. [Vgl Pack.] 18. Jh.

Lumpensammler *m* letztes Verkehrsmittel (am Abend). In ihm treffen sich die, die gelumpt [vgl lumpen 1] haben. Witzige Wortspielerei mit dem Sammler (Aufkäufer) von Lumpen und Abfällen. Im letzten Drittel des 19. Jhs aufgekommen.

Lumperei *f* Gemeinheit; niederträchtige Handlungsweise. [Vgl Lump.] 17. Jh.

lumpig *adj* armselig; ärmlich; niederträchtig; geringwertig; nicht freigebig. [Vgl Lump.] 16. Jh.

Lunge *f* sich die L. aus dem Halse (Leibe) schreien = laut und andauernd rufen. Man ruft so anhaltend, daß man meint, die Lunge müsse einem aus dem Halse fahren. 1850 ff.

Lungenbonbon *n* Zigarette. Eine Schleckerei für die Lunge. 1925 ff.

Lungenbrötchen *n* Zigarette. Im Zweiten Weltkrieg aufgekommen, als man sich mit Zigaretten über den Hunger hinwegzutäuschen suchte. Wohl bei den Soldaten entstanden, wenn aus Gründen höherer Gewalt die Verpflegung ausblieb.

Lungentorpedo *m* starke Zigarette. Sie zerstört die Lunge wie der Torpedo das Schiff. 1910 ff.

lungern *intr* untätig stehen; müßig gehen. Eigentlich »auf etw gierig sein« dann »gierig lauern«; vor da bezogen auf Umhertreiber, die lohnende Diebstahlsmöglichkeiten auskundschaften, also nur zum Schein müßig gehen. 1400 ff.

Lunte *f* L. riechen = Verdacht schöpfen; Gefahr wittern. Die Lunte bezeichnet im 16. Jh. die Zündschnur, die bei Geschützen und Handfeuerwaffen die Munition zum Zünden bringt: die Zündschnur glimmt langsam fort und entwickelt einen scharfen Geruch. Wer ihren Geruch verspürt, weiß aus Erfahrung, daß Gefahr droht. 17. Jh.

lupenrein *adj* 1) politisch (charakterlich) einwandfrei; nicht anstößig; nicht anrüchig. Hergenommen von der Edelsteinprüfung: lupenreiner Edelstein ist frei von unedlen Beimengungen. 1920 ff.
2) unverfälscht. 1920 ff.

Lustwiese *f* Couch. Anspielung auf den Geschlechtsverkehr. 1925 ff.

lutschen *tr* 1) saugen; im Mund zergehen lassen. Schallnachahmend hergenommen vom kurzen, dumpfen Laut, der entsteht, wenn der Säugling einen zu starken Schluck aus der Flasche gesogen hat und das Saugen unterbricht. 18. Jh.
2) einen l. = ein Glas Alkohol trinken; zechen. Ausdrücke für Zechen, Trinken. o. ä. werden fast immer von Vokabeln für das Saugen des Säuglings übernommen. 18. Jh.
3) Benzin (Öl) l. = tanken. 1939 ff.

Lutschknochen *m* Mundharmonika. Der Mundharmonikaspieler nimmt sich in scherzhafter Auffassung aus wie einer, der an einem Knochen saugt oder nagt. 1914 ff.

Lutschmund *m* Mund mit aufgeworfenen Lippen. Soll dadurch entstehen, daß Säuglinge zu lange »lutschen«. 1900 ff.

Luxusherberge *f* Luxushotel. »Herberge« nennt man seit 1960 jegliche Unterkunft, übernommen von »Jugendherberge« und »Herberge zur Heimat«.

Luxuskörper *m* schöner Menschenkörper (scherzhaft oder ironisch). Bezog sich anfangs wohl auf den Körper einer Geliebten, später auf jeglichen Körper. 1945 ff.

Luxusscheune *f* Luxushotel o. ä. Nach 1945 aufgekommen, als manche Hotels aus ehemaligen Scheunen entstanden.

Luxusschlitten *m* Luxusauto. [Vgl Schlitten.] Nach 1945 aufgekommen.

Lyzeum *n* hinten L., vorn Museum = häßliches Gesicht auf jungem Frauenkörper; bejahrte Frau in jugendlicher Kleidung. Der rückwärtige Teil des Körpers läßt auf eine Lyzeumsschülerin schließen, aber das Gesicht weist wesentlich ältere Züge auf. 1900 ff.

M

Mache *f* 1) Vorspiegelung, Täuschung; unechtes Gehabe; Prahlerei. Meint eigentlich das Verfertigen, Machen; seit dem späten 19. Jh auch die Unnatürlichkeit, weil »gemacht« auch den Sinn von »nicht organisch entstanden« hat.
2) jn in der M. haben = a) jn unter seiner Verantwortung haben; mit jm ernst reden; je erziehen. »Mache« meint soviel wie Bearbeitung: der Betreffende wird bearbeitet wie ein Werkstück. 17. Jh.
= b) jn verprügeln. 18. Jh.
3) jn in die M. kriegen (nehmen) = jn erziehen, unterweisen, einexerzieren. 17. Jh.

machen *v* 1) *intr* sich beeilen (mach schon! = beeil dich!). Wohl verkürzt aus »machen, daß man fertig wird«. 18. Jh.
2) *tr* seine Notdurft verrichten. Verhüllende Kurzwendung. 18. Jh.
3) einen bestimmten Ton von sich geben (der Hund macht wauwau, die Katze miau). Kindersprachlich seit dem 19. Jh.
4) in etw m. = mit etw handeln (er macht in Kaffee). Im 19. Jh von Kaufleuten dem *franz* »faire en étoffes« nachgeahmt. Von da auch auf andere Sachen übertragen, oft mit dem Nebensinn der

Unnatürlichkeit, der Verstellung o. ä. (er macht in Trauer; sie macht in jugendlich).
5) nach Berlin m. = nach Berlin reisen. 18. Jh.
6) es nicht mehr lange m. = bald sterben. »Machen« ist ein neutrales Schwammwort für jegliches Tun und Handeln. 17. Jh.

Macher (Mächer) *m* Leiter, Anführer; Unternehmer; tüchtige, maßgebende Person. Eigentlich zweiter Teil der Berufsbezeichnung für viele Handwerker (Schuh-, Korb-, Büchsenmacher usw.); von da übergegangen in die Kaufmannssprache im Sinne von »Fabrikant, Händler«. Vielleicht lehnübersetzt aus *franz* »faiseur = Drahtzieher«. Seit dem späten 19. Jh.

macholle (machulle) sein 1) bankrott sein. Fußt auf *jidd* »mechalle, mechulle = schwach«. 19. Jh.
2) erschöpft sein. 19. Jh.

machtlos *adv* da stehst du m. vis-à-vis = da ist kein Eingreifen möglich. Seit dem späten 19. Jh.

Macke *f* 1) Fehlleistung; Fehler; körperlicher (geistiger) Defekt; negatives Werturteil. Stammt aus *jidd* »makko = Schlag, Hieb, Stoß« und berührt sich also mit der volkstümlichen Vorstellung, daß Dummheit von einem Schlag gegen den Kopf verursacht ist. 1900 ff.

2) du hast eine M. = du bist nicht recht bei Verstande; du hast wunderliche Eigenheiten. 1920 ff.

Macker (Maker, Makker) *m* Vorarbeiter, Arbeitskollege; Kamerad, Genosse. Norddeutsches Gegenstück zu »Kumpel«, s. d. Vielleicht aus dem Niederländischen übernommen, wo »Makker« dieselbe Bedeutung hat; auch *engl* »to make« kann eingewirkt haben. 18. Jh.

Mackes *pl* Schläge, Prügel. Im 18. Jh aus *jidd* »makkos = Schläge« über rotwelsche und studentische Vermittlung übernommen.

Madam *f* rundliche ältere Frau, die ihre Bequemlichkeit über alles liebt. Aus dem Französischen entlehnt, vermutlich zu Anfang des 19. Jhs während der französischen Besatzungszeit in Berlin oder im Rheinland.

madamig *adj* behäbig (auf Frauen bezogen). [Vgl das Vorhergehende.] 19. Jh.

Mädchen *n* 1) errötendes M. = Pudding aus roter Grütze. Wegen der rosa Farbe. Seit dem späten 19. Jh.

2) spätes M. = a) spätentwickeltes Mädchen. 1900 ff.
= b) alte Jungfer; bejahrte Ledige. 1850 ff.

Mädchenpenne *f* Mädchengymnasium. [Vgl Penne.] 19. Jh.

Mädchenwinker *m* Ziertaschentuch des Herrn in der linken oberen Rockaußentasche. 1920 ff.

madig *adj* 1) unwirsch, hinterlistig, mißgünstig. Hergenommen von den Maden in Nahrungsmitteln: der Mensch betrachtet sie als heimtückische Eindringlinge. Seit dem späten 19. Jh.

2) etw (jn) m. machen = etw (jn) schlecht machen; jm etw verleiden; jn peinlich bloßstellen. Durch Madenbefall werden die Nahrungsmittel wertlos für den Menschen: ihm vergeht der Appetit. 1850 ff.

Magen *m* 1) jn im M. haben (im M. liegen haben) = jn nicht leiden können. Der Betreffende liegt

einem im Magen wie schweroder unverdauliche Speise. 1800 ff.

2) den M. in der Kniekehle hängen haben = sehr hungrig sein. Groteske Physiologie. 1900 ff.

3) das liegt mir im M .= das bedrückt, ärgert mich. [Vgl Magen 1.] 18. Jh.

4) sich den M. verkorksen = sich den Magen verderben. Meinte ursprünglich »sich den Bauch verrenken«, wie man es bei Magenschmerzen tut. [Vgl verkorksen.] Seit dem späten 19. Jh.

5) sich den M. verrenken = sich den Magen verderben. [Vgl das Vorhergehende.] Bekannt durch den Reimspruch: »lieber den Magen verrenken, als dem Wirt was schenken«. 19. Jh.

6) sich den M. vollschlagen = viel essen. [Vgl Bauch 6.] Seit dem frühen 19. Jh.

Magenfahrplan *m* feststehender Küchenzettel für eine Woche; Speisekarte. Wie beim Fahrplan der Eisenbahn ist genau festgelegt, welches Essen an diesem oder jenem Tage auf den Tisch kommt. Etwa seit dem ausgehenden 19. Jh.

Mageninspektor *m* Kräuterschnaps. Er inspiziert den Verdauungsapparat. 1930 ff.

Magenpflaster *n* reichliches Essen; großes Stück Fleisch o. ä. »Pflaster« hat hier wohl den Sinn von »feste Unterlage«, auch von »Linderungsmittel für den leeren Magen«. Seit dem frühen 19. Jh.

maggeln *intr* Ware gegen Ware tauschen; Schleichhandel treiben. Durch Vokalkürzung aus »makeln« entstanden, eigentlich im Sinne von »Geschäfte vermitteln«. Spätestens seit 1900. Sehr geläufig in den Notjahren nach dem Zweiten Weltkrieg.

Mählamm *n* Lamm, Jungziege. Ein kindersprachlicher Ausdruck, beruhend auf dem Laut »mäh« des Lammes. 19. Jh.

Mahlzeit *f* 1) ja M.!: Ausdruck der Abweisung. »Gesegnete Mahlzeit!« sagt man vor, besonders nach der Mahlzeit als Gruß und

Wunsch an die Tischgenossen. Von da in ironischem Sinne entwickelt, etwa in dem Sinne »das magst du essen; aber ich bedanke mich dafür!«. Seit dem späten 18. Jh.

2) prost M.!: Gott behüte! das läßt Unangenehmes erwarten. 19. Jh.

Mähne f üppiger, ungepflegter Haarwuchs eines Menschen. Hergenommen von der Bezeichnung für die starken Halshaare der Tiere (Löwe). Seit dem 19. Jh gern auf die Haartracht der Künstler, seit 1955 auf die der Halbwüchsigen und der »Gammler« übertragen.

Mähschaf n Schaf. [Vgl Mählamm.] 19. Jh.

Mai m wie einst im M. = wie früher in glücklicherer Zeit; gleichbleibend. Stammt entweder aus dem Endreim des Gedichts »Allerseelen« von Hermann v. Gilm (»Stell auf den Tisch die duftenden Reseden«) 1864, bekannt in der Vertonung von Lassen (gehörte im letzten Drittel des 19. Jhs zum musikalischen Hausvorrat), oder aus dem Titel der gleichnamigen Operetten-Posse von Walter Kollo, 1913 uraufgeführt. 1914 ff.

Makulatur f M. reden (schwätzen) = Unsinn reden. Was der Betreffende sagt, ist wertlos wie Altpapier. 18. Jh.

Malesche pl Unannehmlichkeiten, Scherereien. Wohl entstellt aus franz malaise. 18. Jh.

Malkasten m stark geschminkte weibliche Person. 1920 ff.

mall adj geistesgestört, verrückt; wunderlich. Stammt aus Holland: »mall = töricht, dumm«. 18. Jh.

Maloche f Schwerarbeit. Stammt aus jidd »melocho = Arbeit«. 1800 ff.

malochen intr schwer arbeiten. [Vgl das Vorhergehende.] 1750 ff.

Malocher m Schwerarbeiter. 1840 ff.

Mama (Mamma) f Mutter. Im 17. Jh aus dem gleichbedeutenden franz »maman« entlehnt; Betonung zuweilen auf dem ersten, zuweilen auf dem letzten Vokal. Volkstümlich geworden durch Anlehnung an das Lallwort »Mamme = Mutterbrust«; daher auch die Schreibweise mit zwei m.

Mammut- Hauptwortbildung mit »Mammut-« kommt seit dem ausgehenden 19. Jh häufiger vor. Der Riesenelefant aus der Vorzeit gilt wohl seit den Nachbildungen in zoologischen Gärten als Superlativ der Größe, vor allem der Eindrücklichkeit. In der Alltagssprache kennzeichnet man mit »Mammut-« die außerwöhnliche Größe oder Länge. Zum Beispiel : Mammutrekord, Mammutgehirn, Mammutgehalt, Mammutkonferenz usw.

Mangel f 1) jn durch die M. drehen = jm mit Fragen zusetzen; jn rücksichtslos behandeln; jn in einem strengen Verhör unterziehen. Herzuleiten von der Ziehrolle zum Glätten der Wäsche, auch zur Herstellung von Nudeln, flachen Kuchen usw. 1920 ff.

2) jn in der M. haben = jn rücksichtslos behandeln; jn übel zurichten. Seit dem späten 19. Jh.

3) jn in die M. kriegen (nehmen) = jm heftig zusetzen; jn heftig rügen. 1900 ff.

Manichäer pl Gläubiger. Daß die Angehörigen der Sekte des Mani (3. bis 6. Jh) den Namen für die Gläubiger hergeben, beruht nur auf dem Anklang an »mahnen«: Gläubiger haben die arge Angewohnheit, ihre Schuldner zu mahnen. 1700 ff.

Mann m 1) M. Gottes!: verwunderte oder mißbilligende Anrede. Eigentlich die Bezeichnung für Moses in der Bedeutung »von Gott gesandt«. 19. Jh.

2) mein lieber M.!: Ausruf der Verwunderung. Vielleicht entstellt aus »mein lieber Gott«. Betonung stets auf »lieber«. Seit dem frühen 20. Jh.

3) voll wie tausend M. = schwer betrunken. Entweder reine Übertreibung oder entstellt aus »wie der Tausend = wie der Teufel«. 19.Jh.

4) etw an den M. bringen = eine Ware absetzen; eine Sache (Geschichte, Witz) erzählen. Ur-

sprünglich eine kaufmannssprachliche Redewendung im Sinne von »einen Käufer (Abnehmer) finden«. 18. Jh.

5) du hast wohl einen kleinen M. im Ohr? = a) du kannst wohl nicht gut hören? »Kleiner Mann« meint vielleicht den Schmalzpropf im Ohr oder den kleinen Finger, mit dem man im Ohr bohrt. Andererseits kennt der primitive Volksglauben Dämonen, die die Wahrnehmung vermitteln. Bei den Schafen dringt der Kopfwurm in die Schädelhöhle ein und verursacht Hirnstörungen. 1900 ff.

= b) du bist wohl nicht recht bei Verstande? 1900 ff.

6) den wilden M. markieren (spielen) = zornig tun; unbeherrscht aufbegehren; sich geistesgestört stellen. Meint wohl eigentlich den Betrunkenen, der Streit anfängt, weil er sich im Rausch besondere Körperkräfte zutraut. 1850 ff.

7) alter M. ist kein D-Zug (Schnellzug) = bei meinem Alter arbeitet man gemessen; ich erledige das, wünsche aber, nicht getrieben zu werden. Stammt aus der Zeit, als der D-Zug das schnellste Beförderungsmittel war. 1914 ff.

8) ein toter M. sein = beruflich, moralisch, politisch erledigt, verfemt sein. Den Lebenden als tot betrachten, heißt, ihm die Gunst entziehen und ihm keine Beachtung mehr schenken. 1945 ff.

Männchen pl M. bauen (machen) = soldatische Ehrenbezeigungen erweisen. Wird eigentlich von den Tieren, vor allem vom Hasen gesagt, wenn er sich auf die Hinterbeine setzt und die Vorderbeine auf- und abbewegt. 1900 ff.

Männersilo m Junggesellenwohnheim. 1950 ff.

manoli sein verrückt sein. Um 1890 in Berlin aufgekommen im Zusammenhang mit dem Namen der Zigarettenfirma Manoli: die Zigarette »wird zum Beispiel an der Weidendammer Brücke durch eine Lichtreklame angepriesen, bei der durch aufleuchtende Glühbir-

nen scheinbar eine kreisende Bewegung ausgeführt wird, also dieselbe Bewegung, die man vor der Stirn ausführt, um anzudeuten, daß der andere ein Rad im Kopfe habe«.

Manometer (Mannometer) *interj* Ausruf der Verwunderung, der Überraschung, auch zur Bekräftigung. Die Anrede »Mann« ist hier gedehnt durch Herbeiziehung des Fremdworts für den Druckmesser. Daher auch »o Mann, o Manometer!«. 1914 ff.

Manöver n Tun; Tätigsein; aufgeregtes Benehmen; Umständlichkeiten; Kunstgriff. Das Wort stammt aus Frankreich und bezog sich anfangs nur auf militärische Bewegung und jährliche Truppenübung; die heutige Bedeutung kommt im späten 19. Jh auf, wohl weil das Manöver den Krieg nachahmt, ohne daß es über einen »Scheinkrieg« hinausgelangt.

manschen (mantschen) *intr* mischen, durcheinandermengen. Lautmalendes Wort; nasalierte Form von matschen, s. d. 1600 ff.

Manschetten pl 1) Handfesseln. Eigentlich der Handüberschlag, die gestärkten Ärmelstulpen. Aus letzterer Bedeutung beschönigend entwickelt bei Gaunern seit dem frühen 19. Jh.

2) vor etw (jm) M. haben = vor etw (jm) Angst haben. Soll sich auf den Manschettenträger beziehen, den beim Fechten die überfallende Manschette im Gebrauch des Degens behinderte. Seit dem späten 18. Jh.

mantschen v s. manschen.

Maria V n 1) Mariä Empfängnis = Zahltag. An diesem Tag »empfängt« man die »Marie«, s. d. Dem gleichlautenden katholischen Feiertag angeglichen. Seit dem späten 19. Jh, vermutlich bei den Soldaten entstanden.

2) M. Hilf = a) Zahltag; Geld. [Vgl das Vorhergehende.] Seit dem frühen 20. Jh.

= b) Natriumnitrit. Tarnwort der Wurstfälscher, die das verbotene Fleischfärbemittel verwenden. Aufgekommen im Januar 1958 im

Zusammenhang mit den Lebensmittelskandalen in Stuttgart und anderwärts.

Marie f 1) Geld. Fußt möglicherweise auf dem zigeunersprachlichen »maró = Brot«, das gaunersprachlich geläufig ist und der üblichen Gleichsetzung von Brot und Geld entspricht. Andere führen zurück auf den Maria-Theresia-Taler, der seit 1753 geprägt wurde und im Nahen Osten und in Afrika die wichtigste Handelsmünze war und bis heute geblieben ist. Wieder andere leiten das Wort von dem katholischen Feiertag »Mariä Empfängnis« her: aus dem Feiertagsnamen wurde wortspielerisch der Zahltag, weil man sein Geld »empfängt«. 1850 ff.
2) linke M. = Falschgeld; wertloses Geld. [Vgl link.] 1900 ff.

Mariechen n (f) Margarine. Um 1910 aufgekommen als Tarnwort. Wer damals Margarine aß, stand in der gesellschaftlichen Geltung hinter den Butterverbrauchern zurück.

Mark n das geht einem durch M. und Bein = das erschüttert einen; das geht einem nahe. »Mark und Bein« meint ursprünglich das Innerste. 1500 ff.

Mark f das geht einem durch M. und Pfennige = das geht einem sehr nahe. In Berlin seit dem späten 19. Jh entstellt aus dem Vorhergehenden, wobei »das Mark« als »die Mark« aufgefaßt und »Pfennige« sinngemäß hinzugetreten ist.

Marke f 1) Tor, Dummkopf; naiver Mensch; gemütliche Schelte. Meint eigentlich das Fabrik- und Handelszeichen; von da übertragen auf »Sorte, Gattung« und dann auf »wunderliche Art«. Spätestens seit 1900.
2) das ist M. = das ist vorzüglich. Die Handelsmarke bürgt für Qualität. 1900 ff.

Märker pl Mark (als Münzbezeichnung). Willkürliche Mehrzahlbildung nach dem Vorbild von Ämter, Täler usw. Seit dem späten 19. Jh.

marode (marod) adj erschöpft, überanstrengt, leicht krank. Im 30jährigen Krieg entlehnt aus franz »maraud = Lump; plündernder Soldat« und abgewandelt zu »marschunfähig«, weil die Plünderer hinter der vormarschierenden Truppe zurückblieben.

Marsch m jm den M. blasen (machen) = jn energisch zur Ordnung, mit strafenden Worten zu energischer Tätigkeit anhalten. Hergenommen seit dem frühen 19. Jh vom militärischen Hornsignal »Sammeln«, mit dem die Rast für beendet angekündigt wird: die Leute haben sich in der jeweils befohlenen Kolonnenart aufzustellen.

Marscherleichterung f 1) Tragen leichterer Herrenkleidung in der Hitze. Aus dem militärischen Bereich seit dem Zweiten Weltkrieg in den zivilen Alltag übertragen.
2) Dekolleté. 1945 ff.
3) kurze Damenhose. 1945 ff.

Marschierer m 1) alter M. = altgedienter, erfahrener Soldat; Soldat des vorhergehenden Krieges. Meint eigentlich den Infanteristen. 1914 ff.
2) junger M. = Rekrut; junger Mann. 1914 ff.
3) stille M. = Ungeziefer, Kleiderläuse. Wohl weil sie sich lautlos bewegen. 1850 ff.

Masche f 1) erfolgversprechendes Vorgehen; Kunstgriff, Trick. Kurz nach dem Ersten Weltkrieg aufgekommen und spätestens im Zweiten durchgedrungen. Zugrunde liegt wohl die Vorstellung von der Masche, durch die man hindurchschlüpfen kann, auch von der Masche im Sinne von »Schleife zum Vogelfangen«. Einfluß von jidd »mezio = Lösung, Erfindung, Fund, Gewinn« ist möglich.
2) pl Fußballtor. Anspielung auf das Netz, das zwischen den vier Eckpfosten gespannt ist. 1920 ff.
3) die neue M. = neuartiger Trick; ungewohnte Ausrede. 1945 ff.
4) sanfte M. = Betörung, Umschmeichlung; Gefühlsheuchelei. 1945 ff.

5) weiche M. = Umgehung aller Unannehmlichkeiten. 1950 ff.

6) eine M. drehen (reißen) = eine aussichtsreiche Gelegenheit wahrnehmen. Im Zweiten Weltkrieg aufgekommen nach dem Muster von »ein Ding drehen«.

7) die M. finden = herausfinden, wie man erfolgversprechend vorgehen kann (muß). 1955 ff.

8) das ist die M. = das ist der rettende Gedanke, der richtige Vorschlag. 1939 ff.

maschenfest *adj* unwiderleglich, stichhaltig. Eigentlich Bezeichnung für Gewebefestigkeit. Etwa seit dem Zweiten Weltkrieg.

Maschine *f* behäbige weibliche Person. Hergenommen von der gedrungenen, plumpen Form von Maschinen (Dampfwalze, Lokomotive). 1820 ff.

Maschinengewehrschnauze *f* Mensch mit unversieglichem Redefluß. Die Worte kommen aus seinem Munde mit derselben Schnelligkeit und ohne Unterbrechung wie die Schußfolge beim Maschinengewehr. Seit dem frühen 20. Jh.

Massel (Masel) *n* Glück. Stammt aus *jidd* »masol = Geschick, Glücksstern«. Spätestens seit dem frühen 19. Jh geläufig.

Massematten *pl* 1) Geschäftchen; allerlei kleine Beschäftigungen. Fußt auf *jidd* »masso umattan = Handelsbetrieb«. 18. Jh.

2) Diebstähle, Einbrüche; Diebesgeschäfte; unredliche Geschäfte; Betrügereien. Aus der vorhergehenden Bedeutung im 18. Jh in Gaunerkreisen weiterentwickelt.

3) Ausflüchte, Ausreden, Ränke. 19. Jh.

4) Widersetzlichkeit; Schwierigkeiten. 1900 ff.

5) linke M. = anrüchige Geschäfte; Betrug aller Art. [Vgl link.] 1820 ff.

Mathe *f* Mathematik; Mathematiklehrstunde, -arbeit. Schülersprachliche Abkürzung seit 1920.

Matratze *f* 1) kurzer, sehr dichter Bart; Vollbart. Anspielung auf die Roßhaarfüllung der Matratze. Seit dem frühen 20. Jh aus der Theatersprache hervorgegangen.

2) an der M. horchen (die M. abhorchen) = schlafen. Im frühen 20. Jh in der Soldatensprache aufgekommen und heute gemeindeutsch.

Matratzenhorchdienst *m* das Schlafen. [Vgl Matratze 2.] Wohl seit dem frühen 20. Jh.

matsch *adv* schlecht, übel, krank (mein Magen ist matsch). Eigentlich ein Kartenspielerausdruck, beruhend auf *ital* »marcio = mürbe, faul« und weiterentwickelt zu der Bedeutung »keinen Stich haben«. Beeinflußt vom Folgenden. 19. Jh.

Matsch *m* 1) breiige Masse; weicher, nasser Straßenschmutz. Nebenform zu manschen, s. d. Lautmalender Herkunft: wer über Morast, über aufgeweichte Wege und Wiesen geht, erzeugt mit den Schuhen einen Laut, der wie »Matsch« klingt. 18. Jh.

2) M. am Paddel = Eis am Stiel. Der Stiel nimmt sich aus wie ein Paddel (= Riemen), um den man das Eis gewunden hat. 1945 ff.

Matschauge *n* 1) durch Bindehautentzündung aufgedunsene Augengegend. Gehört der Boxersprache an und scheint spätestens um 1920 aufgekommen zu sein.

2) dummer Mensch. Die aufgedunsene Umgebung des Auges entstellt das Bild des Auges und ruft den Eindruck geistiger Beschränktheit hervor. 1920 ff.

3) Magisches Auge. Fußt auf *engl* »magic eye«. Die Aussprache von »magic« berührt sich mit »Matsch-«. 1960 ff.

Matschbirne *f* starke Geistesbeschränktheit. Weiterbildung von »weiche Birne«: die faulige Birne ist »matsch« s. d. 1920 ff.

matschen *intr* 1) in breiiger Masse wühlen; im Straßenschmutz spielen; kneten, zerdrücken. [Vgl Matsch 1.] 18. Jh.

2) Flecken auf das Tischtuch machen; schmutzen. 18. Jh.

matschig *adj* breiig, kotig; halbzergangen. [Vgl Matsch 1.] 18. Jh.

Matschpflaume *f* Geistesbeschränktheit; dummer Mensch. [Vgl Matschbirne.] 1920 ff.

Matschwetter n schmutziges Wetter; Schnee-, Tauwetter. [Vgl Matsch 1.] 19. Jh.

Matte f 1) auf der M. bleiben = sich nicht aufspielen. Hergenommen von der Matte der Ringkämpfer: Erfolge außerhalb der Matte zählen nicht. 1920 ff.

2) jn auf die M. legen (strecken) = a) jn übertreffen, besiegen, zunichte machen. Ebenfalls vom Ringkampf hergenommen. Wohl im frühen 20. Jh von der englischen Sportlersprache übernommen.

= b) jn heftig rügen. 1914 ff.

= c) jn übervorteilen, täuschen, betrügen. 1945 ff.

Matthäus V n 1) das ist Matthäi am letzten = das ist das Äußerste, das Ende, die letzte Frist. Die Herkunft der im 18. Jh aufgekommenen Redensart ist umstritten. Die einen beziehen sie auf das letzte Kapitel des Matthäus-Evangeliums: »Gehet hin in alle Welt . . .«; andere verweisen auf den Matthäustag als den Tag des Herbstanfangs: für den trägen Landarbeiter ist der Herbstbeginn der letzte Arbeitstag.

2) mit ihm ist es Matthäi am letzten = es steht schlecht mit ihm; er ist seinem Ende (Verderben) nahe. Weiterentwickelt aus dem Vorhergehenden. 18. Jh.

Mattscheibe f 1) Bewußtlosigkeit; vorübergehender Verlust der geistigen Konzentrationsfähigkeit; Gedankenlosigkeit, Vergeßlichkeit, Unzurechnungsfähigkeit. Hergenommen von der Phototechnik: Mattscheibe ist die milchglasähnliche Scheibe, durch die man vor der Aufnahme das Bild unscharf, wie im Nebel sieht. 1930 ff.

2) Versager; langweiliger Mensch. 1930 ff.

3) Fernseh-Bildschirm; Fernsehgerät. [Vgl Mattscheibe 1.] 1950 ff.

4) M. haben = benommen sein; nicht mehr klar blicken können; einen kleinen Rausch haben; verschlafen sein; dumm sein; vorübergehend nicht begreifen. 1930 ff.

Mattscheibenspiel (-stück) n Fernsehspiel. [Vgl Mattscheibe 3.] 1955 ff.

Mätzchen pl beifallheischende Kunstgriffe. »Matz« ist Abkürzung des männlichen Vornamens Matthäus und Matthias; er steht stellvertretend für »junger, einfältiger Mensch«. »Mätzchen« sind demnach eigentlich »törichte Handlungen eines jungen Menschen«. Vgl ital »matto = Narr«. Seit dem ersten Drittel des 19. Jhs.

mau adj adv dürftig, schwach; unwohl; mangelhaft (schülersprachlich). Das Wort ist nach 1850 in Berlin aufgekommen; seine Herkunft ist ungesichert.

Mauer f M. machen (stehen) = beim Taschendiebstahl den Täter umstellen, damit sein Vorgehen nicht beobachtet werden kann; den Täter bei listiger Beschaffung begehrter Waren abschirmen. Die Aufpasser und Abschirmer umstehen den Täter wie eine festgefügte Mauer. 1900 ff.

Mauerblümchen n Mädchen, das nicht (selten) zum Tanz aufgefordert wird. Es sitzt im Tanzsaal an der Wand und blüht dort im Verborgenen wie eine Pflanze, die in der Mauerspalte leicht übersehen wird. 1850 ff.

mauern v 1) intr zurückhaltend kartenspielen. Die Maurer gelten sprichwörtlich, in Witzen und Satiren als zögernd tätige Handwerker. Ob jidd »mora = Furcht« eingewirkt hat, bleibt unentschieden und unentscheidbar. 19. Jh.

2) tr beim Wettlauf den gefährlichen Gegner so einengen, daß er sein Leistungsvermögen nicht voll entfalten kann; den Weg zum Fußballtor verlegen, indem die Mannschaft auf Zeitgewinn arbeitet und zur Verteidigung übergeht (sich geschlossen im Strafraum aufstellt). 1920 ff.

Mauernweiler m hochgestellte Persönlichkeit des öffentlichen Lebens zu Gast in einer Stadt; gastierender Schauspieler. Stammt aus dem Theaterjargon: in gestelzter Begrüßungsrede ist man hochgeehrt und hocherfreut, daß der Gast in den Mauern der Stadt weilt. 1850 ff.

Maul *n* 1) Mund; grobe, derbe Sprechweise. Vom Tier im 15. Jh auf den Menschen übertragen mit dem Nebensinn des Ungesitteten, Unflätigen.

2) loses M. = ungezügelte, zänkische Sprechweise. »Lose« meint die Hemmungslosigkeit, die Abwesenheit von sprachlicher und moralischer Beherrschung. 18. Jh.

3) ungewaschenes M. = Lästerzunge; Lästerer. Eigentlich ein Mund, aus dem nur schmutzige, freche Worte kommen. 13. Jh.

4) das M. aufmachen = (grob) reden; seine Meinung äußern. 15. Jh.

5) das M. aufreißen = kräftig, derb reden; zornig reden; prahlen. Bei heftiger Rede öffnet man den Mund weiter als bei ruhigem Reden. 16. Jh.

6) das M. zu weit aufreißen (auftun) = zu offen reden; zuviel versprechen; prahlen. 1700 ff.

7) jm übers M. fahren = jm heftig widersprechen; jn wegen einer Äußerung heftig zurechtweisen. Meint eigentlich einen Schlag auf den Mund. 16. Jh.

8) nicht aufs M. gefallen sein = schlagfertig sein. Gemeint ist, daß kein Wort äußern kann, wer auf den Mund gefallen ist. 19. Jh.

9) jm ums M. gehen = jm zu Gefallen reden, jm schmeicheln. Analog zu »jm Brei um den Mund schmieren«. 18. Jh.

10) ein M. haben (ein M. am Kopf haben) = redegewandt sein; schimpfen können. [Vgl Maul 1.] 19. Jh.

11) ein großes M. haben (führen) = redegewandt sein; prahlen. [Vgl Maul 5.] Etwa seit dem 15. Jh.

12) ein lockeres (loses) M. haben = grob, zänkisch, leichtfertig reden. [Vgl Maul 2.] 17. Jh.

13) das M. halten = schweigen; verschwiegen sein. 15. Jh.

14) das M. hängen lassen = verdrießlich sein; trotzen; schmollen. Anspielung auf die Hängelippe, die dem Gesicht einen unfreundlichen Ausdruck verleiht. 1500 ff.

15) jm das M. wässerig machen = jds Begierde reizen. Sachverwandt mit »Das Wasser läuft ihm im Munde zusammen«: appetiterweckender Geruch bewirkt Speichelabsonderung aus der Speicheldrüse. 17. Jh.

16) jm das M. stopfen = jn mundtot machen; jm die Lust zur Widerrede nehmen. Nach dem Vorbild des Mästens von Geflügel usw. wird der Betreffende mit Redeschwall, Rüge o. ä. gefüttert. 15. Jh.

17) sich das M. verbrennen (verbrühen) = sich durch Worte schaden; unüberlegt sprechen. Hergenommen von heißer Speise, an der man sich den Mund verbrennt. 16. Jh.

18) das M. vollnehmen = prahlen; viel versprechen; schwätzen. Gemeint ist wohl, daß einer den Mund voll Luft nimmt, damit er desto mehr und heftiger sprechen kann. 18. Jh.

Mauldiarrhöe *f* M. haben (an M. leiden) = unversieglichen Redefluß entfalten. In vergröberter Auffassung leidet der Mund an Durchfall. 1850 ff.

maulen *intr* sich unzufrieden äußern; schmollen; halblaut schimpfen. [Vgl »das Maul hängen lassen» und »den Mund verziehen«.] 16. Jh.

maulfaul *adj* wortkarg. Vergröbertes »mundfaul«. 18. Jh.

Maulheld *m* Schwätzer, Großsprecher, Prahler. Ein Held mit Worten, nicht mit der Waffe. 18. Jh.

Maulhobel *m* 1) Mundharmonika. Die Hin- und Herbewegung der Mundharmonika wird als ein Hobeln gedeutet. 1900 ff.

2) Zahnbürste. 1900 ff.

Maulkorb *m* Unterbindung der freien Meinungsäußerung. Hergenommen vom Maulkorb, den man einem bissigen Hund anlegt: der bissige Hund ist in diesem Fall vornehmlich der Journalist, der Mißstände aufdeckt. Seit dem späten 18. Jh.

Maulkorbgesetz *n* gesetzliche Beschränkung der Redefreiheit. [Vgl das Vorhergehende.] 1870 ff.

Maulorgel *f* Mundharmonika. Spätestens seit 1920.

Maulsalve *f* eingedrillter gemeinsamer Begrüßungsruf. Seine Wirkung ähnelt dem gleichzeitigen Abschießen mehrerer Feuerwaffen. 1900 ff.

Maulscheißerei *f* unverbürgte Nachricht; unsinniges Gerede. [Vgl Mauldiarrhöe.] 1939 ff.

Maulschelle *f* Ohrfeige. Eigentlich der schallende Schlag auf den Mund. 16. Jh.

Maulseuche *f* Maul- und Klauenseuche = geschminkter Mund und geschminkte Fingernägel. Meint eigentlich die ansteckende Krankheit der Maulhöhle und der Klauen bei Schafen, Rindern, Schweinen usw. Nach dem Ersten Weltkrieg aufgekommen, als es Mode wurde, die Lippen und die Fingernägel zu färben.

Maulsperre *f* 1) Redeverbot; Verbot, öffentlich eine Meinung zu äußern. Eigentlich der Maulkrampf bei Pferden; hier soviel wie »jm das Maul verbieten, sperren«. 1850 ff.
2) die M. kriegen (haben) = sprachlos sein vor Staunen. 16. Jh.

Maulwerk *n* Redegewandtheit. Vergröberte Parallele zu Mundwerk. 17. Jh.

Maulzeitung *f* Nachrichenübermittlung von Mund zu Mund. 1900 ff.

Maurer *m* zurückhaltender Kartenspieler. [Vgl mauern 1.] 19. Jh.

Maurerklavier *n* Ziehharmonika. Für den Maurer hat sie die Geltung eines Klaviers. Seit dem ausgehenden 19. Jh.

Maus *f* 1) Mäuse = Geldmünzen, Geld. Entweder Entstellung aus Moos (s. d.) oder Anspielung auf die silbergraue Farbe, die den Mäusen und den Silbermünzen gemeinsam ist. 1900 ff.
2) weiße Mäuse= Verkehrspolizisten; zur Verkehrsregelung eingesetzte Feldpolizei; amerikanische Militärpolizei. Wegen der weißen Farbe von Dienstmütze, Handschuhen, Gürtel und Mantel. 1920 ff.
3) da beißt keine M. einen Faden ab = das ist unabänderlich. Her-

genommen entweder aus der Fabel, in der die dankbare Maus das Netz zernagt, in dem sich der Löwe verfangen hat, oder vom Schneider, der geliefertes Tuch verarbeitet und dem Kunden versichert, es werde nicht das kleinste Stück veruntreut. 17. Jh.

mauscheln *intr* betrügen; unredlich handeln. Stammt aus *hebr* »môsché« (gesprochen »Mausche«) = Moses = Schimpfname für den (Schacher-)Juden. 18. Jh.

Mäusebraten *m* Kartoffeln mit Speck; gerösteter Speck oder Schinken. Weil man gerösteten Speck in die Falle legt, um die Mäuse anzulocken. 1900 ff.

Mauseloch *n* in ein M. kriechen (sich verkriechen) mögen = aus Scham (Angst) sich verbergen mögen. »Mauseloch« meint hier den Schlupfwinkel. 17. Jh.

Mäusemelken *n* es ist zum M. = es ist zum Verzweifeln. Mäuse zu melken gilt als große Unsinnigkeit, so daß einer sehr außer sich sein muß, wenn er solcher Nutzlosigkeit sich unterziehen möchte. 1930 ff.

mausen *tr* stehlen; listig und rasch entwenden; diebisch sein. Weiterentwickelt aus »musen = Mäuse fangen«, wie ja Katzen fertigbringen; von da übertragen auf Beschleichen, um etw zu erlangen. 16. Jh.

Mauserei *f* Diebischsein; geringfügiger Diebstahl. 1700 ff.

mausetot *adj adv* tot. Stammt aus dem *ndd* »mu(r)s dot = ganz tot«, wobei »murs, maus« aus »mors« den Sinn einer allgemeinen Verstärkung angenommen hat. 17. Jh.

mausig *adv* sich m. machen = sich aufspielen; sich aus Eitelkeit vordrängen. Wird gemeinhin vom Jagdfalken hergenommen, der sich mausert: man legt es ihm als übermütiges Herausputzen aus. »Mausig« meint eigentlich »in der Mauser befindlich«. 16. Jh.

Meckerbuch *n* Beschwerdebuch. [Vgl meckern.] 1950 ff.

Meckerei *f* Äußerung der Unzufriedenheit; kleinliche Kritik. [Vgl meckern.] 1915 ff.

Meckerer *m* kleinlicher Krittler; Nörgler. [Vgl meckern.] Spätestens seit 1933.

Meckerkasten *m* öffentlicher Kasten zur Entgegennahme von Beschwerden; Beschwerdeseite (-spalte) in der Presse. [Vgl meckern.] 1950 ff.

Meckerkopf *m* Nörgler. 1930 ff.

Meckerliese *f* nörgelnde weibliche Person. 1900 ff.

meckern *intr* kleinliche Kritik üben; nörgeln. Lautmalend für die Stimme des Ziegenbocks; von da übertragen auf den Menschen, dessen Stimme der des Ziegenbocks ähnelt, und von da auf jeglichen Nörgler, wohl unter Einfluß vom »mäkeln = tadeln«. Im 18. Jh aufgekommen, aber erst nach dem Ersten Weltkrieg gemeindeutsch geworden, vor allem seit 1933 im Sinne der Unzufriedenheit mit dem nationalsozialistischen Regime.

Meckerphon *n* Megaphon. Eingedeutscht unter Einfluß von »meckern«. 1910 ff.

Meckerspalte *f* Zeitungsspalte mit Leserbriefen. 1920 ff.

Meckertüte *f* Megaphon, Mikrophon. Der aus dem Griechischen stammende Bestandteil »Mega-« wird volksetymologisierend eingedeutscht aus »meckern«. »Tüte« spielt an auf die trichterähnliche Form. 1920 ff.

Meermädchenkleid *n* Plastikkleid, dessen talergroße Teile durch Metallösen verbunden sind. Dadurch ähnelt es dem Schuppenkleid der Meerjungfrau. 1966 ff.

Mehrfach-Twen *m* Vierzig-, Sechzigjähriger. [Vgl Twen 1.] 1960 ff.

Meierei *f* üppiger Frauenbusen. Eigentlich ein landwirtschaftlicher Betrieb, auf dem vorwiegend Milchwirtschaft betrieben wird; hier Anspielung auf die Milchdrüsen der Frau. 1820 ff.

meiern *tr* jn anführen, übervorteilen. Fußt möglicherweise auf dem Meierrecht: der Gutsherr konnte Bauern, die eigene Güter hatten, zum Verkaufen zwingen. 19. Jh.

Meise *f* eine M. haben = nicht recht bei Verstande sein. »Mei-

se« steht in Parallele zu »einen Vogel haben«. 1920 ff.

melden *tr* nichts zu m. haben = einflußlos, Untergebener sein. Analog zu sagen 1. 19. Jh.

melken *tr* jn ausrauben; jm das Geld abnehmen; jn erpressen. Meint eigentlich »die Milch herausstreifen«; von da in Gauner- und Prostituiertenkreisen bezogen auf Erpressung, auch auf Diebstahl während des Beischlafs. 18. Jh.

Melone *f* steifer, runder Herrenhut; Halbzylinder. Um 1850 von England aus in Mode gekommen. Ins Deutsche entlehnt aus *franz* »chapeau melon«, eigentlich der melonenförmige Herrenhut.

Memme *f* furchtsamer, energieloser Mensch; Feigling. Meint eigentlich »Mamme, Memme = Mutterbrust«; dann auch die stillende Mutter; von da verallgemeinert zu »weibischer Mann« und zu »Feigling«. 16. Jh.

Menge *f* jede M. = unbegrenzt viel. Wohl von der Kaufmanns- und Marktfrauensprache hergenommen: man verkauft die Ware gramm-, pfund- und zentnerweise. Vielleicht lehnübersetzt aus *engl* »any amount«. 1920 ff.

mengen *tr* etw geschickt bewerkstelligen; etw auf fragwürdige Weise zustande bringen. Wohl hergenommen von Durcheinandermischen verschiedener Stoffe, die nicht zueinander gehören. 1920 ff.

Menkenke *f* (**Menkenken, Menkenkes** *pl*) Täuschung, Schwindel; Umschweife. Wohl Streckform zu »mengen« im Sinne von »Gemisch, Durcheinander«. 1850 ff.

Mensch *m* 1) gemütliche Anrede; Ausruf der Verwunderung. Hängt vielleicht mit »ecce homo« zusammen. 19. Jh.
2) M. Meier!: Ausruf des Erstaunens; erstaunte Anrede. Möglicherweise entstanden aus der Anrede an einen namens Meier, vielleicht im Zusammenhang mit einer Posse. 1900 ff.
3) wie der erste M. = weltunerfahren, unwissend, unbeholfen,

unmodern, töricht. Seit dem frühen 20. Jh.

menscheln *v* es menschelt = ein hoher Würdenträger läßt erkennen, daß auch er mit menschlichen Schwächen behaftet ist. 19. Jh.

Menschenskind *n* verwunderte Anrede. 17. Jh.

Menschheit *f* 1) Menschenmenge. 1800 ff.
2) jn auf die M. loslassen = einen fertig ausgebildeten Menschen aus der Schule oder Lehre entlassen. Ironisch gemeint; denn auf die Menschheit losgelassen wird das wilde Tier. 1900 ff.

Mercedes-Verschnitt *m* Kleinauto; Kabinenroller o. ä. Gleich dem Rum-Verschnitt eine billigere Ware. 1920 ff.

meschugge (meschuggig, meschuggen) *adj* verrückt. Stammt aus dem gleichbedeutenden *jidd* »meschuggo«. Seit dem frühen 19. Jh in deutschen Texten verbreitet.

Messer *n* 1) da geht einem das M. in der Tasche (im Sack) auf = man wird sehr zornig, sehr erregt. Die Erregung ist so hochgradig, daß das Messer in der Tasche von selber aufgeht, als gelte es, einen zu verwunden oder zu erstechen. 1900 ff.
2) jm das M. an die Kehle setzen = jm hart zusetzen; jds Zustimmung erzwingen. Meint eigentlich »jds Leben bedrohen«. 18. Jh.
3) das M. sitzt ihm an der Kehle = er hat mit harten Maßnahmen zu rechnen; er steht kurz vor dem geschäftlichen Zusammenbruch. 1800 ff.

Mesummen (Mesummes) *pl* 1) (abgezähltes) Geld. Stammt aus *jidd* »mesumman = bar, zubereitet, bestimmt« und ist in ähnlich lautender Form seit dem frühen 18. Jh verbreitet.
2) linke M. = Falschgeld. [Vgl link.] 1820 ff.

Meter *n* Mark (Münze). Gleichsetzung von Längenmaß und Münze wegen der für beide gleichen Abkürzung »M« oder »m«. Seit dem späten 19. Jh.

Metzgergang *m* vergeblicher Gang; fruchtlose Bemühung. Der Metzger, der bei den Bauern Schlachtvieh kaufen will, macht manchen vergeblichen Weg. 18. Jh.

metzgern *intr* sich beim Rasieren schneiden. [Vgl abschlachten.] 1930 ff.

mickrig (miekrig) *adj* kümmerlich, schwächlich, unfroh. Beruht auf der germanischen Vokabel »muk = weich, gedrückt«. 18. Jh.

Mief *m* verbrauchte Zimmerluft. Verwandt mit »muffen, müffen = faulig riechen«. Seit dem späten 19. Jh.

miefen *intr* stinken, duften. [Vgl das Vorhergehende.] Spätestens seit 1900.

Miefkiste *f* Bett; Kasernenbett. [Vgl Mief. Vgl Kiste.] Stammt wohl aus der Seemannssprache des späten 19. Jhs.

Miefkoje *f* Bett. [Vgl Mief.] Seemannssprachlich seit dem späten 19. Jh.

Miefquirl *m* Ventilator. Er rührt den »Mief« um wie der Quirl den Teig. Scheint gegen 1880 bei der Kriegsmarine aufgekommen zu sein, da damals die Schiffe Ventilatoren besaßen; in Kasernen und anderen Gebäuden wurden sie wesentlich später eingeführt.

mies (miese) *adj* schlecht, unfreundlich, unwohl, übel. Stammt aus *jidd* »mies = häßlich, verächtlich, abstoßend«, wohl mit Einfluß von »miserabel«. 18. Jh.

Miesepeter *m* mißgestimmter, verdrießlicher Mensch. [Vgl das Vorhergehende.] 19. Jh.

miesepetrig *adj* mißgestimmt, wehleidig, kränklich. 19. Jh.

Miesling *m* unbeliebter, widerwärtiger Mensch. 1930 ff.

miesmachen *tr* 1) jn schlecht machen. [Vgl mies.] 1850 ff.
2) etw als ungünstig darstellen; etw verleiden. Seit dem frühen 20. Jh, anfangs kaufmannssprachlich.

Miesmacher *m* Pessimist; Nörgler. Im späten 19. Jh aufgekommen entweder in der Börsensprache (= Flaumacher) oder in der Sprache der Theaterkritiker.

Miesmacherei f Pessimismus, Defätismus, Nörgelei. Spätes 19. Jh.

Mietkaserne f s. Mietskaserne.

Mietsilo m Apartmenthaus. Es ist hochgebaut und bewahrt die Mieter auf wie Getreide in einem Lagerhaus. 1955 ff.

Mietskaserne f Wohnhaus für viele Mieter. Der Zweckbau ist schmucklos wie eine Kaserne. 1870 ff.

Miez (Mieze) f Katze (Ruf-, Kosename). Hergenommen vom Ton »mie«, mit dem die Katze ihre Jungen lockt. Seit dem frühen 19. Jh.

Mieze f Mädchen, Bardame, Bettgenossin. Wohl wegen der Katzenähnlichkeit des Verhaltens. 18. Jh.

Miezekatze f Katze. Wegen des Lockrufs »mie« der Katze für ihre Jungen. 16. Jh.

Mikrophongalgen m Mikrophonausleger. 1920 ff.

Milch f 1) M. von der blauen Kuh = Magermilch; mit Wasser verdünnte Milch. Magermilch hat eine schwach bläuliche Färbung, weswegen man scherzhaft annimmt, sie komme von einer blauen Kuh. 1860 ff.
2) bei ihm ist die M. sauer = a) er verhält sich ablehnend; er ahnt Benachteiligung; man hat ihm etw verleidet. Leitet sich her entweder von der schädlichen Wirkung starkwirkender Arzneien auf die Milchabsonderung der stillenden Mutter oder von der Milch, die bei Gewitterschwüle sich versetzt. 1900 ff.
= b) er ist mißmutig, schlechtgelaunt. Saure Milch ist nicht nach jedermanns Geschmack. Beeinflußt von »ein saures Gesicht machen«. Sprichwörtlich heißt es, wenn ein Mißmutiger in süße Milch blicke, werde sie sauer. 1900 ff.

Milchgeschäft n Frauenbusen. 1900 ff.

Milchladen m Frauenbusen. 1900 ff.

Milchpanscher m Milchverwässerer. [Vgl panschen.] 19. Jh.

Milchwirtschaft f Frauenbusen. In scherzhafter Auffassung eine Wirtschaft, in der Milch ausgeschenkt wird. 1850 ff.

Militärklamotte f anspruchsloser, derber Militärfilm o. ä. [Vgl Klamotten 5.] 1930 ff.

Militärschnulze f Militärfilm voller Rührseligkeit und Wehmut. [Vgl Schnulze.] 1950 ff.

Millionendorf n München. 1959 aufgekommen, als der millionste Bürger Münchens geboren wurde. Um 1870 auf den Berliner Vorort Schöneberg bezogen.

Millionenschmarren m geschmackloser Großfilm, dessen Herstellung Millionen gekostet hat. [Vgl Schmarren.] 1920 ff.

minderbemittelt adj geistig m. = unterdurchschnittlich begabt; dumm. Blasphemisch übertragen vom Bibelwort von den Armen im Geiste, woraus man volkstümlich »die Armen an Geist« macht. 1900 ff.

Mini m sehr kurzer Mädchenrock. Verkürzt aus Minirock. 1966 aufgekommen mit der Mode. Fußt auf »Miniatur« oder auf »minimum«.

mini adv sehr kurz (auf den Mädchenrock bezogen). 1966 ff.

mini gehen einen Rock tragen, der weit über den Knien endet. 1966 ff.

miniberockt adj mit einem sehr kurzen Rock bekleidet. 1966 ff.

Minibikini m 1) Frauenbadeanzug ohne Oberteil. Zusammengesetzt aus »Mini-« und »Bikini«. 1964 ff.
2) sehr stoffarmer zweiteiliger Damenbadeanzug. 1965 ff.

Minihemd n Damenhemd, das weit über den Knien endet. 1966 ff.

Minikini m Frauenbadeanzug ohne Oberteil (mit sehr schmalem Oberteil). Zusammengesetzt aus »Mini-« und »Bikini«. 1964 ff.

Minikleid n 1) oberteilloses Kleid. 1964 ff.
2) Kleid mit sehr kurzem Rock, der die Knie nicht bedeckt. 1966 ff.

minikurz adj sehr kurz (auf den Damenrock bezogen). 1966 ff.

Minirock m kniefreier Rock. [Vgl Mini.] 1966 ff.

Minissimirock m Mädchenrock, der sehr weit oberhalb des Knies endet. 1966 ff.

Minna f 1) grüne M. = Gefängniswagen. Vermutlich wegen der Anstrichfarbe; möglicherweise auch beeinflußt von *rotw* »grün = unangenehm; nicht geheuer«. 1870 ff.

2) jn zur M. machen = jn scharf einexerzieren; jn rücksichtslos behandeln; jn einem schweren Examen unterwerfen. Minna bezeichnet die Hausangestellte, fußend auf dem Vornamen Wilhelmine. Gemeint ist wahrscheinlich, daß einer so schlecht behandelt wird wie eine Hausgehilfin: er wird zu allen untergeordneten Arbeiten herangezogen und darf nicht aufbegehren. 1930 ff.

minus machen *etw* verlieren, entzweimachen; sich etw verscherzen. Stammt vielleicht aus dem Kaufmannsdeutsch: einen Minderbetrag in den Geschäftsbüchern haben. 1900 ff.

Minuskavalier *m* Mann ohne gesittetes Benehmen gegenüber Frauen. Durch das arithmetische »minus« wird der Kavalier zum genauen Gegenteil. Seit Anfang des 20. Jhs.

mischen *v* s. gemischt.

Mischmasch *m* Durcheinandergemischtes; Durcheinander. Zusammengewachsen aus »mischen« und »manschen«. 16. Jh.

Mischpenne *f* Gymnasium für Knaben und Mädchen. [Vgl Penne.] 1950 ff.

Mischpoke (Mischpoche) *f* Gruppe; Familie; unangenehme Gesellschaft. Stammt aus *jidd* »mischpocho = Stamm, Genossenschaft, Familie«. Seit dem frühen 19. Jh.

Missionsfest *n* es ist mir ein inneres (geistiges) M. = es freut mich sehr, ist mir eine große Genugtuung. Bei Schülern und Studenten um 1930 aufgekommene Erweiterung von »Es ist mir ein Fest« mit Anspielung auf die religiöse Bewegung der äußeren und inneren Mission.

mißverstehen *tr* er versteht mich miß = er mißversteht mich. Entgegen der Regel werden hier die unabtrennbaren Partikel getrennt, wohl unter Einfluß von »falsch verstehen«. 19. Jh.

Mist *m* 1) Nichtiges; Wertloses;

Fehlleistung; falsches Ergebnis; Unfug; Unsinn. Eigentlich der Kot und die mit Kot durchtränkte Streu; für den Bauern wertvoll, dem Städter ein ästhetisches Ärgernis. Schon im Mittelalter geläufig.

2) allerletzter M. = völlige Wertlosigkeit. 1950 ff.

3) erhabener M. = Unsinn in gefälliger Form. 1933 ff.

4) gediegener M. = völliger Unsinn; Minderwertiges in ansprechender Aufmachung. 1900 ff.

5) letzter M. = äußerste Wertlosigkeit. 1950 ff.

6) schick garnierter M. = Wertloses in ansprechender Aufmachung. »Schick garniert« kann eine Speise sein, auch ein Damenhut. 1950 ff.

7) M. bauen = eine sehr schlechte Leistung vollbringen; eine schlimme Tat begehen. 1930 ff.

8) auf eigenem M. gewachsen sein = aus eigenem Nachdenken hervorgegangen sein; geistiges Eigentum sein. Hergenommen vom Landwirt, der alles auf eigenem Mist wachsen läßt, ohne Mist hinzuzukaufen. Der Misthaufen als Wachstumsstätte des Geistes. Daher ironische Geltung. 18. Jh.

Mist- als erster Bestandteil einer (meist) doppelt betonten Zusammensetzung kennzeichnet den zweiten Bestandteil als minderwertig, unangenehm o. ä.

Mistblatt *n* minderwertige Zeitung. 1900 ff.

Mistding (Mistdings) *n* schlechtes Ding. 1900 ff.

Mistfink *m* schmutzender, schmutziger Mensch; Mensch mit gemeiner Gesinnung. »Fink« entwickelt sich seit dem 14./15. Jh als männliches Gegenstück zu »Schnepfe« zur Bezeichnung eines Menschen von niedriger Lebensart und Gesittung. Steht auch oft für »Bauer«, weil man ihm keine vornehme Art zutraut.

Mistkerl *m* minderwertiger Mann. 19. Jh.

Mistkram *m* minderwertige Sache. 1900 ff.

Mistsau *f* schmutzender Mensch;

niederträchtiger, charakterloser Mensch. 16. Jh.

Miststück *n* widerlicher, untauglicher Mensch; Schimpfwort; gelegentlich auch Kosewort. 1900 ff.

Mistvieh (Mistviech) *n* Schimpfwort auf Tiere, Menschen und Gegenstände. 1800 ff.

mit *präp* 1) mit Geschmack (eine Flasche Mineralwasser mit Geschmack). Kellnersprache seit dem ausgehenden 19. Jh.
2) mit ohne was an = unbekleidet. 1900 ff.

mitgehen heißen (lassen) *tr* entwenden, stehlen. Hehlbezeichnung seit dem 16. Jh.

mitkommen *intr* geistig folgen können; gleichkommen; ebenbürtig sein. Leitet sich wohl her von einer gemeinschaftlichen Wanderung, bei der man nicht zurückbleibt. 19. Jh.

mitkriegen *tr* 1) mitbekommen (was kriegt sie als Aussteuer mit?) 17. Jh.
2) etw mithören, verstehen. Meint eigentlich, daß einer mit den Ohren wahrnimmt, was auch die andern hören. 1900 ff.

mitmachen *intr* 1) bei etw m. = sich an etw beteiligen. 1800 ff.
2) nicht mehr lange m. = bald sterben. 1900 ff.

mitmischen *intr* sich an Entscheidungen beteiligen; maßgeblichen Einfluß ausüben. Wohl vom Mischen der Spielkarten vor dem Austeilen hergenommen. 1900 ff.

mitnehmen *tr* besuchen, besichtigen (auf der Reise nach Berlin haben wir noch Potsdam mitgenommen). Meint soviel wie »zugleich mit anderem nehmen«. 17. Jh.

mittelprächtig *adj adv* ausreichend, erträglich, mittelmäßig; weder gut noch schlecht. Nach 1920 aufgekommen, vielleicht nach dem stehenden Ausdruck in Versteigerungskatalogen »mittelprächtig = ziemlich gut erhalten (gutdurchschnittliche Qualität)«.

mittelprima *adv* weit über m. = fast hervorragend. 1920 ff.

Mitternachtspokal *m* Nachtgeschirr. 1900 ff.

Mitternachtstasse *f* Nachtgeschirr. 1900 ff.

Mitternachtsvase *f* Nachtgeschirr. Vielleicht lehnübersetzt aus *franz* »vase de nuit« oder aus *ital* »vaso da notte«. Spätestens seit 1900.

Möbel *n* 1) Gegenstand; ungefüger, lästiger Gegenstand. 19. Jh.
2) jm die M. gerade rücken (stellen) = jn heftig zur Ordnung rufen; jn heftig zurechtweisen. Sinnlich erweitert aus »richtigstellen« und »zurechtweisen«. 19. Jh.

Modeschrei *m* der letzte M. = die letzte Modeneuheit. [Vgl Schrei.] 1920 ff.

Mogelei *f* betrügerisches Kartenspielen; Täuschen in der Schule. [Vgl mogeln.] Seit dem späten 18. Jh.

mogeln *intr* beim Spiel betrügen; in der Schule unerlaubte Hilfsmittel benutzen; betrügerisch handeln. Die Herleitung ist umstritten. Nach den einen fußt das Wort auf *rotw* mohel (aus *hebr* »mohel sein = Goldstücke beschneiden zwecks Gewichtsverringerung«); andere verweisen auf *hebr* »mogal = treulos sein«. Wieder andere erblicken in dem Wort eine Nebenform zum mundartlichen Verbum »maucheln = heimlich, hinterlistig handeln«. Seit dem späten 18. Jh.

Mogelzettel *m* selbstverfertigtes, unerlaubtes Hilfsmittel des Schülers. [Vgl mogeln.] 1900 ff.

Mohikaner *m* der letzte M. (der letzte der M.) = a) der letzte Gast; der als letzter das Lokal verlassende Gast. Entstellt aus dem Titel des einst und heute vielgelesenen Romans »Der letzte der Mohikaner« von J. F. Cooper (1826). Etwa seit der Mitte des 19. Jhs.
= b) das letzte Geldstück. Seit dem späten 19. Jh.
= c) der Rest in der Flasche; der letzte Schluck. 1900 ff.

Mohr *m* einen M.en weiß waschen wollen = Unmögliches versuchen; einem strafrechtlich (politisch) Belasteten ein Leumundszeugnis ausstellen. Fußt auf Jeremias 13, 23: »Kann auch ein Mohr seine

Haut wandeln?« sowie auf der Redewendung »einen Äthiopier waschen« in einer Fabel des Äsop. 1500 ff.

Mohrenwäsche f (vergeblicher) Versuch der völligen Entlastung eines Schuldigen. [Vgl das Vorhergehende.] 19. Jh.

Molkerei f üppig entwickelter Frauenbusen. Anspielung auf die Milchdrüsen. 1930 ff.

Molotow-Cocktail m Brandflasche zur Panzerbekämpfung. 1941/42 von Russen erfunden und nach dem damaligen Außenminister benannt; rasch in der deutschen Soldatensprache volkstümlich geworden. Wiederaufgelebt 1956 beim Aufstand in Ungarn.

molum adv betrunken. Stammt aus jidd »mole« = voll«, in Gaunerkreisen zu »molum« entwickelt und im 18. Jh durch Studenten alltagssprachlich geworden.

Mond m 1) Glatze, Vollglatze. Wegen der Formähnlichkeit und Helligkeit des Kahlkopfes mit dem Vollmond. 19. Jh.

2) der M. geht auf = a) es bildet sich eine Glatze. 19. Jh.

= b) in einer Gesellschaft erscheint ein Glatzköpfiger. 19. Jh.

3) die Uhr geht nach dem M. = die Uhr geht falsch. Sie richtet sich nicht nach dem Sonnentag, sondern nach dem Mond, der für die Zeitmessung ausscheidet. 19. Jh.

4) auf (hinter, in) dem M. sein (leben) = weltfremd leben; weltfremd urteilen; sich um alltägliche Dinge nicht kümmern. Der Mond ist von der Erde sehr weit entfernt; wer auf ihm oder gar hinter ihm lebt, ist der irdischen Wirklichkeit sehr ferngerückt. 19. Jh.

5) in den M. schauen (sehen, gukken, blicken, glotzen o. ä.) = das Nachsehen haben; bei einer Verteilung leer ausgehen. Hängt wahrscheinlich mit der Aberglaubensregel zusammen, daß ungeschickt und blöde wird, wer in den Mond sieht. 19. Jh.

6) jn auf den M. schießen mögen = jn in weite Ferne wünschen.

Aufgekommen 1961 im Zusammenhang mit der ersten Mondrakete.

7) im M. sein = geistesabwesend, zerstreut sein. [Vgl Mond 4.] 1900 ff.

8) hinter dem M. daheim sein (wohnen) = rückständig sein; mit modernen Dingen unbekannt sein. [Vgl Mond 4.] 19. Jh.

Mondkalb n dummer, einfältiger Mensch. Hat mit »Mond« wahrscheinlich nichts zu tun, wohl aber mit »Mon = Gespenst, Ungeheuer«. Das »Mondkalb« ist ein verhextes Kalb, eine Mißgeburt. Der Ausdruck ist volksetymologischer Natur. Mißgeburten führt der Aberglaube auf den schädlichen Einfluß des Mondes zurück. 18. Jh.

Mondschein m 1) Glatze. [Vgl Mond 1.] 18. Jh.

2) er kann mir im M. begegnen!: Ausdruck der Abweisung. Euphemistisch für »er kann mich im Arsch lecken!«. 19. Jh.

Mondscheinschnitte (-stulle) f sehr dünne Brotscheibe. Durch sie hindurch kann man den Mondschein sehen. Seit dem ausgehenden 19. Jh.

Moneten pl Geld. Stammt aus »moneta«, dem Beinamen der römischen Göttin Juno, in deren Tempel auf dem Kapitolinischen Hügel die Münzstätte eingerichtet war. Im späten 18. Jh durch Studenten in der Alltagssprache eingebürgert.

Montag m blauer M. = arbeitsfreier Montag (Montag, an dem man der Arbeit willkürlich fernbleibt). Herkunft unsicher. Die einen führen den Ausdruck auf das Blaufärben der Wolle mit Waid zurück: die am Sonntag eingefärbte Wolle wurde montags an die Luft gelegt, so daß die Gesellen dann müßig gehen konnten. Andere meinen, die Bezeichnung hänge mit »blau = betrunken« zusammen, und am blauen Montag schlafe man seinen Sonntagsrausch aus. 17. Jh.

Moos n Geld. Stammt aus dem gleichbedeutenden jidd »moos«,

Mehrzahl von »moo = Pfennig«. 18. Jh.

Mops *m* 1) unfreundlicher, mürrischer Mensch; Mensch mit dickem Gesicht. Zusammenhängend mit »moppen = das Gesicht verziehen«. 18. Jh.

2) Möpse = Silberstücke; Hartgeld; Mark; Geld. Münzen werden gern durch Tiernamen bezeichnet: Goldfüchse nennt man die Goldstücke; Mäuse sind die Silberstücke; Möpse spielt auf die silbergraue Farbe der Münzen an. 1820 ff.

3) wie der M. im Paletot = fröhlich, sorglos. Stammt wahrscheinlich aus einem Albumvers aus der Zeit um 1870: »Lebe lustig, lebe froh wie der Mops im Paletot«.

mopsen *v* 1) *tr* Dinge von geringem Wert stehlen. Fußt wohl auf »Möpse = Geld«. Etwa seit 1800.

2) sich m. = sich langweilen; murren. [Vgl Mops = unfreundlicher Mensch.] 18. Jh.

3) sich m. = sich ärgern; schmollen (auch in der Form: Es mopst mich). 1850 ff.

mopsig *adj* 1) mürrisch, verärgert. [Vgl Mops 1.] 18. Jh.

2) langweilig; gelangweilt. 18. Jh.

Moralischer *m* einen Moralischen haben = sich Selbstvorwürfe machen (vor allem wegen Unmäßigkeit im Trinken). Verkürzt aus »moralischer Katzenjammer«. 1800 ff. Wohl bei Studenten aufgekommen.

Moralpauke *f* Strafrede. [Vgl Standpauke.] Etwa seit dem ausgehenden 19. Jh.

Mord *m* M. und Totschlag = laute Auseinandersetzung; Lärm. Gemeint ist eigentlich, daß einer so laut schreit, als rufe er um Hilfe bei einem Mord oder Totschlag. 18. Jh.

Mords- (mords-) als erster Bestandteil einer meist doppelt betonten Zusammensetzung drückt eine allgemeine Verstärkung aus; fußend auf dem Mord als einem sehr aufsehenerregenden Alltagsvorgang, wohl auch beeinflußt von »mort = Teufel«. Am geläufigsten sind folgende Zusammensetzungen:

Mordsappetit = großer Appetit; Mordsarbeit = mühevolle Arbeit; mordsdämlich = sehr dümmlich; Mordsdusel = großes Glück; Mordsgeschichte = aufsehenerregende Begebenheit, schlimme Sache; Mordsglück = großes Glück; mordsgroß = unförmig groß; mordshäßlich = sehr häßlich; Mordshunger = sehr großer Hunger; Mordskerl = großwüchsiger, stämmiger Mann; tapferer Mann, Draufgänger; Mordskrach *m* = lebhafte Auseinandersetzung, großer Lärm; Mordsmädchen (-mädel) = großwüchsiges Mädchen, tüchtiges Mädchen; mordsmäßig *adv adj* = sehr groß, stark, viel; Mordsrausch = Vollrausch; Mordsskandal = großer Skandal; Mordsspaß = großer Spaß; Mordsspektakel = ohrenbetäubender Lärm; Mordswut = heftige Wut.

Mores (mores) *pl* jm M. beibringen (jn M. lehren) = jn zu gesitteten Verhalten anhalten; jn zurechtweisen. Stammt aus dem Latein der spätmittelalterlichen Klosterschulen (Mores = gute Sitten; Anstand). 1500 ff.

Morgenei *n* die erste Notdurftverrichtung am Tage. Seit dem frühen 20. Jh.

Morgensegen *m* 1) Beschuß am frühen Morgen. Meint eigentlich den Morgenchoral, auch die Gebetsverlesung am Morgen. Seit dem Ersten Weltkrieg.

2) scharfe Zurechtweisung am frühen Morgen. 1939 ff.

Moritz *Vn* 1) jn M. lehren = jn scharf zurechtweisen. Moritz ist volksetymologisch im 18. Jh aus »Mores« entwickelt.

2) wie der kleine M. sich das vorstellt (was sich der kleine M. darunter vorstellt) = in naiver Vorstellung. Der kleine Moritz ist eine von Adolf Oberländer gezeichnete, volkstümliche Figur. Die Bezeichnung war allerdings schon im ausgehenden 18. Jh geläufig, und zwar mit Bezug auf Karl Philipp Moritz, der über Schillers »Kabale und Liebe« eine unflätige und verständnislose Kritik in der Vossischen Zeitung

schrieb und seitdem von den Berlinern »der kleine Moritz« genannt wurde.

Moses *Pn* M. und die Propheten = Geld. Eine Scherzreimbildung zu »Moneten«, entstellt aus »Moos« mit Anlehnung an die biblische Erzählung vom reichen Mann (Lukas 16, 29). 18. Jh.

Motorbraut *f* Auto-, Motorradmitfahrerin. 1920 ff.

Motte *f* 1) lebenslustiges, leichtlebiges Mädchen. Von der Beweglichkeit und Flüchtigkeit der Motte im 19. Jh auf den leichtsinnigen, tändelnden Menschen übertragen.

2) kesse M. = reizendes, reizvolles, dem Intimen nicht abgeneigtes Mädchen. [Vgl keß.] 1920 ff.

3) die M.n haben = lungenkrank, tuberkulosekrank sein. Hergenommen von der Ähnlichkeit der von Tuberkulose stark infizierten Lunge mit einem von Motten heimgesuchten Gewebe. 1900 ff.

4) M.n im Kopf haben = wunderliche Gedanken hegen; ungerechtfertigte Ansprüche stellen. Herzuleiten von der alten volkstümlichen Vorstellung, daß Wunderlichkeit durch Insekten hervorgerufen wird, die sich im Kopf einnisten. 1850 ff.

5) du kriegst die M.n!: Ausdruck des Erstaunens. Herkunft ungesichert. Ursprünglich vielleicht ein Entsetzensschrei angesichts von Kleidungsstücken, die durch Motten gefährdet sind. Andere verweisen auf »Motte = Milbe, Schabe« und meinen, man wünsche dem anderen die Schaben ins Haus. 1800 ff.

Mottenburg *f* Lungenheilstätte. [Vgl Motte 3.] Seit dem frühen 20. Jh.

motzen *intr* 1) langsam tätig sein; zögern. Vielleicht verwandt mit mucksen, s. d. Um 1500 kommt »mützeln« im Sinne von »zögern« vor.

2) verdrießlich, nörglerisch sein; schmollen. 18. Jh.

motzig *adj* verdrießlich. 18. Jh.

Muck *f* jn auf der M. haben = jn scharf beobachten; jn nicht leiden können; es jm gedenken. »Muck« nennt man das Korn am Gewehr; also analog zu »jn auf dem Korn haben«. 19. Jh.

Mücke *f* 1) kleiner Ober-, Unterlippenbart. [Vgl Fliege 1 und 2.] Spätestens seit 1900.

2) kleines Geldstück. Mit »Mücke« bezeichnet man eine Kleinigkeit. Wohl seit dem ausgehenden 19. Jh.

3) (die) M. machen = flüchten, davongehen. Umschreibung für »davonfliegen«. 1939 ff.

Muckefuck *m* dünner, gehaltloser Kaffee; Kornkaffee. Soll in der Gegend der Wupper aufgekommen sein, wo »Mucke« den Mulm in hohlen, verfaulenden Baumstubben meint; diesen Mulm schätzt man als Blumentopferde. »Fuck« meint soviel wie »faul«. Nach anderen ist »Mucke« aus »Mutt, Mudd = Moder« entstellt. 19. Jh.

Mucken *pl* wunderliche Einfälle; Launen; Widersetzlichkeit; Schwierigkeiten. Unumgelautete Form für »Mücken«. Fußt auf der Vorstellung des Volksglaubens, daß Insekten in den Kopf des Menschen kriechen und dort das normale Denken stören. 15.

mucken *intr* halblaut aufbegehren. Schallnachahmend für einen Brummlaut: wer sich wortlos widersetzt, gibt ein Brummen von sich, ohne seine Ansicht unumwunden zu äußern. 16. Jh.

Mucks *m* s. Muckser.

mucksen (muckschen) *v* nicht m. (sich nicht m.) = keinen Laut von sich geben; nicht aufbegehren. Iterativum zu mucken, s. d. 17. Jh.

Muckser (Mucks, Muck) *m* Laut des Aufbegehrens. [Vgl mucken.] 17. Jh.

mucksig (mucksch) *adj* verdrießlich, aufbegehrend, trotzig; launisch. [Vgl mucksen.] 18. Jh.

Müdigkeit *f* keine M. vorschützen! = sei munter, frisch! Freundlich-ironische Aufforderung zum Weiterarbeiten, zum Weiterzechen, zum Weiterspielen o. ä. Im späten 19. Jh aufgekommen.

Muff *m* 1) verdrießliches (spöttisches) Verziehen des Mundes. [Vgl muffeln 1.] Etwa seit 1500.

2) mürrischer Mensch. Eigentlich einer, der ein verdrießliches Gesicht zeigt. 1600 ff.

3) schlechte Luft; modriger Gestank. [Vgl muffeln 2.] 19. Jh.

Muffel *m* mürrischer Mensch. [Vgl muffeln 1.] 1800 ff. [Vgl Krawattenmuffel.]

muffelig *adj* mürrisch, unfroh. [Vgl muffeln 1.] 1800 ff.

muffeln (muffen) *intr* 1) mürrisch sein. Fußt auf der germanischen Vokabel »mup« und bezieht sich auf das Gesichterschneiden. [Vgl Muff.] 1500 ff.

2) schlecht, faulig riechen. Stammt vielleicht aus *ndl* »muf = verschimmelt, dumpfig«. Seit der spätmittelhochdeutschen Zeit.

3) schmausen, kauen. Zusammengewachsen aus »Mumpfel = Mundvoll«. 18. Jh.

muffig *adj* 1) mürrisch. [Vgl muffeln 1.] 18. Jh.

2) schimmelig; fauligen Geruch ausströmend. [Vgl muffeln 2.] 18. Jh.

Muhkuh *f* Kuh. Kindersprachlicher Ausdruck nach dem Laut »muh« der Kuh. 1800 ff.

Mühle *f* 1) Flugzeug. Hergenommen von der windmühlenflügelartigen Drehung des Propellers. 20. Jh.

2) altes Kraftfahrzeug. Wohl verkürzt aus »Knochenmühle« oder aus »Kaffeemühle«. 1920 ff.

3) Fahrrad; Motorrad, Moped. Anfangs nur auf das Fahrrad (wohl verkürzt aus »Tretmühle«) bezogen, später auch auf Motorrad u. ä. 1900 ff.

mulmig *adj* bedenklich, unbehaglich, heikel, unsicher. Gehört zu »Mulm = Staub; Zerfallenes, Zerbröckeltes«, auch soviel wie »faules Holz; Fäulnis«. Seit dem späten 19. Jh.

Mulus *m* noch nicht immatrikulierter Student. Eigentlich der Maulesel als Lasttier; stammt aus der Zeit, als der ältere Student den neuen zu Botenzwecken verwandte. 19. Jh.

Mumm *m* Energie, Willenskraft, Mut, Tapferkeit. Wohl aus *lat*

»animum = Mut, Beherztheit« verkürzt. Schätzungsweise seit 1850 geläufig.

Mümmelgreis *m* alter kraftloser Mann. Gehört zu »mummeln = undeutlich reden; mit zahnlosem Munde kauen«. 19. Jh.

Mumpitz *m* törichtes Gerede; Unsinn; Schwindel. Zusammengewachsen aus »Mumme = Maske« und »Butze = Vogelscheuche, Schreckgestalt«. Also eigentlich ein Gerede, mit dem man schrekken, einschüchtern will. Nach 1870 an der Berliner Börse aufgekommen zur Bezeichnung von Schwindelhaftem.

Mund *m* 1) nicht auf den M. gefallen sein = schlagfertig sein. [Vgl Maul 8.] Seit dem 19. Jh.

2) jm den M. wässerig machen = jds Begierde reizen. [Vgl Maul 15.] 17. Jh.

3) sich den M. dämlich reden = vergeblich auf jn einreden. Seit dem frühen 20. Jh.

4) sich den M. fransig (in Fransen) reden = eindringlich, aber vergeblich reden. Gemeint ist, daß vom vielen Sprechen die Lippe reißt und zu guter Letzt in Fransen herunterhängt wie ein zerfetzter Stoff. 1900 ff.

5) sich den M. fusselig reden = eindringlich, aber vergeblich reden. Fussel = Fädchen. [Vgl Mund 4.] 19. Jh.

6) sich den M. verbrennen = sich durch Worte schaden; unüberlegt sprechen. [Vgl Maul 17.] Etwa seit dem 16. Jh.

7) den M. vollnehmen = prahlen; viel versprechen; schwätzen. [Vgl Maul 18.] 18. Jh.

8) mach den M. zu = schweige; hör endlich auf zu reden! Zur Begründung, warum man dem Betreffenden anrät, den Mund zu schließen, gibt es seit dem ausgehenden 19. Jh etliche Redewendungen: dein Bandwurm erkältet sich; dein Bandwurm schielt; dein Charakter geht weg; es gibt Durchzug; das Herz wird kalt; du verkühlst dir das Herz; sonst geht die Luft hinaus; du erkältest dir den Magen; deine

Milchzähne werden sauer; die Mücken stechen in dein Herz; sonst fallen dir die Sägespäne aus dem Schädel; die Scheiße wird kalt; die Scheiße wird sauer; die Spucke wird kalt; deine Stimmbänder rosten; deine Zähne verfaulen; es zieht.

Mundfunk *m* Nachrichtenübermittlung von Mund zu Mund. Nach 1933 aufgekommenes Wort nach dem Muster von »Rundfunk«.

Mundhobel *m* Mundharmonika. [Vgl Maulhobel.] Spätestens seit 1914.

Mundstück *n* ein gutes M. haben = redegewandt sein; pausenlos schwätzen können. »Mundstück« ist um 1500 der Teil des Gesichts, in dem der Mund liegt, auch der Teil des Blasinstruments, der an den Mund gesetzt wird. In bildlicher Anwendung ist die Redensart wohl aus beiden Bedeutungen zusammengewachsen. 18. Jh.

Mundwerk *n* Redefertigkeit; unsieglicher Redefluß. »Werk« meint die Gesamtheit mechanischer Vorgänge (Orgelwerk, Uhrwerk). 16. Jh.

Munition *f* Geld, Geldmittel. Wohl bei den Soldaten aufgekommen: der Soldat, der keine Munition mehr hat, ähnelt sehr dem, der kein Geld mehr hat. 1900 ff.

munkeln *intr* heimlich reden; Vermutungen geheim aussprechen. In Niederdeutschland im 16. Jh übernommen aus Holland: »monkelen = murmeln; das Gesicht verziehen«.

Murks *m* schlechte, fruchtlose Arbeit. [Vgl murksen.] 1800 ff.

Murksarbeit *f* schlechte, nachlässige Arbeit. [Vgl murksen.] 19. Jh.

murksen *intr* unordentlich arbeiten; langsam, ohne Fachkenntnis arbeiten. Hängt zusammen mit »murkeln = unordentlich arbrechen, zerschneiden, zerdrücken, zusammenlegen«, fußend auf »Murk = Brocken, Krümel«. Wohl seit dem späten 18. Jh.

Murkser *m* unordentlich Arbeitender; kümmerlicher Geschäftsmann. [Vgl murksen.] 19. Jh.

Murkserei *f* unordentliche Arbeit. 19. Jh.

murksig *adj* unsorgfältig, nachlässig (meist von der Arbeit gesagt). 19. Jh.

Mus *n* jn zu M. hauen (machen) = jn heftig prügeln; jn moralisch erledigen. Meist Drohrede. Man will den Betreffenden so stark schlagen, daß er zu guter Letzt nur noch eine breiige Masse ohne Knochen darstellt. Seit dem frühen 19. Jh.

Musik *f* 1) M. aus (in) der Tüte = Schallplatte, Tonband. Man kauft sie in einer »Tüte« (Schutzhülle) wie fertig abgepackte Lebensmittel. 1950 ff.
2) schräge M. = Jazzmusik; atonale Musik. Soll nach 1933 aufgekommen sein, wobei »schräg« etwa den Sinn von »musikalisch außerhalb des Gewohnten« hat.

Musikberieselungsanlage *f* Rundfunkgerät, Lautsprecher. [Vgl berieseln.] 1925 ff.

Musikgarage *f* Konzerthaus. Anspielung auf den nüchternen Baustil. 1920 ff.

Musikkiste *f* Rundfunkgerät; Schallplattenschrank. 1920 ff.

Musikkonserve *f* Schallplatte, Tonband. [Vgl Konservenmusik.] 1950 ff.

muskelbepackt *adj* muskulös. Der Bizeps nimmt sich wie ein Muskelpaket aus. 1920 ff.

Muskelgebirge *n* muskulöser Mann. 1920 ff. Wohl von Sportjournalisten geprägt.

Muskelkater *m* Muskelschmerzen (infolge starker körperlicher Anstrengung). [Vgl Kater.] 1920 ff.

Muskelmercedes *m* Fahrrad. Das Fahrrad als »Auto des kleinen Mannes« wetteifert hier aus gesellschaftlichem Mehrgeltungsstreben mit der Automarke der Daimler-Benz AG und unterscheidet sich von ihm nur noch durch die Beinmuskelarbeit. 1943 ff.

Muskelprotz *m* mit seiner Körperkraft prahlender Mann. [Vgl Protz.] Seit dem frühen 20. Jh.

muskelprotzend *adj* mit der Körperkraft prahlend. 1900 ff.

müssen *intr* seine Notdurft verrichten müssen. Euphemismus. 1900 ff.

Mußpreuße *m* Bewohner der von Preußen einverleibten Gebiete (Rheinland, Hessen, Frankfurt, Altona, Hannover). Er wurde Preuße aus Zwang, nicht aus freiem Entschluß. 1815 ff.

Mußspritze *f* Regenschirm. Herzuleiten von der gleichlautenden, aus Papier verfertigten Spritze, die man beim Garnieren von Torten verwendet: ihre Form ähnelt der des zusammengerollten Regenschirms. 1870 ff.

mustern *refl* sich geschmacklos kleiden. In übertreibender Auffassung sieht der geschmacklos Gekleidete aus, als habe er seine Kleidung aus lauter Stoffmustern zusammengesetzt. 18. Jh.

Mut *m* jm den M. abkaufen = jn entmutigen, einschüchtern; einem Mutigen noch beherzter entgegentreten. Man kauft ihm den Mut ab wie eine Ware, die den Besitzer wechselt. 1900 ff.

Mutsch *f* Mutter (Kosewort). Zusammengezogen aus »Muttchen«. 1900 ff.

Mutter *f* bei M. Grün = in der freien Natur; im Freien. Wahrscheinlich eine unter wandernden Handwerksburschen und Landstreichern aufgekommene, durch Berlin im 19. Jh volkstümlich gewordene Wendung.

Muttersöhnchen *n* verzärtelter Junge. Die Mutter hat ihn so sanft und zärtlich erzogen, daß er zum draufgängerischen Jungen nicht taugt. 17. Jh.

Mütze *f* das ist (geht) ihm nicht nach der M. = das entwickelt sich nicht nach seinen Wünschen; das paßt ihm nicht. Wohl entstanden aus »Danach steht ihm nicht die Mütze = danach steht ihm nicht der Kopf«. Vielleicht beeinflußt von »Der Hut steht ihm nicht auf Krakeel = er ist nicht streitlüstern«. 19. Jh.

N

n. d. p. Zuruf beim Zutrinken. Abkürzung von »Na, denn prost!«. Um 1930 aufgekommen, wahrscheinlich in spöttelnder Nachahmung der parteipolitischen Abkürzung NSDAP.

n. d. P. Abkürzung von »nur durch Protektion«, womit man andeuten will, daß der Betreffende seine Stellung nicht durch Können, sondern durch Günstlingswesen erreicht hat. 1933 ff.

Nabel *m* den N. als Brosche tragen = tief dekolletiert sein. Seit dem frühen 20. Jh.

Nabelreiber *m* Tanz, den man eng aneinandergeschmiegt tanzt. 1935 ff.

nachbrummen *intr* eine Strafstunde absitzen. [Vgl brummen 2.] 1900 ff.

Nachmittag *m* angebrochener (angerissener) N. = späte Abendstunde. Euphemismus unter Lebensgenießern. Seit dem ausgehenden 19. Jh.

nachochsen *intr* eine Strafstunde absitzen. [Vgl ochsen.] 19. Jh.

nachsteigen *intr* einer weiblichen Person nachgehen. Meint eigentlich »einem Steigenden folgen«; hieraus wohl in Studentenkreisen des 19. Jhs zur heutigen verengten Bedeutung entwickelt.

Nachtbikini *m* zweiteiliger Damenschlafanzug (Miederhöschen und kurzes Hemd). [Vgl Bikini.] 1965 ff.

Nachtbums *m* minderwertiges Nachtlokal. [Vgl Bums 2.] Etwa seit 1900.

Nachteule *f* 1) Nachtschwärmer(in). Er schweift nachts umher wie die Eule. 18. Jh.
2) nächtlich Arbeitender; Mann, der spät zu Bett geht. Hier ist die Eule das Sinnbild nächtlichen Studierfleißes. Spätestens seit 1900.

Nachtvase *f* Nachtgeschirr. [Vgl Mitternachtsvase.] 1900 ff.

Nachtvogel *m* Nachtschwärmer. [Vgl Nachteule 1.] Etwa seit 1800.

Nachtwächter *m* 1) Kothaufen (auch N. ohne Knochen). Meinte ursprünglich den Kothaufen, den man nachts einem anderen vor die Tür gesetzt hat: er bewachte gewissermaßen das Haus anstelle des Nachtwächters. Seit dem Ende des 19. Jhs.

2) schläfriger, benommener Mensch; Versager. Er schläft gleich dem Nachtwächter tagsüber. 1850 ff.

Nackedonien (Nackedunien) *On* Nacktbadestrand. Nach dem Muster von Mazedonien anfangs nur auf den Strand von Duhnen bei Cuxhaven bezogen, später verallgemeinert. Scheint kurz nach dem Ersten Weltkrieg aufgekommen zu sein.

nackt *adj* 1) ohne Schmuck. 1920 ff.

2) ohne Orden und Ehrenzeichen. Wohl schon im Ersten Weltkrieg gebräuchlich.

Nadel *f* mit heißer N. nähen = flüchtig nähen. Um sich an der heißen Nadel nicht die Finger zu verbrennen, hat man nur ganz oberflächliche Stiche gemacht. 1400 ff.

Nagel *m* 1) es brennt ihm auf dem (den) N. = es eilt ihm sehr; seine Bedrängnis ist groß. Vielleicht hergenommen von den kleinen Wachskerzen, die man sich beim Lesen im Dunkeln (man denke an die Mönche bei der Frühmette) auf die Daumennagel klebte. 1700 ff.

2) einen N. im Kopf haben = dünkelhaft, dummstolz sein. Wer — in grotesker Vorstellung — einen sehr langen Nagel durch den Kopf hindurch bis tief in den Hals hinab stecken hat, kann den Kopf weder seitwärts bewegen noch nikken: diese Steifheit und Unzugänglichkeit kennzeichnet den eingebildeten, hochmütigen Menschen. 18. Jh.

3) einen dicken (großen, hohen) N. im Kopf haben = sehr hochmütig sein. 18. Jh.

4) eine Sache an den N. hängen = eine Sache aufgeben; von einem Plan Abstand nehmen; eine Sache unerledigt fallenlassen. Leitet sich her vom Schneider, der das in Arbeit befindliche

Kleidungsstück vorläufig an den Nagel hängt. 16. Jh.

5) Nägel mit Köpfen machen = ganze Arbeit machen; sich nicht mit Halbheiten begnügen; etw zu Ende denken; folgerichtig handeln. Nägel mit Köpfen eignen sich zu zweckmäßigem Einschlagen, wohingegen Eisenstifte schlechter haften und beim Einschlagen leicht an der Spitze umbiegen. 18. Jh.

6) sich etw unter den N. reißen (ritzen) = sich etw geschickt (hastig, bei günstiger Gelegenheit) diebisch aneignen. Umschreibung für »mit der Hand ergreifen und einstecken«. Seit dem ausgehenden 19. Jh.

7) das ist ein N. zum Sarg = das ist ihm ein schwerer Verdruß; das ist ihm höchst widerwärtig. Meint im engeren Sinne den schweren Kummer, der den Betreffenden dem Grabe näher bringt. 18. Jh.

8) den N. auf den Kopf treffen = das Richtige äußern, erraten. »Nagel« meint hier die Zwecke im Mittelpunkt der Zielscheibe. 18. Jh.

nagelneu *adj* ganz neu; ungebraucht. [Vgl funkelnagelneu.] 15. Jh.

Nahkampf *m* 1) Tanz in enger Anschmiegung. Meint eigentlich den militärischen Kampf, bei dem man das Weiße im Auge des Gegners sieht. 1935 ff.

2) Austausch von Zärtlichkeiten; Flirt. 1935 ff.

Nahkampfarena *f* (große) Tanzfläche. 1945 ff.

Nahkampfdiele *f* Tanzdiele; Tanzfläche; Lokal minderer Güte. Nach 1930 aufgekommen, teilweise als Name eines Lokals oder als sein Spitzname.

Nähkästchen (Nähkörbchen) *n* aus dem N. plaudern = geheimzuhaltende Dinge ausplaudern; Berufsgeheimnisse verraten. Leitet sich her vom Geplauder der Frauen, wenn sie beim gemeinsamen Nähen zusammensitzen. 19. Jh.

Nährwert *m* das hat keinen (keinen sittlichen) N. = das hat keinen Zweck, fruchtet nicht. Im Zweiten Weltkrieg hergenommen vom Kaloriengehalt eines Nahrungsmittels; wohl Anspielung auf die vorwiegend theoretische Gültigkeit solcher Berechnung (»Wir wollen keine Kalorien, wir wollen was zu essen . . .«).

Naht f 1) große Menge. Herkunft unsicher. Leitet sich möglicherweise von der Wundnaht her: wer ohne Narkose eine Naht vertragen kann, ist sehr widerstandsfähig. 1800 ff.

2) Prügel. Versteht sich wohl aus der ausholenden Bewegung, wenn man jm Prügel androht: es sieht aus, als schicke man sich zum Nähen an. Seit dem ausgehenden 19. Jh.

3) jm auf die N. gehen = jm scharf zusetzen. Wohl Anspielung auf die Nähte des Kleidungsstücks, die bei heftigem Zudringen platzen. 19. Jh.

4) aus den (allen) Nähten gehen (platzen) = für den engen Anzug (das enge Kleid) zu dick sein; an Leibesumfang zunehmen. 19. Jh.

5) eine große (dolle, tolle) N. draufhaben = eine hohe Fahrtgeschwindigkeit entwickeln. [Vgl Naht 1.] Etwa seit 1920.

6) etw auf der N. haben = wohlhabend sein. Hier bezieht sich »Naht« wohl auf die Geldbörse: die vielen Geldstücke setzen der Haltbarkeit der Nähte stark zu. 1900 ff.

7) jm auf die Nähte rücken = gegenüber jm dringlich werden. [Vgl Naht 3.] 19. Jh.

8) jm auf der N. sitzen (sein) = jn scharf beobachten. Spätestens seit 1800.

Name m mein N. ist Hase vgl Hase 7.

Napfsülze (Nappsülze) m Schimpfwort. Auszugehen ist wohl von Sülze, die sprachsinnbildlich für Substanzlosigkeit, für Unfestigkeit und Charakterlosigkeit steht. Seit dem frühen 20. Jh.

Narr m 1) an jm (etw) einen N.en gefressen haben = für jn (etw) in törichter (lächerlicher) Weise eingenommen sein. In didakti-

schen Schriften des Alten Testaments und mittelalterlicher Verfasser treten sittliche Gebrechen personifiziert als Narren auf; aus diesem Gebrauch entwickelt sich der Narr zum zweiten, fremden Ich. 1500 ff.

2) jn zum N. halten (haben) = jn veralbern. Gemeint ist, daß man den Betreffenden wie einen Narren behandelt: man hält ihn nicht für voll zurechnungsfähig. 15. Jh.

narrensicher adj sicher vor Beschädigung durch dumme Leute; sicher vor Verlust. [Vgl idiotensicher.] 1925 ff.

Nase f 1) Rüge, Verweis. Entwickelt aus »jm eine lange Nase machen = jn verspotten, höhnen, höhnisch rügen«. Möglicherweise auch verkürzt aus »Nasenstüber«. 18. Jh.

2) alle N. lang (alle nasenlang) = jeden Augenblick; fast ununterbrochen. Mit »Nasenlänge« bezeichnet man einen mehr oder minder großen Längenunterschied: in der Turfsprache siegt ein Pferd mit einer Nasenlänge. Aus dem räumlichen Unterschied wird in der Alltagssprache ein zeiträumlicher. 19. Jh.

3) vor der N. = ganz dicht vor einem. Ins Bildhafte gewendete räumliche Bestimmung. 17. Jh.

4) pro N. = für jeden einzelnen (beim Betriebsausflug gab es pro Nase eine Flasche Wein). Ursprünglich wohl scherzhaft gemeint (man zählt die Teilnehmer an den Nasen); heute in derselben neutralen Geltung wie »pro Mann«. Seit dem späten 19. Jh.

5) mit langer N. abziehen = getadelt, enttäuscht davongehen; bei der Verteilung unberücksichtigt geblieben sein. »Lange Nase« meint entweder den heftigen Tadel [vgl Nase 1] oder bezieht sich allgemein auf den Gesichtsausdruck der niedergeschlagenen Menschen. Auch ist »lange Nase« (die vor die Nase gehaltenen gespreizten Finger) eine Gebärde der Verhöhnung. 1600 ff.

6) jm etw an der N. ansehen =

jm etw untrüglich anmerken (man sieht es einem an der Nase an, wenn er Hunger hat). Die Färbung der Nase läßt Rückschlüsse auf den Gesundheitszustand zu. Von da übertragen auch auf die Feststellung geistiger Eigenschaften. 1500 ff.

7) N. und Maul (Mund) aufsperren (aufreißen) = verwundert blicken; dümmlich blicken. Zum Staunen mit offenem Mund wird alltagssprachlich auch die Nase hinzugenommen, um auszudrükken, daß das Gesicht mit all seinen Teilen Staunen kundgibt. 17. Jh.

8) sich die N. begießen = sich betrinken; Alkohol trinken. Gemeint ist vielleicht, daß man die Nase wie eine Pflanze begießt, damit aus ihr eine Trinkernase wird, oder daß man so hastig trinkt, daß die Nase benetzt wird. 17. Jh.

9) jm etw auf die N. binden (hängen, kleben) = a) jm eine Mitteilung anvertrauen. Wohl vermischt mit dem Folgenden unter Tilgung der betrügerischen Nebenbedeutung. 18. Jh.

= b) jn veralbern, anführen, betrügen. Vielleicht hergenommen von der Papp- oder Wachsnase, die man aus Schabernack dem anderen aufsetzt. Wohl mit Einfluß von aufbinden, s. d. 17. Jh.

10) mit etw auf die N. fallen = mit etw Mißerfolg haben; ertappt werden; scheitern. Gemeint ist, daß der Betreffende mit dem Gesicht auf den Boden fällt. 19. Jh.

11) sich an der (die) N. fassen (kriegen, ziehen, zupfen, nehmen, packen o. ä.) = sich seine Schuld eingestehen; sich Selbstvorwürfe machen. Beruht auf altdeutscher Rechtspraktik: wer übler Nachrede für schuldig befunden wurde, mußte sich zur Strafe vor den Richtern an der Nase fassen. Schon seit der mittelhochdeutschen Zeit.

12) seine N. gefällt mir nicht = er ist mir unsympathisch, unwillkommen; er mißfällt aus mehr oder minder unerklärlichen Gründen. Vermutlich zusammenhän-

gend mit der Verunglimpfung der Judennase: die Nase wurde zum Sinnbild der Unerträglichkeit. Seit dem frühen 19. Jh.

13) es ist ihm aus der N. gegangen = er hat es verloren, versäumt, nicht bekommen. Vermutlich herzuleiten vom Hund, der die Witterung verloren hat. 1800 ff.

14) sich etw aus der N. gehen lassen = sich etw entgehen lassen; etw verabsäumen. [Vgl das Vorhergehende.] 1800 ff.

15) seine N. in allem haben = sich in alles und jedes einmischen. Steht im Zusammenhang mit dem sprichwörtlichen und sinnbildlichen Topfgucker. 19. Jh.

16) etw in der N. haben = die Entwicklung einer Sache, die Zusammenhänge ahnen. Hergenommen von der Witterung des Spürhundes. 19. Jh.

17) die N. plein (pläng, pleng) haben = einer Sache überdrüssig sein. Französierende Parallele zu »die Nase vollhaben«. Etwa seit dem späten 19. Jh.

18) eine feine (gute) N. haben = zutreffend ahnen. [Vgl Nase 16.] Spätestens seit 1700.

19) jm etw vor die N. halten = jm Vorhaltungen machen. Veranschaulichend erweitert aus »jm etw vorhalten«, wobei die Nase als empfindliches Geruchsorgan den Anlaß der Rüge unweigerlich wahrnimmt. 1500 ff.

20) jn an der N. herumführen = jn veralbern; jn als willenlos behandeln; jm falsche Hoffnungen machen. Hergenommen vom Tanzbären, der an der Nase (am Nasenring) vorgeführt wurde. 1500 ff.

21) jm auf der N. herumtanzen (herumspielen) = jds Gutmütigkeit mißbrauchen; jds Autorität nicht anerkennen. Wohl von den kleinen Kindern hergenommen, die den Erwachsenen mit dem Finger ungestraft auf der Nase spielen (das Gesicht betasten). 17. Jh.

22) die N. hoch tragen (in der Luft tragen) = hochmütig sein. Den

Kopf hoch aufzurichten, gilt sinnbildlich als Zeichen von Stolz und Dünkel. 18. Jh.

23) eine N. kriegen (einen auf die N. kriegen) = einen Verweis erhalten. [Vgl Nase 1.] 18. Jh.

24) auf der N. liegen = bettlägerig sein. Hergenommen von »auf die Nase fallen = aufs Gesicht fallen«. 19. Jh.

25) der N. nachgehen = geradeaus gehen. Weil die Nase immer nach vorn, geradeaus zeigt. Schon seit mittelhochdeutscher Zeit.

26) jm etw unter die N. reiben = jm etw derb vorhalten; jm etw unmißverständlich klarmachen. Was man dem Getadelten unter die Nase reibt, ist ein Stinkendes: er soll daran riechen, damit ihm die Lust zur Wiederholung vergeht. 16. Jh.

27) unter der N. flott (gut) zu Fuß sein = redegewandt, schlagfertig sein. Der Mund marschiert flott im Takt mit den Einfällen. Seit dem frühen 20. Jh.

28) jm einen auf (vor) die N. setzen = jm einen Vorgesetzten, einen Aufpasser geben; jds Aufgabenbereich durch einen Vorgesetzten einschränken; jm die Beförderungsmöglichkeit vereiteln. »Auf (vor) die Nase« meint sinnlich »dicht vor (über) einem«, so daß die unumschränkte Betätigung beeinträchtigt ist. Spätestens seit 1900.

29) jm auf der N. sitzen = jds Tun beaufsichtigen; jds Vorgesetzter sein. [Vgl das Vorhergehende.] 1900 ff.

30) es sticht ihm in der N. = a) es reizt ihn zum Besitzen. Angenehmer Geruch, etwa von lecker duftenden Speisen, macht Appetit. 1600 ff.

= b) es kränkt ihn, reizt ihn zum Entgelten. Hier ist wohl vom schlechten, beißenden Geruch auszugehen. 1900 ff.

31) seine N. in alles stecken = sich unbefugt (ungefragt) in alles einmischen. [Vgl Nase 15.] Spätestens seit 1600.

32) die N. ins Buch stecken = viel lesen; fleißig lernen. Beim Lesen

ist die Nase dem Text am nächsten. 18. Jh.

33) seine N. in jeden Dreck stecken = sich in jede Kleinigkeit einmischen. Vergröberte Variante zu Nase 31. 1600 ff.

34) das steigt (fährt, kriecht) ihm in die N. = das berührt ihn unangenehm; die unfreundliche Behandlung (Bemerkung) vergißt er nicht. Hergenommen vom widerlichen Geruch, den die Nase lange bewahrt. 1600 ff.

35) jn mit der N. auf etw stoßen (stippen) = jm unmißverständlich etw zu verstehen geben. Meint eigentlich, daß man den Betreff-en den, der einen Gegenst. nicht sieht, den Kopf so tief niederbeugt, bis seine Nase ihn berührt. 18. Jh.

36) von etw (jm) die N. vollhaben = von etw (jm) angewidert sein; etw (jn) nicht mehr leiden können. Wiederum ist der widerliche Geruch gemeint, der den Geruchsnerven nicht verlorengeht. 19. Jh.

37) von etw die N. gestrichen vollhaben = von etw überaus angewidert sein. Verstärkung des Vorhergehenden. Gestrichen voll ist das bis zum Rand gefüllte Glas. 1900 ff.

38) von etw die N. vollkriegen = von etw sehr angewidert werden. 19. Jh.

39) es geht ihm an der N. vorbei = er bekommt es nicht; bei der Verteilung geht er leer aus. Fußt wohl auf einem lecker duftenden Gericht, das an dem Betreffenden vorbeigetragen und einem anderen aufgetischt wird. 18. Jh.

40) sich etw an der N. vorbeigehen lassen = etw versäumen, verpassen. 18. Jh.

Nasenfahrrad n Brille, Kneifer. Eine ohne Erläuterung verständliche bildhafte Vorstellung. 1900 ff.

Nasenlöcher pl 1) verliebte N. machen = verliebt aussehen; weiblichen Reizen sichtbar rasch erliegen; gern flirten. Verliebte Nasenlöcher sind wohl die Nasenlöcher, die Parfüm gern einatmen. 1800 ff.

2) vornehme N. machen = eine vornehme Miene zur Schau tragen. 1950 ff.

Nasenquetscher *m* 1) niedriger, plattgedeckelter Sarg. Kurz nach 1750 aufgekommen in Preußen als »Sarg der Armendirektion« im Zusammenhang mit der Reform der Armenverwaltung durch Friedrich den Großen: aus Ersparnisgründen war der Sarg sehr niedrig, wodurch Holz und Geld gespart wurden.
2) Kneifer. Lehnübersetzt von *franz* »pince-nez«. 19. Jh.

Nasenstüber *m* empfindliche Rüge. Meint eigentlich das Schnellen mit dem Finger an die Nase (gehört zu »stieben = schnellen«). 17. Jh.

Nasenwärmer *m* 1) Zigarre (Zigarette). In übertreibender Auffassung liegt sie so kurz unter der Nase, daß sie wie ein Ofen wärmt. Seit dem frühen 19. Jh.
2) kurze Tabakspfeife. 1850 ff.

naß (für naß) *adv* umsonst, unentgeltlich; ohne Zahlung eines Eintrittsgeldes; mietfrei. Stammt nach den einen aus *jidd* »nose, nausse sein = geben, schenken«; andere leiten her aus bestimmten Berliner Mietverhältnissen nach dem Dreißigjährigen Kriege: in einem neugebauten, noch nicht völlig ausgetrockneten Haus lebten die ersten Mieter »für naß«, sie hatten in den ersten sechs Monaten keine Miete zu zahlen. 19. Jh.

Nassauer *m* 1) Platzregen, Regenschauer; Wasserspritzer der See. Kontaminiert aus »naß« und Schauer«, etwa seit dem 19. Jh.
2) Mensch, der eine Darbietung unentgeltlich genießt; Schmarotzer; ungebetener Tischgenosse. Scheint seit dem 19. Jh aus mehreren Bedeutungen zusammengewachsen zu sein. Die einen führen zurück auf »naß = unentgeltlich« [vgl das Vorhergehende]; die anderen verweisen auf »nasser Knabe = Zecher; mittelloser Bursche«, später soviel wie »mittelloser Schmarotzer«. Wieder andere verweisen auf eine studentische Gepflogenheit in Göttingen: blieb von den in Göttingen vergebenen Stipendien aus dem Nassauischen einer am Frei-

tisch aus, so schob sich ein Unbefugter ein und »nassauerte«. 1800 ff.

nassauern *intr* sich auf Kosten anderer gütlich tun; sich freihalten lassen; Darbietungen beiwohnen, ohne Entgelt zu zahlen. [Vgl Nassauer 2.] 1800 ff.

naßforsch *adj* unverfroren, keck; scheinbar tapfer; in unechter Weise stramm. Meint vielleicht, daß einer nur in »nassem« (= betrunkenen) Zustand »forsch« (= mutig, entschlossen) ist. Wohl seit dem späten 19. Jh.

Natur *f* N. kneipen = sich im Grünen erholen; durch die Wälder streifen; wandern; schöne Landschaften genießen. Ist wohl von wandernden Studenten aufgebracht worden, die »kneipen« (= in Wirtshäusern zechen) auch auf die Natur übertrugen. 1820 ff.

Naturforscher *m* (N. im Aschen-, Mülleimer) = Durchstöberer der Abfalleimer; Lumpensammler. 1850 ff.

Naupen *pl* N. im Kopf haben = törichte, wunderliche Einfälle haben. »Naupe = Laune«, verwandt mit »Noppe = Knoten im Gewebe«. 19. Jh.

Nebel *m* das fällt aus wegen N. = das findet nicht statt. Entstammt der Seemannssprache: wegen schlechter Sicht wird eine Fahrt, eine Übung o. ä. auf einen späteren Zeitpunkt verschoben. Etwa seit 1914.

nebenaus gehen *intr* Ehebruch begehen »Nebenaus« im Sinne von »seitwärts hinaus« berührt sich mit dem Begriff »Seitensprung«. 19. Jh.

Nebengleis *n* 1) jn auf ein N. schieben = jn auf einen weniger einflußreichen (auf einen einflußlosen) Posten versetzen. Hergenommen vom Eisenbahnwesen: Wagen, die auf dem Nebengleis stehen, sind gegenüber denen, die auf dem Hauptgleis verkehren, benachteiligt. 1920 ff.
2) auf dem N. stehen = einen untergeordneten Posten bekleiden; von geringerer Bedeutung sein. 1920 ff.

Nebenluft *f* N. haben = Ehebruch begehen. Hergenommen von Blasinstrumenten; auch die Zigarre mit schadhaftem Deckblatt hat Nebenluft. Seit dem frühen 20. Jh.

neckisch *adj* niedlich, reizend, einschmeichelnd; auch in ironischer Verwendung. Weiterentwicklung der älteren Bedeutung »schelmisch, drollig, übermütig«. Seit dem frühen 19. Jh.

Negerschweiß *m* 1) Kaffee; schlechter Kaffee. Groteskerweise wird angenommen, auch der Schweiß des Negers sei schwarz. Seit dem frühen 20. Jh.
2) Tee. 1914 bei den Soldaten aufgekommen.
3) Kakao; Kakao ohne Milch. Seit dem frühen 20. Jh.

Negersteuer *f* Steuerzuschlag kinderloser Berufstätiger zugunsten der kinderreichen Familien. Wohl Anspielung auf den Kinderreichtum der Neger. 1950 ff.

nehmen *tr* woher n. und nicht stehlen?: fragende Antwort an einen, der etw fordert, was der andere nicht besitzt. 18. Jh.

Neidhammel *m* neidischer Mensch. Hergenommen vom Futterneid des Hammels (= beschnittener Schafbock) gegenüber den (unbeschnittenen) Schafböcken (Widdern). 16. Jh.

Nepp *m* Preisüberforderung, Betrug. [Vgl neppen.] 19. Jh.

Neppbude *f* Lokal mit überhöhten Preisen. 1900 ff.

neppen *tr* jm überhöhte Preise abfordern. Nach 1806 von Juden aus Posen nach Berlin eingeschleppt im Sinne von »mit falschen Pretiosen betrügen«; unechte Sachen für echte verkaufen«. Nebenform zu mundartlichem »noppen = aus Wolltuch nach dem Weben die Knoten herauszupfen«; von da weiterentwickelt zu »rupfen, schröpfen«.

Neppladen *m* Geschäft mit überhöhten Preisen. 1900 ff.

Nepplokal *n* Gaststätte mit überhöhten Preisen. [Vgl neppen.] 1900 ff.

Nerv *m* 1) knitterfeste (-freie) N.en = seelische Unerschütterlichkeit. Hergenommen von der modernen Textiltechnik, die Gewebe herstellt, die nicht knittern. 1950 ff.
2) zerfetzte (zerfranste) N.en = hochgradige Nervosität. [Vgl nervenzerfetzend.] 1950 ff.
3) auf einem N. bohren = auf Empfindliches anspielen. Hergenommen vom Zahnarzt, der mit seinem Bohrer auf einen Nerv trifft. 1900 ff.
4) die N.en gehen ihm (mit ihm) durch = er verliert die Beherrschung. Hier sind die Nerven mit davongaloppierenden Pferden verglichen. 1900 ff.
5) jm auf den N. fühlen = jn zu ergründen, seine Gesinnung zu prüfen suchen. 1935 ff.
6) einen N. haben = a) wunderliche Vorstellungen haben. Fußt auf der Voraussetzung, daß starke Nerven haben muß, wer Absonderliches denkt oder gar erst äußert. »Nerv« geht hier über zu der Bedeutung »Kraft, Energie«. 1920 ff.
= b) alles gleichmütig hinnehmen. 1820 ff.
= c) naiv-unverfroren sein; für etw keinerlei Empfinden besitzen. 1914 ff.
7) den N. haben = den Mut zu etw haben; sich etw zutrauen, anmaßen. 1920 ff.
8) für etw einen N. haben = für etw Sinn haben. 1920 ff.
9) du hast vielleicht N.en! = du stellst sonderbare Forderungen; du mutest einem viel zu. 1945 ff.
10) einen frechen N. haben = dreist, rücksichtslos auftreten. 1945 ff.
11) den richtigen N. haben = das richtige Verfahren wählen; sachgerecht vorgehen. »Nerv« meint hier das Empfinden für die richtige Art und Weise, wie man eine Sache zu meistern hat. 1945 ff.
12) einen sonnigen N. haben = wunderliche Einfälle haben; viel Geduld aufbringen. »Sonniger Nerv« meint dasselbe wie »sonniges Gemüt«, eigentlich soviel wie »heitere Sinnesart«, dann auch die naive Denkweise von mehr oder minder großer Dümmlichkeit. 1945 ff.

13) N.en wie Drahtseile (Nylonseile, Schiffstaue, Stahl, Stahltrossen) haben = seelisch unerschütterlich sein; ärgsten Zumutungen standhalten; trotz allem beherrscht bleiben; widerstandsfähige Nerven haben. 1850 ff.

14) mit den N.en heruntersein = nervlich erschöpft sein. [Vgl heruntersein.] 19. Jh.

15) jm den letzten N. rauben = jm die Geduld, die Beherrschung rauben. »Der letzte Nerv« steht für den äußersten Rest an Beherrschung. 1945 ff.

16) jm an den N.en sägen = jds Fassung ernstlich zusetzen; jn nervös machen. »Sägen« drückt hier das langsame, aber unwiderrufliche Eindringen in das Seelische aus. 1945 ff.

17) jm den N. (den letzten N.) töten = jm mit Anliegen bedrängen; jn aus der Fassung bringen. Wohl vom Zahnarzt hergenommen, der vor der Zahnbehandlung den Nerv betäubt. Seit dem frühen 20. Jh.

18) jds N. (bei jm den richtigen N.) treffen = jds Geschmack, Interesse treffen. 1945 ff.

Nervenbündel *n* sehr nervöser Mensch. Eigentlich ein Mensch, der nur aus Nerven besteht. 1900 ff

Nervenklaps *m* Geistesgestörtheit; Nervenzusammenbruch; Tobsuchtsanfall. [Vgl Klaps.] Seit dem frühen 20. Jh.

Nervenklau *m* Mensch, der andere nervös macht; nervös machender Vorgang. Zeitlich und wortbildnerisch ein Nachfahre des im Dritten Reich erfundenen »Kohlenklau«, jener Figur, mit der man für sparsame Verwendung der Kohlen und für Beseitigung schadhafter Kohlenöfen aufforderte. Mit dem Beginn des Zweiten Weltkriegs aufgekommen.

Nervenkostüm *n* Nervensystem; nervliche Widerstandsfähigkeit. Entweder Entstellung aus »System« oder beruhend auf der Vorstellung, daß die Nervenfasern alle Teile des Körpers überziehen wie ein Kostüm. 1850 ff.

Nervenmühle *f* aufreibende Tätigkeit; starke seelische Belastung; Betrieb, in dem die Arbeitnehmer nervlich stark beansprucht werden. Dort werden die Nerven gewissermaßen durch eine Mühle gedreht, klein geschrotet. Seit dem frühen 20. Jh.

Nervenreißer *m* Film (Roman o. ä.), der den Zuschauern (Lesern) viel Beherrschung abverlangt. 1950 ff.

Nervensäge *f* 1) kreischendes Musikinstrument; unangenehm laute Stimme; bis an die Grenze des Erträglichen gesteigerte Aufregung; nervös machender Mensch. [Vgl Nerv 16.] Etwa seit dem frühen 20. Jh.

2) aufreibende geistige Tätigkeit. 1900 ff.

nervenzerfetzend *adj* entnervend. Burschikos modernisiert und vergröbert nach dem Muster von »nervenaufreibend, nervenzerrüttend«. 1920 ff.

nervtötend *adj* entnervend, langweilend. [Vgl Nerv 17.] 1920 ff.

Nervtöter *m* 1) Mensch, der durch unsinnige Reden, durch Kleinlichkeit, durch stetes Antreiben usw. belästigt. 1920 ff.

2) einschmeichelnde Melodie, die einem nicht aus dem Sinn geht. 1945 ff.

nervus rerum *m* Geld. Stammt aus Cicero, der mit »nervos rei publicae« die Steuern als die »Nerven des Staates« bezeichnete. Im 19. Jh aufgekommen, wohl durch Studenten.

Nesseln *pl* 1) sich in die N. setzen = sich arg versehen; sich sehr schaden; Mißerfolg verschulden. Leitet sich wohl her von einem, der bei eiliger Notdurftverrichtung sich in die Brennesseln setzt und den Schaden zu spät merkt. 19. Jh.

2) in den N. sitzen = in arger Verlegenheit sein. 19. Jh.

Nest *n* 1) unansehnliches Dorf; Kleinstadt; Großstadt mit vermeintlich geringer Zivilisation. Hergenommen vom Nest der Vögel im Sinne einer engen Behausung. Spätestens um 1700.

2) Bett, Schlafzimmer. Im eigentlichen Sinne vom Vogelnest, im

übertragenen vom Liebesnest herzuleiten. 18. Jh.

3) das eigene N. beschmutzen (bekleckern) = Vorgänge enthüllen, die für die eigene Familie (für den Verein, die Partei usw.) peinlich sind. Hergenommen von der Beobachtung, daß nur ein schlechter Vogel sein eigenes Nest beschmutzt. 1800 ff.

Nesthäkchen *n* jüngstes Kind der Familie. Unter Einfluß von »(sich am Nestrand fest-)haken« entstanden aus »Nesthockchen«: dies ist ein im Nest verbliebenes Vogeljunges, das nicht gleichzeitig mit den anderen flügge geworden ist. 1600 ff

Nestküken **(-kücken, -kickel)** *n* jüngstes Kind der Familie. Eigentlich das zuletzt ausgeschlüpfte Küken im Nest, das zuletzt flügge werdende Küken. 18. Jh.

Neubau *m* im N. wohnen (geboren sein) = die Türen nicht hinter sich schließen. Scherzhaft beruhend auf der Vorstellung, daß man den Neubau bezogen hat, ehe er Türen besaß, so daß man es nicht gewohnt ist, die Tür hinter sich zuzumachen. Etwa seit den frühen 20. Jh.

neugebacken *adj* kürzlich ernannt; jungvermählt. Bezieht sich ursprünglich auf das Brotbacken; im 16./17. Jh auch auf Sachen und Personen übertragen.

Neujährchen *n* Neujahrsgeschenk. Meinte im 16. Jh die Beschenkung der Familie und der Verwandtschaft zu Neujahr; heute vorwiegend beschränkt auf das Geldgeschenk für den Postboten, die Zeitungsausträgerin usw. 19. Jh.

neun *num* ach, du grüne Neune!: Ausdruck der Verwunderung oder des Erschreckens. Hängt zusammen mit dem Berliner Lokal »Conventgarten« in der Blumenstraße 9 mit dem Haupteingang am Grünen Weg (etwa seit 1850); »Die Grüne Neune« war im Volksmund die Ersatzbezeichnung für das unvolkstümliche Wort »Conventgarten«. Nach 1882 wurde das Lokal ein billiges Tanzcafé und Stätte mancher

Handgreiflichkeiten. Weil die Polizei oft einschreiten mußte, um die Ruhe und Ordnung wiederherzustellen, entwickelte sich »ach du grüne Neune!« anfangs zu einem Schreckensruf, später auch zu einem Ausdruck allgemeiner Verwunderung. Die Redewendung ist längst weit über Berlin hinaus geläufig geworden.

neunundneunzig *num* auf n. sein = sehr erregt sein; seinen Zorn nur mühsam meistern können. Herzuleiten von der Siedetemperatur des Wassers, wohl auch mit Einfluß von der Fahrtgeschwindigkeit. Seit dem frühen 20. Jh.

neunundzwanzig *num* hoch (tief) in den n. sein (stecken) = im mittleren Lebensalter stehen. Eine scherzhaft-galante Bezeichnung für das Alter der Frauen, die ungern angeben, daß sie das dreißigste Lebensjahr überschritten haben. Seit dem späten 19. Jh.

neunzig *num* auf n. sein = sehr erbost sein. [Vgl achtzig 3.] 1920 ff.

nichts *pron* 1) mir n., dir n. = ohne weiteres; ohne Umstände; rücksichtslos; unversehens. Wohl verkürzt aus »es schadet mir nichts und auch dir nichts«. 17. Jh.

2) n. wie raus! = schnell hinaus! Verkürzt aus »es gilt jetzt, schnell rauszukommen!«. 19. Jh.

nichtsdestotrotz *konj* trotzdem. Scherzhaft dem »nichtsdestoweniger« nachgebildet in Verknüpfung mit »trotz alledem«. 19. Jh.

Nickel *m* Taugenichts; mutwilliger, frecher, eigensinniger Mensch. Gekürzt aus dem Vornamen Nikolaus. Daß der Name des Kinderheiligen, der alljährlich am 6. Dezember Leckereien beschert, in Minderachtung geraten ist, hängt wohl zusammen mit seiner lautlichen Verwandtschaft mit »Neck, Nickel« im Sinne von Berg-, Wassergeist. 16. Jh.

Nickerchen *n* Schlaf von kurzer Dauer. Beim Einschlafen im Sitzen nickt der Kopf (der Kopf neigt sich). 1600 ff.

niederlegen *refl* da legst du dich nieder (da legst dich nieder, da legst di nieder)!: Ausdruck der

Überraschung. Eigentlich ist gemeint, daß einer vor Überraschung zu Boden fällt. Im 19. Jh in Oberdeutschland aufgekommen, aber in ganz Deutschland geläufig oder verständlich.

niedlich *adj* das kann ja. n. werden! = das kann unangenehm, schlimm, nachteilig enden! Ironisiert wie »heiter, hübsch, schön« u. a. 19. Jh.

Nieren *pl* es geht ihm an (auf) die N. = es berührt ihn empfindlich, ist für ihn sehr schmerzlich. In der alten Volksvorstellung sind die Nieren der Sitz der Gemütsbewegungen, vor allem des Geschlechtstriebs. Von da im 19. Jh verallgemeinert für »Inneres«.

Niete *f* Versager. Meint eigentlich den Nichttreffer bei einer Verlosung, das Fehllos. 1800 ff.

Nietenhose (Niethose) *f* Blue Jeans. Gegen 1950 mit der Mode der Halbwüchsigen aufgekommen.

nikotinen *intr* 1) rauchen. Im Zweiten Weltkrieg aufgekommenes Verbum zu Nikotin.
2) es nikotint mir = ich habe Verlangen nach einer Zigarette o. ä. 1940 ff.

Nikotinflöte *f* Zigarette, Zigarre. 1914 ff.

Nikotinspargel *m* Zigarre, Zigarette. Wegen Formähnlichkeit mit dem dünnen Spargel. 1900 ff.

nix *pron* nichts. Wohl durch Fortfall des t aus »nichts« entwickelt. 18. Jh.

Nixe *f* Badende am Strand. Eigentlich soviel wie »Wasserfrau«, durch den Hainbund und die Romantiker umgestaltet in »Wasserfee, weiblicher Wassergeist«. Seit dem frühen 20. Jh meist in den Formen »Badenixe« und »Strandnixe«.

Nobelherberge *f* Luxushotel. »Herberge« meint im allgemeinen eine einfache Unterkunft, das Obdach, die Bleibe, meist im Sinne einer Heimstätte für kurzfristiges Verbleiben und für bescheidene Ansprüche. 1950 ff.

noblig (noblich) *adj* vornehm, wohlhabend. Im 19. Jh kontaminiert aus »nobel« und »adlig«.

nöhlen *intr* 1) zaudern; langsam, schwunglos tätig sein. Dem Ursprung nach ein lautmalendes Wort im Sinne von »knurren, brummen, mürrisch sein«. 18. Jh.
2) sich mürrisch äußern; schwunglos, langweilig sprechen. 18. Jh. Theodor Fontane hatte in seiner Familie den Spitznamen »Nöhl« wegen einer gewissen Umständlichkeit.

Nokixel *n* Nachschlagebuch. Umkehrung von »Lexikon« mit Einfluß von *ndd* »nokieken = nachsehen«. 1900 ff.

Nörgelpeter *m* Nörgler. Nörgeln = sich verdrießlich äußern; mißvergnügt kritteln. 19. Jh.

Normalverbraucher *m* geistiger N. = Mensch mit geistig durchschnittlichen Ansprüchen. »Normalverbraucher« ist 1939 aufgekommen im Zusammenhang mit der Lebensmittelbewirtschaftung: es war dies der Durchschnittsbürger, der auf höhere Rationen keinen Anspruch geltend machen konnte.

Noten *pl* nach N. = tüchtig, gründlich; geläufig; ohne Stockung (er kriegt Prügel nach Noten; er versagt in der Prüfung nach Noten). Hergenommen vom Musizieren nach dem Notenblatt, nicht nach dem musikalischen Gehör, auch nicht nach innerer Eingebung: wie genau ein Musiker die Noten zu Gehör bringt, entscheidet über sein musikalisches Fachkönnen. 18. Jh.

Nuckel *m* Saugbeutel der Säuglinge. [Vgl das Folgende.] 19. Jh.

nuckeln *intr* saugen. 19. Jh.

Nuckelpinne *f* Fahrzeug mit niedrigtourigem Motor. Das Wort ahmt wahrscheinlich das Motorengeräusch bei langsamem Lauf nach. Da »Pinne« den Hebearm des Steuerruders bezeichnet, bezog sich das Wort ursprünglich wohl auf das Motorboot. 1900 ff.

Nudel *f* 1) Mensch. Eigentlich das gerollte Teigstück, dann der mit Nudeln beköstigte Mensch, vor allem der dickliche Mensch. 18. Jh.
2) dralles Mädchen. 18. Jh.
3) dicke N. = beleibte weibliche Person. 18. Jh.

4) freche N. = frecher, dreister Mensch. 1900 ff.

5) kesse N. = forsches, unternehmungslustiges Mädchen. [Vgl keß.] 1900 ff.

6) komische N. = Sonderling; drolliger Mensch. Seit dem späten 19. Jh.

nudeln *tr* 1) jn reichlich beköstigen, mästen. Hergenommen vom Mästen der Tiere mit Nudeln o. ä. 18. Jh.

2) s. genudelt sein.

Null *f* 1) Versager; einflußloser Mensch. Der Betreffende ist ebenso wenig wert wie das Zahlzeichen für den Begriff »nichts«. 1600 ff.

2) Null Komma nichts = durchaus nichts. Wiedergabe des Begriffs »nichts« in halbarithmetischer Form. Wegen der Schreibung »0, 0«. Spätestens seit 1850.

3) in Zeit von N. Komma nichts = in sehr kurzer Zeit; sehr schnell. 1900 ff.

Null-acht-fünfzehn (Null-acht-fuff-zehn) = üblicher Verlauf; übliches Schema; veralteter Gegenstand. Hergenommen vom Maxim-Maschinengewehr, 1899 im deutschen Heer eingeführt, 1908 durch Veränderung des Schießgestells von 82 kg auf 57 kg vermindert, 1915 erneut verändert am Untergestell durch Verwendung der Gabelstütze, wodurch das Gesamtgewicht auf rund 20 kg sank. »Null-acht-fünfzehn« meint also eigentlich das im Jahre 1915 geänderte Maschinengewehr des Jahres 1908. In diesem Sinne seit 1920 geläufig in der Alltagssprache, soldatisch sowie zivil. Hieraus entwickelte sich spätestens nach 1945 (wohl wegen der ständig wiederholten Instruktion am Maschinengewehr) die Bedeutung »Durchschnitt, Einerlei, Stumpfsinn«. Der Durchschnitts- oder Gewohnheitsmensch ist beispielsweise ein »Null-acht-fünfzehn-Mensch«, die Einheitstunke ist eine »Null-acht-fünfzehn-Sauce«, und eine Darbietungsfolge ohne irgendwelche Eigenheiten ist ein »Null-acht-fünfzehn-Programm«.

Null-Null *m* *(n)* Abort. In Hotels o. ä. kennzeichnet man den Abort durch zwei Nullen auf der Tür, vielleicht nachgebildet den beiden Abortsitzen, wie sie früher üblich waren [beispielsweise für Erwachsene und Kinder]. Etwa seit 1900.

Nulpe *f* dumme, wunderliche, energielose Person; Nichtskönner; Schimpfwort. Gehört zu »Nuppel = Sauger für den Säugling«, überwachsen von »Null = Versager«. Seit dem späten 19. Jh.

Nummer *f* 1) Mensch (neutral oder verächtlich). Das Wort in dieser Bedeutung steht in Analogie zu »Marke« und »Sorte«, also eigentlich auf die Kennzeichnung von Handelswaren bezüglich. Seit dem späten 19. Jh.

2) N. Null = Abort. [Vgl Null-Null.] 1900 ff.

3) N. Sicher = a) Gefängnis, Arrestlokal. Bezieht sich einerseits auf die Numerierung der Gefängniszellen, andererseits auf den Umstand, daß der Insasse »sicher« (ohne Möglichkeit, weitere Straftaten zu begehen) sitzt. Seit dem frühen 19. Jh.

= b) sicherer Gewahrsam; Bankschließfach. 1840 ff.

4) feine N. = höchst minderwertiger, charakterloser Mensch. »Fein« ist ironisch gemeint. 1900 ff.

5) große N. = Könner; zugkräftiger Mensch. Wohl hergenommen vom Zirkus- oder Varietéprogramm, in dem die kleineren Talente früh ihren Auftritt haben, wohingegen die überlegenen Könner erst im zweiten Programmteil auftreten. 1900 ff.

6) ruhige N. (N. ruhig) = bequemer Dienst. 1914 ff.

7) tolle (dolle) N. = lebenslustiger, spaßig-unterhaltsamer, zu Streichen aufgelegter Mensch. Seit dem späten 19. Jh.

8) diese N. fällt aus = das kommt nicht in Betracht. Wohl hergenommen von einer Kabarettdarbietung, die wegen Unpäßlichkeit des Vortragenden ausfällt. 1914 ff.

9) auf N. Sicher gehen = sich

Gewißheit verschaffen; nur aussichtsreiche Angelegenheiten betreiben; Sicherheit verlangen; sich keinem Mißerfolg aussetzen wollen. [Vgl Nummer 3.] 1850 ff.
10) bei jm eine dicke (große, gute, hohe) N. haben = bei jm viel gelten. Beruht wohl auf dem Zensurenbuch des Lehrers, bei dem ein Schüler eine gute Note hat. 18. Jh.
11) eine große N. sein = sehr leistungsfähig sein. Stammt wohl [wie Nummer 5] aus der Sprache der Artisten. 1900 ff.
12) auf (in) N. Sicher sein = Gefängnisinsasse sein; sich in einer Trinkerheilanstalt befinden o. ä. [Vgl Nummer 3.] 19. Jh.
13) das ist genau meine N. = das paßt mir ausgezeichnet; das kommt mir sehr gelegen. Hergenommen von der Hut-, Handschuh-, Schuhgröße o. ä. 1920 ff.

Nuß *f* 1) Kopf. Vielleicht verkürzt aus Kokosnuß. 1800 ff.
2) Faustschlag auf den Kopf; Schlag mit den Fingerknöcheln auf den Kopf. Die geballte Faust ähnelt der Nuß. 16. Jh.
3) doofe N. = dummer, einfältiger Mensch. Stammt aus dem Plattdeutschen und meint die taube, die hohle Nuß, die schon im 16. Jh bildlich die innere Hohlheit bezeichnet. 19. Jh.
4) taube N. = Dummer; Versager. [Vgl das Vorhergehende.] Gilt seit 1950 als Halbwüchsigendeutsch.
5) eine harte N. beißen (knacken) = eine schwierige Aufgabe lösen. 1500 ff.

nusseln *intr* undeutlich reden. Nebenform zu »näseln«. 15. Jh.

Nußknacker *m* dummer Mensch. Hergenommen von dem Nußknacker in Form eines Mannes mit unförmigem Mund, wodurch die Figur dümmlich aussieht. Wohl seit dem ausgehenden 19. Jh.

Nußknackergesicht *n* barsches, grimmiges Gesicht. Die figürlichen Nußknacker sehen oft wie grimmig blickende Räuber aus. 1900 ff.

O

ob *konj* und ob!: Ausdruck der Bejahung (kennst du die Kläre? — und ob ich die kenne!). Wohl verkürzt aus »und ob ich die kenne, fragst du mich?«. Spätestens seit 1800.

O-Beine *pl* auswärts gebogene Beine. Die auswärts gebogenen Beine formen den Buchstaben O nach. 1800 ff.

O-beinig *adj* mit auswärts gebogenen Beinen. 19. Jh.

oben *adv* 1) von o. herab = geringschätzig, dünkelhaft; herrisch. Der Hochmütige oder Mächtige blickt auf die Unterlegenen (Untergebenen) herab, vor allem als Reiter. 19. Jh.
2) mit o. ohne = mit oberteillosem Kleid (Badeanzug). »Oben ohne« übersetzt das *engl* »topless«. 1964 mit der von Rudi Gernreich aufgebrachten Mode bekanntgeworden. Seitdem wie ein Schlagwort geläufig, auch bezogen auf andere Sachen: »oben ohne« ist das Auto ohne Dach, der Mensch nach Herausnahme des künstlichen Gebisses, der Kahlköpfige, auch die Dame ohne Lippen-Make-up, auch der Dumme (der nichts im Kopf hat) usw. 3) s. hui.

obenauf sein gesund, vergnügt, erfolgreich, Herr der Lage sein; hoch in Gunst stehen. Hergenommen vom siegreichen Ringkämpfer, der auf seinem Gegner kniet, oder auch vom Schwimmer, der sich über Wasser hält. 18. Jh.

obenheraus (obenhinaus) *adv* 1) o. sein = zornig sein; aufbrausen. [Vgl Feuer 3.] 1500 ff.
2) o. wollen = ehrgeizig, hochmütig sein. [Vgl hoch 3.] 18. Jh.

Obenohne *m (n)* oberteilloses Kleid; oberteilloser Damenbadeanzug. [Vgl oben 2.] Seit 1964.

Ober *m* Oberkellner; Kellner. Kurzform der Anrede an den Oberkellner; dann wertsteigernd und vereinfachend übertragen auf jeglichen Kellner. Seit dem späten 19. Jh.

Oberbonze *m* (herrschsüchtiger) höherer Vorgesetzter; Würdenträger. [Vgl Bonze.] Seit dem späten 19. Jh.

oberfaul *adj* sehr heikel; bedenklich (auf Witze bezogen: in der Pointe völlig überraschend). Entweder Verstärkung zu »faul« nach dem Muster der mit »Ober-« gebildeten Titulaturen oder Einfluß von *ndd* »aewerful = mehr als faul«. 19. Jh.

Oberidiot *m* sehr dummer Mensch. 1900 ff.

Oberlicht *n* Busenausschnitt des Frauenkleids; Dekolleté. Meint eigentlich das Fenster, durch das das Licht von oben einfallen soll. 18. Jh.

obermies *adj* sehr schlecht, unangenehm. [Vgl mies.] 1900 ff.

Obermist *m* sehr große Wertlosigkeit; sehr großer Unsinn. [Vgl Mist 1.] 1940 ff.

Oberscheiße *f* sehr mißliche Lage; sehr widerwärtiger Vorfall. [Vgl Scheiße.] 1940 ff.

oberschlau *adj* sehr schlau (meist ironisch gemeint). 1900 ff.

Oberstübchen *n* 1) Kopf; klarer Verstand. Scherzhaft von der Dachkammer auf Kopf und Gehirn des Menschen übertragen im Sinne der alltagssprachlich üblichen Gleichsetzung von Mensch und Haus. 18. Jh.
2) im O. nicht richtig sein = a) nicht recht bei Verstande sein. 18. Jh.
= b) betrunken sein. 18. Jh.

Oberwasser *n* 1) O. haben = überlegen sein; sich in vorteilhafter Lage befinden. Das Oberwasser fließt über das Mühlrad, während das Freiwasser seitlich abgeführt wird. 1800 ff.
2) O. gewinnen (kriegen) = durch Hilfestellung anderer einen Vorteil erlangen; überlegen werden. 1800 ff.

Oberweite *f* zu wenig O. haben = geistesbeschränkt sein. Hergenommen von der Brustweite im Sinne von umfangreichem Brustkasten, wie er bei Ringern, Boxern usw., auch bei Frauen und der Damenkonfektion eine wichtige Rolle spielt. 1900 ff.

Obst *n* danke für O. (Obstkuchen; danke für O. und Südfrüchte)!: Ausdruck der Ablehnung. Leitet sich her von einem Gesättigten, der den Nachtisch zurückweist. Spätestens seit 1850.

Ochs *m* 1) dummer, grober Mann. Der Ochse gilt als plump, schwerfällig, langsam und ungeschickt. 1500 ff.
2) wie der O. an (vor) dem Berg stehen = nicht weiterkönnen; unentschlossen sein. Ursprünglich wohl auf einen Ochsen bezogen, der vor einer steilen Straße verharrt. 1500 ff.
3) wie der O. vor dem neuen Scheunentor stehen = ratlos sein. Der Ochs, der vor dem veränderten (erneuerten) Scheunentor steht, findet sich mit der neuen Wirklichkeit nur schwer ab: er bleibt zunächst stehen, und nur auf Schreien oder Antreiben bequemt er sich, nicht länger zu verharren. 19. Jh.

ochsen *intr* eifrig, streberisch lernen. Meint eigentlich »hart arbeiten wie ein Ochse«; analog zu »büffeln«. Der Ochse arbeitet mit dem Kopf (mit dem Nacken, mit der Stirn); auch der Lernende arbeitet mit dem Kopf. 1800 ff.

Ochsenaugen *pl* Spiegeleier. Wegen der Formähnlichkeit: das Eiweiß umgibt den Dotter wie das Weiße den Augapfel des Ochsen. 1500. ff.

Ochsentour *f* 1) Beamtenlaufbahn; vorgeschriebener Dienstweg. Fußt auf der Beobachtung, daß der Ochse eine langsame Gangart besitzt und wenig wendig ist. Im 19. Jh aufgekommen, anfangs mit Bezug auf die langsame, planmäßige Beförderung der Offiziere von Stufe zu Stufe.

2) beschwerlicher Weg; mühevolle Arbeit. 1900 ff.

Ochserei *f* angestrengtes Lernen. [Vgl ochsen.] 1800 ff.

ochsig *adj* 1) heftig; sehr stark; sehr groß. 1800 ff.

2) plump, dumm. 1800 ff.

3) adv = sehr. Seit dem späten 18. Jh.

Ofen *m* 1) der O. ist aus = a) die Geduld ist zu Ende; für mich ist Schluß; die Lage ist nicht mehr zu retten. Gemeint ist, daß das Feuer im Ofen erloschen ist und also die Gemütlichkeit zu Ende ist. 1939 ff.

= b) der Plan ist gescheitert; die Hoffnung ist vereitelt; es sind keine günstigen Aussichten vorhanden; der Unruheherd ist beseitigt. 1939 ff.

2) jetzt ist der O. am Dampfen!: Ausdruck des Ungeduld, der Unerträglichkeit. Der dampfende Ofen ist Sinnbild des in Hitze (Wut) geratenen Menschen. 1900 ff.

Ofenrohr *n* (**Ofenröhre** *f*) Zylinderhut. Wegen der Ähnlichkeit der Form und der Farbe. 19. Jh.

Ofenröhrenhosen *pl* enganliegende Hosen. Um 1850 aufgekommen mit der Mode.

Offenheit *f* 1) Dekolleté. Wörtlich als Offensein zu verstehen. 1900 ff.

2) schonungslose O. = sehr gewagtes Dekolleté. Meint eigentlich die freimütige Äußerung, bei der man sich keinerlei Zurückhaltung auferlegt. 1920 ff.

offenherzig *adj* tiefdekolletiert. Wortspielerei mit »offenherzig = mitteilsam« und »offen, daß man bis zum Herzen sehen kann«. Vgl 1837 Georg Büchner (Leonce und Lena): »wenn sie auch nicht offenherzig sind, so sind sie doch offen bis zum Herzen«. Etwa seit dem späten 19. Jh.

Offenherzigkeit *f* Dekolleté. Seit dem späten 19. Jh.

Offiziersstift *m* Kautabak. Leidenschaftliche Raucher unter den Offizieren nahmen im Dienst Kautabak, weil Zigarre usw. verboten war. 1914 ff.

ohne *präp* 1) o. mich!: Ausdruck der Ablehnung. Verbreitet seit 1945 als Äußerung von Leuten, die sich der politischen Betätigung, auch der politischen Mitverantwortung versagten; ursprünglich Parole der zum Pazifismus neigenden Frontsoldaten-Generation. Seitdem verallgemeinert.

2) das ist nicht o. = das ist bedeutend, eindrucksvoll, nicht zu verachten. Vielleicht entstanden durch Auslassung des Substantivs (es ist nicht ohne Grund, Nutzen, Recht o. ä.) oder durch Verschiebung der Gliederung »es ist nicht, ohne daß er das gesagt hat« zu »es ist nicht ohne, daß er das gesagt hat«. 1500 ff.

Ohr *n* 1) jm die O.en vom Kopf essen (fressen) = sehr viel essen; bei anderen kräftig zulangen. Der Betreffende hat einen solch starken Appetit, daß der Gastgeber um seine Ohren bangt. 19. Jh.

2) es dick (faustdick, knüppeldick) hinter den O.en haben = sehr verschlagen, gewitzigt sein. Geht zurück auf die altvolkstümliche Schädellehre, wonach der Sinn für Verschlagenheit hinter den Ohren lokalisiert ist. Spätestens seit 1600.

3) jn übers O. hauen = jn übervorteilen. Wird allgemein vom Turnierwesen der Ritterzeit hergeleitet: es war unerlaubt, dem Zweikampfgegner einen so festen Hieb über das Ohr zu geben, daß er nicht mehr hören konnte. 18. Jh.

4) jm ein paar hinter (um) die O.en hauen = jn ohrfeigen. 18. Jh.

5) sich aufs O. hauen (legen) = sich schlafen legen. 1600 ff.

6) es geht ihm zum einen O. hinein und zum anderen hinaus = es bleibt ihm nicht im Gedächtnis haften. Im Sinne volkstümlicher Physiologie besteht zwischen den Ohren eine unmittelbare Verbindung, so daß Gehörtes hindurchgelangen kann, ohne den Umweg zum Gehirn einzuschlagen. 1200 ff.

7) ihm klingen (läuten) die O.en = in seiner Abwesenheit wird über ihn gesprochen. Das Ohrenklingen ist in abergläubischer Vorstellung die Bekundung eines

Dämons, der den Vorgang des Hörens bewerkstelligt. Spätestens seit dem 18. Jh.

8) mit den O.en schlackern = verwundert sein; einem Ereignis ratlos gegenüberstehen. Bei einem Tier, das den Kopf schüttelt, flattern die Ohrlappen hin und her. 1850 ff.

9) sich die Zeit (den Tag, die Nacht) um die O.en schlagen = die Zeit nutzlos verbringen. Meint dasselbe wie »die Zeit totschlagen«; denn um die Ohren, im Nacken wird das Schlachttier getroffen. 1800 ff.

10) sich etw hinter die O.en schreiben = sich etw (eine Mahnung, Rüge) gründlich merken. Meint eigentlich die Ohrfeige, die man nicht vergißt. 1600 ff.

11) noch naß (noch feucht; noch nicht trocken) hinter den O.en sein = noch unerfahren, lebensunreif sein. Bezieht sich eigentlich auf das neugeborene Kind, dann auch auf die Tatsache, daß sich in der Ohrgrube die Feuchtigkeit am längsten hält. 1500 ff.

12) auf den O.en sitzen = nicht hören wollen; schwerhörig sein. Groteske Physiologie, wohl in Nachahmung der Redewendung »auf den Händen sitzen = untätig sein«. 18. Jh.

13) bis über die O.en in Arbeit stecken (die Arbeit steht ihm bis über die O.en) = mit Arbeit überhäuft sein. Eigentlich steckt man bis über die Ohren im Mantel, unter der Bettdecke, vor allem im Wasser (das Wasser steht ihm bis zum Hals = er steht kurz vor dem Bankrott). 1500 ff.

14) bis über die O.en in Schulden stecken = tiefverschuldet sein. 1500 ff.

15) die O.en steifhalten = standhaft bleiben; sich nicht verblüffen lassen; Anzüglichkeiten absichtlich überhören. Vom Tier (Hund, Pferd) auf den Menschen übertragen. Die gegensätzliche Wendung lautet »die Ohren hängen lassen«. 1600 ff.

16) die O.en auf Durchfahrt stellen = eine Mahnung nicht beher-

zigen. Vom Eisenbahnwesen hergenommen: steht das Signal auf »freie Fahrt«, braucht der Zug nicht im Bahnhof zu halten. 1930 ff.

17) die O.en auf Empfang stellen = zuzuhören willens sein. Stammt aus der Sprache der Rundfunktechniker. 1945 ff.

18) bis über die (beide) O.en verliebt sein = sehr verliebt sein. 18. Jh.

19) jm die O.en vollblasen (-jammern, -quasseln, -schreien, -schwatzen o. ä.) = jm eindringlich zu etw zureden; jn mit Geschwätz (Gejammer o. ä.) zu etw bestimmen wollen. Auszugehen ist von der Wendung »jm etw ins Ohr blasen« im Sinne von »jm etw heimlich zu wissen geben; jm etw vertraulich zuflüstern«. 1600 ff.

Ohrläppchen n sich in die O. beißen (sich die O. abbeißen) können = einen breiten Mund haben. Groteske Physiologie. Etwa seit dem späten 19. Jh.

Öl n Öl auf die Ampel (Lampe) gießen = einen Schnaps trinken; zechen. [Vgl Lampe 1.] 1800 ff.

ölen intr zechen. [Vgl das Vorhergehende.]. 1900 ff.

Ölgemälde n stark geschminkte weibliche Person. Malen = schminken. 1900 ff.

Ölgötze m 1) langweiliger, steifer Mensch. Fußt seit den Tagen der Reformation auf der bildlichen Darstellung der schlafenden Jünger Jesu im Garten Gethsemane. Eigentlich ein reformatorisches Spottwort wider die Heiligenverehrung der Katholiken: man sprach von Idolatrie oder Götzendienst.

2) dasitzen (dastehen) wie die Ö.n = regungslos, ungelenk sitzen (stehen); zur Unterhaltung nichts beitragen. 1500 ff.

ölig adj 1) widerlich dienstbeflissen; liebedienerisch. Ölen macht geschmeidig und paßt auf den würdelos ergebenen Menschen. Selbst seine Worte und Phrasen kommen »wie geölt« aus seinem Munde. Seit dem ausgehenden 19. Jh.

2) widerlich rührselig; salbungs-
voll, pathetisch. Spätestens seit
1900.

Olim *Fn* zu (in, seit) O.s Zeiten =
vor langer Zeit. Im Sinne eines
Familiennamens scherzhaft-ge-
lehrt entwickelt aus *lat* »olim =
vor alters«; wohl studentischer
Herkunft, etwa seit 1600.

Ölkopf *m* 1) stark pomadisiertes
Kopfhaar. Der Kopf schillert wie
mit Öl bestrichen. 1900 ff.
2) einen Ö. haben = a) betrunken sein. [Vgl ölen.] 19. Jh.
= b) unter den Nachwehen des
Rausches leiden. Seit dem späten
19. Jh.
= c) benommen sein. 1900 ff.

oll *adj* alt. Meist in abfälligem Sinn
gemeint. Stammt aus dem Niederdeutschen, ist aber überall bekannt. Spätestens seit 1700.

Olle *f* Hausfrau, Ehefrau; die Alte
(mal abfällig, mal Kosewort). 18.
Jh.

Oller *m* Ehemann, Vater. 18. Jh.

Ölschinken *m* großes Ölgemälde
ohne künstlerischen Wert. [Vgl
Schinken.] Seit dem ausgehenden
19. Jh.

Ölung *f* letzte Ö. = Kehraustrunk.
Eigentlich Bezeichnung in der katholischen Kirche für jenes Sakrament, das dem Kranken oder Sterbenden gespendet wird. Hier bezogen auf »ölen = zechen«.
1900 ff.

Olymp *m* 1) die höchsten und bil-
ligsten Plätze im Theater o. ä.
Scherzhafte Wertsteigerung, als
seien die Zuschauer Götter auf
dem griechischen Gebirgsgipfel.
19. Jh.
2) Lehrerzimmer. Dort kommen
die »Götter« zusammen und entscheiden über das Schicksal der
Schüler. 1900 ff.
3) Oberstufe des Gymnasiums.
1900 ff.

Oma (Omama, Omma) *f* Großmutter. Kindersprachlich vereinfacht
für »Großmama«. 1800 ff.

Onkel *m* 1) gelber O. = Rohrstock.
Verniedlichende Umschreibung,
bei der »gelb« auf die Farbe
anspielt. »Onkel« nennt das Kind
jeden männlichen Erwachsenen

außer dem Vater. Seit dem späten 19. Jh.
2) über den (großen) O. gehen
(laufen) = mit einwärtsgerichteten Füßen gehen; die Füße fast
gerade setzen. »Onkel« ist wahrscheinlich eingedeutscht aus *franz*
»ongle = Fußnagel«; berlinische
Vermittlung aus der Zeit der
französischen Besetzung Berlins
1806 — 1813 dürfte vorauszusetzen
sein. Heute gemeindeutsch.

Onkelehe *f* Haus-, Lebensgemein-
schaft mit einer Witwe, die den
Mann nicht heiratet, um ihren
Pensionsanspruch nicht zu verlieren. Die Witwe gibt ihn für
ihren Onkel aus. Nach 1945 aufgekommen. (Der Ausdruck »Ren-
tenkonkubinat« ist nicht volkstümlich geworden.)

onkeln *intr* mit einwärtsgerichteten
Füßen gehen. [Vgl Onkel 2.] 19. Jh.

Opa (Opapa, Oppa) *m* Großvater.
[Vgl Oma.] 19. Jh.

Oper *f* eine O. reden (quatschen) =
umständlich, wortreich reden.
Meist in verneinender Befehlsform üblich. Anspielung auf die
Länge der Opernaufführung, auf
die gesanglichen Wiederholungen,
auf die Umständlichkeit und Fei-
erlichkeit des Schreitens, der Gebärden usw. In volkstümlicher
Auffassung ist das Theater die
Stätte der Unnatürlichkeit, der
Unechtheit usw. Seit dem ausgehenden 19. Jh.

ordentlich *adj adv* tüchtig, heftig; sehr (er hat o. Prügel bekommen; ich habe ihn o. reinge-
legt). Das Wort hat sich (wie »anständig«) über die Bedeutung
»gebührend« zu einer allgemeinen
Verstärkung entwickelt. 19. Jh.

organisieren *tr* Fehlendes listig (geschickt, diebisch) beschaffen. Meint
eigentlich »Teile zu einem zweckmäßigen Zusammenwirken ord-
nen«. Hieraus entwickelte sich
bei den Soldaten des ersten Weltkrieges die Bedeutung »sich etw
anzueignen suchen, was man
dringend benötigt«.

Organist *m* Mensch, der Fehlendes
listig beschafft. [Vgl das Vorhergehende.] Der Bezeichnung für

den Orgelspieler euphemistisch untergeschoben an Stelle von »Organisator«. 1914 ff.

Orgelpfeifen *pl* 1) Kinder wie die O. = Kinder in jeder Größe. In den Orgelprospekten stehen die Pfeifen in Größenabstufungen nebeneinander. 1500 ff.
2) wie die O. dastehen = nach der Größe aufgestellt sein. 18. Jh.

Orkus *m* Abort. Gleichklang mit »Lokus«: die Exkremente wandern dort in die Unterwelt. 1900 ff.

Örtchen *n* (geheimes, stilles, verschwiegenes) Ö. = Abort. Unter Hinzufügung der Verkleinerungssilbe übersetzt aus *lat* »locus = Ort«. 19. Jh.

Oskar *m* 1) trockener O. = trockenes Brot. Fußt möglicherweise auf *jidd* »ossok koro = harter Bissen; altes Brotstück«. 1900 ff.
2) frech wie O. = dreist, übermütig, bedenkenlos; unverschämt. Leitet sich her entweder von dem Leipziger Jahrmarktsverkäufer Oskar Seifert, bekannt durch seine Derbheiten beim Verkaufen, oder aus *jidd* »ossoker = freche Person«. Der Ausdruck soll modernisiert worden sein durch Oskar Blumenthal, der wegen seiner scharfen Kritik »der blutige Oskar« genannt wurde. Etwa seit dem letzten Drittel des 19. Jh.

Otto *Vn* 1) Otto-Otto!: anspornender Zuruf; Ausdruck höchsten Lobes. Soll von dem Bühnen- und Filmschauspieler Hans Albers stammen: mit »Otto, Otto!« spornte er den volkstümlichsten Jockei Otto Schmidt im Hoppegarten an. 1920 ff.
2) irgendeine, nicht näher bezeichnete Sache. 1930.
3) Gruß an Onkel O. = Winken von Leuten aus der Menge zur Fernsehkamera. 1950 ff.
4) O. Normalverbraucher = Durchschnittsverbraucher von Nahrungsmitteln; Durchschnittsgenießer von Kunst- und Literaturwerken. Männliches Gegenstück zu Lieschen Müller. In dem um 1947 spielenden Film »Berliner Ballade« dargestellt von Gerd Froebe. [Vgl Normalverbraucher.]
5) einen O. bauen = etw bewerkstelligen, einfädeln. [Vgl Otto 2.] Halbwüchsigendeutsch seit 1950.
6) jn zum O. machen = jn heftig ausschimpfen. 1930 ff.

P

PS 1 PS mit Peitschenzündung = Pferd. 1920 ff.

paar *num* ein p. kriegen = Ohrfeigen, Prügel erhalten. 19. Jh.

Paar *n* zu P.en treiben = in die Enge treiben; zum Gehorsam zwingen; in die Flucht schlagen. Vielleicht eine mißverstandene Schreibung für »zum barn treiben = zur Futterkrippe treiben«. »Barrn« ist auch das Fischernetz, und »Barn« ist die Schranke, an der sich der Turniergegner ergeben mußte. 1500 ff.

Pack *n* Gesindel, Pöbel; ungesittete Leute. Meint eigentlich »Bündel, Ballen«, dann deren Träger, insbesondere den Heerestroß. 14. Jh.

Päckchen *n* sein P. (zu tragen) haben = kein leichtes Schicksal haben; seine Sorgen haben. Leid und Sorgen erscheinen nach schriftsprachlichem Vorbild auch in der Alltagssprache als Bürde. 1600 ff.

packen *v* 1) *tr* etw erreichen; einer Sache Herr werden. »Packen = fassen, ergreifen«. 18. Jh.
2) *tr* etw begreifen. »Begreifen« ist ein geistiges Inbesitznehmen. 18. Jh.
3) *refl* sich eiligst entfernen. Eigentlich ist gemeint, daß einer sich bepackt, um fortzugehen, analog zu »sein Bündel schnüren«. 1500 ff.

Packesel *m* Mensch, dem alle Arbeit aufgebürdet wird; mit Paketen beladener Mensch. Hergenommen vom Esel als Lasttier, wohl auch mit Einfluß der Bedeutung »Esel = dummer Mensch«. 18. Jh.

Packung f Niederlage bei sportlichen Wettkämpfen. Lehnübersetzt aus engl »licking = Packung; Tracht Prügel; Niederlage«. Seit dem frühen 20. Jh.

paffen intr schnell, stark, unter starker Rauchentfaltung rauchen. Lautnachahmend für den Klang, der entsteht, wenn man den Rauch kräftig aus dem Munde bläst. 18. Jh.

paff sein intr erstaunt, überrascht, sprachlos sein. Hergenommen von der Schallnachahmung des Schusses: der Überraschte ist paff wie beim Hören eines unerwarteten Schusses. Übertragung von der Ursache auf die Wirkung. 17. Jh.

Palme f 1) jn auf die P. bringen (treiben) = jn heftig erbosen. Ins Bildliche gewendetes schriftsprachliches Vorbild »aufbringen = erzürnen«. 1930 ff.
2) jn auf die allerhöchste P. bringen = jn überaus erbosen. 1930 ff.
3) auf die P. gehen = aufbrausen. 1930 ff.
4) von der P. herabsteigen (herunterkommen) = sich nicht länger aufregen; sich allmählich beruhigen. 1930 ff.
5) es ist, um auf die P. zu klettern (steigen) = es ist zum Verzweifeln. 1930 ff.
6) auf der P. sein = hochgradig erzürnt sein. 1930 ff.

Pamp m dicker Brei. Nasalerweiterung von Papp, s. d. 1600 ff.

Pamps (Pams) m dicker Brei; Kartoffelbrei. [Vgl das Vorhergehende.] 17. Jh.

Pampuschen pl s. Babuschen.

Panne f Mißgeschick; plötzlich auftretender Schaden; unliebsame Störung; Motordefekt am Auto. Stammt aus franz »panne = das aus Tüchern bestehende Segelwerk; Aufbrassen der Segel«; »rester en panne = die Segel mit dem Wind gestellt haben, so daß das Schiff stillsteht«; von da übertragen zur Bedeutung »unterwegs liegen bleiben«. Über die Pariser Bühnensprache im Anfang des 20. Jhs nach Deutschland gelangt.

panschen (pantschen) intr 1) geräuschvoll im Wasser wühlen. Lautmalend wie manschen, s. d. 15. Jh.
2) Getränken Wasser beimischen; Milch o. ä. verfälschen. Etwa seit dem 15. Jh, anfangs in Spottnamen.

Pantinen pl aus den P. kippen = a) ohnmächtig werden; niederstürzen. Pantinen sind grobe Schuhe aus Leder mit einer Holzsohle. Wohl seit dem ausgehenden 19. Jh.
= b) verwundert, überrascht sein. 1920 ff.
= c) einen Nervenzusammenbruch erleiden; die Beherrschung verlieren. 1920 ff.

Pantoffel m 1) Herrschaft der Frau über den Ehemann, der Haushälterin über den Hausherrn. Dem Gegner den beschuhten Fuß aufzusetzen, galt (gilt) als Zeichen völliger Niederwerfung. Nach altem Brauch suchten die Neuvermählten unmittelbar nach der Eheschließung dem Partner zuerst auf den Fuß zu treten, weil man dadurch die Herrschaft im Hause errang. 18. Jh.
2) jn unter dem P. haben = den Ehemann (Hausherrn) beherrschen. 18. Jh.
3) unter den P. geraten (kommen) = unter die Herrschaft der Hausfrau geraten. 18. Jh.
4) jn unter den P. kriegen = die Herrschaft über den Ehemann (Hausherrn) erlangen. 18. Jh.
5) den P. schwingen = den Ehemann (Hausherrn) beherrschen. Bildhaft ist gemeint, daß die Hausfrau den Pantoffel in der Hand hin und her bewegt, um zu erkennen zu geben, daß der Ehemann sich zu fügen hat. Wohl studentischer Herkunft. 1850 ff.
6) unter dem P. sein (stehen) = von der Ehefrau (Haushälterin) beherrscht werden. 18. Jh.

Pantoffelheld m von der Ehefrau (Haushälterin) beherrschter

Mann; willenloser Ehemann. »Held« ist ironisch gemeint. 1800 ff.

Pantoffelkino n 1) kleines Filmtheater. Man kann in Pantoffeln hingehen; es liegt ganz in der Nähe der Wohnung, und vornehme Sitte braucht nicht beachtet zu werden. 1910 ff.
2) Fernsehen daheim; Fernsehgerät. Die meisten Fernseher machen es sich vor dem Bildschirm bequem: sie ziehen Pantoffeln an, legen die Füße hoch usw. 1955 ff.

Pantoffelregiment n Beherrschung des Ehemanns durch die Frau; Weiberherrschaft. [Vgl Pantoffel 1.] 1800 ff.

Panz m (n) **(Panze** f) ungezogenes Kind; Kind (abfällig). Im 18. Jh von französischen Emigranten eingeführt (franz »panse = Bauch, Wanst«). Bezeichnungen für den Bauch entwickeln sich — vor allem über den Begriff »Hurenbalg = Kind einer Hure«) — leicht zur Bedeutung »freches, ungezogenes Kind«.

Panzer m Korsett. Gekürzt aus »Eisenpanzer« im Sinne von »Rüstung für den Leib«. Zurückreichend bis in die Regierungszeit Kaiser Josephs II., der neben vielen Mißständen auch das verunstaltende Korsett durch Verbote und Erlasse bekämpfte.

Panzerhemd n Korsett. [Vgl das Vorhergehende.] 1800 ff.

Papa (Pappa) m Vater. Im 17. Jh als kindliches Lallwort aus Frankreich entlehnt. Die Betonung auf der letzten Silbe war anfangs in der Hofsprache üblich; die Betonung auf der ersten ist deutsch.

Papagei m 1) Nachplapperer; im Denken und Reden unselbständiger Mensch; Begleiter höherer Vorgesetzter. Hergenommen von der Sprechgelehrigkeit des Papageis: der Papagei wiederholt nur, was ihm vorgesprochen wird. Zur Zeit Kaiser Wilhelms II. aufgekommen.
2) auffällig, geschmacklos bunt gekleidete Person. Wegen der Ähnlichkeit mit dem bunten Gefieder des Papageis. 1920 ff.

Papierdeutsch n umständliche Ausdrucksweise; geschraubter Stil; Amtsdeutsch. Die Äußerung wirkt, als wäre sie zuerst zu Papier gebracht worden, wodurch ihr die Unmittelbarkeit und die Natürlichkeit abhanden gekommen sind. 1930 ff.

Papierkragen m ihm platzt der P. = er braust auf. Scherzhafte Parallelbildung zu Kragen 4. 1920 ff.

Papierkrieg m (übermäßiger) dienstlicher Schriftverkehr. Um 1900 aufgekommen mit der Zunahme der Zahl und Größe der Verwaltungsdienststellen, vielfach bezogen auf die Unverständlichkeit oder Unsinnigkeit von Vorschriften, Vordrucken usw., auch auf die zermürbende Langsamkeit und Umständlichkeit, mit der behördliche Entscheidungen gefällt werden.

Papiertiger m 1) Schwätzer; Prahler, der in der Praxis versagt; Mensch, der nicht ernst zu nehmen ist. Ursprünglich ein Schmähwort der kommunistischen Chinesen (wohl von Mao-Tse-tung geprägt) auf die Nordamerikaner, deren Waffenbesitz man als bloße Prahlerei auffaßte. Gemeint ist wohl, daß sich die US-Amerikaner als gefährliche Tiger aufspielen, aber im Grunde nur papierne sind. »Tiger« nennt man auch eine besondere Type von Panzerkampfwagen, und beim Übungsschießen gibt es auch Panzerkampfwagen, deren Wände aus Pappe bestehen. 1960 ff.
2) furchterregende Waffe ohne große militärische Bedeutung. 1960 ff.

Papp m Brei, Mus, Kleister. Kindliches Lallwort, klangnachahmend für den Laut, der beim Öffnen und Schließen des Mundes oder beim Aufklatschen des Löffels entsteht. 1300 ff.

papp interj nicht mehr papp sagen können = völlig gesättigt sein; nichts mehr sagen können. Mit übervollem Mund läßt sich schlecht »papp« sagen. 18. Jh.

Pappchinese m Schimpfwort. Soll sich von einer Zielscheibe mit

Chinesenkopf herleiten, die nach dem Boxeraufstand in China eingeführt wurde. »Papp« spielt nicht nur auf das Material an, aus dem die Scheibe bestand, sondern auch auf »pappig« im Sinne von »unfest, schlaff, untüchtig«. 1910 ff.

Pappe f nicht von P. = handfest, gediegen, kräftig (was er sagte, war nicht von P.; die Prügel waren nicht von P.). Leitet sich her entweder von der aus Pappdeckel hergestellten Fastnachtspritse oder von den aus Pappdeckel gestalteten Bühnenrequisiten. 19. Jh.

päppeln tr jn mit Brei speisen; jn betulich verwöhnen. Gehört zu Papp = Brei, Kinderbrei«. 1300 ff.

pappen tr jm eine p. = jm eine Ohrfeige versetzen. »Pappen = kleistern, kleben«. [Vgl kleben 1.] Seit dem ausgehenden 19. Jh.

pappen bleiben intr in der Schule nicht versetzt werden. Analog zu »klebenbleiben«, »hängenbleiben«. Seit dem späten 19. Jh.

Pappenheimer pl seine P. kennen = die Menschen seiner täglichen Umgebung mitsamt ihren Eigenheiten und Schwächen kennen. Stammt aus Schillers »Wallensteins Tod« (1800). Im frühen 19. Jh aufgekommen.

Pappenstiel m das ist kein P. = das ist keine Kleinigkeit, ist ein ansehnlicher Geldbetrag. Pappenstiel ist der Stiel der Pappelblume (Löwenzahn). Hier vielleicht entstellt aus »Pappelstiel«: das Holz der Pappel ist von minderer Beschaffenheit, so daß sich die Anfertigung eines Stiels für ein Werkzeug kaum lohnt. 1600 ff.

papperlapapp intrj Ausruf, wenn einer dumm, inhaltsleer schwätzt. Gehört wohl zu »papern = schwatzen« und meint lautmalend den Klang, der beim Öffnen und Schließen der Lippen entsteht. 1700 ff.

Pappkamerad m 1) figürliche Schießscheibe in Form einer Soldatensilhouette. Um 1870 aufgekommen.

2) Menschenabbildung aus Pappe in den Straßen (Polizeibeamter, Politiker gelegentlich des Wahlkampfes u. a.). 1960 ff.

3) Mensch, der jegliches Arge hinnimmt und sich nicht wehrt; willenloser, einflußloser Mensch. Er verhält sich passiv wie die Schießscheibe. 1950 ff.

pappsatt sein völlig gesättigt sein. Entweder »durch Papp (s. d.) gesättigt« oder so satt, daß man nicht mehr »papp« (s. d.) sagen kann. 1900 ff.

Papst m päpstlicher als der P. sein = sehr unerbittlich sein; moralisch überstreng urteilen. Steht wohl in Zusammenhang mit der heftig angegriffenen Unfehlbarkeitserklärung des Papstes (1870) und mit dem Verhalten seiner Verteidiger. 1900 ff.

Parade f jm in die P. fahren (fallen) = jm energisch entgegentreten, treffend ins Wort fallen. Stammt aus der Fechtersprache: Parade ist die Auslage beim Fechten. 1900 ff.

Paradepferd n 1) Muster-, Ausstellungsstück. Eigentlich ein Pferd, mit dem man paradieren (prunken) kann. 1800 ff.

2) Sache, die man am besten beherrscht und mit der man sich brüstet. 1800 ff.

3) bester Könner. 1800 ff.

Paradies n obere Sitzreihe im Theater. Man denkt sich das Paradies im Himmel. 18. Jh.

Paragraphenreiterei f Rechtswissenschaft. Der Rechtswissenschaftler »reitet« auf Paragraphen, d. h., er kennt sich nur in Paragraphen aus und zwängt alles menschliche Handeln in Paragraphen ein. Beeinflußt von der Vorstellung des »Steckenpferds«, auf dem das Kind reitet. 1900 ff.

pardauz (pardautz) interj da liegt es! Schallwort für dröhnenden Fall. 1600 ff.

Parfümladen m stark parfümierte weibliche Person. Sie duftet, wie es in einem Kosmetiksalon duftet. 1920 ff.

Parkett n 1) glattes P. = heikles Problem. Bei seiner Erörterung kann man zu Schaden kommen oder straucheln wie auf glattem Parkett. 1920 ff.

2) schräges P. = moderne Tanzschule. Es werden dort die »schrägen« (s. d.) Tänze gelehrt. 1925 ff.

3) einen aufs P. legen = elegant tanzen. 1920 ff.

4) das P. streicheln = ruhige Tänze tanzen. 1952, Halbwüchsigendeutsch.

Parteibonze *m* (herrschsüchtiger) Parteifunktionär. [Vgl Bonze.] Seit dem späten 19. Jh.

Parteichinesisch *n* schwülstige, phrasenreiche Redeweise von Parteipolitikern. Nach 1933 aufgekommen, wobei »Chinesisch« etwas für uns völlig Unverständliches meint.

Parteileine *f* jn an die P. nehmen = jn auf die Grundsätze einer politischen Partei verpflichten. Wie ein Hund an der Hundeleine hat das Mitglied an der Parteileine zu gehen. 1945 ff.

Parteitag *m* es ist ihm ein halber (innerer, geistiger) P. = es freut ihn sehr. 1933 aufgekommen mit den Parteitagen der Nationalsozialistischen Deutschen Arbeiterpartei in Nürnberg. Die Redewendung war schon damals ironisch gemeint.

parterre sein 1) entkräftet, niedergeschlagen, hoffnungslos sein. Analog zu heruntersein, s. d. Seit dem ausgehenden 19. Jh.

2) mittellos sein. Seit dem ausgehenden 19. Jh.

3) bezecht sein. 1945 ff.

Partie *f* eine gute P. = eine vorteilhafte Heirat. Im 19. Jh aus *franz* »parti« übernommen.

partout (partu) *adv* durchaus. Stammt wahrscheinlich aus dem *franz* »partout et toujours« oder ist aus *franz* »par Dieu« entstellt. 1800 ff.

paschen *intr* schmuggeln; Schleichhandel treiben. Stammt seit dem 18. Jh möglicherweise aus mehreren Quellen: in der Zigeunersprache ist »paš = Teil« (also etwa soviel wie Anteil an der Beute); im Hebräischen ist »pa-

sah = überschreiten«; dies berührt sich mit *franz* »passer = die Grenze überschreiten«.

Pascher *m* Schmuggler. 18. Jh.

Pastete *f* 1) P. (schöne P.) = unangenehme Sache; arge Verlegenheit. Leitet sich wohl her von der zerfallenen Pastete, die kaum den Appetit reizt. 1700 ff.

2) die ganze P. = das alles (abfällig). 1700 ff.

3) da (nun) haben wir die P. = das Unangenehme ist wie erwartet eingetroffen. 1800 ff.

Pastorentöchter *pl* unter uns P.n = unter uns Eingeweihten; ohne die Anwesenheit eines Fremden, auf den man Rücksicht nehmen muß. Spätestens seit dem ausgehenden 19. Jh.

patent *adj* 1) fein, elegant; anstellig, tüchtig; vorzüglich. Da die amtliche Patentierung eine Ware o. ä. als ausgezeichnet bewertet, erhält das Adjektiv die allgemeine Bedeutung von Vorzüglichkeit. Um 1800 — wahrscheinlich in Studentenkreisen — aufgekommen.

2) p.es Haus = anstelliger, als Kamerad bewährter Mensch. 1900 ff.

3) p.er Kerl = anstelliger, umgänglicher Mann; Mensch, der nie enttäuscht. 19. Jh.

Patentekel *n* höchst widerwärtiger Mensch. Verstärkung von Ekel, s. d. Seit dem späten 19. Jh.

Patentesel *m* sehr dummer Mensch. [Vgl Esel.] 1920 ff.

Patentfatzke *m* Stutzer; Modegeck. [Vgl Fatzke.] Berlinischen Ursprungs (etwa seit dem späten 19. Jh), aber inzwischen überall geläufig oder verstanden.

Patentkerl *m* anstelliger, umgänglicher, zuverlässiger Mann. [Vgl patent 3.] 1900 ff.

Patentmädel *n* nettes, flottes, umgängliches, charaktervolles Mädchen. Spätestens seit dem ausgehenden 19. Jh.

Patron *m* 1) Mann; Mann voller Eigenheiten; unzuverlässiger Mann; Schimpfwort. Seit dem späten 18. Jh entwickelt aus der den Protestanten unverständlichen Geltung des katholischen Schutzheiligen (Schutzpatron, Kirchenpatron) wider bestimmte Gebrechen und Eigenarten; wohl auch verquickt mit »Patron = Herbergswirt«.

2) sauberer P. = schlechter, liederlicher, gemeiner, charakterloser Mann. 1800 ff.

3) schlauer P. = listiger, in allen Kunstgriffen erfahrener Mann. Seit dem ausgehenden 19. Jh.

Patsch m 1) durch Regen (Schnee) aufgeweichtes Erdreich; Straßenschmutz. Schallnachahmend für den Klang, der beim Gehen durch solchen Schmutz entsteht. Spätestens seit dem 18. Jh.

2) leichter Schlag. Schallnachahmung des klatschenden Schlags. 1500 ff.

Patsche f 1) Werkzeug zum Schlagen (Fliegenpatsche; Feuerpatsche). Schallnachahmend wie Patsch 1 und 2. 18. Jh.

2) (breite, fleischige) Hand. Wegen des patschenden Klangs beim Handschlag. Den Kindern macht man das Handgeben beliebt, indem man ihnen erlaubt, kräftig in die dargebotene Hand einzuschlagen. 18. Jh.

3) Verlegenheit; bedrängte Lage. Wohl dasselbe wie Patsch 1, also analog zu Dreck 1. Seit dem ausgehenden 17. Jh.

4) jn in die P. bringen (reiten) = jn in Verlegenheit (Not) bringen. 1800 ff.

5) jm aus der P. helfen (jn aus der P. ziehen) = jm aus der Verlegenheit (Not) helfen. 1800 ff.

6) in die P. kommen (geraten) = in eine bedrängte Lage geraten. 18. Jh.

7) in der P. sein (sitzen, stecken, liegen) = in Verlegenheit (Not) sein. 17. Jh.

patschen intr 1) in Wasser treten; im Wasser waten, spielen. [Vgl Patsch 1.] 15. Jh.

2) es patscht = es regnet heftig. 18. Jh.

Patschhand f (**Patschhändchen** n) Hand, Handschlag. [Vgl Patsche 2.] 1600 ff.

patschig adj schmutzig, regnerisch. [Vgl Patsch 1.] 18. Jh.

patschnaß adj völlig durchnäßt. Die Kleidung ist dermaßen durchnäßt, daß sie bei Bewegungen einen patschenden Schall verursacht. 18. Jh.

Patschwetter n regnerisches, unfreundliches Wetter. [Vgl Patsch 1.] 19. Jh.

patzen intr künstlerisch Unvollkommenes leisten; Fehler begehen; falsch machen. Herzuleiten von »Patzen = Klecks«: wer patzt, macht Kleckse, aber kein Bild. 1800 ff.

Patzer m 1) Fehler; Fehlleistung. 1800 ff.

2) Versager; Nichtskönner. 1800 ff.

Patzerei f Fehlleistung; unordentlich verrichtete Arbeit. 19. Jh.

patzig adj 1) anmaßend, frech, übermütig; sich vordrängend. Gehört zu »Batzen = dickes Stück«, sachverwandt mit klotzig, s. d. Wer sich patzig macht, macht sich dick (s. d.) und ist ein Verwandter dessen, der sich aufbläst. 16. Jh.

2) sich p. machen = hochfahrend sein; sich aufspielen. 16. Jh.

Patzigkeit f Hochmut; hochfahrendes Benehmen; Anmaßung. 18. Jh.

Pauke f 1) mit P.n und Trompeten = völlig (er ist mit P.n und Trompeten durch die Prüfung gefallen; er hat das Kartenspiel mit P.n und Trompeten verloren). Umschreibt den Lärm bei sehr tiefem Fall: je stärker der Lärm, um so völliger das Versagen. Nach anderen wird auf den Triumphmarsch angespielt, bei dem Pauken und Trompeten eine wichtige Rolle spielen; in ironischer Bedeutung wird nicht zum Sieg, sondern zur Niederlage aufgespielt. 1800 ff.

2) auf die P. hauen = a) prahlerisch, übertreibend erzählen. In der Soldatenkapelle gibt der Paukenschläger den Takt des Marschierens unüberhörbar an. [Vgl angeben.] 1900 ff.

= b) ausgelassen feiern; verschwenderisch leben; sich ausleben. 1910 ff.

= c) energisch werden; laut aufbegehren; demonstrieren; Forderungen stellen. 1910 ff.

pauken *intr* angestrengt lernen, unterrichten. Entwickelt aus Pauker 1. Etwa seit dem 18. Jh.

Pauker *m* 1) Lehrer. Fußt auf der alteingewurzelten Voreingenommenheit, die trotz Abschaffung der Prügelstrafe noch immer nicht ausgerottet ist, daß der Lehrer auf das Gesäß des unbotmäßigen Schülers schlägt wie auf eine Pauke. 1600 ff.
2) Examensvorbereiter; Repetitor; Erteiler von Nachhilfeunterricht. 19. Jh.

Paukerhöhle *f* Lehrerzimmer. 1900 ff.

Paukerstall *m* Lehrerzimmer. Seit dem späten 19. Jh.

Pech *n* 1) Mißgeschick, Unglück. Hergenommen vom Vogel, der am Vogelpech des Vogelstellers hängenbleibt: er hat Pech an den Federn und kann nicht mehr auffliegen. 15. Jh.
2) P. an den Fingern (Händen) haben = diebisch sein. Euphemismus: der Dieb ist unschuldig; denn wegen des Pechs bleibt ihm alles an den Händen kleben. 1800 ff.
3) P. an der Hose (am Arsch) haben = den schicklichen Zeitpunkt zum Weggehen nicht finden. Durch das Pech an der Hose klebt der Betreffende am Stuhl fest und kann sich nicht erheben. 17. Jh.

pechrabenschwarz *adj* tiefschwarz. [Vgl kohlpechrabenschwarz.] 1800 ff.

pechschwarz *adj* tiefschwarz. Zusammengewachsen aus »schwarz wie Pech«. 1700 ff.

Pechvogel *m* Mensch, der in allem (stets) Unglück hat. Er ist ein Leidensgenosse des Vogels, der dem Vogelsteller auf die Leimrute fliegt: entrinnen ist unmöglich. Spätestens seit 1800.

Pedal *n* Bein, Fuß. Eigentlich die Fußtaste an der Orgel, am Klavier o. ä. Im 18. Jh auf den Menschen übertragen, vielleicht durch Studenten.

Peitschenlampen (-laternen, -masten, -stiele) *pl* Laternenmasten, deren Neonleuchten ein Stück in den Fahrbahnraum hineinragen. Sie ähneln geschwungenen Peitschen oder Dreschflegeln. 1955 ff.

pedes *pl* per p. apostolorum = zu Fuß. Scherzhafte Wendung, um 1750 bei Studenten aufgekommen. Anspielung auf die vielen Reisen der Apostel.

pekzieren *tr* s. pexieren.

Pelle *f* 1) Haut des Menschen. Beruht auf *lat* »pellis = Haut« und bezieht sich im engeren Sinne auf die Wursthülle. 1700 ff.
2) Anzug. Kleid. Die Bekleidung wird hier als Haut über der Haut des Menschen aufgefaßt. Wohl seit dem ausgehenden 19. Jh.
3) P. von der Stange = Konfektionsanzug. [Vgl Stange.] 1920 ff.
4) jm nicht von der P. gehen = jn ständig begleiten, überwachen. 19. Jh.
5) jm auf die P. rücken = jm energisch zusetzen; jn bedrängen. Analog zu »jm zu Leibe rücken«. 1800 ff.
6) jm auf der P. sitzen (hocken, liegen) = jm heftig zusetzen; jm lästigfallen. 1850 ff.

Pelz *m* 1) Haut (Körper) des Menschen. Vom Tier auf den Menschen übertragen, spätestens seit dem 19. Jh.
2) jm eins auf den P. brennen = auf jn einen Schuß abgeben. Stammt aus der Jägersprache. 18. Jh.
3) jm eins (einen) auf den P. geben = jn prügeln. 1700 ff.
4) jm auf den P. kommen (rücken) = auf jn eindringen; jm heftig zusetzen; jn prügeln. Analog zu »jm zu Leibe rücken«. 18. Jh.

pelzen *v* 1) ruhen; untätig, faul sein; vor sich hinträumen; schlafen. Wohl verbal zu »Faulpelz«. 1900 ff.
2) jn prügeln. [Vgl Pelz 1.] 19. Jh.

Pennal *n* Schulgebäude, Gymnasium. Fußt auf der mittellateinischen Vokabel »pennale = Federbüchse«. Die Federbüchse war das Kennzeichen der Gymnasiasten. Daraus entwickelte sich im 17. Jh der Begriff »Student, der die Vorlesungen mitschreibt oder dem älteren mit Schreibzeug aushilft«. Um 1800 ergab sich daraus die Bedeutung »Gymnasiast«, etwa gleichzeitig auch die Bedeutung »Gymnasium«.

Pennäler *m* Gymnasiast. [Vgl das Vorhergehende.] Anfangs ein Schimpfwort wider Studenten; seit etwa 1800 im heutigen Sinne.

Pennälergehalt *n* Ausbildungszulage für Schüler vom fünfzehnten Lebensjahr an. Man betrachtet die Zulage als feste Besoldung. 1965 aufgekommen; 1967 untergegangen mit der Abschaffung der Beihilfe.

Pennbruder *m* 1) Landstreicher; Tagedieb, der in Männer-, Obdachlosenasylen oder im Freien nächtigt. [Vgl Penne 1.] Spätestens seit 1820.
2) Langschäfter. [Vgl pennen.] 1830 ff.

Penne *f* 1) Unterkunft für Gesindel; Nachtquartier; Schlafstelle. Zusammengewachsen aus »pennen« (s. d.) und *jidd* »panai = müßig«. Etwa seit dem ausgehenden 17. Jh.
2) Schulgebäude, Gymnasium. Wohl aus Pennal (s.d.) verkürzt, vielleicht mit Einwirkung von »pennen« im schülersprachlichen Sinne von »mit offenen Augen vor sich hinträumen; halbwach dem Unterricht folgen«. Wohl seit dem ausgehenden 19. Jh.
3) primitives Schlaflager. Im Ersten Weltkrieg bei den Soldaten aufgekommen als Substantiv zu »pennen«.
4) kalte P. = Nachtlager im Freien (Biwak, Manöverzelt); Übernachtung im Freien. Etwa seit 1870.
5) kesse P. = gute, sichere Unterkunft (wo man von der Polizei nicht behelligt wird). [Vgl keß.] Wer die Polizei zu meiden hat, tut klug daran, sich um eine sichere Unterkunft zu bemühen. 1820 ff.
6) wilde P. = Unterkunft für Gesindel. Nicht identisch mit der

»Herberge zur Heimat«. 1900 ff.

pennen *intr* schlafen. Soll sich aus *jidd* »panai = müßig« im Rotwelsch des 19. Jh entwickelt haben.

Penner *m* 1) Landstreicher. [Vgl Penne 1.] 19. Jh.
2) auf Bänken Nächtigender. 19. Jh.
3) schläfriger, unaufmerksamer Mann; langweiliger Lehrer. Gehört zu pennen, s. d. 1920 ff.

Pennerkissen *n* lang in den Nakken fallendes Haar. Es könnte den Obdachlosen gewissermaßen als Kopfkissen dienen. Halbwüchsigendeutsch seit 1955.

Penntüte *f* schläfriger, unaufmerksamer Mensch. »Penntüte« steht in Analogie zu »Schlafmütze« wegen des tütenförmigen Zipfels. 1930 ff.

Pension *f* (staatliche) P. = Gefängnis, Haftzelle. Arrest. [Vgl Staatspension.] Seit dem frühen 19. Jh.

Pensionat *n* staatliches P. = Haftanstalt. 1900 ff.

Pensionopolis *f* (*n*) Ruhesitz der Pensionierten. Gräzisierende Ortsnamenbildung. Etwa seit dem ausgehenden 19. Jh.

Pentabonn *n* Gebäude des Bundesverteidigungsministeriums in Bonn. Der Bezeichnung für das im Fünfeck gebaute Pentagon, das nordamerikanische Verteidigungsministerium, nachgeahmt. 1955 ff.

Penunzen (Penonsen, Penunsen, Pinunsen) *pl* Geld. Stammt aus dem Polnischen und scheint im späten 18. Jh westwärts vorgedrungen und vorwiegend in den Industriebezirken mit ihrer Mischbevölkerung heimisch geworden zu sein.

Pep *m* Unternehmungsgeist, Schwung, Schwungkraft, Spritzigkeit. Scheint dem amerikanischen »pep = Pfeffer« (Abkürzung von »pepper«) gegen 1930 entlehnt worden zu sein; es gelangte vor allem in Künstler- und Schriftstellerkreise.